全国司法职业教育"十三五"规划教材

监狱执法文书制作

全国司法职业教育教学指导委员会　审定

主　编◎严庆芳

副主编◎陡明韬　朱肃建

撰稿人◎（以撰写章节先后为序）

朱肃建　严庆芳　马瑞娟

郑海珍　黄　霞　王姝丽

姚　岚　杨文明　陡明韬

田作京　刘　娟

中国政法大学出版社

2020・北京

图书在版编目（ＣＩＰ）数据

监狱执法文书制作/ 严庆芳主编.—北京：中国政法大学出版社,2020.5（2025.7重印）
ISBN 978-7-5620-4907-4

Ⅰ.①监…　Ⅱ.①严…　Ⅲ.①监狱－法律文书－写作－中国－教材　Ⅳ.D926.13

中国版本图书馆CIP数据核字(2020)第076199号

书　　　名	监狱执法文书制作 JIANYU ZHIFA WENSHU ZHIZUO
出 版 者	中国政法大学出版社
地　　　址	北京市海淀区西土城路 25 号
邮　　　箱	fadapress@163.com
网　　　址	http://www.cuplpress.com (网络实名：中国政法大学出版社)
电　　　话	010-58908435(第一编辑部) 58908334(邮购部)
承　　　印	北京鑫海金澳胶印有限公司
开　　　本	720mm × 960mm　1/16
印　　　张	27
字　　　数	499 千字
版　　　次	2020 年 5 月第 1 版
印　　　次	2025 年 7 月第 5 次印刷
印　　　数	18001～20000 册
定　　　价	62.00 元

出版说明

　　为贯彻落实党的十九大精神和习近平总书记关于教育的系列重要讲话要求，充分发挥教材建设在提高人才培养质量中的基础性作用，促进现代司法职业教育改革与发展，全面提高司法职业教育教学质量，全国司法职业教育教学指导委员会于 2017 年 11 月正式启动了司法职业教育"十三五"规划教材的编写工作。

　　本次规划教材编写以习近平新时代中国特色社会主义思想为指导，以司法类专业教学标准为基本依据，以更深入地实施司教融合、校局联盟、校监所（企）合作、德技双修、工学结合为根本途径，强化需求导向和问题导向。在坚持实战、实用、实效原则的基础上，继续完善实行行业指导、双主体团队开发、多方人员参与、院校支持、主编负责、行指委统筹审定、分批次出版的编写工作机制，适时更新教材内容和结构，大力开发大类（专业群）专业基础课程、专业核心课程教材，倡导编写典型案例化、任务项目化教材，并运用现代信息技术创新教材呈现形式，着力加强实训教材和数字化教学资源建设，逐步建立符合我国国情、具有时代特征和行业特色的现代司法职业教育教材体系。本规划教材包括已有规划教材的全新修订、新增专业课程教材和司法类国控专业更新课程教材的编写。在编写内容上，必须顺应新时代、新要求，回应全面深化依法治国，尤其是深入推进司法体制改革的新需求、新期盼，力争符合司法类专业人才培养目标达成需要和相关课程标准要求，与司法职业一线岗位任职标准（岗位技能要求）相衔接，体现"原理与实务相结合"的特点，注重培养学生应用理论、规则解决实际问题的能力。

　　经过全体编写人员的共同努力和出版社编辑们的辛勤付出，现在首批教

材已陆续出版，欢迎大家选用，并敬请各使用单位和广大师生在选用过程中提出意见和建议，行指委将及时根据教材评价和使用情况，丰富教材内容，优化教材结构，促进教材质量不断提高。

全国司法职业教育教学指导委员会
2019 年 6 月

编 写 说 明

　　《监狱执法文书制作》是高职高专刑事执行专业的核心课程，隶属于刑事法律实践课程体系。该教材编写组依据刑事执行专业人才培养方案以及《监狱文书》课程标准，遵循高职高专教育规律，紧密联系监狱工作实践，设计学习单元，突出了课程内容与专业标准的对接、教学过程与工作过程的对接，增强了教材的职业性和实践性。通过学习旨在培养学生理性的法律思维能力，对材料的搜集、分析、整合的能力，刑事法律事务的分析判断能力，严谨而周密的法律表达能力以及执法文书制作能力。

　　本教材具有工具性、实用性、应用性特点，适合高职高专法律类相关专业选用，也适合监狱干警在工作实践中用作文书制作参考书。本教材以司法部颁布的48种法定的监狱执法文书为基础，选取了监狱实践中使用频率较高，制作难度较大的文书种类，作为本教材的重要补充，教材较为全面地反映了当前监狱所使用的执法文书种类，有效地增强了教材的工具性。本教材及时修订了司法部重新颁布的暂予监外执行执法文书，调整吸纳了地方监狱对罪犯死亡处理类执法文书，创新引入了狱内安全防范类的执法文书，实现了教材与监狱实践的契合，有效地增强教材的实用性。教材共计分为五个学习单元十七章，学习单元一介绍了监狱执法文书写作理论，该部分通过对监狱执法文书、应用文、普通文章进行对比，重点介绍了有别于其他文章写作方法的监狱执法文书写作理论，有效地突出了监狱执法文书写作理论的专业性、针对性；其他四个学习单元立足于监狱工作实践，基于监狱典型工作任务设计了"刑罚执行、狱政管理、狱内安全防范、罪犯教育改造"四大学习领域，实现了学习领域与监狱工作的对接。本教材以工作任务为导向，设置了任务描述、基础铺垫、文书制作提示、实例示范、拓展阅读五个组成部

分，并在每个学习单元后设置了技能训练单元，教材的设计有效地兼顾了刑事法律知识的运用和学生应用写作能力训练两个核心内容，凸显了教材的应用性，使学生通过学习能够对刑事法律知识进行整合、应用，解决监狱执法中的具体问题，培养了学生严格执法、遵循执法程序、执法留痕的职业素养。

《监狱执法文书制作》由严庆芳任主编，陡明韬、朱肃建任副主编。全书经严庆芳审查、修改定稿。各章撰稿人分工如下（以撰稿章节先后为序）：

朱肃建（新疆兵团警官高等专科学校）：第一章、第四章、第十七章

严庆芳（四川司法警官职业学院）：第二章第一至五节

马瑞娟（湖南司法警官职业学院）：第二章第六节、第七章、第十一章

郑海珍（山东司法警官职业学院）：第三章

黄霞（四川成都女子监狱）：第五章

王姝丽（吉林司法警官职业学院）第六章

姚岚（新疆司法警官学校）：第八章、第九章

杨文明（云南司法警官职业学院）第十章、第十二章

陡明韬（宁夏警官职业学院）第十三章

田作京（河北司法警官职业学院）第十四章

刘娟（四川司法警官职业学院）：第十五章、第十六章

编　者

2019 年 6 月 19 日

图书总码

目录CONTENTS

学习单元一　监狱执法文书概述

第一章｜**监狱执法文书概述** ▶ 3
　第一节　应用文与法律文书的基本知识 / 3
　第二节　监狱执法文书概述 / 8
　单元训练　监狱执法文书概述实训 / 11

第二章｜**监狱执法文书制作基本要求** ▶ 15
　第一节　监狱执法文书的主旨 / 15
　第二节　监狱执法文书的材料 / 18
　第三节　监狱执法文书的结构 / 21
　第四节　监狱执法文书的语言 / 26
　第五节　监狱执法文书的表达方式 / 35
　第六节　监狱执法文书常规栏目填写要求 / 48
　单元训练　监狱执法文书制作基本要求实训 / 54

学习单元二　刑事执行类执法文书

第三章｜**罪犯收监类文书** ▶ 63
　第一节　罪犯不予收监通知书 / 64
　第二节　罪犯收监身体检查表 / 67
　第三节　罪犯入监登记表 / 71
　第四节　重要罪犯登记表 / 75
　第五节　外籍犯或港澳台犯登记表 / 79
　第六节　罪犯入监通知书 / 82

第七节　罪犯物品保管收据 / 85

单元训练　罪犯收监执法文书项目实训 / 89

第四章　监狱对罪犯刑事判决提请处理类文书 ▶ 91

第一节　对罪犯刑事判决提请处理意见书 / 92

第二节　罪犯材料转递函 / 97

单元训练　对罪犯刑事判决提请处理执法文书项目实训 / 100

第五章　罪犯暂予监外执行类文书 ▶ 102

第一节　罪犯生活不能自理鉴别书 / 104

第二节　罪犯病情诊断书 / 109

第三节　暂予监外执行审批表 / 112

第四节　暂予监外执行收监决定书 / 118

第五节　暂予监外执行期间不计入刑期审批表 / 122

第六节　暂予监外执行期间不计入执行刑期建议书 / 129

单元训练　罪犯暂予监外执行执法文书项目实训 / 132

第六章　提请减刑、假释类文书 ▶ 139

第一节　罪犯减刑（假释）审核表 / 140

第二节　提请减刑建议书 / 149

第三节　提请假释建议书 / 154

第四节　假释证明书 / 159

单元训练　提请减刑、假释执法文书项目实训 / 163

第七章　罪犯释放类文书 ▶ 170

第一节　罪犯出监鉴定表 / 171

第二节　刑满释放人员通知书 / 175

第三节　释放证明书 / 179

单元训练　罪犯释放执法文书项目实训 / 182

学习单元三　狱政管理类执法文书

第八章　对罪犯实施奖惩类文书 ▶ 187

第一节　罪犯奖励审批表 / 188

第二节 罪犯奖励通知书 / 192

第三节 罪犯离监探亲审批表 / 195

第四节 罪犯离监探亲证明书 / 200

第五节 罪犯改造积极分子审批表 / 202

第六节 罪犯处罚审批表 / 207

第七节 罪犯处罚通知书 / 210

第八节 罪犯禁闭审批表 / 213

单元训练 罪犯行政奖惩执法文书项目实训 / 218

第九章 其他狱政类执法文书 ▶ 221

第一节 罪犯特许离监审批表 / 221

第二节 罪犯特许离监证明书 / 225

第三节 使用戒具审批表 / 227

单元训练 其他狱政类执法文书项目实训 / 231

第十章 罪犯死亡处理类文书 ▶ 234

第一节 罪犯病危通知书 / 235

第二节 罪犯死亡通知书 / 239

第三节 罪犯死亡善后处理情况登记表 / 243

单元训练 罪犯死亡处理执法文书项目实训 / 249

学习单元四 狱内安全防范类执法文书

第十一章 狱内耳目使用管理类文书 ▶ 255

第一节 建立耳目审批表 / 256

第二节 撤销耳目报告表 / 262

单元训练 狱内耳目使用管理执法文书项目实训 / 264

第十二章 罪犯脱逃类文书 ▶ 267

第一节 罪犯脱逃登记表 / 268

第二节 在押罪犯脱逃通知书 / 273

第三节 脱逃罪犯捕回登记表 / 276

单元训练 罪犯脱逃执法文书项目实训 / 280

第十三章 狱内侦查类文书 ▶ 284

第一节 狱内案件立案表 / 285

第二节　讯问笔录　/ 289

第三节　询问笔录　/ 296

第四节　现场勘验笔录　/ 302

第五节　辨认笔录　/ 308

第六节　狱内案件结（销）案表　/ 312

第七节　监狱起诉意见书　/ 316

单元训练　狱内侦查类执法文书项目实训　/ 322

第十四章　监狱安全防范类文书　▶ 328

第一节　消除隐患通知书　/ 329

第二节　纠正违规通知书　/ 334

第三节　狱情分析报告　/ 338

单元训练　监狱安全防范执法文书项目实训　/ 347

学习单元五　罪犯教育改造类执法文书

第十五章　对罪犯集体教育类文书　▶ 355

第一节　集体讲评　/ 356

第二节　罪犯集体教育讲话稿　/ 361

单元训练　罪犯集体教育执法文书项目实训　/ 367

第十六章　对罪犯个别教育类文书　▶ 369

第一节　个别谈话记录　/ 371

第二节　个案矫正方案　/ 378

单元训练　罪犯个别教育执法文书项目实训　/ 391

第十七章　顽危犯教育改造类文书　▶ 396

第一节　顽危犯认定审批表　/ 397

第二节　顽危犯个案分析　/ 401

第三节　顽危犯撤控审批表　/ 410

单元训练　顽危犯教育改造执法文书项目实训　/ 415

参考文献　▶ 418

学习单元一　监狱执法文书概述

第一章 监狱执法文书概述

学习要点

通过本章学习，掌握应用文的概念、分类以及与文学作品的区别；法律文书的概念、作用及分类；监狱执法文书概念、特点。运用所学的基础理论知识，区分应用文与文学作品的写作方法，掌握各种应用文之间的关系。

学习目标

掌握应用文与文学作品写作方法的不同。能用法律文书写作基本理论指导监狱执法文书写作。

【本章引言】

监狱是国家惩罚改造罪犯的场所，监狱执法文书作为监狱工作的重要载体，在监狱规范化、法制化建设中发挥着重大作用，监狱执法文书制作能力是监狱人民警察从事刑事执法工作所必需的基本业务技能。学习监狱执法文书写作的基础理论，掌握监狱执法文书的写作方法，是监狱人民警察必修的一课。

第一节 应用文与法律文书的基本知识

【引言】

以下两段文字，作者分别采用不同方法对人物进行了描写，两段文字对人物描写的目的是什么？

3岁的李×华，白里透红的小脸蛋圆圆的。大大的脑袋瓜上面有一撮黑油油的头发调皮地垂下来，盖在他那宽宽的额头上方。那两道淡淡的、短短的小眉毛下面，有一双水灵灵的眼睛。啊，多么活泼的眼睛，好像会说话似的，还流露出一丝调皮的神色哩！那美丽的眼睛下面有一个微微上翘的小鼻子，还有两片红红的小嘴唇。身上还围着一块小围兜，围兜上绣着

一朵盛开的牡丹花，肉墩墩的小手抱着一块绿皮红瓤的西瓜。

罪犯王×霞，女，汉族，1985年3月20日出生，居住地：雅安市名山区白方镇，户籍地址：雅安市名山区白方镇，因犯盗窃罪被雅安市人民法院于2011年1月6日判处有期徒刑6年，并处罚金30 000元。因罪犯王×霞系哺乳期妇女，于2011年5月11日暂予监外执行。

问题思考：试比较以上两段材料，说说文学作品与监狱执法文书在写作风格上有什么不同？试分析一下是什么原因造成两种文体的不同？

一、应用文概述

应用文是人们在生活、学习、工作中为处理实际事物而写作并形成惯用格式的文章，有着实用性特点。

人类最早的写作活动就是为了解决各种实际需要。文字写作的目的可以分成两类，即文学写作和应用文写作。文学写作主要用于抒发作者主观情感，反映社会现实，是为人们欣赏而进行艺术创作，如诗歌、小说、戏剧、散文等；应用文写作是为了公务和个人事务而写的，用于解决实际问题。人们通常把应用型文章的写作称作应用文写作。

应用文最基本的性质就是实用。首先，从应用文的使用者来看，不仅包括个人、群众，也包括政府机关、社会团体，以及企事业单位；其次，从适用范围来看，不仅在个人的生活、学习，而且在企事业的管理工作、日常事务中也经常使用；最后，从使用目的来看，必须产生实际的效果，直接付诸实施，作用于人们的社会实践活动。

应用文根据所处理事务的性质可以分为两大类：一是私务文书，指个人为处理私人事务而制作的文书，如私人信件、自传、家谱、日记等；二是公务文书，指一切机关、团体、单位在职能活动中形成的、承担和发挥一定公务职能的文书，通常可分为通用公务文书和专用公务文书两类。

通用公务文书指各行各业都广泛使用的文书，包括党政机关公文和事务公文。党政机关公文是党、政、军队机关所使用的文书。依据2012年7月1日实施的《党政机关公文处理条例》的规定，法定的党政机关公文总共有15种，包括了决定、通知、请示、报告等文书种类。事务公书是指除去法定的党政机关公文之外，党政机关在行政管理活动中经常使用的公文。常见的有计划、总结、简报、调查报告等。专用公务文书又称行业专业文书，是指在特定的领域使用的文书。主要包括法律文书、经济文书、军事文书等，在实践中还存在一些文书，无法归入以上三类文书，我们把它们划入杂体类公文。例如倡议书、表扬信等。

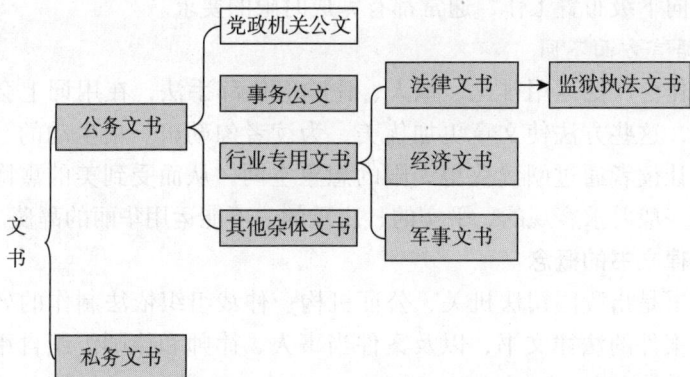

图 1-1 应用文与法律文书、监狱执法文书的对应关系图

二、应用文与文学作品的比较

应用文与文学作品同属写作范畴，所有的写作活动都是精神活动，其成果都是思维的结果。但它们分属于文章写作中的不同类别。

（一）功能不同

应用文写作是以实用为目的的，它的功能在于解决人们实际工作和生活中的问题。实用性是应用文最基本的特性，是应用文区别于其他文章的本质属性。不同的文种中，这种实用性可以有不同的体现，例如会议通知是为了解决在工作中召开会议的切实需要而发布的公文。而文学作品的功能要用于抒发作者主观情感，反映社会现实，或为人们欣赏而进行艺术创作，它的功能是间接的、多样的。

（二）主题不同

从表达的主题上看，文学作品表达的主题相对比较自由，仅代表作者个人的观点和见解；而应用文写作强调对象化的思维方式，作者的思维要服从于客体对象的需要，根据对象的实际情况去组织应用文的内容，从而达到解决实际问题的目的，具有较强的权威性和约束力。

（三）表现形式的不同

从表现形式上看，文学写作鼓励创造性，突破束缚，创造崭新的艺术境界。应用文具有程式化特点，其开头、主体、结尾具有惯用的格式，各部分有各自的习惯用语。应用文的程式化和模式化特点是适应应用文实用性的要求而形成的，简洁明了，有利于受众了解应用文的主要意图，不致产生理解上的歧义，有利于公务处理。

（四）时限性不同

文学写作没有时间要求，比较自由宽松，而应用文制作处理上有比较严格的时间限制。应用文的制发是为了解决实际工作中的问题，无论是向上级报送

文件，还是向下级布置工作，通常都有完成时限的要求。

（五）语言方面不同

文学写作会广泛运用排比、拟人、比喻等修辞手法，在用词上会使用一些华丽的辞藻，这些方法使文章更加优美，为读者勾勒出一幅生动的、具有想象力的画面，让读者通过阅读获得无限的想象空间，从而受到美的熏陶。而应用写作的用语一般要求客观的、平实的、庄重的，不能运用华丽的辞藻。

三、法律文书的概念

法律文书是指我国司法机关、公证机构、仲裁组织依法制作的处理诉讼案件和非诉讼案件的法律文书，以及案件当事人、律师和律师组织自用或代书的法律文书的总称。

从法律文书的概念可以看出，其包含以下几个方面的内容：

1. 法律文书的制作主体为国家机关、法定的组织和当事人。法律文书的制作主体由法律规定，有特定的范围。其中司法机关及非讼机关包括公安机关、国家安全机关、检察机关、人民法院及监狱、社区矫正机关等；法定的组织包括律师机构、公证部门、仲裁机构等；当事人包括法人和公民。

2. 法律文书制作必须依照法律规定制作。法律文书制作必须于法有据，要符合实体法律规定，这是法律文书合法存在的前提。制作法律文书必须遵循程序法的规定，严格按照诉讼程序和非诉讼程序的规定制作。

3. 法律文书具有一定的法律效力或一定的法律意义。法律文书具有法律效力是指该类文书一经使用，由国家强制力来保证其有效地实施，会引起法律程序、法律后果、法律关系的变更。法律文书具有法律意义是指某些法律文书虽不产生法律效力，但对执法管理起到有力的保障作用。

四、应用文与法律文书之比较

法律文书是应用文一个组成部分，两者都有明确的制作目的，都是为了解决工作领域中的具体问题，但两者在写作上还是具有不同的特点。

（一）制作依据不同

应用文制作是根据实践中需要解决的具体问题，按照《党政机关公文处理条例》的规定，选择法定、合适的文种制作文书，以达到下情上达、上情下达，传递信息，解决问题的目的。制作法律文书时必须贯彻执行"以事实为依据，以法律为准绳"的法制原则，在格式上须遵照执行通过的司法文件和下发的规定格式制作，在语言上必须使用法言法语，因此，它的制作必须合乎法律规定，不能任意制作。其一，法律文书制作主体由法律规定，有其特定的范围。其二，法律文书制作必须于法有据。这是法律文书合法存在的前提。没有法律根据的文书，就不可能是法律文书。其三，要正确地适用实体法，大多数法律文书都

是为了解决实体问题而制作的。无论案件事实叙述、证据材料分析引用，还是理由阐述、结论表述，都应当遵守以事实为依据，以法律为准绳的原则，符合实体法的规定。其四，要符合法定程序。一定内容的法律文书反映一定法律程序、环节的运作，这在成文法国家没有一个是例外。

（二）运行程序不同

应用文从行文方向分分为上行文、下行文和平行文。其文书运行方向主要看发文机关与送达机关的关系及需要解决的问题来确定；而法律文书在哪个法定程序该制作什么法律文书，特定的法律文书有特定的运行方向、期间及送达对象，这些都是法律明文规定的，不能随意变更，甚至是法律文书的提交、移送、拟稿、审核、签发、宣布、送达等具体运行上，也要合乎法定的手续。非经法定的程序、手续制作的文书是无效的。法律文书的制作不仅要合乎实体法还要合乎程序法，这是法律文书有效性的重要保障。

（三）时效性不同

应用文的时效性是由发文机关根据公文内容的紧急程度来确定的；而法律文书的时效性来源于法律规定的，不能够随意变更，法律规定的诉讼时效决定了法律文书的时效性，迟来的正义对当事人来说没有实际意义，公正与效率必须并重，使合法权益得到法律的维护。法律文书的制作，一定要遵守时效的法律规定，不能拖延，否则会使当事人的合法权益受到损害。

（四）效力强制性不同

应用文是党政机关传达贯彻党和国家方针政策，公布法规和规章，指导、布置和商洽工作，请示和答复问题，报告、通报和交流情况等的重要工具，不具有法律效力；法律文书是由司法机关或者是特定的机关、人员制作的，具有法律效力或法律意义，对相关的人员具有约束性，这种约束性是国家以司法强制力保障其得到有效的执行，任何单位和个人都不得抗拒，否则就要承担相应的法律后果。对已经作出的法律文书，非经法定程序不得任意更改，以维护法律文书的严肃性，体现法律的至高无上。

（五）文书制作上的连环性不同

这是法律文书区别应用文最大的不同，应用文旨在解决实践中的具体问题，在制作上并无连续性这一特点；而法律文书在诉讼中具体运用时，各文书之间具有连环性法律特点。即各个系统或序列的司法文书自成体系，按一定的法律程序形成的司法文书之间有一种承接关系，前一文书往往可以引出后一文书，而后一文书则是以前一文书作为基础的，这种连环关系根据诉讼的需要，有时连环会很长。例如：《罪犯减刑审核表》是制作《提请减刑建议书》的依据，没有前一种文书的制作，后一种文书就不可能制作。

【拓展阅读】

应用文与法律文书基本知识PPT。

第二节   监狱执法文书概述

【引言】

　　服刑人员黄××，男，1980年5月16日出生，犯抢劫罪，2005年5月被法院判处无期徒刑，同年6月5日送××省××监狱三监区一分监区服刑，该监区民警张×通过查阅相关法律文书和对罪犯进行个别谈话，制作了《罪犯入监登记表》。6月8日，监狱制作了《罪犯入监通知书》，将罪犯黄××的入监时间、关押场所、通信地址等事项通知了其配偶。2007年12月监狱认为黄××具备减刑条件，依法制作了《提请减刑建议书》向人民法院提请减刑，后黄××被人民法院裁定减为有期徒刑20年。2009年8月10日8时，黄××在劳动期间，不服从管理，将质量管理员吕××打伤。黄××无视监规、公然打人的行为在服刑人员中造成极其恶劣的影响。2009年8月10日15：00经××监狱三监区一分监区民警会议讨论，认为黄××违反了《中华人民共和国监狱法》第58条第1款第4项之规定，其行为已经符合禁闭的情形，于是制作了《罪犯禁闭审批表》提请对罪犯黄××禁闭7天，时间自2009年8月10日至2009年8月16日止。后经过监区、主管科室审核及监狱领导批准，罪犯黄××被禁闭7日。

　　问题思考：从以上案例可以看出，监狱在执行刑罚、实施管理、进行教育改造的过程中制作了一系列监狱执法文书，试分析这些法律文书具有哪些作用。

　　一、监狱执法文书的概念

　　监狱执法文书是我国监狱机关（未成年犯管教所）对判处死刑缓期二年执行、无期徒刑、有期徒刑的罪犯执行刑罚、实施管理、教育改造的过程中，依照法定程序，根据国家法律和监管规定，制作的具有法律效力或法律意义的文书的总称。

二、监狱执法文书的特点

（一）监狱执法文书制作的主体是监狱机关

我国《监狱法》第 2 条第 1 款规定："监狱是国家的刑罚执行机关。"《刑法》第 46 条规定："被判处有期徒刑、无期徒刑的犯罪分子，在监狱或者其他执行场所执行……"监狱是制作监狱执法文书的主体。监狱是抽象主体，监狱执法文书实际上是由监狱人民警察代表监狱机关制作的。从这个意义上看，监狱人民警察制作法律文书是在依法行使职权而非进行个人行为。

（二）监狱执法文书具有特定的内容和范围

《监狱法》第 3 条规定："监狱对罪犯实行惩罚和改造相结合、教育和劳动相结合的原则，将罪犯改造成为守法公民。"第 4 条规定："监狱对罪犯应当依法监管，根据改造罪犯的需要，组织罪犯从事生产劳动，对罪犯进行思想教育、文化教育、技术教育。"由此可知，监狱执法文书用于监狱的刑罚执行、狱政管理、安全防范、教育改造等执法工作中。

（三）监狱执法文书具有法律效力或法律意义

监狱人民警察对罪犯执行刑罚、实施管理和教育改造是由法律规定的，依靠国家强制力保证实施的。因此，大部分监狱执法文书都具有一定的法律效力，即这些法律文书制作生效，当事人就必须遵照执行，否则要承担相应的法律后果。具有法律意义的监狱执法文书不具有强制执行的效力，但是起到辅助、补充作用，在法律上都是不可缺少的必要环节。

（四）监狱执法文书具有特定的格式

2002 年 7 月，我国司法部监狱管理局根据有关法律规定，结合我国监狱实际，制订印发了《监狱执法文书格式》共 48 种。这是全国数十万监狱人民警察经过几代人的工作实践，并吸取了历代法律文书中有生命力的因素总结出来的智力成果。但是我们也应该看到随着近年来我国刑事法律政策的调整，监狱执法文书的格式样式与现阶段适用的刑事法律政策有不一致的地方，各地监狱管理局针对实践中的具体情况对执法文书的格式样式进行了修订和补充，在本教材中吸收了部分省市监狱在一线中使用的执法文书种类，供其他省市监狱参考。

三、监狱执法文书的分类

（一）根据监狱执法文书的形式进行分类

1. 表格式文书。表格式文书是指以事先印制的表格为规范文本，使用时只需在空格处填入相应内容的法律文书。表格式文书是程式化、标准化程度较高的一类文书，具有明确直观、简明扼要、制作难度低、时间花费少、便于阅读理解等优点，在刑罚执行工作中被广泛运用。例如《罪犯入监登记表》《罪犯离监探亲审批表》《建立耳目审批表》等都是表格式监狱执法文书。

2. 填写式文书。填写式文书是指按照统一设计的格式，用空白形式留出可供选择的项目的文书。填写式文书常用于向特定对象告知某些执法事项，大致分为决定书、通知书和证明书三种类型。例如《罪犯入监通知书》《罪犯死亡通知书》《消除隐患通知书》都是填写式法律文书。

3. 拟制式文书。拟制式文书是指通篇需要自行组织文字直接表述的法律文书。拟制式文书要求制作人员将相关内容用文字的形式从头到尾写下来，是制作难度最大的一类文书。拟制式文书按照制作要求又分为定式文书和自由式文书。定式文书的标题一般都是固定的，文书中要写哪些项目，这些项目写在什么位置，都有一定的要求。自由式文书是指除定式文书外，采用一般文章形式出现的文书。例如《提请减刑（假释）建议书》《监狱起诉意见书》等都是拟制式监狱执法文书。

4. 实录式文书。实录式文书是用于如实记录特定工作活动进程及结果的监狱执法文书，这类文书一般要求与工作同步制作，多存在于监狱狱内侦查文书。这类文书一般首部打印出笔录头，其余均为空白，使用时须在空白处记录工作进程及结果。例如《询问笔录》《现场勘查笔录》等都是实录式监狱执法文书。

（二）根据监狱执法文书的内容进行分类

1. 刑罚执行类文书。刑罚类执法文书是反映监狱机关对罪犯收监、减刑、假释、暂予监外执行、释放及对罪犯检举、控告和申诉进行处理等刑罚执行内容的文书。这类文书包括罪犯收监执法文书、监狱对罪犯原判决提请处理文书、罪犯暂予监外执行类文书、罪犯刑事奖励类文书、罪犯释放类文书等。

2. 狱政管理类文书。狱政管理类文书是监狱在处理罪犯日常管理事务中所使用的文书的总称。例如罪犯奖惩类文书、警戒具使用文书、罪犯死亡处理类文书等。

3. 狱内安全防范类文书。监狱的安全稳定是监狱改革发展和一切工作的基础，狱内安全工作包括预防控制狱内实件的发生和侦破监狱内发生的犯罪案件。狱内安全防范类文书包括狱内耳目使用管理文书、罪犯脱逃类文书、狱内侦查类文书等。

4. 罪犯教育改造类文书。罪犯教育改造类文书是监狱在对罪犯进行教育改造工作中依法使用的文书的总称。例如对罪犯集体教育文书、罪犯个别教育文书、顽危犯教育改造文书等。

四、监狱执法文书的地位和作用

监狱执法文书作为国家司法公文体系中的一个有机组成部分，在对罪犯执行刑罚过程中具有十分重要的作用。

（一） 监狱执法文书是监狱机关对罪犯执行刑罚、实施管理和教育改造的重要载体

监狱机关对罪犯执行刑罚、实施管理和进行教育改造需要一定载体才能实现，监狱执法文书就起到了这个作用。例如，对一名严重违反监规纪律的罪犯实施禁闭，在填写《罪犯禁闭审批表》经有关部门和监狱领导批准后才能将罪犯关押禁闭。

（二） 监狱执法文书具有记录和凭证作用

监狱执法文书记录了监狱人民警察执法过程和罪犯服刑改造的全过程，具有历史档案的价值。监狱执法文书在监狱执法管理活动中起到了凭据作用。例如《罪犯离监探亲证明书》是罪犯在离监探亲期间证明自己身份的凭证。

（三） 监狱执法文书是司法机关衔接与配合的介质

在执法活动中，监狱执法文书是监狱与公安机关、检察机关、人民法院以及其他司法行政机关衔接与配合的重要工具。例如，监狱启动罪犯暂予监外执行程序时，监狱应委托县级以上司法行政机关对拟暂予监外执行的罪犯进行危险性调查评估，此时监狱制作《拟暂予监外执行罪犯调查评估委托函》送达罪犯居住地的社区矫正机构来实现该程序。

【拓展阅读】

监狱执法文书概述 PPT。

单元训练　监狱执法文书概述实训

一、单元名称：文学作品、应用文、法律文书区分训练

二、实训目标

通过本章学习，使学生能够知晓应用文的概念、分类，掌握应用文与文学作品在文体上的区别；知晓法律文书的概念及特点；知晓监狱执法文书的概念、功能及分类，重点掌握文学作品、应用文及法律文书的文体风格的异同。

三、实训要求

通过实训，学生能够理解文学作品、应用文、法律文书三种文书在写作风

格上有什么异同。能够分析比较这三种文体的写作风格，并能够运用其规则进行正确地表达。

四、实训内容

（一）实训一：文学作品与应用文的区别训练

以下两段材料是同一件事的开头，但两种开头形式风格迥异，形成了不同的文章风格，仔细体会这两种体裁的文章在写作手法上的差异，并说说具体有什么差异。

1. 像跃出东海的一轮红日，像喜马拉雅傲然盛开的雪莲，像茫茫戈壁上悠然而现的清泉，像草原上铺陈锦绣的格桑，在科技强国、科技强军的号角感召下，我们迎来了部队科学文化教育的明媚春光。

2. 我分区下属各部驻守在喜马拉雅山麓××公里的边防线上，这里平均海拔 4500 多米，空气稀薄，气候寒冷，许多地方曾被地质学家判为"永冻层"，被生物学家划为生命禁区。然而，正是在这样艰苦的环境里，在科技强国、科技强军的号角的感召下，在总部和司政后勤党委的高度重视下，科学文化教育活动方兴未艾。各基层单位普遍建立学习俱乐部，开设军地两用人才培训班×个，共举办×届战士高考复习班……永冻层上热气腾腾，生命禁区里生机盎然。分区文化活动多次受到军区表彰，19××年被评为××先进单位，受到总部通令嘉奖。我们的主要做法如下……

（二）实训二：应用文与法律文书的区别训练

法律文书是应用文一个组成部分，两者都有明确的制作目的，都是为了解决具体工作领域中的具体问题，但其写作手法上却是不一样的，请分析下面两段材料，比较一下这两段文字在语言和表达方式上有什么不一样，并回答造成不一样的原因是什么。

1. 在一次亲情电话中，罪犯卜××母亲告诉他，其父亲身体状况不太好，已经住院治疗将近一个月了。得知情况后，卜××的情绪出现明显波动，整天无精打采、心事重重。一天，卜××与另一名罪犯因监房琐事发生争吵，本来情绪就不佳的卜××一下子爆发了，在监房走廊里大声吵闹。值班民警见状，立即前去制止，对其违纪行为进行批评教育。而卜××不仅不接受民警的制止和教育，反而冲着民警大声地争辩起来，并大声扬言："我什么都无所谓了，随便你们怎么处理，除非你们把我打死，否则我是不会罢休的。"卜××出人意料的言行使现场秩序极为混乱，在罪犯中造成了

极为恶劣的影响。

2. 2015 年 5 月 × 日 12 时 30 分，罪犯卜 × × 在洗衣房洗衣时，因 204 监舍罪犯陈 × × 洗衣时把水溅到卜 × × 身上，卜 × × 不依不饶，与陈 × × 发生激烈的争吵，卜 × × 与陈 × × 的在监房走廊里大声吵闹，值班民警李 × × 见状，立即前去控制事态的发展，对卜 × × 和陈 × × 的争吵予以制止和批评教育。而卜 × × 不仅不接受民警李 × × 的制止和教育，反而冲着民警大声地争辩起来，并大声扬言："我什么都无所谓了，随便你们怎么处理，除非你们把我打死，否则我是不会罢休的。"卜 × × 出人意料的言行引来监区其他罪犯的围观，使现场秩序极为混乱，在罪犯中造成了极为恶劣的影响。

依据《监狱法》第 58 条第 8 款的规定，经 2015 年 8 月 × × 日监区民警会议讨论，建议对罪犯 × × × 给予记过处罚。

（三）实训三：法律文书写作规则的运用

以下两段材料是对同一犯罪事实的表述，因为对其事实叙述重点不一致，便会导致对被告人的定罪量刑的不同，试比较这两段文字材料，说说表述的侧重点有何不一样。

1. 2003 年 4 月 4 日下午，被告人王 × 受朋友冯 × 健所托，帮助解决冯 × 健的女友刘 × 与他人发生的碰车纠纷。之后，被告人王 × 即带领与其在一起玩的被告人陆 ×、陈 ×、高 × 等人赶至江都龙川大桥上。当刘 × 指认被害人贾 × 兵夫妇打了她时，王 × 即动手殴打贾 × 兵夫妇，并指使陆 ×、高 ×、陈 × 参与殴打，陆 ×、高 ×、陈 × 即掏出随身携带的砍刀和钢管砍击贾 × 兵，致其轻微伤。

2. 2003 年 4 月 4 日下午，被告人王 × 得知朋友冯 × 健的女友刘 × 在江都龙川大桥上与他人发生争执后，便带领被告人陆 ×、陈 ×、高 × 等人赶至现场。被告人王 × 去后即动手打被害人贾 × 兵，贾 × 兵准备还击时，被告人王 × 指使陆 ×、高 ×、陈 × 还手，此时，陆 ×、高 ×、陈 × 掏出随身携带的砍刀、钢管砍击贾 × 兵，致其轻微伤。[1]

五、任务评估

1. 掌握应用文的概念及分类，能够正确区分应用文与文学作品文本。

----

〔1〕寻衅滋事罪是指在公共场所无事生非，起哄闹事，殴打伤害无辜，肆意挑衅，横行霸道，破坏公共秩序的行为。聚众斗殴罪是指为了报复他人、争霸一方或者其他不正当目的，纠集众人成帮结伙地互相进行殴斗，破坏公共秩序的行为。

2. 掌握法律文书、监狱执法文书的概念、分类及特点，能够正确区分应用文与法律文书文本。

3. 从法律文书的文本入手，能够分析法律文书文本，能够认识到法律文书在执法过程中实现社会公正正义的重大作用，从而认识到学习法律文书的重要性和必须性。

第二章　监狱执法文书制作基本要求

学习要点

　　能用课本上的基础理论，对监狱执法文书文本进行分析，能够正确分析该文书的主旨、材料的组成，以及文书的结构、语言、表达方式的特点，以及这些要素是如何为主旨服务的。

学习目标

　　从直观的监狱执法文书范文入手，对比普通文书文本，比较监狱执法文书同普通文书之间在主旨、材料运用、语言、结构、表达方式上有什么相同和不同。能用法律文书写作基本理论指导监狱执法文书的制作。

【本章引言】

　　任何一篇文章得以形成都离不开主题、材料、结构、语言、表达方式，这是文章最基本的构造单位。法律文书作为一种书面文体，其制作成文同样离不开上述要素。研究这些要素的运用规则及表达要求，对于我们制作出高标准、高质量的法律文书，确保法律的正确实施非常必要。

第一节　监狱执法文书的主旨

【引言】

　　《红楼梦》作为文学体裁范例，同学们思考一下《红楼梦》的主题是如何形成的？如果需要制作执法文书《提请减刑建议书》，如何来确定其主旨？该文书主旨又是怎么形成的？

　　《红楼梦》通过对"贾、史、王、薛"四大家族荣衰的描写，为我们展示了一幅封建社会末期的全景图画，既囊括了广阔的社会生活图景，又包括了多姿多彩的世俗人情。红楼梦的主题反映了当时社会的缩影，作者在思想上深受资本主义萌芽的影响，具备了超越当时社会的进步思想和民主主义思想，所以我们由此可以看出红楼梦的主题来源于生活，但高于生活。我们再看看监狱执法文书《提请减刑建议书》的主旨是如何产生的。在监狱执法过

程中，罪犯符合减刑的条件，经监狱审核后也认为其符合减刑的条件，向具有减刑裁决权的人民法院提请减刑申请时，监狱需要启动该文书的制作。由此我们可以看出监狱执法文书的主旨来源于实践过程中需要解决的法律问题。

问题思考：试比较文学作品的主题与法律文书主旨有哪些不同？两者在形成上有什么不同的来源？

一、监狱执法文书的主旨

主旨是通过客观事物的叙述，对问题分析议论，在文书中表达出来的看法、主张和结论。它一般包括两层含义：第一层为中心思想；第二层为目的和意图。法律文书主旨主要指第二层：目的和意图，即法律文书主旨是法律关系主体依据一定的事实追求一定的目的。法律文书主旨的单一性决定了每一个法律文书只有一个主旨。不同的法律文书的不同主旨决定法律文书制作要根据文书的主旨来选择证明文书主旨的事实材料。

监狱执法文书的主旨是监狱机关在对罪犯执行刑罚、实施管理和教育改造罪犯的过程中，根据一定事实，追求一定目的，为正确实施、执行法律所形成的基本观点。在制作执法文书之前，制作者必须确定执法文书的制作目的，制作目的就像一条无形的线，贯穿整个执法文书之中，是灵魂。确立监狱执法文书的主旨需要制作主体围绕制作目的，对案件事实全面掌握，以事实为依据，准确、恰当地适用有关法律规定、政策精神及相关的法学理论，解决执法中的具体法律问题。

执法文书的主旨是灵魂和统帅。其主旨的确立，有利于确定执法文书的重点，可以围绕主旨理清思路，做到逻辑清楚、中心突出；有利于确定选材的标准，做到去粗取精、精雕细琢，反复推敲，准确的表达，从而实现各项司法功能；有利于文章结构的有机组合，做到结构合理、层次清楚、详略得当。例如，公安机关发布的《通缉令》，怎样来确定通缉令的主旨呢？我们首先需要考虑通缉令要解决什么法律问题。通缉令需要解决的法律问题是把罪该逮捕而在逃的犯罪嫌疑人或服刑罪犯缉拿归案，由此我们找到通缉令的主旨。主旨确定后会影响材料的选择和文书的写作重点，所以本文书的写作重点应当是所通缉对象的体貌特征，而不是犯罪嫌疑人或罪犯的犯罪事实和证据。

二、确立执法文书的主旨应坚持的原则

（一）客观性

执法文书主旨基于具体的案情或法律活动、行为事实，这一点与文学创作截然相反。文学创作的主旨除了具有客观性外，还允许主观性的存在，即作者的思想、人生观等对于主题的提炼起着重要的制约作用。因此执法文书中案件事实（材料）是第一性的，主旨是第二性的，只有从全部材料出发，深入细致

分析研究，才能揭示本质。例如《监狱起诉意见书》的主旨是为了追究罪犯的刑事责任，向人民检察院提出起诉意见。在确定文书主旨时，我们是先根据罪犯又犯罪的犯罪事实或发现判决时所没有发现的罪行的事实来确定犯罪性质（即起诉意见书的主旨），再根据确定的主旨来选取文书材料。所以执法文书的材料是第一性的，主旨是第二性的。

（二）合法性

监狱执法文书是法律的运用和具体化，因而主旨的确立必须以法律为准绳，体现法的观念、法的精神和法的意志，体现国家法律的科学性和公正性，从而使执法文书具有高度的法理水平。例如《提请减刑建议书》的主旨是对符合减刑条件的罪犯提请减刑，在叙写文书具体内容时应当围绕减刑的法定条件，而与减刑法定条件无关的内容就不应写入。

（三）鲜明性

监狱执法文书主旨必须明确、突出、集中，一目了然，绝不能隐晦、含糊或让人产生歧义和误解，执法文书制作主体对案件性质持何种观点、是与非、罪与非罪、肯定还是否定都应清清楚楚鲜明地予以表达，这样才能体现法律的公正性、权威性。而一部文学作品的主题有时可以有不同的理解甚至产生争议，执法文书应避免这种情况。如刑事判决书应对罪与非罪、量刑的轻重、此罪与彼罪进行明确的区分，绝不能态度暧昧模糊，看了半天也不知道结论是什么。民事判决书应对当事人之间的是与非、责任大小、过错大小进行明确区分，不应让人产生歧义。

（四）集中阐述

因为一份法律文书只能有一个主旨，所以必须集中进行阐述。一篇文书切不可有多个主旨多个中心，以致分不清主次，眉毛胡子一把抓。从另一方面来说，只有一个主旨一个中心才能对文书中的基本问题进行深入的分析和概括，才能把问题写得深入透彻。否则可能会造成本末倒置，对关键之处一笔带过，而对无关紧要的细节进行长篇大论，读者读后感觉心中茫然，不知文书所云。

【拓展阅读】

监狱执法文书中的主旨PPT。

第二节　监狱执法文书的材料

【引言】

同样我们以文学体裁范例《红楼梦》为例，分析一下小说的材料是来自哪里，并比较监狱执法文书《监狱起诉意见书》的材料来源。

红楼梦被誉为我国"封建社会的百科全书"。其中的饮食文化描写为人称道，不仅为读者展现了精美、典雅、和谐的中华美食，也在文本叙事、人物塑造过程中起着重要的作用，并且影响至今。以《红楼梦》第四十一回中刘姥姥二进大观园所品尝到的名菜"茄鲞（xiǎng）"为例。刘姥姥向王熙凤请教茄鲞的做法，凤姐煞有介事道："这也不难。你把采下来的茄子，把皮刨了，只要净肉，切成碎丁，用鸡油炸了。再用鸡肉脯子合香菌、新笋、蘑菇、五香豆腐干子、各色干果子，都切成丁儿，拿鸡汤煨干了，拿香油一收，外加糟油一拌，盛在瓷罐子里封严了。要吃的时候儿，拿出来用炒的鸡瓜子一拌，就是了。"此种做法可能略有夸张，但是贾府饮馔之精细丰盛，由此也可见一斑。可以看出小说的材料主要源于生活，又加入了作者合理的虚构和想象。

问题思考：请参看监狱执法文书《起诉意见书》实例，说说监狱执法文书的材料包括了哪些方面？试分析比较监狱执法文书与小说及其他类型的应用文书的材料有哪些不同？

法律文书材料选取不同于文章的取材，它包括事实材料和法律材料两个方面。事实材料又分为案情材料和当事人情况材料两部分。法律材料主要指法规及司法解释，它包括实体法和程序法两个部分。由此可以看出，法律文书材料具有严格的限制性，而不同于一般文学材料那样具有广泛性。法律文书材料的载体主要是卷宗、常用笔录、单据、法律文书等。建立卷宗是选取材料的第一道工序。监狱执法文书卷宗，指的是罪犯档案、侦查卷宗、刑罚执行卷宗、狱政奖罚卷宗、教育改造卷宗等与罪犯服刑期情况、改造表现以及监狱执法相关的材料。卷宗并不包括所有法律文书材料，只有符合卷宗材料选取标准的材料才能归入卷宗，卷宗材料是一切法律事实的来源，是监狱执法活动的依据，一切法律文书都以卷宗材料为原始材料（第一手材料），所以我们应当重视材料的选择和正确的归档。

一、监狱执法文书的材料内容

监狱执法文书的材料，包括了以下基本内容：

（一）当事人及其他法律关系参与人的基本情况

大部分监狱执法文书只涉及罪犯的基本情况，只是在实录式文书中涉及其他法律关系参与人情况。监狱执法文书当事人情况，包括罪犯的姓名、性别、出生年月、民族、籍贯、职业、工作单位和住址、刑罚执行情况和刑期变动情况及罪犯的前科情况。这些内容在记载时必须通过查阅依法颁发的身份证、户口簿、护照上的记载或是查阅罪犯的档案中获得，对于罪犯的口头报告与罪犯法律文件或是罪犯档案中记载的内容不相符合的，还需要向罪犯居住地或是户籍所在地的司法行政机关核实确认。

（二）案件事实材料

执法文书中的案件事实是"法律真实"而非"客观真实"，执法者运用证据认定的案件事实达到了法律所规定的视为真实的标准，即认定为法律真实。对于执法文书中的事实必须是有证据证明的事实，只有这样的事实才是法律事实，才可以成为断案的证据。在普通人眼中明明存在的客观事实，很可能因为各种原因，被推定为不合法或是不存在，从而不得在裁判中作为证据使用，所以作为执法者必须在原始事实的收集基础上，将客观事实转化和固定为法律事实，在这中间需要大量的证据证实，需要专业的逻辑推断，需要受到各种程序约束和限制等。法律事实，是证据的集合表现结果；而证据是对客观真相的法律化描述。

（三）论证材料

论证材料，包括了执法中的法学理论、原则、原理及政策。在制作执法文书的过程中应当遵循执法中的法学理论、原则，这些基本理念的建立是我们制作执法文书的基本准则。例如：公平正义是执法文书追求的最高标准，包含了实体的正义和程序的正义。实体公正是正确地认定事实，准确地适用法律，分清当事人罪责，做到罪刑相适应或公平地解决纠纷，合理地分配当事人的权利义务，即追求结果的公正；程序的公正指诉讼过程所体现的合理性、妥当性，它是实体正义的保障。程序正义价值是执法文书的内在价值，判断执法文书程序正义价值的标准独立于评价执法文书结论的价值标准。

（四）适用的法律条款

适用的法律条款，包括了法律法规、司法解释等。执法文书制作中所涉及的法律概念、法律关系、法律责任等必须符合法律规定，制作者不得进行任意发挥，不仅要按照实体法的规定去做，而且也要按照程序法的要求制作，即在制作文书时，包括制作材料的选择、证据资料的分析评判、证据的取舍、法律

的适用、问题的说明都要遵循法律的规定，不允许自由发挥，也不得按照按个人喜好和偏见随意添减。

二、执法文书选材要求

执法文书的选材是非常重要的一个步骤，直接影响执法文书的制作质量，掌握选材的基本原则是制作执法文书的基本前提。

（一）围绕主旨选材

主旨是执法文书的制作目的和中心思想。制作执法文书应当围绕主旨选材，也就是要紧紧地围绕着执法文书的制作目的和中心思想选择材料。任何执法文书都离不开案件事实和法律适用两个方面，案件事实是由诸多要素构成的，在执法文书制作过程中如何排列这些要素，或者说对这些要素的筛选要遵循一定的规则，是需要通过训练来掌握一定的技巧，对于所涉及的材料选择就要围绕着执法文书的目的进行，材料服务于目的。在法律适用方面也是同样如此，确定案件的性质和法律责任，需要对所适用的法律进行选择，遵循的原则也是要围绕着执法文书的制作目的和中心思想进行，要充分考虑案件事实和法律规定之间的关联性。

首先，剔除与主旨无关的材料，例如在叙写犯罪事实时，不写非罪事实，而是围绕着犯罪性质选材入文，即选择与犯罪密切相关的事实写入，坚持摒弃那些与犯罪行为无关的事实材料，如思想、生活作风等，不构成犯罪的一般违法行为或劣迹，如不能作为定性、定罪、量刑的依据材料一概不能写入；其次，挑选那些最能表达主旨的具有代表性的材料，在制作执法文书时应当围绕着主旨选材，例如《罪犯脱逃登记表》的主旨是为了把脱逃的罪犯逮捕归案，所以在选材时，对罪犯体貌体征的描述就是重点，而罪犯的犯罪事实、改造表现就不能作为文书的材料。

（二）围绕证据选材

执法文书陈述的案件事实应当是有确实充分的证据支持的，没有证据支持的事实，不会得到法律的认可，不应当写进执法文书之中。在选择案件事实的材料时，一定要注重对证据资料的分析和叙述。首先，要把证据的真实性讲清楚，证据必须是真实的，虚假的证据是不能用来作为认定案件事实的依据；其次，证据还必须具备合法性，收集证据的程序要符合法律的规定，非法证据应当被排除，执法文书的制作必须合法，例如制作讯问笔录时，如果靠刑讯逼供获得的口供，那么这样的讯问笔录是不能作为定案的证据的；最后，证据还必须具有关联性，风马牛不相及的证据没有任何价值，关联性需要执法文书的制作者依据自身的经验进行必要的说明。

（三）选材的要素齐全规范

确立了执法文书制作的选材原则，就是要对执法文书的具体运用进行必要

的梳理，也就是说执法文书的选材使用应当要素齐全规范。齐全是指执法文书的事实要素和法律要素必须完整、齐备，不能是支离破碎的。执法文书的事实要素齐全，例如构成案件事实的时间、地点、人物、原因、结果、过程、因果联系等要素都要齐全；法律要素必须完整、齐备，例如"三类罪犯"的减刑不仅要看所有罪犯减刑都必须具备的条件，即是否符合"确有悔改、确有立功和确有重要立功"的减刑条件，另外还要看其是否"通过主动退赃、积极协助追缴境外赃款赃物、主动赔偿损失"，或是积极消除犯罪行为所产生的社会影响的行为，如果"三类罪犯"在服刑期间利用个人影响力和社会关系等不正当手段企图获得减刑、假释机会的，法律不认定其确有悔改表现。所以在陈述"三类罪犯"的减刑适用条件时，必须依据法律对"三类罪犯"特别的规定条件作为选材的要素，进行综合考虑。

三、法律文书材料的运用环节

法律文书材料的运用过程大致分为以下三个环节：

1. 要全面地占有材料，其中包括认真阅卷，全面掌握案情，并做好阅卷笔录；根据案情要有目的地深入实际调查取证收集相关的证据；从法律法规中获取材料。

2. 要科学地分析材料。其中包括对材料真伪的分辨；对材料来源的核实；对材料性质的确定和判断材料的价值取向。分析材料还要科学归类、严格把关，确保质量。

3. 要适当地选择材料。其中包括以主旨为轴心，合理地选择材料，要选择真实、准确的材料；处理材料要灵活。

【拓展阅读】

监狱执法文书中的材料 PPT。

第三节　　监狱执法文书的结构

【引言】

以下许×案二审判决书文本的节选，请分析文本结构，说说其结构特点。

　　广东省广州市人民检察院指控：2006 年 4 月 21 日，被告人许×伙同郭×山（另案处理）窜至广州市天河区黄埔大道西平云路的广州市商业银行ATM 提款机，利用银行系统升级出错之机，多次从该提款机取款。至 4 月22 日许×共提取现金人民币 175 000 元。之后，许×携款潜逃。该院当庭宣读、出示了受害单位的报案陈述，证人黄××、卢×、赵××等人的证言，公安机关出具的抓获经过，受害单位提供的银行账户开户资料、交易记录、流水清单、监控录像光碟以及郭×山和许×的供述等证据，据此认为被告人许×以非法占有为目的，盗窃金融机构，数额特别巨大，其行为已触犯《中华人民共和国刑法》第264 条第 1 项之规定，构成盗窃罪，提请本院依法判处。

　　被告人许×在本次庭审中对公诉机关指控的事实无异议，辩护人提出的辩护意见是：首先，本案事实不清，证据不足。现由如下：①被告人许×只记得其银行卡内有 170 多元，具体数额记不清楚，证实其账户余额为176.97 元的证据只有银行出具的账户流水清单，无其他证据印证。②账户流水清单记录的时间、次序有误。③银行的自动柜员机为何出现错误、出现何种错误不明确。因此，本案无法得出许×账户只有 176.97 元及其每取款 1000 元账户仅扣 1 元的必然结论。其次，被告人许×的行为不构成犯罪，重审应当作出无罪判决。现由如下；①许×以实名工资卡到有监控的自动柜员机取款，既没有篡改密码，也没有破坏机器功能，其行为对银行而言是公开而非秘密的。许×取款是经柜员机同意后支付的，其行为是正当、合法和被授权的交易行为。因此，许×的行为不符合盗窃罪的客观方面特征，不构成盗窃罪。②许×通过柜员机正常操作取款，在物理空间和虚拟空间上都没有进入金融机构内部，因此，许×的行为不可能属于盗窃金融机构。③许×的占有故意是在自动柜员机错误程序的引诱下产生的，有偶然性；自动柜员机出现异常的概率极低，因而许×的行为是不可复制、不可模仿的；本案受害单位的损失已得到赔偿，许×的行为社会危害性显著轻微；现有刑法未对本案这种新形势下出现的行为作出明确的规定，法无明文规定不为罪，应对其作出无罪判决。④许×的行为是民法上的不当得利，因该不当得利行为所取得财产的返还问题，应通过民事诉讼程序解决……

　　问题思考：以文学体裁的范例《红楼梦》为例，说说红楼梦的结构特点；试分析以上法律文书文本，说说其结构特点；再比较文学作品和法律文书的结构有什么不同。

　　每当撰写文章时，作者拟就标题，确定了文章的主旨，并且筛选好写作的

材料之后，接下来就必须认真思考如何循着自己的思路组织选出的材料了。一篇文章的段落分成、每一段落应包含的具体内容、如何开篇、怎样结尾等问题，皆属于文章结构的范畴。结构是构成文章形式的要素之一，了解执法文书结构的重要性，掌握执法文书的结构特点，对执法文书制作的思维逻辑有一个清醒的认识。

一、监狱执法文书的结构特点

结构，即谋篇布局。执法文书的结构是指组织安排执法文书的组成要素、材料及内容的各种具体形式。为了保证执法文书的权威性、严肃性，司法部监狱管理局于 2002 年 7 月颁布了《监狱执法文书格式（试行）》样式，共计 48 种，在实践中还有相当一部分执法文书，没有在这 48 种文书之列，各省监狱管理局对不在 48 种执法文书之列的，但在实践中又广泛使用的文书种类进行了省内规范，所以制作者除遵循司法部监狱管理局颁布的监狱执法文书格式外，还要遵循各省监狱管理局颁布的执法文书格式，熟悉其结构特征，以便制作出来的执法文书合乎规范和要求。出于实用性和专业性的需要，监狱执法文书的结构具有异于其他文体的显著特点，主要表现为：

（一）结构形式模式化

监狱执法文书的谋篇布局绝不能像文学创作那样追求灵活多变、异彩纷呈的表现形式。为体现所处理和解决问题的性质，也出于所表现内容的需要，更重要的是为了坚持法律实施的统一性，监狱执法文书多采用相同的结构形式来安排同一类文书的篇章结构，这种稳定的结构层次和排列顺序形成固定的模式，不允许或不提倡制作者随意增删改造。

司法部监狱管理局对文书的结构形态作了明确的规定，因而监狱执法文书在结构上具有明显模式化特点。在监狱执法文书的格式样式中有很多的文书属于表格式的，这是监狱执法文书高度模式化特点的表现，结构的模式化并不是内容的脸谱化。例如在制作《提请罪犯减刑建议书》时，首部内容制作时要求写清罪犯的基本情况、判决情况和刑罚执行情况，正文的内容要求写清确有悔改、确有立功或是确有重大立功的事实，这些制作内容具有模式化特点，但结构的模式化并不等于僵化、脸谱化，在制作的过程中不能把罪犯张三和罪犯李四的减刑事实表述的千篇一律，而应针对罪犯张三和李四的不同表现，进行有针对性的表述。

（二）内容事项固定化

由于法律规范及实施过程具有普遍性和稳定性的特点，具体监狱执法文书的每一个组成部分所包含的事项，与之相应，也都是统一的、稳定的。监狱执法文书各个组成部分涵盖事项的固定化，要求内容明确、条理清楚，而不能事

项纷繁、形神散漫。如刑罚执行类执法文书对罪犯犯罪事实的表述，均要求全面而合理地反映犯罪事实的叙述要素，并将犯罪构成要件的各个方面蕴涵其中，随后列出的证据亦应与所叙事实相对应。

（三）结构用语程式化

监狱执法文书结构形式的模式化和内容事项的固定化决定了其结构用语的程式化。结构用语的程式化特点在监狱执法文书中有以下几种表达形式：第一种体现在"××通知书"或"××证明书"的文本中，在这类执法文书中一般都是固定的表述，制作者只需在空格内按要求填写即可。第二种体现在拟制式文书中，承上启下的过渡段通常会采用程式化用语表达，例如《提请减刑建议书》中承上启下过渡段的表述为："该犯在近期确有悔改表现，具体事实如下："的固定表达，这也是属于程式化用语表达。第三种文书需要运用程式化的句式来表达相关内容。例如，制作《暂予监外执行审批表》，监狱意见的表述应围绕着暂予监外执行的法定条件进行，可表述为"该犯患有××病（写清有鉴定资格的医院的诊断结论），短期有×××危险，属于《保外就医严重疾病》范围，符合暂予监外执行的条件，经合议，建议暂予监外执行一年"，在这段文字表述中体现了法律条件要素、法律程序要素和意见要素，这些要素体现了监狱执法文书结构用语的程式化。

二、监狱执法文书的结构形式

优秀的法律文书也非常注重结构的平衡，什么叫结构平衡呢？就是从文字结构上看讲求对仗，编章节、条款目分明。执法文书的结构，分为形式结构与内容结构。

（一）监狱执法文书的形式结构

监狱执法文书的形式结构是指监狱执法文书外在的组织形式。其结构一般由首部、正文和尾部三部分构成。每一部分的内容都有其特定的要素构成。

1. 首部。首部是监狱执法文书开篇部分，一般包括文书标题、文书编号、罪犯的基本情况、判决情况及刑罚执行情况、案由部分等。

例如：《监狱起诉意见书》的首部就包含如下内容：①标题，包括文书制作机关名称和文书名称（已印制好）；②文书编号，应依次写明发文年度、制作机关代字、文书简称及发文顺序号；③罪犯的基本情况、判决情况及刑罚执行情况；④案件办理情况，包括写明案件由来和案件来源。

2. 正文。正文是监狱执法文书的核心部分，对每一份执法文书而言都是不可或缺的。正文体现了执法文书要解决的问题及法律事实和法律依据等内容。

例如：《监狱起诉意见书》的正文包括了如下内容：①犯罪事实；②提出起诉意见的理由，此理由包含了事实依据和法律依据两个部分。

3. 尾部。尾部是监狱执法文书的结束部分，通常是交待告知事项、签署、日期、用印、附项等内容。不同的文种，尾部的事项略有不同，但制作者或制作机关的签署、文书签发日期、用印则是通用的必备事项，制作者不能随意取舍和变更。

例如：《监狱起诉意见书》的尾部包括了如下内容：①送达机关；②成文日期；③附项内容。

（二）监狱执法文书内容结构

监狱执法文书内容结构是指具体执法文书中所应当包含的具有内在联系的各个重要组成要素。通常由事实、理由和结论（主文）三个部分组成。

1. 事实。事实是案情事实或者具有法律意义的事件经过，执法文书的事实属于法律事实，即法律行为事实、要产生的法律后果和要负法律责任的事实，事实在制作时不能任意取舍、剪裁。

2. 理由。理由是认定事实理由和适用法律的理由，将认定的事实与案件或事件的处理结果有机联系起来的纽带。具有结论意义的执法文书应结合相关法律规定，给出结论的理由。文书的理由通常具备下列内容：对已查明的案件事实或事件经过进行法律上的定性分析；结合案件的具体情节作出法律上的定量分析，确定具体情节的法律意义，明确双方当事人或利害关系人的是非责任；就解决争议焦点所适用的法律规定予以论证；引述处理该问题的法律条文。

3. 结论。结论即执法文书要解决的问题，其结论应当明确、具体、完整。结论直接表明了制作执法文书的目的和意图，是文书制作主体依据其职权或权利对案件或事件的实体问题所作的权威性或具有法律意义的判定。

【拓展阅读】

1. 监狱执法文书中的结构PPT。

2. 郭林虎："法律文书结构技巧研究"，载《北京政法职业学院学报》2007年第4期。

第四节 监狱执法文书的语言

【引言】

    我们以《红楼梦》中林黛玉的《葬花辞》为例，林黛玉以花自比，用"花谢花飞"表达"红颜易老"，语言细腻生动，感情丰富，营造了深远的意境，是情与物的完美结合。"花谢花飞飞满天，红消香断有谁怜"是整首诗词最著名的一句，林黛玉以花自喻，既是对百花凋零的同情与伤感，也是对自己身世的伤感与悲伤。其中"一年三百六十日，风刀霜剑严相逼"一句表达的是林黛玉对所处境遇的揭露，她将封建礼教比作为"风刀霜剑"，是她对罪恶的封建社会的控诉与反抗。"愿奴肋下生双翼，随花飞到天尽头。天尽头，何处有香丘？"传达出了林黛玉对生活与理想的追求。同时，这首词还表现出了林黛玉坚韧、清高、执着、不随波逐流的高尚品质。

    从以上分析可以看出文学作品中的语言可以采用虚写，或表达某种意境，或表达情感，或表现人物性格，或用比喻指代……使读者读后有无限的想象空间，所以有了"一千个读者就有一千个哈姆雷特"这一说法。同学们可以试想一下如果我们的监狱执法文书出现了"一千个哈姆雷特"，那将是怎样的灾难。监狱执法文书作为实用性很强的一种法律文书，有其独特的交际领域、交际对象和交际职能，在语言的运用上形成了自身鲜明的文体特点。

问题思考："本院认为，被告人许×以非法占有为目的，采用秘密手段窃取银行经营资金的行为，已构成盗窃罪。许×案发当晚21时56分第一次取款1000元，是在正常取款时，因自动柜员机出现异常，无意中提取的，不应视为盗窃，其余170次取款，其银行账户被扣账的174元，不应视为盗窃，许×盗窃金额共计173 826元。公诉机关指控许×犯罪的事实清楚，证据确实、充分，指控的罪名成立。许×盗窃金融机构，数额特别巨大，依法本应适用'无期徒刑或者死刑，并处没收财产'的刑罚。鉴于许×是在发现银行自动柜员机出现异常后产生犯意，采用持卡窃取金融机构经营资金的手段，其行为与有预谋或者采取破坏手段盗窃金融机构的犯罪有所不同；从案发具有一定偶然性看，许×犯罪的主观恶性尚不是很大。"

    以上是许×案判决书的节选，请对比文学作品的语言，说说监狱执法文书的语言呈现了什么不同的风格？

    文章的思想内容是要通过语言这一特定的形式来表达的，而语言运用能力的强弱直接关系到文章的成败与优劣。法律文书的内容往往涉及当事人的生杀

予夺或一生的福祸荣辱，关系到法律的正确实施。因此，法律文书中无论是对当事人身份事项的说明，还是对案件事实的叙述，无论是依据事实、法学理论阐明论证适用法律的正确，还是表明对案件的处理结果，作为具体实施法律工具的法律文书对语言的要求则更加严格，它的语言呈现出有别于其他文字材料的鲜明特点。

一、监狱执法文书的语言特点

法律文书就其语言构成来说，涉及书面语言表述和口头语言表述两种形式，不同于其他文书的写作要求，有其独特的特点，监狱执法文书隶属于法律文书的分支，当然具有法律文书的写作特点。

（一）明确

明确是法律文书语言的重要特点，它是保证法律文书语言风格的前提和基础，是其语言风格中的灵魂。语言明确是指在法律文书制作中，语言的选择必须明确清晰，不能含混不清，而且在理解上只能是单一的，不能有多义。法律文书是实施法律的重要工具，如果不能做到理解的单一性就不能使其得到很好的执行，甚至南辕北辙，有损法律的公正和权威。

要真正做到用语准确，必须注意做到：

1. 严格区分近义词的界限。辨析时从词义的性质和范围上来进行，具体包括语义的轻重程度、范围大小、褒贬色彩、适用对象以及具体和概括之间。法律文书写作中常常会碰到"阴私"与"隐私"、"被告"与"被告人"、"认罪服法"与"认罪伏法"、"妨碍"与"妨害"这类词汇，它们看起来表意相近，但在法律文书制作中却要严格区分它们之间的细微差别，绝对不能替换。

【示例】情节严重与情节恶劣。

分析：情节严重与情节恶劣是文书理由部分在确定刑事被告人的犯罪性质时常用到的，但二者是有着语义轻重程度的差别。"严重"指行为的罪恶程度深，或社会危害性，相应处刑也较重；"恶劣"偏重于反映行为人的主观态度和思想品质很坏，起点刑期相对不高，因而在法律文书中这两个词语的运用应与案情相符。

2. 要避免语义理解分歧。

【示例】被告人李××因抢劫两次被判刑。

分析：示例的表述在理解上就不是单一的，如果断句在"抢劫"，说明被告人是有前科的，而断句在"两次"，说明被告人因抢劫两次被刑事追究。

3. 法律文书中出现的当事人一定要带法律称谓。制作法律文书时，对于文书中出现的当事人一定要带法律称谓，表述当事人之间的法律关系要清晰。被告人、被害人、自诉人、第三人、证人等称谓在一份法律文书中可能会多次出

现，目的是分清罪责或明确他们的权利义务关系，明确其在诉讼中的法律地位。

4. 切忌指代混乱。法律文书中使用人称代词时，要指代明确，切忌指代混乱。

【示例】据李××单位领导和同事反映，听说死者与李××一起合伙做生意，前不久还因分钱的事闹过矛盾，经询问李××，他承认当天下午 6 点多去过张××家，但是去张××家商谈生意上的事，商量完后自己就离开了。

分析：文中"经询问李××"询问的主语已经发生变化，但在这段文字表述中任意省略掉主语，使询问的主语仍然是前一句话中的"李××单位领导和同事"，这与工作实践是不相符合的。还有一个地方乱用指代词"他"，造成指代上的混乱，"他承认当天下午 6 点多去过张××家，"这里的"他"是前面的主语，但法律文书实际想要表达的主语是张××。

5. 慎用模糊用语。当然，法律文书的准确不是绝对的准确，而是相对的准确，一方面，语言本身的局限性使其不可能达到绝对的准确；另一方面，法律文书要反映的某些特殊内容也排斥语言的绝对准确。为此，在强调语言准确的同时，制作法律文书还需注意适当使用模糊语言。模糊用语是指意义含糊的词语、句子等，法律文书使用模糊用语是有原则的，是在不影响案件本来面貌和处理结果的情况下才可以使用。法律文书使用模糊用语的情况大致有以下三种情况：

【示例】被告人李××用下流语言，肆意蹂躏，辱骂某女青年。

分析：当涉及国家机密、商业机密和个人隐私等内容时，可以使用模糊用语。

【示例】犯罪现场在×××广场一带，案发时间大约在凌晨 2 点钟左右。

分析：在涉及未知事项时，需要用模糊语言，这是由人的认知规律所决定的，在犯罪案件发生以后，立案时侦查人员对案件事实的了解肯定是有限的，所以对案件事实采用模糊语言来描述。

【示例】本院认为，被告首先动手打人，应赔偿原告治疗所花去的医疗费用，但是原告先挑起事端，也应对此事件负一定的责任。

分析：第三类模糊语言一般用在案件事实叙述清楚之后（被告人犯罪要素已交待清楚的基础上），可运用模糊语言在一定程度上对前文精确事实进行总结和复指。

（二）庄重

所谓庄重，是指法律文书的制作体现法律的威严和公正，语言的选择一般都是比较严肃的中性词。司法是被动、中立的，不能有任何偏向，语言的褒贬代表了作者的好恶，流露出主观倾向，就有可能在司法过程上产生不公正，使

司法的天平发生倾斜，从而动摇了国家法制的根基。方言、土语、歇后语以及一些不够雅致的语言也不能在法律文书中使用，应当代之以恰当的词语表明其原来的意思，从而保证法律文书的庄重。强调执法文书语言的庄重性，要求制作者在制作文书时尽量注意做到：

1. 忌使用积极修辞，应采用消极修辞。积极修辞是指在文章中使用修辞手法，消极修辞是指在文书中不使用修辞手法。积极修辞用来起修饰作用，运用的目的是使文章更为生动活泼，富有感染力。法律文书从性质上看它是具有法律效力或法律意义的，这一性质决定了它所追求的目标是以理服人，而不是以情动人。正因为如此，在制作法律文书时用语必须严肃、庄重，切忌华丽的辞藻。

【示例】她和他同村，年方 19 岁，出落得清水芙蓉一般；那亭亭玉立的风姿，白里透红的瓜子脸，两泓波动秋水般的眸子，还有那如云的秀发，荡漾着甜美的笑靥，常常令他销魂。

分析：在这段表述中，引自一篇法制报告文学《残酷的爱》，文中讲述了一个因恋爱不成，行凶杀人的案件。文章对被害人做了形象性描绘，其中运用了三处比喻修辞手法，以及"亭亭玉立""白里透红"等描写性的语言，塑造了一个充满青春气息的美丽女子形象，流露出作者的褒爱之情，也为她的不幸遭遇起到反衬的作用。如果在法律文书中使用的话，很容易使读者产生先入为主的判断，这与以事实为依据的判断标准是大相径庭的。

2. 忌使用感情色彩浓厚语言，应使用平实的语言。语言的平实，是指语言质朴无华，通俗易懂，不夸张渲染，不晦涩难解，不矫揉造作，不追求辞藻的华丽。法律文书语言的平实是由其实用性的特点所决定的，制作法律文书的目的在于客观准确地反映案件事实，以事实为依据，正确地适用法律，客观公正地依法处理案件。因此，法律文书中要使用普通的、常见的、易读易懂的字词，使用语意具体、表意明确的语言，而不应说大话、空话、套话，不用或少用形容词，不用或少用比喻、拟人等修辞方法。

制作执法文书时必须注意忌使用感情色彩浓厚的语言，在司法实践中，有的制作者为了达到追究犯罪人责任的目的，常常使用一些感情色彩浓厚的词语来表达自己情绪或看法，结果造成法律文书丧失了庄重性。

【示例】被告人××无视国法，丧心病狂，绑架人质后，予以杀害，手段极其残忍，不杀不足以平民愤……

分析：法律文书表述应使用消极修辞，所用的语言，就要求是概念的、抽象的、普通的，而非感性的、具体的、特殊的，以保持高度的客观性，它绝对排斥制作人员主观情感的渗透。这段文字表述运用了较多感情色彩浓厚的词语：

"丧心病狂""不杀不足以平民愤",在法律文书中对被告人的犯罪行为进行评述,一定是要做法律上的评述,而不是情绪上的宣泄,因为追究被告人的刑事责任是以事实为依据,以法律为准绳,而不是靠贬义词丑化被告人的形象来达到追究其刑事责任的目的。

3. 避免方言土语和口语,应使用书面用语。在司法实践中,为了使语言接近生活,让当地人能够更好地理解法律文书的含义,往往将一些方言土语引进法律文书之中,这样的结果是使很多外地人看不懂,而且也使大量属于国家发的法律文书变成了地方性文件,影响了庄重性。对于一些流行的网络用语,有的网络用语在媒体上被广泛地使用,但在法律文书中一定要慎重使用。

【示例】 某人民法院的判决书这样写道:"于是,原告李××当场指着被告于××的女人破口大骂"。

分析:这里的女人实际是妻子,但是如果不懂当地的习惯,就很容易对此产生歧义。

4. 适当吸收古汉语中的一些词汇、"四字格"词语。法律文书的语体特色必须与法律的权威性和庄严性一致,执法文书的语言会适当吸收古汉语词汇和使用一些"四字格"的词语来表达,从而彰显执法文书的庄重性。

【示例】 本院认为,被告人张××无视国法,在加强廉政建设,整顿不正之风之际,利用职权收受贿赂31次,数额巨大,并为行贿人谋取非法利益已构成受贿罪,本应从重处罚。但鉴于……

分析:示例中"…之际""鉴于…"是吸收了古汉语的表达方式;而"无视国法""不正之风""数额巨大""非法利益""从重处罚"等是四字格词语表达,这在执法文书中运用得比较多。使用一些成语或约定俗成的四字格词语,短小精悍,言简意赅,读起来朗朗上口,也使得文书显得较为简练,其实,法律文书也不是冷冰冰的,严谨不失文采才是最美的。

(三)简洁

所谓简洁,是指法律文书使用语言应当言简意赅,不能累赘烦琐,不知所云。法律文书的语言要事实清楚,证据的使用要符合规则要求,法律适用正确,法律责任分明,说理充分,结论明白,能够执行。法律文书在转述当事人的意见时,要准确地表达其本来的意思,并进行适度概括;对证据的评判选择适用,要讲清楚依据;对法律的适用,应当进行必要的分析,提出相关性的特征;法律责任的判定要清晰、明白,具有可执行力或者法律意义;事实清楚、结论明确,说理充分,并非意味着一定要长篇大论,冗长的文书也不一定能把道理说得清楚,不重复,忌啰唆是法律文书应当把握的概念。简洁要适度应以准确表达为必要限度,不能单纯地为了追求简洁而丧失了法律文书的正确表达。

法律文书语言简洁要做到以下几点：

1. 避免重复。重复使用含义大体相同的词语，势必会造成语句的啰唆，所以法律文书中凡是本身意义明确的词语，就不应加修饰、限制成分，以防重复。

【示例】马×乘其妻王某熟睡之机，持木棒朝王×头部猛击数下，见王×尚未断气，还在呼吸，灌入两勺卤水，合并致王×死亡。

分析：示例的表述语言拖沓，"尚未断气，还在呼吸"意思重复；"头部猛击数下""两勺卤水"与王某的死亡关系只用了"合并"一词，其因果关系没有表述清楚。

2. 侧重于运用陈述句，较少使用祈使句，排斥感叹句。

【示例】尊敬的合议庭法官大人阁下：本人不胜荣幸，但又诚惶诚恐地站在这里也就是庄严的法庭里，向诸位尊敬的大人发表我的辩护意见……

分析：这是一份初入职的大学生写的辩护词，在这份辩护词里，抬头称谓可谓是中西合璧，但不符合法律文书的要求；头两句反映了制作者的心情，既没有交代辩护人的合法地位，也没有说明辩护人事前进行了哪些准备工作。

3. 多用短句。在语句的运用上，法律文书有别于理论性文章，多使用简短的句子。短句干脆利落，表意清晰，易读易记易懂，不易产生歧义，而长句则显得拗口，理解起来也不如短句便捷。

【示例】被王×一棍打倒在地，口鼻出血的被害人刘×正欲从地上再次爬起时，手持自制尖刀，脚穿大头鞋的李×又飞起右脚踢在刘×头上并将刘×踢昏倒在地上。

分析：这段文字中心词前的附加成分过长而显得拖泥带水，表述不清晰，若改成"被害人刘某被王某一棍打倒在地，口鼻出血，正欲爬起来时，又被脚穿大头鞋的李某用右脚踢中头部，昏倒在地"则明白、清楚、易懂。

（四）规范

法律文书的语言与一般机关应用文最大的区别就是法律性，即法律文书作为法律的具体化，具有较强的法律专业性，其语言必须使用规范的法律术语。法律的规范来源于以下三个途径：

1. 语句符合语法规则和逻辑。

【示例】季××朝被害人的头部砍了一刀，致使被害人的右下腹留下一条5厘米长的口子，经医院治疗，被缝补了8针。

分析：以上示例虽然从语言上来看并无大错，但不符合语法规则和逻辑，明明是朝头上砍了一刀，下腹怎么受的伤没有交代清楚。

2. 运用法律专业术语。各行各业都有自己行业的用语或专业用语，但比较而言，法律文书可以说是专业语汇最严格、术语气氛最浓厚的。我们可以把营

造这种法律专业氛围的语汇分为两类：标准法律术语、法律习惯用语。

【示例】从再犯罪的客观条件来说，现在赵××事业比较成功、经济条件良好、家庭关系和睦，促使再犯罪的客观因素较少；主观条件上来说，赵××犯罪是因为法律意识不高，犯罪后能认识到犯罪行为的社会危害性，及时自首，入矫后能认罪悔罪，悔罪行为和意识明显，所以从主观上看，赵××再犯罪主观因素也较弱。而且根据以上的主客观情况，入矫后，能够通过社区矫正机构的帮助和教育，提升其法律知识水平和守法意识，能够有效地控制其再犯罪的可能性。综上所述，赵××再犯罪的可能性不大。

分析：以上示例是社区矫正机关在对实行社区矫正的罪犯赵××进行社会危险性和再犯罪可能性评估时所拟定的评估结论，这个评估结论中紧紧地围绕着犯罪性质和入矫后的表现来写的，其中犯罪性质描述中运用了很多法律术语，如犯罪的客观条件、主观条件、自首、再犯罪，这些词语都来源于法律条文，有其准确的法律内涵，在使用时必须严格按照法律内涵进行表述。而法律意识、社会危害性、悔罪行为和意识、守法意识这些词语则使用了法律习惯用语。

（1）标准法律术语。标准法律术语是指仅限于法律科学范围内使用的、意义精确、语义单一的语汇。它们构成了法律文书的骨干词汇成分，这类术语来自法律条文，是法律行为和法律事实的科学内涵。

（2）法律习惯用语。法律习惯用语是在长期司法实践中逐步形成被广泛认可的习惯用语，也为法律活动提供了大量的规范句式和固定用语。例如疑案一词，在一般语言里用于泛指情况了解不够，无法确定的事件或情节，在法律文书中指真相不明、证据不足、一时难以判决的案件。在使用时应注意避免法律术语与法律用语的错用，例如"离监探亲"写成"回家探亲"、"侦查终结"写成"侦察终结"。

（五）严谨

如果说前面几个方面主要是对字、词、句等提出的要求，那么严谨则主要针对的是行文的整体协调。在执法文书的制作中，严谨就像人身体内的脉络一样，掌握、协调着内容之间的关系，使整篇文书的语言和结构更为严密。

综上所述，明确、庄重、简洁、规范及严谨是执法文书制作中缺一不可的语言要求。

二、语言的切换[1]

有什么样的当事人，就有什么样的语言。当事人因身份、素质、环境、文化背景、年龄等不同，会有千千万万不同的语言表述，会形成各式各样的不同

---

〔1〕　侯兴宇：《法律文书制作形成研究》，法律出版社2015年版，第44页。

的语言表达风格。但监狱执法文书只认同法言法语和规范性语言，其语言风格是一元化的，即客观、科学、朴实、庄重、简明。它摒弃文章学中的描写性、抒情性、角色性等作品性语言，也摒弃以笔录为形式的生活性语言。因此在制作监狱执法文书时，必须把第一手材料语言切换成法律文书语言。这就是叙案中的语言切换问题，即在制作法律文书过程中，按不同案件性质的取材标准选取一定的卷宗材料后，再按法律文书语言要求进行切换表述。主要表现在叙案中字词的调整和句子的调整。

（一）法律语言词语的调整

1. 名词性法律词语的调整。法律语言对罪名、刑罚名称、人物称谓和文书名称等的表述，都有统一和严格的要求，绝不能随意更换。

【示例】犯罪人在不同的诉讼阶段的称谓是不一样的，在侦查阶段称之为犯罪嫌疑人；在起诉和审判阶段称之为被告人；在刑罚执行阶段则称之为罪犯。在监狱执法文书中，对罪犯的称谓也要根据具体的运用范围来确定，如刑罚执行类的执法文书中要称之为罪犯，但在教育改造类文书中更多地称为服刑人员，这两类称谓也不能随意更换。

2. 动词性法律词语调整。法律语言中的动词，在选择和组合方面也有自己的显著特点，一般地说，这些特点可以概括为法定性、强制性、普遍性和特指性。法律语言常使用"禁止""严加""取缔""责令""严禁"一类常带有强制意味的动词，直接体现了法律的强制性特点。与此相联系，法律语言还有一种在其他主体中并不突出的动词组合形式，即"动词 + 动词"构成的动宾结构，例如禁止赌博、严加看管、责令赔偿。

3. 形容词性词语的调整。法律语言中的形容词运用相对较少，且具有一般主体中形容词所没有的特点，这主要体现在它的程度性和贬抑性。程度形容词的法律词语，在法律语言适用中，往往被"精确化"和"法定化"。例如：显著轻微—轻微—严重—特别严重—恶劣—特别恶劣、尚好—较好—很好，都形成了一定的序列，这种序列化了的形容词往往具备了一定的规约性，蕴含了相对精确的法律内涵，它是情节质的表现，对定罪量刑有很大的关系。

贬抑性是法律语言形容词的第二特点。法律语言中的形容词多为贬义。如恶劣、严重、罪大恶极、屡教不改。而且，这些带有贬义的形容词多采自典雅的书面语。

4. 数量性法律词语的调整。法律语言中数量词的运用，应以它的法定性为标准来调整。具体言之，包括定量性、定界性和定时性三个方面。

【示例】

盗窃人民币100万元（定量性）。

　　法律审理案件一般在一个月内审结（定界性）。

　　被告人李××犯××罪判处有期徒刑8年（定时性）。

　　5. 代词性法律词语的调整。代词在法律语言中很少用，从根本上讲，法律语言多用"某""本""该""其他"等代词，少用一般人称代词，这主要与法律语体以实用、全称为最先，较少使用简称与替代。

　　（二）法律语言句子的调整

　　这里所说的法律语言句子的调整，主要是指法律文书语言句子，而不是指法律法规的语言句子。具体而言就是事实句子的调整，法律文书事实叙述主要采用的句子，就叫事实句子，事实句子包括句类、句型和句式。从句类单一来说，陈述句、疑问句、祈使句、感叹句几种类型中，法律文书事实只选用陈述句而不像别的文书根据表达事情的需要选择不同的句类变化。

　　句型结构为：

```
                  ┌ 主谓句
          ┌ 单句 ┤              ┌ 省略句
          │      └ 非主谓句 ───┤ 独语句
句型 ─────┤                      └ 无主句
          │      ┌ 偏正复句
          └ 复句 ┤
                  └ 联合复句
```

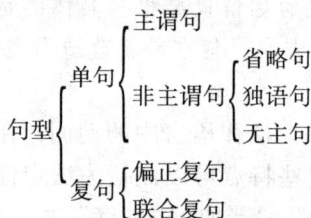

图 2 - 1　句型结构图

　　在法律文书事实句子中，一般多选用主谓型的单句，少用非主谓句，更少用复句。省略句、无主句、独语句在法律文书事实叙述中极为少见。

　　从句式单一来说，句子都有一定格式，主要表现在句子成分有一定的顺序及位置。把句子成分按一般日常顺序排列的句子叫常式句，把句子成分按特殊顺序排列的句子叫变式句，而法律文书只选用常式句，少用变式句，根据下图可以看出：

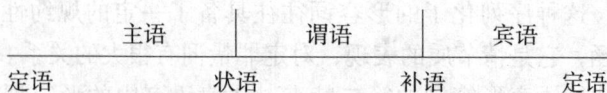

主语	谓语	宾语
定语	状语	补语	定语

图 2 - 2　句子成分结构图

　　轴上成分是主要成分的排列顺序，轴下成分是次要成分的排列顺序，按这个顺序形成的句子叫常式句。

　　【示例】**许×**持自己不具备透支功能、余额为176.97元的银行卡**准备取款**100元。当晚21时56分，**许×**在自动柜员机上无意中**输入**取款1000元的**指令**，**柜员机**随即**出钞**1000元。**许×**经查询，**发现**其银行卡中仍有170余元，意识到

银行**自动柜员机出现异常**，能够超出账余额取款且不能如实扣账。

分析：上段文字中变粗体部分均为该句的主语、谓语和宾语成分，其他句子为修辞主谓宾的定语、状语和补语，通过上段文字的分析，不难看出该段的文字表述均采用常式句。

【拓展阅读】

监狱执法文书中的语言PPT。

第五节　监狱执法文书的表达方式

【引言】

1. 从过道东头向南进入一间大卧室，南北长4.82米，东西宽3.2米，此间有一扇向左内开门。北墙下有一双人床（2×1.5米），床上铺有凉席，席面上有少量血点。床上有一本《红楼梦》小说，打开翻在第51回641页，上面有喷溅的血点。在床的南侧地面，距西墙90厘米处有一个血脚印。在床的南侧80厘米处靠西墙下放有一个折叠的方桌（80×80×80厘米），铺有塑料布，上面放有搪瓷缸、瓶子、水杯等物品，在桌子东北角放有一只8瓦日光台灯，在灯管及灯座上有血迹的指印。在西南角，靠南窗下放有一张写字台（137×71×50厘米），东墙下放有一小碗柜，在东南角放有一个脸盆架，盆里有半盆水，呈微红色，脸盆及肥皂上都溅有血迹……

2. 看吧，由澄清的河水慢慢往上看吧，空中，半空中，天上，自上而下全是那么清亮，那么蓝汪汪的，整个的是块空灵的蓝水晶。这块水晶里，包着红屋顶，黄草山，像地毯上的小团花的小灰色树影；这就是冬天的济南。

问题思考：请同学们试比较一下上面的两段文字，有什么异同？分析一下这两段文字运用了哪些表达方式？如果把第2段文字的表述风格运用到第1段文字可以吗？为什么？

文章有五种基本表达方式，即叙述、说明、议论、描写、抒情，在从事法律活动的过程中，制作主体在制作监狱执法文书时，其制作意图在于适用法律处理和解决法律相关问题，并非以描摹场景、渲染气氛或抒发情感为要旨。因此监狱执法文书常用的表达方式是叙述、说明、议论。叙述通常用于表达案件事实；议论，在法律文书中称之为说理，说理用来论证案件性质和处理的理由；说明用于解说事物或事理的性质和状态；描写、抒情的表达方式在法律文书中一般不使用，这是由法律文书的严肃性和实用性决定。

一、叙述

叙述是指反映事物产生、发展、变化的一种表达方式。法律文书的叙述包括对事的叙述、对人的叙述、对证据的叙述、对法律的叙述等。

（一）执法文书中叙述的规则

1. 对事的叙述。对事的叙述通常可以分为顺叙、倒叙、插叙、分叙和补叙等。法律文书中的叙述，通常与时间最为密切，所以叙述的手法通过按时间顺序，逐一陈述，很少插述和倒述。顺叙是最常用的一种叙述，往往采用第三人称，特点是符合事情和时间的发展规律、清晰自然、完整顺畅，符合一般人的逻辑习惯。

至于叙述案件事实，可以采用"三性一中心"的方法。就事实而言的"三性"指的是它性质上的"三性"——客观性、全面性和完整性，即对于叙述的每一事实，没有夸大、没有主观臆断，严格做到了靠证据展开叙述；整个叙事过程，就是将各个证据串联起来的过程，足够全面和完整地反映事实全貌。

2. 对人的叙述。法律文书对人的叙述不同于文艺作品中对人的叙述，法律对人的关注点在于该人的特定行为在法律上应当承担或怎样承担法律责任。所以法律文书对人的叙述，无论是自然人，还是法人、其他组织，主要集中在他们的主体身份资格在法律上是否适格这一问题。叙述都要围绕着这个核心内容展开。对于自然人而言，他的权利能力和行为能力、出生年月日、行为发生地、智力状态、精神疾病、行为时的职业或工作、环境对正常人主观判断等要素就成为叙述的重点。对法人或其他组织的叙述应符合单位犯罪的犯罪主体特征。对人的叙述不能单纯引述其他人的口述，而要注意对证据资料的分析和判断，理性地得出结论，避免主观上的生搬硬套。

3. 对证据的叙述。法律文书对证据的叙述首先要注意对证据的分类把握，重点在于叙述证据的来源和真实性、合法性的审查判断，注意分析证据与待证事实的关系。在相关法律文书的制作中，对证据的叙述要做到详细而完备，不仅要叙述清楚证据本身的内容，而且还要把证据的来源、收集的过程、现场的场景以及必要的证人和录音录像资料展示出来，并做出必要的说明。

对证据的叙述，要注意证据的"三性"，指的是法理上的"三性"——客观性、合法性和关联性，即考察证据有没有被伪造，证据的来源是否合法，证据是否与待证的客观事实之间存在关联关系等。

在实践当中，除了依据非法证据排除规则外，还必须掌握一些实际判断的方法。判断一份证据合法与否，可以按照来源、取证方式、主体、程序以及法律对证据的特殊要求等多个方面综合判断。例如如果采取刑讯逼供方式获取的口供，因为取证方式不合法制作的讯问笔录应当被排除。要使讯问笔录成为刑事诉讼证据，制作时必须在尾部履行相应的法律手续。讯问笔录制作完毕后应当交犯罪嫌疑人核对，对于没有阅读能力的，应当向他宣读。犯罪嫌疑人承认笔录没有出入后，应当签名或者盖章。侦查人员也应当在笔录上签名。如果没有经过这些程序，讯问笔录是不具有证据力的。

4. 对法律的叙述。对法律的叙述是法律文书的重要内容，但绝不是把法律条文直接写入法律文书中就算完成任务了。法律适用并非简单地将事实对应法条即获取明确结论的机械过程，还涉及对事实的剪裁、法条的选择和适用等诸多因素。对于所适用的法条，必须解释清楚各个法条的适用范围，法条之间可能存在的矛盾、冲突和竞合的问题等。解释法律的工作，不是单纯的字面解释，当中必然包含了一定的经验法则和价值判断。对法律的叙述首先要反映出法律文书制作者对相关法律的正确理解和认识，其次是对法律条文和案件事实关联性的分析，按照形式逻辑三段论的要求，推导出结论。引用法典和法条的顺序和法律文书对案件事实的叙述顺序应当是一致的，法典和法条的叙述顺序要服务于案件的需要。

（二）叙述的方法

在叙述的方法上，需要围绕着"一个中心"，就是以文书主旨为中心展开筛选和陈述。与中心密切相关的应该作为重点集中陈述，与中心无关的应该省略，如果是次要的作简单总结即可。

根据司法实践中的总结归纳，对法律文书叙述方法常的有：自然顺序法、突出主罪法、突出主犯法、总分法、综合归纳法、纵横交错法。

1. 自然顺序法。自然顺序法是指按时间顺序，将案件的发生、发展直至结局的情况依次进行记叙。这是最基本的叙述方法，常用于一人一次一事的案件，与顺叙的不同在于，它是针对全案所做的叙述，而自然顺序法则是针对案件某一事项所做的叙述。

2. 突出主罪法。突出主罪法即按照被告人或犯罪嫌疑人所犯罪行的主次轻重顺序来记叙，把性质严重、情节恶劣、危害性大的罪行放在第一位详细叙述；将性质危害、情节相对较轻的犯罪事实放在后面叙述。这样叙述主次罪责分明，

可避免定罪失据，量刑畸轻畸重等弊端。

3. 突出主犯法。突出主犯法适用于记叙共同犯罪或集团犯罪的案件。以各被告人或犯罪嫌疑人在共同犯罪中的地位和作用为线索，依先主犯后从犯的顺序叙述犯罪事实。其特点是罪责分明，便于定罪量刑，使复杂的案情条理清楚。

4. 总分法。总分法适用于记叙触犯多种罪名的共同犯罪案件。这类案件案情错综复杂，叙述时要点面结合，既不能疏漏残缺，又不能平行罗列，所以难度较大。总分法的特点是，先把该案的犯罪事实提纲挈领地总括叙述，然后再依犯罪嫌疑人主从顺序或罪行重轻顺序分别叙述，以区分罪责，严谨结构，具体而言就是先总括后分叙。

5. 综合归纳法。综合归纳法即用概括的文字将被告人、犯罪嫌疑人的犯罪事实加以综合归纳，适合记叙多次犯有同类罪行案件。其优点是语言简练，能够反映某些罪的罪状特点。综合归纳法一般不能单独使用，须结合上面说到的方法结合使用。

6. 纵横交错法。纵横交错法是指将案件发生、发展的纵向变化和法律关系中的各方主体的争执意见交错叙述，便于把复杂的案情条分缕析地陈述清楚，使人一目了然。这种叙述方法的好处是便于把复杂的案件说清楚，责任分明，脉络清晰，准确地反映出法律和案件的全貌。

（三）叙述的要求

叙述是法律文书写作中最基本、最常见的一种表达方式。任何文体都要求叙述准确，但不同的文体，准确的内涵是不相同的。文学作品所要求的准确乃是在于叙事状物活灵活现，表情达意细致入微，令人身临其境。而法律文书叙事的独特之处在于确切清晰。法律文书中的叙述，应符合以下要求：

1. 叙述要素要完备。在监狱执法文书中运用的叙述主要包括两个方面的叙述，一个是对犯罪事实的叙述，另一个是对一般事实的叙述。

（1）对犯罪事实的叙述。一方面，对犯罪事实的叙述要求犯罪事实要素齐全，所谓要素齐全，是指法律文书的制作必须要按照相关法律的规定，完整准确地把案件事实的各种要素写清楚，对于刑事案件的事实而言，其叙述的要素包括犯罪事实"七何"要素，即叙述清楚犯罪事实的何时、何地、何人、何种动机目的、何种情节手段、何行为过程、何危害结果、被告人事后态度和涉及的人和事（"被告人事后态度、涉及的人和事"这两项因为不是每一个犯罪事实都具备，所以在法律文书中前面的七个要素称之为犯罪事实"七何"要素）。另一方面，通过对犯罪事实要素的叙述须反映罪名的犯罪构成，突出罪状特点，法律文书对事实的叙述不能单纯讲故事，而要展示出其法律特征来，即通过对事实基本要素的反映，同时能准确地反映被告人所触犯罪名的犯罪构成，即犯

罪的主体、客体、主观方面、客观方面。

刑事法律文书叙述要素和犯罪构成要件有着密切的内在联系。这里有两种情况：一是叙事要素中包含犯罪构成要件；二是叙事要素中不包含犯罪构成要件。认识这两种关系，有助于划清罪与非罪的界限。在具体案件中，情况往往十分复杂，有些要素具有某一犯罪的构成要件，有些要素则具有另一犯罪的构成要件，叙述案情时，要注意分清此罪和彼罪的界限。

【示例】该犯于 1998 年 11 月 24 日在××市××宾馆住宿，乘同室旅客王×熟睡之机窃取其衣袋里的钱物，被王×发觉，该犯将王×打昏后逃跑。

分析：以上示例的表述，按照犯罪事实的叙述要求，主要存在以下几个问题：不能反映抢劫罪的罪状"当场使用暴力"的特点；反映不出抢劫的动机目的（是为了窝藏赃物，还是为了抗拒抓捕而当场使用暴力）；犯罪后果不具体，"王×的昏"不能够准确地反映出犯罪后果；表述还缺乏行为过程、被告人事后态度（动机目的、危害结果前面已分析）等基本事实要素。

（2）对一般事实的叙述。不同于法律文书犯罪事实的叙述，在监狱执文书中还涉及一类事实的叙述，那就是对一般事实的叙述。这类事实较多在存在于对罪犯进行管理和奖罚过程中，对一般事实的叙述通常也必须包括必备的要素，这几个要素简称为"5W1H"。

谁（who），任何事件都离不开对人物的叙述，监狱执法文书所涉及的人要叙述清楚、具体。

什么时候（when），是指执法文书所涉及的事件或行为发生的时间。这个包含两层意思：一是指事件、行为发生的具体时刻，它的表述单位根据案情的需要可以是年、月、日，也可能是时、分、秒；另一层意思是指法律规定的一段期间或时效，计算单位一般是年、月、日。时间在执法文书制作中非常重要，表述时要注意表述准确。

什么（what），是指发生了什么事情，"什么"要素主要是指事件发生的过程，是怎么发生、发展的，在进行事件的陈述时要符合人们的思维习惯，能够被人们接受，其中构成案件、事件的事实的各种要素应当齐全、规范、准确。

什么地方（where），是指执法文书所涉及的地点。一般是指事情或行为发生的地点，一般要求具体明确。

为什么（why），是指因果关系。监狱执法文书应当把事情的结果说清楚，也要把发生的原因找出来，要防止主观上的推断，凭个人的想象大做文章，忽略司法程序和对证据的审查判断，仅从表面上的蛛丝马迹，先入为主地对现在材料进行取舍。

如何（how），往往是指事实的发展过程或情节的展开或事件中的细节。下

面的情景是每个人都会遇到的：当有人简明扼要地述说完一条有趣的事情以后，周围的人便会急切地追问：具体情况怎样？再细说一下。这里的"具体情况"就是如何要素。

【示例】一名罪犯昨晚从监狱逃出。对这一事实要素逐一作出分析：何人——仅是一名被判刑3年的盗窃犯，并非穷凶极恶的杀人犯；何时——昨晚，也是一个平常的日子；何地——某监狱，逃跑罪犯来自的地点；何因——逃避法律的惩罚，属于较常见。接下来的是"如何"要素，这也正是大众所关心的焦点。因为在一般人心目中，监狱总是壁垒森严、防备非常严格的，此罪犯靠何种手段、以什么方法躲过了监狱高墙电网、狱警的监管以及同改的监视得以逃脱的呢？一番分析后，应从如何要素入手，率先回答读者的疑问：罪犯以前会开吊车，利用监狱新建监舍楼的机会，中午装病去监狱医院，从监狱医院窗户爬出，到工地处偷取一套民工衣服，爬上塔吊，走过塔吊横梁，从钢缆滑下，越狱出墙外，其过程被武警发现，鸣枪示警，其落地后，跑入附近变电所，被后来赶到的武警抓获。按照"5W1H"的要素对事件进行重新排序，就可以清晰、明确地表述出事件的原貌。

2. 因果关系要叙述清楚。这里的因果关系指的是法律上的因果关系，即行为目的、行为本身、行为结果之间的关联性，它是各种法律责任中确定责任归属的基础。行为人实施的行为和实际的危害后果之间是否存在着因果关系，对于明确争议的性质和行为责任的有无及大小有着重要意义。

【示例】有果无因。

被告人王××曾唆使其外甥陈××、侄子刘××将张××骗到外地杀害未遂。

【示例】因果关系的叙述脱节或产生矛盾。

被告人赵××突然举刀向张××头部猛砍一刀，造成张××的头部、左手背和右臂三处刀伤。

3. 关键情节要叙述清楚。所谓关键情节，是指能够体现案件、事件或行为与结果的因果联系和案件性质的主要情节，即涉及当事人须承担的法律责任或刑事案件中量刑轻重的情节。

【示例】一起强奸案的案件事实的叙述。

"受害人黄××仍不从，被告人便放弃奸淫。当日早晨，黄××因病死亡。"

分析：以上示例的叙述无法看出受害人的死亡与被告人的犯罪行为有无直接的因果关系。

4. 关于证据的表述。在叙案中，证据是举足轻重的要素。法律事实与诉讼证据具有相生相亡的关系。没有证据就没有法律事实的存在，没有法律事实，证据是一种孤立的要素。证据及其存在的价值主要是证明案件事实，证据如何

用语言来证明事实的存在，这就是证据的表述。在监狱执法文书证据表述中，一般只有证据种类的表述，很少有证明关系或证明过程的表述，但应当清楚法律事实和证据之间的关系。监狱执法文书对证据的表述为：认定上述事实的证据如下："……（分列相关证据）……"；在附项中写明："证据目录、证人名单和主要复印件，并注明数量"。

【示例】上述事实，有被害人黄××的陈述笔录，指控被告人李××于××年×月×日下晚班，在车间内对其实施了奸淫，（在实施奸淫时李××被张××、王××发现并当场抓获，张、王两人分别提供了证言）；经××市公安局法医检验，被害人黄××的裤头上遗留的精斑与被告人血型一致，均为 B 型，现场勘查，提取的物证有被告人的饭盒一个，蓝色工作服一件，经法律查证是被告人遗留在现场的，被告人对上述证据无疑义，对强奸事实供认不讳。证据确实充分，足以认定。

分析：以上示例在进行法律论证时，并没有单纯地列举证据种类，还对证据的"客观性、合法性、关联性"进行了分析认定，使举出的证据有充分的说服力，证明被告人李××犯有强奸罪无疑。

5. 对于事实的主次详略要叙述清楚。法律文书的详略不是由制作者主观情感或好恶决定，而是由法律文书本身要表达的法律意义来决定。必须依据法律的尺度、适用法律、分析说理的需要来决定。例如在运用语言描述具体行为的时候，应当以法律的尺度来决定详略，注重描述清楚细节，这些细节内容例如：在叙写犯罪行为中，对于犯罪行为使用的工具、手段、方式、力度等要描述细致，同样的持械伤人，用什么器械，是刀、枪，还是木棒、铁锤？同样是用刀，还要写清楚是砍伤还是捅伤，部位、力度如何等，不能笼统写成"持械伤人"。

二、说理

议论在法律文书中一般称为理由，亦称为说理。说理就是制作主体运用语言文字来依法表述具体的案件事实，并得出法律上结论的过程，包括事实理由和法律理由。事实理由是指对法律事实及其证据的分析、认定；法律理由是指对具体案情的法律认识和法律适用。法律文书的理由来源于法律事实，它是依据一定法律事实适用法律进行说明的一种推理。说理上承事实，下启结论，是法律文书之魂。

（一）说理的要领

1. 概括方法。

（1）本质概括，包括了事实概括、情节概括及争议焦点的概括。事实概括、情节概括及争议焦点的概括都来源于法律事实，与法律事实本身没有本质的区别，但却是法律事实的高度概括与浓缩。这种概括就是法律文书说理的最基本

功夫，体现了司法概括的本质特点。

【示例】许×案的刑事判决书节选。

广东省广州市人民检察院指控：2006 年 4 月 21 日 22 时，被告人许×伙同郭×山（另案处理）窜至本市天河区黄埔大道西平路的广州市商业银行 ATM 提款机，利用银行系统升级出错之机，多次从该提款机取款，至 4 月 22 日 23 时 30 分被告人许×共提取现金 175 000 元，携款潜逃。

分析：以上段落体现了法律文书对犯罪事实的概括，较多地运用于法律文书理由部分。此部分的事实概括不同于前面的对犯罪事实的叙述，犯罪事实的叙述需运用"七何要素"对事实进行详述，而此处的事实概括只抓取了时间、地点、人物、原因、结果要素进行了概括叙述，在法律文书制作中注意不同的叙述方法的使用范围。

（2）个案概括。不管是事实概括、情节概括，还是争议焦点的概括，都不是千篇一律，更不是套话、空话。它的基础是案件事实、是法律要求。个案概括应突出在"个案"上，即案与案的差异性。

【示例】一起盗窃案的理由概括是这样写的：

综上所述，犯罪嫌疑人武××、王××、张××采取夹带、翻窗、撬门等手段，多次单独和共同盗窃××厂工业用锡×斤，价值人民币××元。其行为触犯《中华人民共和国刑法》第×条第×款涉嫌盗窃罪，其中，武××在共同盗窃犯罪活动中，起策划、领导的作用，系本案的主犯，根据《中华人民共和国刑法》第×条第×款的规定，应承担共同犯罪全部罪名，并从重处罚……

分析：从该理由的表述中，不难看出盗窃案的本质概括，即采用翻窗、夹带、撬门等秘密手段，又反映了盗窃的具体数额，明确了本案盗窃罪的犯罪构成，还看出了本次盗窃系多次盗窃和单独盗窃，分别有主犯、从犯等犯罪情节，大致可以分析出犯罪事实的原貌。

2. 法律认识。法律认识是指法律文书制作主体的具体撰写者对案件的法律审视。它反映制作个体对案件的整体看法。这种看法是法律文书制作个体的综合素质的体现，包括制作个体的个人品德、法律意识、法律水平以及司法实践能力等。法律认识不仅能反映制作个体在当事人与社会中的法律形象，同时也代表制作主体即公、检、法等司法机关对案件的认识水平和执法水平。因此，可以说法律认识是制作主体对案件的代言，同时也是制作个体在公民与当事人心目中法律形象塑造。

法律认识主要集中体现在文书理由部分。它主要包括对案件的定性和评判上，对案件的定性，是司法机关对案件性质的认定与制作个体对案件的看法。对案件的评判，主要是指针对不同的诉讼参与人充分适用法律及其意见进行评

议和判定。

【示例】许×案的刑事判决书节选。

本院认为，被告人许×以非法占有为目的，采用秘密手段窃取银行经营资金的行为，已构成盗窃罪，许×案发当晚21时56分第一次取款1000元是正常取款，因自动柜员机出现异常，无意中提取的，不应视为盗窃，其余170次取款，其银行账户被扣款的174元，不应视为盗窃，许×盗窃金额共计173 826元。公诉机关指控许×犯罪的事实清楚，证据确实、充分，指控的罪名成立。许×盗窃金融机构，数额特别巨大，依本法应适用"无期徒刑或死刑，并没收财产"的刑罚。鉴于许×是在发现银行自动柜员机出现异常后产生犯意，采用持卡窃取金融机构经营资金的手段，其行为与有预谋或者采取破坏金融机构的犯罪有所不同；从案发具有一定偶然性看，许×犯罪的主观恶性尚不是很大。根据本案具体的犯罪事实、犯罪情节和对于社会的危害程度，对许×可以法定刑以下判处刑罚。根据《中华人民共和国刑法》第264条、第63条第2款、第64条和最高人民法院《关于审理盗窃案件具体应用法律若干问题的解释》第3条、第8条的规定判决如下：①被告人许×犯盗窃罪，判处有期徒刑5年，并处罚金2万元……

分析：该理由针对控辩双方争议的焦点，对本案的事实进行了定性，并针对双方适用法律的意见做出分析，表明是否采纳的理由。

3. 法律适用和法理逻辑。法律适用是指在法律文书理由与结论对法律条文的具体引用，包括实体法、程序法和司法解释等的引用。

表2-1　刑事案件事实、法律理由和结论的对应关系表

层次	事实理由	法律理由	结论
第一层	事实概括	适用实体法	性质的认定
第二层	情节要点	适用实体法	情节的认定
第三层	为了侵害客体的利益	适用程序法	得出全文的结论

从上表可以看出，每个层次都是由事实理由、法律理由和结论构成。法律理由就是实体法、程序法的具体运用，是事实理由与结论的中介，同时是事实理由与结论的媒介。事实理由与结论要达到一致性必须靠法律适用。

以上面的许×案为例，该理由依据事实和具体情节，不仅引用了实体法，而且还引用了最高人民法院的司法解释。

（二）说理的要求

什么叫说理？法律文书中的说理即是释法说理，最高人民法院《关于加强和

规范裁判文书释法说理的指导意见》对释法说理作出了解释，"释法说理，要阐明事理，说明裁判所认定的案件事实及其根据和理由，展示案件事实认定的客观性、公正性和准确性；要释明法理，说明裁判所依据的法律规范以及适用法律规范的理由；要讲明情理，体现法理情相协调，符合社会主流价值观；要讲究文理，语言规范，表达准确，逻辑清晰，合理运用说理技巧，增强说理效果"。

1. 说理要有针对性。

（1）说理是对案件事实部分进行分析，作出法律上的评议。法律文书的说理，每字每句都要切合事实的要素内容，决不能脱离事实作概念推演，要和叙述密切配合，用夹叙夹议的复合式方法进行说理，夹叙夹议时以议为主以叙为从，把逻辑思维和形象思维密切结合起来，这是说理的最高层次，也是难以写好的部分，一旦能运用好，就能产生不可辩驳的说服力。

（2）紧紧围绕法律条文规定进行法律上的阐述。法律文书的说理，要紧紧地围绕着法律条文进行法律上的评议，只有切中要害，才能突出重点。

【示例】在《罪犯离监探亲审批表》中对离监探亲事由的表述。

1. 该犯于 1995 年丧父，两个姐姐均已出嫁到外地，现其母身患肝癌（晚期），该犯希望在母亲临终之前能探母一次。

2. 该犯已执行有期徒刑 1/2 以上，改造表现一贯好，系宽管级处遇罪犯，离监探亲后不致再危害社会，经 2015 年 11 月 6 日监区民警会议讨论，该犯符合离监探亲的条件，建议给予离监探亲。

分析：以上两种表述，一个以母亲病危需要罪犯回去处理作为离监探亲的依据，一个完全没有提该犯母亲病危的事情，而是紧紧围绕着罪犯离监探亲的法律规定，进行事由的表述。对比两种表述，表述一虽然是罪犯提出离监探亲的因由，但这不是罪犯获得离监探亲的法定事由，所以第二种表述才是符合离监探亲事由的正确表述。

2. 立论要紧扣文书主旨。法律文书的主旨是指法律文书的制作目的和中心思想。立论是法律文书所要传达的观点或主张，也是制作主体对某一法律问题或事项进行判断后得出的结论。在法律文书的制作中，法律文书的说理必须依据所认定的事实来确定应当适用的法律法规，并以此推导出相关结论或者依靠论据采用各种方法印证自己的看法或主张。

3. 说理切忌前后矛盾。法律文书的说理，必须严谨，逻辑性强。在法律文书中事实、理由、结论三者必须是辩证统一，切忌前后矛盾。法律推理是在法律实践中，以法律规定和事实材料为前提推导法律结论的过程。在司法实践中，作为司法工作者首先要根据定案证据决定案件事实，然后凭借自身所掌握的法律专业知识来判断，对于已决定的案件事实应当适用何种法律来进行处理。换

句话说，也就是先有案件事实，在此基础上才能"寻找法律根据"。因此，在理由部分记录的是司法工作者依事实为依据，以法律为准绳，展现司法工作者适用法律，作出合理性判断的思维过程。

（三）说理的角度

进一步增强法律文书的说理性，努力把法理、情理、事理说清说透，让老百姓"看得见""听得懂"和"听得进"，变刚性执法为柔性执法，从而最大限度地增加社会和谐因素，减少矛盾与风险。

1. 依法论理。法律文书论证说理自然离不开法，不管选取何种论证方式展开论证，还是运用哪一种推理模式，都必须以法律规范为依据。法律规范既包括具体的法律规定，也包括法律原则，还包括一定的法理。

【示例】200×年×月×日上午 11 时，社区矫正人员田××在家中因家庭琐事与邻居付××（男，1981 年 2 月 13 日出生，××县柳树镇××村人）发生争执，双方各不相让，田××因不堪付××辱骂，以致双方动手打架。在撕打中矛盾逐步升级，田××操菜刀砍伤邻居付××后背，经法医鉴定为轻伤。

以上事实有作案工作具菜刀一把，××证言、××号伤害鉴定书，××病历、被害人付××陈述等证据证实。

田××在社区矫正期间不遵纪守法，不但不接受矫正小组的教育改造，反而违反社区矫正监督管理规定，殴打他人造成轻伤，理应受到治安管理处罚。根据《中华人民共和国治安管理处罚法》第 60 条，《社区矫正实施办法》第 24 条之规定，建议对社区矫正人员田××治安管理处罚。

分析：以上示例采用了演绎推理的方式依法论理，第一步寻法，选定大前提，寻找对某一类型抽象案件事实进行调整的法律规范；第二步寻找小前提，认定本案的具体事实属于大前提限定的抽象社会关系的具体表现；第三步社区矫正机关根据法律条文释法说理，对社区矫正服刑人员田××的行为作出法律上的评议，提出治安处罚的建议。

2. 依事论理。法律虽然强调理性和逻辑，但人的思维和行动，总有一定的情感相随，因此法律并不意味着只有冰冷的面孔和机械地说理。法律可以做到以理服人，但打动灵魂的，却是情感。

【示例】"生活的操劳，丈夫的冷漠，疾病的困扰，经济的重压，再加上远离家乡亲人，缺少应有的沟通，孤独、压抑、郁闷的情绪无法发泄，再加上自身的愚昧，这一切促使了周×英选择了这样一种冲动愚蠢的行为。"（对犯罪动机的陈述）

"周×英的遭遇，固然是她个人的悲剧，但何尝又不是这个社会、这个时代的悲剧？周×英站在法庭上接受审判，固然是法律的胜利，我们不能漠视隐藏

在背后的社会原因和背景，我们不能忘记站在她身的那些挣扎在社会底层、为了生存而苦苦呻吟的人们，以及他们的苦难和命运。这也是法律应有的良知。"

分析： 以上示例，是公诉人从被告人的实际情况依事论理，成功地使被告人在法律允许的幅度之内对她作出一个相对轻的判决。此公诉词并非一味冰冷地说理，而是注重法律和感情的水乳交融，引人深思。

3. 依情论理。一个国家的法律适用无法抛却正常的人伦情理。法律必须得到人情和道德的支持与维护。在法律文书论证说理的过程中依情理而论，才能打动人、感染人。具体的法律文书可以选取不同的角度来进行论证说理，也可视所解决问题的需要综合运用法、事、情，使三者融合共同印证制作者的观点与主张。

【示例】2008年周×英案公诉词节选。

悲剧已经发生，伤痛也许永远都无法愈合，很显然，无论什么样的惩罚都无法挽回被害人的生命，弥补被告人的罪过，从这个角度而言，无论什么样的判决都不过分。但是家中的孩子和老人依然在等待她去照料，而没有妻子和母亲的家庭即将崩溃，因此，综合全案情节，本案的复杂原因和被告人的家庭情况、悔改表现，鉴于被告人一直安分守己，克尽母亲的责任，本身并不是一个具有社会危害性的人，只因一时冲动想不开才做蠢事，公诉人提请法庭在量刑的时候酌情从轻处罚。

分析： 法律文本的表层结构主要包括法律程序、法律条文等理性化形式，而深层结构主要指对法律的解释、对法律案例的展示，还有对法律意蕴的体会等，在后者中才蕴含着情感的诉求。以上示例，法律文本表层嵌入的是理性，情感则是潜入法律文书的深层结构。正如办案的检察官所说：我为自己在经历了12年的公诉生涯和无数案子的历练之后，依然拥有对每一个案子、每一个人的激情和感性而欣慰而自豪。我深深地体会到，案子办久了，最怕的不是感性，而是麻木、冷漠、居高临下、自以为是。

三、说明

说明是指用简明扼要的文字对事物、事理进行介绍与解说。说明的对象可分为两类：一类是具体的事物，即说明事物的性质、特征、功能和状态等；另一类是抽象的事理，即说明事物的本质、事物内部或事物之间的相互关联。法律文书应用说明的地方很多，拟制类文书，除事实和理由外，其他一概用说明。表格、填空类文书大部分项目用说明，笔录类的现场勘查笔录等几乎全用说明。所以这种表达方式在法律文书中占据重要地位。无论何项说明，最基本的要求是不允许产生任何歧义或有丝毫的疑惑。因此，说明必须客观、具体、完备、明确。

（一）说明的种类

1. 对特定的场所、物品、尸体、人身的说明。这类说明仅是对与案件有关

的场所、物品、人身、尸体情况进行勘验、检查而作的说明。根据法律规定，该说明性笔录必须忠实于现场、物品，客观、真实表现上述勘验、检查行为的过程，使人身临其境，切忌在说明中进行任何夸大或缩小。如有的笔录中反映"现场一片狼藉""现场血流成河"等，都因夸大场景而应改正。

【示例】现场位于××区××植物园南面豆科区小凉亭内，西面靠近豆科区；南面临向医院；东西与植物园花卉区红亭相望；北面是植物园豆科区。小凉亭朝西是一大门，亭两侧长廊可进出都无门，亭子总面积为 76 平方米。

分析：示例对现场位置的描述，采用的是方位定位法说明现场的具体位置。对现场位置进行说明时，一定要准确，不能用前面、后面或是左面、右边等词语进行模糊描述。

2. 对有关事项的说明。

（1）对当事人身份的说明。法律活动中的主体为特定的公民、法人或其他组织，要处理和解决法律争议和确认法律关系，首先必须确定法律关系的主体，因此核实主体的身份事项以免发生对象错误就成为必不可少的程序。例如监狱执法文书中对罪犯身份的说明：罪犯耿××，男，1980 年 4 月 5 日出生，汉族，原户籍所在地××省××市曙光区南苑街道星光社区，犯抢劫罪，于 2007 年 9 月 10 日被曙光区人民法院以（2007）曙法刑初字第 52 号刑事判决书判处有期徒刑 15 年，附加剥夺政治权利 3 年，2007 年 9 月 25 日入监。

（2）对处理意见的说明。法律文书中处理意见中的说明、交待上诉权和上诉法院、附项等事项，都是用说明来完成。如《脱逃罪犯捕回报告表》中"对罪犯的处理意见"的说明：成立专案组，对罪犯×××的脱逃罪及脱逃期间涉嫌的盗窃罪进行立案侦查，侦查终结后，移送人民检察院进行处理。如关于上诉权、上诉法院的说明："如不服本判决，可在接到判决书的第二日起 10 日内，通过本院或者直接向×××人民法院提出上诉；书面上诉的，应交上诉状正本一份、副本×份。"

（二）说明的基本要求

1. 客观。在法律文书的制作中，对相关的人或者事，都应本着实际情况，以近乎科学的态度反映说明对象的真实状态或性质。

2. 具体。法律文书中的说明不能从宏观抽象的视角出发泛泛而谈，而应当结合千差万别的说明对象有重点、有针对性地表现其特性，这是说明的具体性的要求。

3. 完备。完整是指说明性文字所包含的内容必须全面，对相关事项不能遗漏。就要素化的说明文字而言，必须交代的每一事项都应当按照要求详细列明；其他说明性文字也应采用合适的方式完整地表现其内容。

4. **明确。**明确是指说明性文字应当含义清楚、条理分明、层次清晰，尽管其内容有时不可避免地略显专业化，但需要说明的问题或事项却总能让普通阅读者理解明白，不生歧义。法律文书说明的这四个要求绝非各自独立，而是相辅相成的，不可偏废。

综上所述，法律事实构成是法律文书的根本，是法律文书制作的第一技能；说理是法律文书的灵魂，是法律文书制作的第二技能。掌握执法文书的表达方式，并能够在制作执法文书时灵活运用，正确表达，实现执法文书的社会功能。

【拓展阅读】

1. 监狱执法文书中的叙述 PPT。

2. 监狱执法文书中的说理 PPT。

3. 监狱执法文书中的说明 PPT。

第六节　监狱执法文书常规栏目填写要求

【引言】

人民日报金台锐评："七错"裁判文书带来的思考[1]

最近，湖南省永州市东安县人民法院一份裁判文书在网上引起广泛关注，只有一页纸的执行裁定书，却出现了 7 处书写差错，包括地名、姓名、性别。这份裁判文书两处把"东安县"写成"东这县"，把两名被执行人的名字反复写错，把性别"女"写成了"吕"，令人难以想象。

裁判文书是司法活动结果的最终呈现，是全部司法过程的记录，是一个案件最重要、最严肃的法律材料。生效的裁判文书会给当事人权利带来直接影响，因为其背后是国家在"背书"。应该说，写好裁判文书，是法官的天职，是向社会供给优质司法产品的基本要求。

---

[1] 徐隽："'七错'裁判文书带来的思考"，载《人民日报》2017 年 11 月 22 日，第 17 版。

　　然而，东安法院的这份"七错"文书，不仅达不到供给优质司法产品的要求，离基本的合格都相距甚远。裁判文书经手人如此马虎大意，不仅是校检不严格，更是工作作风、工作态度出了问题，是职业素养和职业精神缺失的表现。试问，当事人拿到这份连自己的姓名和性别都写错的裁判文书，该做何感想？裁判文书漏洞迭出，即便裁判的实际内容是公正的，也很难让当事人相信自己的权利被严肃对待，当事人对公平正义的感受也打了折扣。

　　……

　　"七错"裁判文书令人遗憾，但也从另一个角度再次提示我们，阳光是最好的防腐剂，公开是促进司法公正，提高司法质量，培育司法职业精神的最好办法。党的十九大报告强调，努力让人民群众在每一个司法案件中感受到公平正义。公平正义不仅要靠公正司法得以实现，还要靠无死角的司法公开让人民群众切实感受到。深化司法公开，以公开促公正，以公开促提质，应成为司法机关一以贯之的改革方向。

问题思考：
1. 结合监狱执法文书的功能和作用，请谈谈规范制作监狱执法文书的现实意义。
2. 治本安全观视域下的监狱执法文书的规范思考。

一、监狱执法文书常规栏目的填写要求

（一）姓名栏

　　姓名是监狱文书的一个重要栏目。在填写时要注意以下四点：一是罪犯收监时，要将人民法院判决书中的姓名与其本人核对。如果发现判决书中罪犯的姓名为自报名时，那该罪犯就有可能是"三假"罪犯（假姓名、假身份、假地址），对此类罪犯在收监后要进行调查，核实其真实的姓名、身份和家庭住址，在未弄清楚之前应作为重点罪犯严格控制。二是填写姓名时字迹要清楚端正，不能潦草涂改。三是对少数民族或外国籍罪犯，应正确填写汉语或中文译名，还应加注其本民族或本国文字的姓名。四是要将判决书中的姓名与本人核对，准确填写。

（二）别名栏

　　别名是指常用名、代名、笔名、乳名、绰号等。随着互联网的发展，现在很多人都有网名、代号、笔名，这些所有的名字是否需要写明呢？判定的依据是与犯罪有关的别名需要写明，有些罪犯的正式姓名在当地无人知晓，但他的别名却无不知晓。因此，在罪犯收监制作《罪犯入监登记表》时要询问罪犯有

无别名，如有别名应作记载，这对掌握罪犯基本情况有一定的作用。若与犯罪无关的代号、网名则无需填写。

（三）出生年月栏

对于监狱执法文书中涉及的年龄项应当按照周岁填写，即实岁年龄。例如：如果是1990年5月25日出生，则到2008年5月25日为17岁，到2008年5月26日才为18岁。罪犯、被告人出生年月日以公历计算，计算到年月日，一般以人民法院判决书所记载的出生年月日为准。

（四）文化程度栏

文化程度以国家承认的最高学历为准。可分为博士、硕士、大学、大专、高中（中专）、初中、小学、文盲等档次。如通过自学达到某种程度的，也可写为"相当于××文化"；如未完成相关学历的学习，可写为"××肄业"。此外，有些罪犯为了逃避或降级参加监狱组织的文化学习，会故意提高或降低自己的学历，对此要特别加以注意。在服刑期间罪犯的文化程度如果有变化的，应以"原"和"现"的形式写明。

（五）健康状况栏

应填写：健康或患有××疾病。如发现有生理、精神疾病或缺陷的，应按照医院的诊断结论如实填写。在服刑期间健康状况发生变化的，也应及时更新。

（六）婚姻状况栏

婚姻状况一般分为未婚、已婚、离异、再婚、丧偶。在罪犯收监时应了解罪犯的实际婚姻状况，并填入相关栏目。在填写中常出现的错误是：离婚或同居。服刑期间罪犯的婚姻状况有变化的，应在婚姻状况栏填写实际的状况。

（七）居住地址栏

这是监狱执法文书非常重要的一个栏目，涉及罪犯暂予监外执行、会见、通信等工作，在填写时要注意正确和规范。这个栏目填写时要与籍贯、出生地、户籍所在地、现居住地等概念相区分。目前社区矫正实行居住地管辖原则，在不能确定居住地时，以户籍所在地为准，对社区矫正管辖有异议的，由共同的上一级司法行政机关指定。所以监狱在确定罪犯的居住地时，要首先予以核实，不能简单随意照抄罪犯档案。

居住地是指罪犯捕前的固定居所地。填写必须详细准确，不能简写和缩写。一般以判决书所列的家庭地址为准，如果了解到有其他居住地址的也应详细写明。居住地为农村的应填写到县、乡、村、组。居住地为城镇的应填写到市、县（区）、镇、路（街道）、门牌号码。居住在小区的则应写明"××小区××幢××单元××室"。居住地变更后，监狱机关要随时更新罪犯的档案资料。

（八）籍贯栏

籍贯是指罪犯的"原籍"和"祖居"。在填写时要与出生地、现居住地加以

区分。这三者有可能是相同的，有可能是其中二项相同，也有可能三项都不相同。在罪犯收监时应对其籍贯、出生地和现住址进行详细了解，分别填入相关栏目。

（九）口音栏

该栏目填写以罪犯的基本口音和习惯口音为准。如果发现会使用其他方言时，也应将相关情况如实填写。

（十）罪名栏

罪名栏以刑法条文中规定的罪名为准，不能用刑法分则中的类罪名代替案件中的具体罪名，如不能将"抢劫罪"定为"侵犯财产罪"；也不能用不同犯罪阶段的犯罪行为代替所指控的罪名，如不能写成"杀人预备罪"或"抢劫未遂罪"等。

填写时以判决书所列罪名为准。要填写法定罪名，如有数罪并罚的，应按判决书所列罪名的先后顺序分别填写，不能将几个罪名连起来写成一个罪名，也不能将罪名的先后次序颠倒。

（十一）刑种栏

监狱关押的罪犯所涉及的刑种分为有期徒刑、无期徒刑和死刑缓期二年执行，按判决书所列刑种填写，不能任意简写，如死刑缓期二年执行不能简写为死缓，有期徒刑不能简写为有期。如罪犯在服刑期间刑种有变动的，可将原判刑种和现有刑种分别填写。

（十二）刑期栏

如果罪犯被判处死刑缓期二年执行或无期徒刑的，刑期栏可暂不填写。如果被判处有期徒刑的，以人民法院判决书所判刑期为准。在填写时不能只写数字而不写年和月，也不能随意简写，例如判处有期徒刑 10 年 6 个月不能随意简写为 10.5 年或 10 年。此外罪犯在服刑期间如有减刑或加刑致刑期发生变更的，则应将原判刑期和现有刑期分别填写。

（十三）刑期起止栏

被判处死刑缓期二年执行的刑期起止栏可以暂不填写；被判处无期徒刑罪犯的刑期起止栏只填刑期起始日，刑期终止日暂不填写，无期徒刑的刑期起始日为人民法院的生效判决之日；被判处有期徒刑罪犯刑期的起止日期以人民法院的执行通知书为准，有期徒刑刑期的起始日为被公安机关的羁押之日，刑期终止日为刑期届满之日。如果在服刑期间由于减刑或加刑，致刑期起止日期发生变更的，以人民法院减刑裁定书或刑事判决书所确定的刑期起止日期为准。在填写时可将原判刑期起止日期和现有刑期起止日期分别填写。

（十四）本次犯罪前的违法犯罪记录栏

前科情况，指是否受到治安拘留处罚或刑罚处罚，在叙写时应将处罚时间、

事由和处罚机关、处罚种类及期限写清楚。例如，2005 年 7 月因犯盗窃罪被 ×
×市人民法院判处有期徒刑 6 年，在服刑期间确有悔改表现减刑三次，于 2009
年 9 月 23 日刑满释放（曾受到刑罚处罚的表述）。

（十五）本人简历栏

罪犯的个人简历包括了两个方面：一个是个人学习、工作或生活等社会经
历；另一个是罪犯前科情况，前科情况可参照第 14 项的内容来填写。在填写时
注意以下三点：

1. 一般从上小学或 7 岁开始写直到监狱刑罚执行阶段；

2. 简历按时间先后顺序填写，要保持经历的连贯性，不能有时间的中断；

3. 职务（职业）：罪犯捕前所从事具体工作的状况，以判决书中载明的填
写，同时也应了解罪犯在捕前所从事过的其他职业状况。例如某一罪犯职业的
描述：学生，待业；××罪案发被刑事拘留至判决生效（犯罪嫌疑人）；××省
××监狱服刑（罪犯）；在服刑期间因患有严重疾病于××年×月×日经××监
狱管理局决定适用保外就医（社区矫正服刑人员）。

（十六）发文字号

监狱执法文书的发文字号由年份 + 监狱简称 + 执法文书名称关键词简称 +
发文顺序号四部分构成。例如：湖南省×监狱 2015 年第 9 号提请减刑建议书的
发文字号为：（2015）湘×监减字第 9 号。

（十七）意见栏

在实际操作中，经常会出现各种层级的意见栏，如果不加区别的一律写为
"同意"或"不同意"，这种做法是不妥的。监狱执法文书常见的有三个级别的
意见：监区意见、主管科室意见、监狱意见，有的甚至还有监狱管理局的意见，
这些意见填写是不一样的。例如，《暂予监外执行审批表》中各个级别对意见表
述如下：监区意见作为基层单位，所提意见应拟写实体性意见，如"经湘雅二
院鉴定，刘某患有严重精神分裂症，完全不能控制自己的行为，缺乏服刑能力，
根据《暂予监外执行规定》第 5 条第 1 款，刘×符合暂予监外执行的法定条件，
建议监狱暂予监外执行。"监狱意见应填写审核意见，如"经审核，同意暂予监
外执行，报监狱管理局审批。"监狱管理局的意见应填写审查意见，如"经审查
该犯符合法定的暂予监外执行条件，决定暂予监外执行，期限自 2012 年 8 月 12
日至 2013 年 8 月 11 日"等几种情况。

二、监狱执法文书制作其他要求

（一）对选择性项目的填写要求

表格式执法文书中对选择性项目填写，要用"/"把非选择项目划除，如表
格中关于性别选择"男/女"，应把非选择项目划除；另外表格式监狱执法文书

某些没有填写内容的栏目，不能留白，应写明"无"或者用"/"标明。

（二）法律条文的援引

制作监狱文书需要引用法律条文时必须写明该法律的全称，不能使用简称。例如，引用刑法是要引用《中华人民共和国刑法》而不是直接引用《刑法》，不能将《中华人民共和国监狱法》简称为《监狱法》；同时引用法律条文要具体，法律条文中有条、款、项的，要引用到条、款、项；法律条文中有条、款而没有项的，则引用到条、款；法律条文只有条而没有款、项的，则引用到条。监狱执法文书援引法律条文时还涉及相当大一部分法规属于行政规章，在引用时应注意时效性。

（三）印章的使用

制作监狱文书使用监狱机关公章时应将章端端正正地加盖在成文日期年、月、日的上面，俗称为"骑年盖月"。如需加盖监狱长私章的，则应于成文日期年、月、日上方并列落款"监狱长"，然后将监狱长私章加盖在落款的右边。此外，一纸多联的监狱文书在每联的中缝应填写发文字号并加盖监狱公章，俗称"骑缝章"。

（四）数字和计量单位的用法

按照规定，在监狱文书中，除发文字号、统计表、计划表、序号、专用术语或其他必须使用阿拉伯数字的以外，一般都用汉语书写。按照《党政机关公文处理条例》规定："公文中的数字，除成文日期、部分结构层次序数和在词、词组、惯用语、缩略语、具有修辞色彩语句中作为词素的数字必须使用汉字外，应当使用阿拉伯数码。"凡涉及时间、长度、重量、质量、面积、体积、容积和其他有关事项均使用数字表示，在制作监狱文书时需要使用计量单位的则应使用法定计量单位，如"米""千克（公斤）""千米（公里）"等。

【拓展阅读】

监狱执法文书常规栏目制作PPT。

单元训练 监狱执法文书制作基本要求实训

一、单元名称：监狱执法文书语言、表达方式实训

二、实训目的

通过本章节的学习，要求能够掌握法律文书构成要素、特点和相关的写作规则，并能够灵活运用执法文书的写作规则，对监狱执法文书文本进行评析和修改，并能够自觉运用法律文书写作理论指导自己的执法文书制作。从而使学生能够认识法律文书在执行法律中实现社会公平正义的重大作用，加深学生学习监狱执法文书的重要性和必要性的认识。

三、实训要求

通过实训，学生能够运用法律文书制作的基础理论，掌握法律文书语言特点，对涉及法律文书的叙述和说理能够进行准确、规范的表达。

四、实训内容

（一）实训一：监狱执法文书材料取舍训练

以下是报案人报案时的叙述，请思考以下文字是否可以全部照搬入法律文书中。

那一天是 2003 年的 4 月 5 日，大概下午 5 点钟左右，市射击队要进行初练了。陈××两人于是在此时去宿舍拿自己的武器。进屋一看，他们的枪不见了，于是他们吓坏了，因为那是两支五四式手枪，原先都放在床上的，如果枪支没有了，持枪人是要承担责任的。这可糟了，他们赶紧去告诉带队的王教练，王教练一听也慌了神，连忙同陈××和张××两人一道去找，还叫上了其他的一些队员，里里外外找了个遍也没找到。于是他们想，枪肯定被人偷走了，便打电话告诉了市体委保卫部的负责人孙××同志，孙××同志马上向公安局报了案。

（二）实训二：监狱执法文书语言训练

比较下面两段文字，请分析一下这两个段落在表述上有什么样的语言特点。

市××仓506库房保管员李××于2013年7月3日晚上值班时，违反仓库规定，带了5岁女儿在仓库烧煮食品，9时许又抱着女儿外出采购食物。一小时后，当他匆匆回到仓库时，只见506库房吞没于滚滚浓烟之中，火舌还频频上窜，他顿时手脚失措，待在一旁。当总值班等人闻讯赶到时，

立即打电话呼救，大火才得以熄灭，但库房已化为灰烬，直接造成库存粮食损失×万斤，给国家造成×万元巨大经济损失。

2013 年 7 月 3 日，市××仓库保管员李××，在 506 库房晚上值夜班时，违反规定，私自燃火烧煮食品后，又私自离岗，以致酿成火灾。事发后，在慌乱中未能及时报警，失去救火时机，后果严重，给国家造成×万元巨大经济损失。

（三）实训三：犯罪事实叙述训练

以下是山东聊城发生一起"辱母杀人"案，此案发生后引发社会广泛关注，请以专业的角度分析下列新闻报道内容，哪些是法律事实，如何把这些法律事实转化为犯罪事实叙述。

因不堪忍受母亲被多名催债人欺辱，22 岁男子于×用水果刀刺伤 4 人，并导致其中一人死亡。2017 年 2 月 17 日，聊城市中级人民法院一审以故意伤害罪判处于×无期徒刑。于×提起上诉，山东省高级人民法院已经受理该案。

据 2017 年 03 月 27 日的《中国青年报》报道的节选：《辱母杀人案经过细节现场还原：于×被"杵"后反击》。

民警进了一层办公室。苏×霞、于×急忙反映被催债者揍了，催债者则否认。多名催债者证言显示，民警当时表示：你们要账可以，但是不能动手打人。

民警并没有在屋内停留太久。监控显示，晚上 10 点 17 分，部分人员送民警出了办公楼。这距其进屋处理纠纷刚过去 4 分钟。

于×试图跟民警一同出去，催债者拦住了他，让其坐回屋里。没有民警的办公室再度混乱。

接触过一审案卷卷宗的人士告诉《中国青年报》在线记者，任何一方都证实了，此时催款者确实有动手的行为，"这一点，当事双方都有一致的描述"。

于×供称，有个人扣住他的脖子，将他往办公室方向带，"我不愿意动，他们就开始打我了"。事后的司法鉴定显示，于×未构成轻微伤，造成的伤势是：在其左项部可见一横行表皮剥落 1.1 厘米，结痂；右肩部可见多处皮下出血。按照催债者么×行的说法，他们当时把于×"摁在了一个长沙发上"。一名公司员工家属则看到，有催债者拿椅子朝于×杵着，于×一直后退，退到一桌子跟前。他发现，此时，于×的手里多了一把水果刀。

"我就从桌子上拿刀子朝着他们指了指，说别过来。结果他们过来还是继续打我。"于×供称，他开始拿刀向围着他的人的肚子上捅。么传行回忆，于×当时说"别过来，都别过来，过来攮死你"，杜×浩往前凑了过去，于×便朝其正

面捅了一下；另有 3 人也被捅伤。

催债者急忙跑出了办公室。晚上 10 点 21 分，闻讯的民警快速返回办公楼。

（四）实训四：一般事实描述训练

1. 某省某部级文明监狱最近发生了一起罪犯脱逃案件，下面关于案件的叙述是某省监狱局在总结通报中的原文：

> 5 月 8 日晚 18 时许，某监狱三监区汽修车间两名重刑罪犯罗×义（抢劫罪、无期）、周×（盗窃罪、盗窃证件罪；原判死缓，已减为 18 年 6 个月）趁在车间加班之机，与社会来狱修车的驾驶员勾结，藏匿在割掉汽油桶底盖的空桶内，乘车混出监狱大门脱逃。19 时 20 分许，监狱启动处突预案，20 时 20 分许，监狱向省局报告。二犯分别于 5 月 13 日和 5 月 24 日抓获。

这是一段在叙述格式、风格等方面大家并不陌生的文字。表面上看，什么人物、时间、事件等要素都不缺乏，似乎把整个案件说清楚了。但是，再稍微细想一下，我们就会发现，这个案例还缺乏很多细节，因而带给我们很多疑问，请分析这段文字缺乏哪些细节？按写作要求重新叙写这段文字。

2. 对下面的文字进行判断，判断下列叙述是否是事实描述，并说明理由。

> 从小在父母的呵护中长大的我们并没有吃过什么苦，所以军训第一天的高温天气就使很多人倒下了。可酷热还不是最严重的，从第二天起，开始下起的雨让我感受到军训的苦，断断续续的雨一直延续到阅兵仪式。通过军训，我的意志得到锻炼，也真正领会到军人、警察的不容易。
>
> 军训完后，忙碌的 2 个月的学习生活才真正开始，除了学习，学校和班上也举行了大规模的娱乐活动。其中以元旦晚会最为热烈、精彩。当歌声、欢笑声在礼堂中响起时，同学们一个多月来学习紧张和疲劳也一扫而光，换来的是生活在警校大家庭里的自豪感。
>
> 记得刚来那会儿，对这里的一草一木都是何其陌生，而经过短短一学期的生活，不仅熟悉了学校，也渐渐地对学校产生了感情。同寝室的室友也相处融洽，让我真正感受到了集体的温暖，以前单单知道穿警服的威风，却忽视了威风背后的艰辛，经过短短一学期，虽不能领略威风背后的全部汗水，但也确实体会了五六分。

3. 分析下面这段文字，说说对案件事实的陈述是否符合法律文书语言简洁的特点？如此叙述是否可行，为什么？

> 犯罪嫌疑人董×于 2002 年 3 月至 11 月对婆婆于×（80 岁）用打骂、不给吃饭的方式进行虐待，致使于×于 11 月 20 日上午 10 时许乘人不备从自家 8 楼跳下身亡。

（五）实训五：司法机关说理训练

1. 请根据以下案例，拟定公安机关进行有效"说理"的要点。

> 当事人的弟弟和村里的另一个农户农民发生纠纷，第二天，当事人的弟弟找到那个人的家里去论理，结果其弟弟死在那个人的家里，公安机关鉴定其弟弟头部有伤，但是最后结论是喝农药自杀，不予立案。就该案来讲，公安机关应从哪些方面阐述理由，应从哪些方面向当事人解释，才能给当事人或其家属一个合理的解释。

2. 请根据以下案例，为司法机关拟定"说理"的要点。

> 罪犯朱××至入监以来，一直不服人民法律的判决，多次提出申诉，2012 年 5 月 8 日，××市中级人民法院送达《驳回申诉通知书》，对朱××的申诉答复如下："朱××……你的申诉理由不能成立，应予驳回，维持原判。"接到法院送达的通知书，朱××接过送达的通知书并不签名，而在说明栏里横七竖八地写了 32 个字："法院说我用剑砍伤了陈××，这完全是捏造事实，无中生有。我不服，要继续申诉。"干警找朱×谈话，应从哪些方面进行说理，使朱××能够认罪服判，尽快进入服刑改造的轨道。

（六）监狱执法文书常规栏目填写训练

1. 单项选择题

（1）执法文书中应当停止使用一些（　　）的计量单位。同时，也应停止使用我国人民生活中习惯使用但已被国家规定停止使用的计量单位。

A. 非法定　　　　　B. 法定　　　　　C. 国标　　　　　D. 非国标

（2）执法文书中"罪名"栏应填写（　　）罪名。

A. 原定　　　　　B. 实际　　　　　C. 法定　　　　　D. 真实

（3）执法文书中数字除发文字号、统计表、计划表、序号、专用术语或其

他必须使用阿拉伯数码者外，一般用（　　）书写。

　A. 拼音　　　　　　B. 英文　　　　　　C. 文字　　　　　　D. 汉字

（4）监狱执法文书中判决情况栏内容经过改判的应按（　　）改判的情况填写。

　A. 首次　　　　　　B. 其次　　　　　　C. 当中　　　　　　D. 最后

（5）执法文书中引用法律条文，须用全称，不能使用（　　）。

　A. 全称　　　　　　B. 简称　　　　　　C. 名称　　　　　　D. 繁称

（6）执法文书中引用法律条文要（　　）。

　A. 明确　　　　　　B. 简洁　　　　　　C. 全面　　　　　　D. 具体

2. 多项选择题

（1）监狱执法文书中姓名栏目如果罪犯系外国籍或少数民族，应正确写明汉语译名，必要时也可在汉语译名后注明犯罪嫌疑人使用的（　　）或（　　）文字姓名。

　A. 本民族　　　　　B. 别名　　　　　　C. 本国　　　　　　D. 曾用名

（2）监狱执法文书中"别名"栏是指常用名、代名、（　　）、（　　）和（　　）等名称。

　A. 笔名　　　　　　B. 乳名　　　　　　C. 译名　　　　　　D. 绰号

（3）监狱执法文书中罪犯年龄的计算均应以（　　）或（　　）周岁的年龄为准。

　A. 阳历　　　　　　B. 公历　　　　　　C. 农历　　　　　　D. 阴历

（4）监狱执法文书中文化程度可分为博士、硕士、（　　）、大专、中专、高中、初中、小学和（　　）等档次。

　A. 文盲　　　　　　B. 幼儿教育　　　　C. 大学　　　　　　D. 成人教育

（5）监狱执法文书中籍贯，就是我们常说的（　　）、（　　）和（　　）等。

　A. 原籍　　　　　　B. 祖居　　　　　　C. 老家　　　　　　D. 家乡

（6）监狱执法文书中籍贯填写时不能把它与（　　）混为一谈，也不能与（　　）画等号。

　A. 户籍所在地　　　B. 现住址　　　　　C. 出生地　　　　　D. 工作地

（7）监狱执法文书中籍贯一般写到（　　）（　　）一级或（　　）一级即可。

　A. 省　　　　　　　B. 地　　　　　　　C. 市　　　　　　　D. 县

（8）监狱执法文书中"家庭住址"栏住址是指罪犯（　　）或经常（　　）。

　A. 所在地　　　　　B. 居住地　　　　　C. 出生地　　　　　D. 工作地

（9）监狱执法文书中本人简历栏一般从（　　）或从（　　）写起，直到

逮捕、服刑为止。

    A. 上学   B. 上班   C. 7 岁   D. 14 岁

（10）执法文书中使用的印章包括（　　）和（　　）。

    A. 单位公章   B. 个人手章   C. 罪犯印章   D. 罪犯手印

五、任务评估

1. 掌握刑事执法理论，能分析执法实践中的执法点，能够根据法律法规分析需要解决的法律问题，确立法律文书的主旨。

2. 搜集执法过程中的第一手材料，根据主旨分析，运用材料，能够选择符合法律文书特点的材料入档。

3. 掌握法律文书的表达方式，能够使用法言法语进行叙述、说理和说明。

4. 能够分析、评价、修改法律文书文本。

5. 对搜集的各种材料能够按照法律要求转化成规范的法律文书文本。

学习单元二　刑事执行类执法文书

第三章　罪犯收监类文书

【本章引言】

　　收监标志着监狱对罪犯执行刑罚的开始，是监狱将符合条件的罪犯收入监狱内开始执行刑罚的活动。罪犯收监包括两种类型：一种是新犯收监；另一种是假释、暂予监外执行期间又犯罪或违反社区矫正规定的罪犯被收监执行。本章节的收监指的是第一种类型新犯收监。

　　收监文书包括一般性收监文书和特殊的收监文书。一般性收监文书包括：罪犯不予收监通知书、罪犯收监身体检查表、罪犯物品保管收据、罪犯入监登记表和罪犯入监通知书。特殊的收监文书包括：重要罪犯登记表和外籍犯或港澳台犯登记表两种。

　　监狱对罪犯收监，是一项严肃的执法活动，必须严格按照法定程序进行。新收罪犯及相关监狱执法文书制作节点流程图如下：

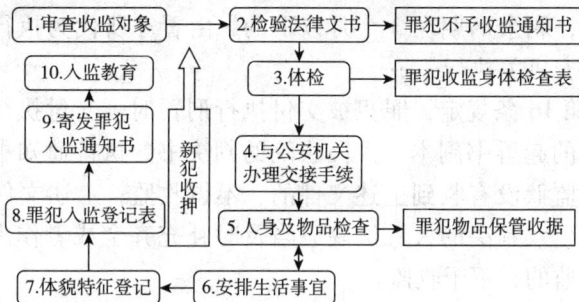

图 3 - 1　新收罪犯及相关监狱执法文书制作节点流程图

第一节　罪犯不予收监通知书

一、任务描述

2014 年 10 月 14 日，×省×监狱接收到该省海河市公安机关送交的一名罪犯，送交的判决书载明，该罪犯姓名张×海，男，1985 年 10 月 14 日生，犯盗窃罪，被海河市人民法院判处有期徒刑 10 年。监狱警察在验证法律文书时，发现送交的法律文书只有人民检察院的起诉书副本、人民法院的判决书，缺少人民法院的执行通知书和结案登记表。

实施步骤： 学生分组讨论，在新收罪犯时，该罪犯是否符合收监的条件？如果不符合，监狱该做怎样的处理，需要提前按照什么法律程序，准备好哪些材料，制作哪些法律文书？

二、基础铺垫

（一）罪犯不予收监通知书的概念及功能

罪犯不予收监通知书是监狱在新收罪犯时，依照法律规定审查移送机关送交的法律文书，发现有不予收监的法定事由而作出不予收监的决定并将该决定通知给原判的人民法院及交付执行的公安机关时使用的文书。

收监是监狱刑罚执行的第一道程序，监狱应当严格遵守法律的规定把好收监这一道关口，这是监狱正确执行刑罚的前提，也是公检法司在刑事诉讼活动中分工负责、互相配合、互相制约，保证合法执法的具体体现。

（二）罪犯不予收监通知书的法律依据

《刑事诉讼法》第 264 条规定，罪犯被交付执行刑罚的时候，应当由交付执行的人民法院在判决生效后 10 日以内将有关的法律文书送达公安机关、监狱或者其他执行机关。对被判处死刑缓期二年执行、无期徒刑、有期徒刑的罪犯，由公安机关依法将该罪犯送交监狱执行刑罚。对被判处有期徒刑的罪犯，在被交付执行刑罚前，剩余刑期在 3 个月以下的，由看守所代为执行。对被判处拘役的罪犯，由公安机关执行……

《监狱法》第 16 条规定，罪犯被交付执行刑罚时，交付执行的人民法院应当将人民检察院的起诉书副本、人民法院的判决书、执行通知书、结案登记表同时送达监狱。监狱没有收到上述文件的，不得收监；上述文件不齐全或者记载有误的，作出生效判决的人民法院应当及时补充齐全或者作出更正；对其中可能导致错误收监的，不予收监。

监狱应当严格依法执行，认真审查交付执行的法定文件的种类及内容。对

于尚未发生法律效力、缺少法定文件，或因记载有误可能导致错误收监的，监狱应当作出不予收监的决定，并制作罪犯不予收监通知书，将通知书送达给原判的人民法院和送交罪犯的公安机关。

（三）罪犯不予收监通知书的结构及内容

该文书是监狱在对罪犯进行收监时，依法对交付执行的机关送交的法律文书进行审查，发现法律文书不齐全，或与罪犯本人身份不符，或记载有误而作出不予收监决定后，通知原判人民法院和负责交付罪犯公安机关时制作的执法文书。

罪犯不予收监通知书有三联，第一联由监狱留存，第二联送达交付执行的公安机关，第三联送达原判人民法院。第一联为存根，第二联和第三联的内容基本相同，主要内容有通知单位、罪犯情况、不予收监的理由及法律依据等。

1. 第一联是存根联。存根的目的是留存备查，所以要填写的事项多于第二联和第三联的事项，主要记载项有：罪犯的基本情况、原判法院、送押机关和不予收监的理由，最后注明作出通知的日期，并由填发人和送押人共同签字。

2. 第二联与第三联是正本，正本包括首部、正文与尾部三部分。

（1）首部要有标题、文书号。标题就是该文书的名称，发文字号标在标题的右下方，监狱执法文书中有统一的标注方式。

（2）正文有受文者、主体和结束语三部分。第二联的受文者是交付执行的公安机关，第三联的受文者是原判人民法院，要在开头部分顶格写明受文者的名称。主体是该通知的事项，是表述完整的一段话，简要说明不予收监的原因、理由、依据及决定。结束语需另起一段，写"特此通知"。

（3）尾部，有发文机关名称和公章、成文日期。

三、文书制作提示

（一）罪犯不予收监通知书的制作要求和注意事项

1. "不予收监"的理由：必须是《监狱法》第 16 条和《刑事诉讼法》第 264 条规定的其中之一，事项表述要具体、准确。三联中不予收监的理由必须一致。

2. "公安机关"填送押公安机关。"人民法院"填原判决法院。"送押机关"指现送押单位。"送押人"指现送押单位警察。

3. 三联中填写时间应一致，注意对不选项用"／"划掉。

4. 制作该文书时，各联之间竖排的骑缝文书号的数字，包括发文年号和发文顺序号，要使用中文大写。

（二）制作罪犯不予收监通知书的准备工作

1. 检查交付执行机关送达的法律文书的种类是否齐全。罪犯被交付执行刑

罚时，交付执行的机关应当将人民检察院起诉书副本、人民法院的判决书、执行通知书、结案登记表（各一式两份）及《罪犯羁押期间表现鉴定表》《罪犯移交名册》同时送达监狱。监狱没有收到前四种文件（又称"三书一表"）的，不得收监。

2. 检查"三书一表"的内容是否齐全或者记载有误。如果有，作出生效判决的人民法院应当及时补齐或者作出更正（有关公安机关的文书，由公安机关负责）；对其中可能导致错误收监的，不予收监。

3. 不予收监的，由监狱向送交执行的公安机关出具《罪犯不予收监通知书》，罪犯及案卷材料由公安机关带回。

（三）制作的重点和难点

不予收监的理由。该栏目是本文书的核心内容，不予收监的理由必须是法律规定的事由，文字表述应当理由充分、意思完整、语言简洁，并且具体说明缺少的是哪一种法律文件或者是法律文件的哪个地方记载有误，不能笼统地说"缺少法律文件"或"法律文件记载有误"。

四、实例示范

罪犯不予收监通知书
（存根）

〔2014〕××狱不收字2号

姓名张×海
性别男
出生日期1985年7月14日
罪名盗窃罪
刑期有期徒刑十年
原判法院海河市人民法院
送押机关海河市公安局
不予收监的理由：缺少人民法院的执行通知书、结案登记表。
填发日期：2014年10月14日
填发人：×××
送押人：×××　×××
通知书已送达：
海河市公安局
海河市人民法院

〔贰零壹肆〕×狱不收字贰号

罪犯不予收监通知书

〔2014〕××狱不收字2号

海河市公安局：
　　你局送押罪犯张×海，性别男，出生日期1985年7月14日，罪名盗窃罪，刑期有期徒刑十年。经检查，由于缺少人民法院的执行通知书、结案登记表，根据《中华人民共和国刑事诉讼法》第二百五十三条和《中华人民共和国监狱法》第十六条规定，决定不予收监。

　　特此通知。

（公章）
2014年10月14日

〔贰零壹肆〕×狱不收字贰号

罪犯不予收监通知书

〔2014〕××狱不收字2号

海河市×区人民法院：
　　你局送押罪犯张×海，性别男，出生日期1985年7月14日，罪名盗窃罪，刑期有期徒刑十年。经检查，由于缺少人民法院的执行通知书、结案登记表，根据《中华人民共和国刑事诉讼法》第二百五十三条和《中华人民共和国监狱法》第十六条规定，决定不予收监。

　　特此通知。

（公章）
2014年10月14日

【拓展阅读】

罪犯不予收监通知书 PPT。

第二节　罪犯收监身体检查表

一、任务描述

2014 年 8 月 30 日×监狱收押一名罪犯，基本情况如下：姓名王×强，男，1989 年 7 月 14 日出生，汉族，已婚，原户籍所在地××省××区派出所，犯故意伤害罪，被判处有期徒刑 10 年 6 个月。已验收，收押法律文书齐全。监狱按规定对其进行收监身体检查。

实施步骤： 学生分组讨论，说说罪犯收监身体检查应准确记载哪些检查结果，谈谈制作罪犯收监身体检查表的法律意义。

二、基础铺垫

（一）罪犯收监身体检查表的概念及功能

罪犯收监身体检查表是监狱用于记录新收罪犯身体检查情况结果的文书。该文书是由监狱从事医务工作的人民警察填写的，是对罪犯的身体健康状况和体貌特征等进行记录形成的文字资料。

监狱在收押过程中，对罪犯进行身体检查的法律作用在于：一是对有法定暂予监外执行情形的罪犯，监狱应先行收押，再办理暂予监外执行手续。二是可以根据罪犯身体的实际状况，合理安排劳动岗位。三是对罪犯入监时的健康状况进行原始记载，以避免日后可能发生的病情争议。四是为建立罪犯体貌特征卡提供信息来源，为狱内侦查提供重要的信息资料。所以务必保证新收罪犯身体检查情况记录的真实性。

（二）罪犯收监身体检查表的法律依据

《监狱法》第 17 条规定，监狱应当对交付执行刑罚的罪犯进行身体检查。监狱对罪犯身体检查的情况要制作罪犯收监身体检查表。

（三）罪犯收监身体检查表的结构及内容

罪犯收监身体检查表属于表格式文书，由标题、眉栏、腹栏三部分组成。

1. 标题。该文书的标题是罪犯收监身体检查表。

2. 眉栏。眉栏属于表头项目，通常有单位和编号等。单位，根据实际情况填写监狱名称。编号填写罪犯收监身体检查表的序号，而不是罪犯入监编号。

3. 腹栏。这是该文书的主体部分，大致可分为基本情况栏目、记实栏目和意见栏目。

基本情况栏目包括罪犯姓名、性别、出生日期、民族、婚姻状况、家庭住址、罪名、刑种、刑期等。从罪犯判决书或执行通知书中摘录。

记实栏目包括体貌特征、既往病史、体检项目三部分。其中罪犯的体貌特征是本表重要的组成部分，包括：头部特征、发须特征、脸部特征、四肢特征和其他特征。体貌特征是将身体各部位明显的、独有的特征、标记如实记载在对应栏目内。既往病史栏主要登记罪犯既往病史的病名和患病时间，通过询问罪犯本人填写。体检项目主要有：一般状态、血压、内科、外科、五官科、皮肤科、妇科、X线、化验及其他项目，一般状态指罪犯的精神状态，通过医生的目测并与罪犯交谈来判定。

意见栏目包括主检医师意见和医院意见。主检医师意见由主检医师综观各项目的体检指标，提出检查结论。通常可以将检查结果分为"健康""良好""一般""较差""差"五个等次，并提出是否符合收押的意见。签署意见后主检医师应签名、注明日期，以示对意见内容负责。医院意见，由监狱医院负责人对体检报告作出最终审定意见，如签署"同意主检医师意见"，并加盖医院公章，注明日期。

三、文书制作提示

（一）罪犯收监身体检查表的制作要求和注意事项

1. 罪犯收监身体检查表是一项严肃的执法工作，必须由监狱直接从事医务工作的人民警察根据体检结果如实详细填写。

2. 填写体检结论要符合体检的专业术语，并使用统一的医学检验指标和计量单位。根据体检需要可附罪犯照片。

3. 主检医师意见。由主检医师综观各项目的体检指标，提出检查结论。签署意见后主检医师应签名、注明日期。如有伤病则须附罪犯本人情况说明。

4. 医院意见。由监狱医院的负责人对体检报告作出最终审定意见，加盖医院公章，注明日期。不能将医院意见表述为"同意收监"或"不同意收监"。

5. 罪犯签字栏。对检查结果须由罪犯签字或按指印认可。

（二）制作罪犯收监身体检查表的准备工作

1. 罪犯入监当日，狱政科要在现场通过走步、跑步、点名、报姓名等检查罪犯身体是否基本正常。

2. 监区应对新入监的罪犯进行身体、物品检查，具体包括：是否有残疾、是否有文身，是否做过较大的手术等进行详细询问和检查，对有以上特征的，监区要使用执法记录仪进行记录，影像资料要刻录成光盘作为档案材料妥善保存，具体情况还要在入监登记表上详细记录；同时对罪犯所带的日常生活物品进行检查，对不符合带入、使用规定的一律收缴，销毁或限期带回。

（三）制作的重点和难点

罪犯的体貌特征是本表重点部分，叙写时可以参照公安机关制作通缉令的方式来写明罪犯的体貌特征。

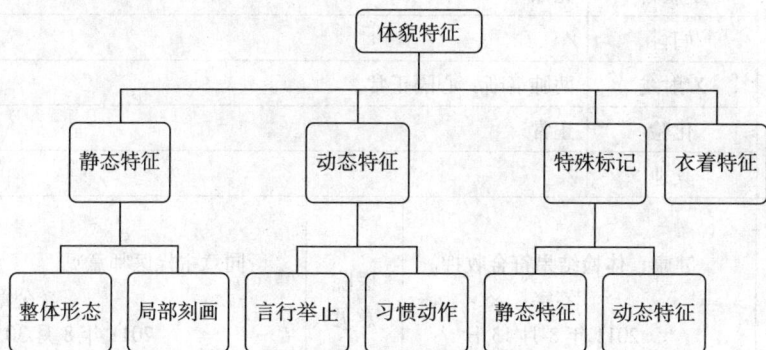

图 3-2 体貌特征刻画要素图

四、实例示范

表 3-1 罪犯收监身体检查表

单位：山东省××监狱　　　　　　　　编号：37×××××××××

姓名	王×强		性别	男	出生日期	1989 年 7 月 14 日
民族	汉族	婚否	未婚	家庭住址	××省××市××区梧桐街 11 号	
罪名	故意伤害罪	刑种	有期徒刑	刑期	10 年 6 个月	
身高	178 厘米	体重	75 公斤	血型	A 型	
体貌特征	头部	前额较高，后脑勺左上部有一条 5 厘米长的疤痕。左耳根下部有一 5 厘米见方的紫色胎记。				
	发须	头发浓密，发质较硬，发际线较低。				
	脸部	圆脸，双眼皮，眼睛较大，眼眶微凹，三角耳，鼻梁较挺。				
	四肢	左手小指断掉一节，左手手腕有伤，有缝合痕迹。右上臂文有一条环绕手臂的青龙。				
	其他	体型偏胖，皮肤较黑，背部中间有陈旧性刀伤，有长约 5 厘米的缝合痕迹，操山东口音。				

续表

既往病史	病名	肝炎	痢疾	伤寒	肺结核	皮肤病	性病	精神病	其他
	患病时间	无	无	无	无	无	无	无	无

体检项目	一般状态	正常		血压	126/85 mmHg
	内科	双肺（—），心率齐，72 次/分，无杂音，腹柔软，肝脾未及。			
	外科	头颅、脊椎、四肢无畸形，各关节活动正常。			
	五官科	左右裸视力均为 1.5。			
	皮肤科	无殊			
	妇科	/			
	X 射线	两肺清晰，心隔正常。			
	化验	正常			
	其他	/			

主检医师意见	健康，体检结果符合收押。 签字：×× 2011 年 8 月 13 日	医院意见	同意主检医师意见。 （公章） 2011 年 8 月 30 日
罪犯签字	情况属实		签字：×× 2011 年 8 月 30 日

【拓展阅读】

罪犯收监身体检查表 PPT。

第三节 罪犯入监登记表

一、任务描述

山东省某监狱入监分监区新收押一名罪犯，警察为制作入监登记表，通过查阅送交的法律文书，掌握该犯如下信息：

个人基本情况：罪犯姓名王×强，男，汉族，1983年11月14日出生，中共党员，大学文化，捕前系国家公务员，身份证号为3701351983111400××，山东滨州人，户籍为滨州市北江区××街道派出所，住××小区×栋×单元××室，已婚。因涉嫌受贿罪2013年3月17日被北江区公安机关刑事拘留，同年3月21日被北江区公安机关逮捕，同年12月27日被北江区人民法院以（2013）江法刑初字第68号刑事判决书判处有期徒刑13年，刑期自2013年3月17日至2026年3月16日止。

简历：1990年9月在滨州市北江区小学读书，1996年9月在滨州市北江区初中读书，1999年9月在滨州市北江区实验高中读书，2002年9月在江苏省××大学建筑系读书，2006年7月考入滨州市国土资源管理局工作，2010年8月任该局局长助理，2013年3月因受贿罪被刑事拘留，同年12月法院作出一审判决，2014年1月16日送山东×监狱服刑。

主要犯罪事实：自2010年8月至2013年3月任该局局长助理期间，利用手中的权力与该局原国土监管科科长李×隆相互串通，在审批国有土地使用划拨项目中，向四家申请用地单位索要好处费，共计收受贿赂人民币86万元，王×强获得45万元。

家庭成员和主要社会关系：妻子，何×，1986年5月出生，群众，滨州市司法局，科员。

同案犯情况：李×隆，男，1983年6月生，捕前系滨州市国土资源管理局国土监管科科长，犯受贿罪，判决处有期徒刑10年，家住滨州市南江区××小区×栋×单元×室。

实施步骤：学生分组讨论，分析案情，在新收罪犯时，监狱应收集罪犯的哪些材料？这些材料的获取途径有哪些？应制作哪些法律文书？

二、基础铺垫

（一）罪犯入监登记表的概念及功能

罪犯入监登记表是监狱依法收押新入监罪犯后，用于记录新收罪犯基本情

况的表格式文书。制作罪犯入监登记表是监狱收押工作的重要环节。

制作罪犯入监登记表，完整、准确记录罪犯的初始信息，以帮助监狱人民警察全面了解和掌握罪犯的基本情况，为罪犯的刑罚执行及有效改造提供原始资料。

（二）罪犯入监登记表的法律依据

《刑事诉讼法》第264条规定，对被判处死刑缓期二年执行、无期徒刑、有期徒刑的罪犯，由公安机关依法将该罪犯送交监狱执行刑罚。对被判处有期徒刑的罪犯，在被交付执行刑罚前，剩余刑期不足3个月的，由看守所代为执行。

《监狱教育改造工作规定》（司法部第79号令）第12条规定，监狱（监区）应当了解和掌握新收罪犯的基本情况、认罪态度和思想动态。

（三）罪犯入监登记表的结构及内容

罪犯入监登记表属于表格式文书，由标题、眉栏、腹栏、尾栏四部分组成。

1. 标题。该文书的标题是罪犯入监登记表。

2. 眉栏。属于表头项目，通常有单位、编号和入监日期等。单位，根据实际情况填写监狱名称。编号是根据现行狱政信息管理系统规定的编号方法确定的，通常由省份代号、监狱代号、收押年份及入监顺序号构成，如370720140024，前两位数字是省份代码，第3、4位数字是监狱代码，自第五位数字起表示2014年收押的第24名罪犯。入监时间用阿拉伯数字填写实际收押的日期。

3. 腹栏。是该文书的主体部分，大致可分为基本情况栏目、与罪犯关系密切人员情况栏目两部分。

罪犯基本情况栏目大体又可分为两部分：

（1）罪犯自然信息，包括罪犯姓名、性别、出生日期、籍贯（国籍）、家庭住址、婚姻状况等项目。填写时可直接从判决书中摘录。特长栏的填写应注意，所谓特长，是指罪犯在捕前在劳动能力或文娱体育等方面是否有长处。

（2）与犯罪相关的信息，包括判刑机关、判决日期、罪名、刑种、刑期、刑期起止日期、主要犯罪事实及罪犯曾受到何种处罚和罪犯个人简历。

与罪犯关系密切人员情况栏也可分为两部分：

（1）罪犯家庭及主要社会关系情况，填写罪犯家庭成员及主要社会关系的姓名、与罪犯的关系、出生日期、政治面貌、工作单位、住址、电话等信息，这些信息既可以通过查阅罪犯档案材料获取，又可以通过个别谈话方式获取。

（2）同案犯情况，填写姓名、性别、出生日期、捕前职业、刑期、家庭住址等信息。如同案犯在同一监狱则应实行分押管理。

4. 尾栏。注明此表的使用说明是一式两份。

三、文书制作提示

（一）罪犯入监登记表的制作要求和注意事项

1. 入监时间：填写监狱实际收押的日期，填写到具体的年月日。

2. 该文书一般应当在罪犯收押之日起的 5 个工作日内制作完成。

（二）制作罪犯入监登记表的准备工作

1. 罪犯收监后要收集罪犯信息填写罪犯入监登记表，在实践中可以从以下几个方面收集罪犯信息（以下内容以四川监狱为例）。

（1）向送押的公安民警详细询问所收罪犯在看守所的具体表现和需要特殊告知的情况，及时掌握该罪犯的不稳定因素。

（2）查阅罪犯档案：查阅起诉书、判决书、裁定书等相关法律文书，进行面谈甄别，了解犯罪类别、性质、方式、情节、刑期、犯罪记录等情况，从《罪犯改造质量评估档案》犯罪信息栏予以摘要记载。

（3）通过入监体检、阅档、问卷、面谈、会见、亲情电话、函调等方式收集罪犯个人学习史、成长史、家庭状况、社会关系等信息，注重观察罪犯体貌特征、言行举止有无异常，填写《结构性面谈清单》。

（4）通过心理学量表测评罪犯个性心理特征。利用监狱设定的各种罪犯改造质量评估量表进行测试，作出罪犯心理特征分析。

（5）函调是对"三假"罪犯及重要案犯了解和掌握其真实情况的重要手段。

（6）通过日常观察掌握罪犯情况，与文化素质不高和说方言的罪犯交谈时，如果交流困难，可以耐心询问。

（7）阅读罪犯撰写的个人总结材料和认罪悔罪书。

（8）可以向罪犯家属了解，也可以通过监听、信件检查或耳目来获取罪犯信息。

2. 司法部、国家档案局《关于罪犯、劳教人员档案管理暂行规定》第 5 条规定，罪犯和劳教人员在服刑和劳动教养期间应建立单人档案，分正、副卷。罪犯（含少年犯）档案分别是：

正卷：罪犯的刑事判决书、执行通知书、结案登记表、加减刑判决书、裁定书、入监登记表、照片（含底片）、监内鉴定等材料。

副卷：罪犯的有关刑事判决等法律文书的原件或复印件，奖惩考核材料，年终鉴定及不归入正卷的经过查实的材料和正在承办过程中的有关材料。

（三）制作的重点和难点

主要犯罪事实栏的填写，如果照抄判决理由部分的"综上所述"的犯罪事实是不妥的，而应当查阅判决书，必要时要与罪犯进行个别谈话，了解犯罪事实，对判决书认定的犯罪事实发生的时间、地点、人物、作案手段及危害后果

这些基本要素表述齐全。

四、实例示范

表 3 - 2　罪犯入监登记表

单位：山东省××监狱　　编号：37×××××××××　　入监日期：2014 年 1 月 16 日

姓名	王×强		别名	无	性别	男	
民族	汉族	出生日期	1983 年 11 月 14 日	文化程度	大学	一寸免冠照片	
捕前职业	机关干部	原政治面貌	中共党员	特长	无		
身份证号	3701351983111400××			口音	普通话		
籍贯（国籍）	山东省滨州市		原户籍所在地	滨州市北江区××街道派出所			
家庭住址	××市×小区×栋×单元×室				婚姻状况	已婚	
拘留日期	2013 年 3 月 17 日	逮捕机关	北江区公安局	逮捕日期	2013 年 3 月 21 日		
判决书号	(2013)江法刑初字第 68 号	判决机关	北江区人民法院	判决日期	2013 年 12 月 27 日		
罪名	受贿罪			刑种	有期徒刑		
刑期	十三年	刑期起止	自 2013 年 3 月 17 日至 2026 年 3 月 16 日止	附加刑	无		
曾受何种处罚	2005 年 10 月 3 日因酒后驾车肇事被处以治安拘留 7 天						

本人简历	起时	止时	所在单位	职务（职业）
	1990 年 9 月	1996 年 7 月	滨州市北江区小学读书	学生
	1996 年 9 月	1999 年 7 月	滨州市北江区初中读书	学生
	1999 年 9 月	2002 年 7 月	滨州市北江区实验高中读书	学生
	2002 年 9 月	2006 年 7 月	江苏省理工大学建筑系读书	学生
	2006 年 7 月	2010 年 8 月	滨州市国土资源管理局	科员
	2010 年 8 月	2013 年 3 月	滨州市国土资源管理局	局长助理
	2013 年 3 月	2014 年 1 月	受贿罪案发被刑事拘留至判决生效	犯罪嫌疑人
	2014 年 1 月		山东省××监狱服刑	罪犯

主要犯罪事实	该犯在 2010 年 8 月至 2013 年 3 月担任局长助理期间，利用手中的权力，与该局原国土监管科科长李×隆相互串通，在审批国有土地使用划拨项目中，向四家建设单位索要好处费，共计收受贿赂人民币 86 万元，该犯一人得 45 万元。

续表

	关系	姓名	出生日期	政治面貌	工作单位职务（职业）	住址	电话
家庭成员及主要社会关系	妻子	何×	1986年5月27日	群众	滨州市司法局，科员	××市新月小区×栋×单元×室	868500××
	表格	以下	无内容				

	姓名	性别	出生日期	捕前职业	刑期	家庭住址
同案犯	李×隆	男	1983年6月1日	机关干部	有期徒刑十年	××市南江区××小区×栋×单元×室
	表格	以下	无内容			

说明：此表一式两份

【拓展阅读】

罪犯入监登记表 PPT。

第四节　重要罪犯登记表

一、任务描述

　　山东省某监狱收押一名罪犯，罪犯的基本情况：马×田，男，汉族，1967年9月15日出生，山东济南人，家住济南市×小区×栋×单元×室，

捕前为山东省政府办公室主任（副厅级），省人大代表。因受贿罪，2014年10月23日被济南市中级人民法院判处无期徒刑，于2014年11月4日送山东省监狱服刑。经收监身体检查，马×田患有高血压（血压为136/95mmHg）、糖尿病、冠心病，其余正常。主要犯罪事实：2010年6月至2013年11月，马×在担任某市市长期间，利用手中的权力在城市土地开发审批中，将位于该市中心位置的黄金地段的三号地块，违规低价转让给某房地产开发商王×，并通过其儿子马×远收受张×给予的商品房3套，价值500余万元。其儿子作为特定关系人，以受贿罪被同案判处有期徒刑7年，在山东省某市某监狱服刑。

实施步骤： 学生分组讨论，分析案情，该罪犯是否符合重要罪犯的特征？如果符合，监狱该做怎样处理，需要提前按照什么法律程序，准备好哪些材料，制作哪些法律文书？

二、基础铺垫

（一）重要罪犯登记表的概念及功能

重要罪犯登记表是监狱在新收罪犯时，对符合司法部相关规定具有某种特定身份或属于某种特定犯罪类型的罪犯，依据该规定将其信息单独登记，上报省、自治区、直辖市监狱管理局时制作的表格式文书。

制作重要罪犯登记表是监狱收押工作的重要一环，便于监狱及监狱上级机关及时、准确掌握在押的重要罪犯的监管及改造情况，加强对重要罪犯的监管与改造。

（二）重要罪犯登记表的法律依据

《监狱教育改造工作规定》第12条规定，监狱（监区）应当了解和掌握新收罪犯的基本情况、认罪态度和思想动态。为加强对罪犯管理，司法部监狱管理局将八种类型的罪犯规定为重要罪犯，建立监狱收押重要罪犯报告制度。"八类"罪犯为：①原副厅、正局级（现职）以上党政领导干部；②原全国人大代表、政协委员、省、自治区、直辖市人大代表、政协委员；③原省级以上民主党派的负责人；④省、部级以上党政领导干部的直系亲属；⑤科技、艺术、体育、卫生、宗教界等有重要影响的知名人士；⑥根据领导批示，中央及各省、自治区、直辖市政法部门直接承办案件中的罪犯；⑦鼓吹民族分裂主义、参与骚乱的罪犯，利用宗教犯罪的骨干和头面人物；⑧中央级报刊曾予以报道，在国内外有重大影响的案件中的罪犯。

（三）重要罪犯登记表的结构及内容

重要罪犯登记表属于表格式文书，由标题、眉栏、腹栏、尾栏四部分组成。

1. 标题。该文书的标题是重要罪犯登记表。

2. 眉栏。眉栏属于表头项目，通常有单位、罪犯编号。单位，根据实际情况填写监狱名称。罪犯编号是监狱新收押罪犯的统一编号，对重要罪犯不单独编号。

3. 腹栏。腹栏是该文书的主体部分，大致可分为基本情况栏目、罪犯身体状况栏目、犯罪事实栏目及备注四部分。

（1）罪犯基本情况栏目包括罪犯个人信息、判决情况及收押情况。罪犯个人信息包括姓名、性别、民族、出生日期、籍贯、住址等。与罪犯入监登记表相比，重要罪犯登记表增加了"原工作单位及职务"栏目，如果捕前有行政职务，则填写其主要行政职务；如捕前不担任行政职务，则填写其职业状况。

判决情况，包括罪名、刑期、刑期起止、判决机关等。由于表中只设置刑期栏，实际填写中可将该栏名称添加"（种）"，成为刑期或刑种通用栏目。

收押情况，包括关押单位、收押时间两个栏目。关押单位填写监狱名称；收押时间填写收押当天的具体年月日。

（2）罪犯身体状况栏目，要根据《罪犯收监身体检查表》的体检结果填写，有具体疾病的，要清楚填写疾病的名称、程度。

（3）犯罪事实栏目，应当查阅判决书，对判决书认定的犯罪事实发生的时间、地点、人物、作案手段及危害后果这些基本要素表述清楚。

（4）备注栏，补充说明表中缺少的信息。表中缺少"重要罪犯类别"栏，即可在备注栏写清楚该罪犯属于哪种类型的重要罪犯。

4. 尾栏。其包括填表人、审核人、填表时间三项内容。其中审核人是填表人所在部门的负责人，对文书内容负领导责任。

三、文书制作提示

（一）重要罪犯登记表的制作要求和注意事项

1. 监狱收押重要罪犯后，3日内完成重要罪犯登记表的填写，随附人民法院判决书复印件一起报省、自治区、直辖市监狱管理局。

2. 在刑罚执行过程中，重要罪犯被减刑、假释、暂予监外执行及释放的情况也应随时向省、自治区、直辖市监狱管理局报告。

（二）制作重要罪犯登记表的准备工作

1. 要收集并认真审阅人民法院的刑事判决书、罪犯收监身体检查表。

2. 与罪犯本人进行一次个别谈话，以对掌握的信息进行印证和拓展。

（三）制作的重点和难点

备注栏：备注栏用来补充说明相关情况。该文书存在一定的设计缺陷，缺少"重要罪犯类别"这一重要栏目，在某些情形下，凭表格现有信息很难完整

表明该犯属于何种类型的重要罪犯。因此，在填写该文书时，应当将重要罪犯的类别填写到备注栏，予以特别说明。

四、实例示范

表 3-3　重要罪犯登记表

单位：山东省监狱　　　　　　　　　　　　编号：37××××××××××

姓名	马×田	性别	男	民族	汉族	出生日期	1967 年 9 月 15 日
籍贯	山东济南	住址		济南市×小区×栋×单元×室			
原工作单位	山东省人民政府				职务	山东省政府办公室主任	
罪名	受贿罪	刑期	无期徒刑		刑期起止	自 2014 年 10 月 23 日至/年/月/日	
判决机关	济南市中级人民法院	关押单位	山东省××监狱		收押时间	2014 年 11 月 4 日	
身体状况	患有高血压（血压为 136/95mmHg）、糖尿病、冠心病，其余正常。						
犯罪事实	2010 年 6 月至 2013 年 11 月，马×田在担任×市市长期间，利用手中的权力在城市土地开发审批中，将位于该市中心位置的黄金地段的三号地块，违规低价转让给某房地产开发商王×，并通过其儿子马×远收受王×给予的商品房 3 套，价值 500 余万元。						
备注	1. 马×田捕前系副厅级领导、省人大代表。 　2. 其儿子作为特定关系人，以受贿罪被同案判处有期徒刑 7 年，在山东省某市某监狱服刑。						

填表人：宋×　　　　审核人：何×强　　　　填表日期：2014 年 11 月 6 日

【拓展阅读】

重要罪犯登记表 PPT。

第五节　外籍犯或港澳台犯登记表

一、任务描述

罪犯汤×，英文名字 Tom，男，1986 年 3 月 27 日出生，大学文化，捕前系英国伦敦 BBC 广播公司职员，住英国伦敦牛津街 447 号，身份证号：LD677×××（E），护照号：W04265×××。2011 年 7 月入境，签证有效期 3 个月。2011 年 8 月 29 日在济南市××酒店进行毒品交易时，被公安警察当场查获，收缴冰毒 50 克。2011 年 12 月 10 日被济南市中级人民法院以（2011）济法刑初字第 87 号判决书判处有期徒刑 15 年，附加罚金 8 万元，刑期自 2011 年 8 月 29 日至 2026 年 8 月 28 日止。2011 年 12 月 27 日送山东省监狱服刑。

实施步骤： 学生分组讨论，分析案情，在新收外籍罪犯时，监狱该做怎样处理，需要提前按照什么法律程序，准备好哪些材料，制作哪些法律文书？

二、基础铺垫

（一）外籍犯或港澳台犯登记表的概念及功能

外籍犯或港澳台犯登记表是监狱收押外国籍或无国籍罪犯和香港、澳门、台湾地区罪犯使用的一种特别的入监登记表。

收押外籍犯或港澳台犯同收押重要罪犯一样，都是监狱收押工作的重要一环，制作外籍犯或港澳台犯登记表，为外籍犯管理提供重要信息资料，一旦有突发事件发生，方便及时与其亲属或有关部门取得联系。

（二）外籍犯或港澳台犯登记表的法律依据

《刑法》第 6 条第 1 款规定，凡在中华人民共和国领域内犯罪的，除法律有特别规定的以外，都适用本法。根据这一属地管辖原则的规定，只要在中华人民共和国领域内犯罪，无论是中国大陆人，还是外国人或是港、澳、台人士，都要按照中国的刑法规定承担刑事责任。为方便管理境外罪犯，根据有关规定，我国监狱对境外罪犯实行相对集中关押的监管制度。为有效监管境外罪犯，向国际社会展示我国刑罚对服刑人员人权的尊重和保护，制定外籍犯或港澳台犯登记表，收集境外罪犯的相关信息。

（三）外籍犯或港澳台犯登记表的结构及内容

外籍犯或港澳台犯登记表属于表格式文书，由标题、眉栏、腹栏、尾栏四部分组成。

1. 标题。该文书的标题是外籍犯或港澳台犯登记表。

2. 眉栏。通常有单位、罪犯编号。单位，根据实际情况填写监狱名称。罪

犯编号是监狱新收押罪犯的统一编号，对外籍犯或港澳台犯不再单独编号。

3. 腹栏。腹栏是该文书的主体部分，大致可分为罪犯基本情况栏目、罪犯家庭主要成员栏目、主要犯罪事实栏目、罪犯健康状况四部分。

（1）罪犯基本情况栏目包括罪犯个人信息、判决情况及收押情况。罪犯个人信息包括姓名、性别、民族、出生日期、籍贯、住址等。与罪犯入监登记表相比增加"护照号""护照有效期"，依据相关证件填写。

判决情况，包括罪名、刑期、刑期起止、判决机关等。制作时参照《罪犯入监登记表》，此处不详说。

收押情况，包括关押单位、收押时间两个栏目。关押单位填写监狱名称；收押时间填写收押当天的具体年月日。

（2）罪犯家庭主要成员栏，制作时参照《罪犯入监登记表》，此处不详说。

（3）主要犯罪事实栏目，应当查阅判决书，对判决书认定的犯罪事实发生的时间、地点、人物、作案手段及危害后果这些基本要素述清楚。

（4）健康状况栏，根据《罪犯收监身体检查表》的体检结果填写，有具体疾病的，要清楚填写疾病的名称、程度。

4. 尾栏。包括填表人、审核人、填表时间三项内容。其中审核人是填表人所在部门的负责人，对文书内容负领导责任。

三、文书制作提示

（一）外籍犯或港澳台犯登记表制作要求和注意事项

1. 制作该表时应认真查阅罪犯的刑事判决书，并与罪犯进行个别谈话，印证和拓展相关信息。

2. 应在罪犯入监后 5 日内完成该文书的填写。

（二）制作外籍犯或港澳台犯登记表的准备工作

广东省关押外籍犯及港澳台犯较其他省市多，可参照广东监狱的做法进行外籍犯或港澳台犯的管理。

《广东省监狱管理局外国籍罪犯管教工作规定》第 6 条规定，外国籍罪犯收监时，除《监狱法》规定的法律文书外，监狱还应当查验罪犯的身份证明。身份证明是指经我国人民法院认定的外国籍罪犯所属国护照、身份证或我国公安机关、所属国驻华使、领馆出具的确认其国籍身份的证明。

外国籍罪犯的身份证明与法律文书记载的情况不符、可能导致错误收监的，监狱应当要求投送机关及时补充证明或作出更正后才予以收监。

第 8 条规定，外国籍罪犯收监后，监狱应当在 3 个工作日内将《外国籍罪犯登记表》、罪犯身份证明和判决书的复印件上报省监狱管理局。

监狱在填写《外国籍罪犯登记表》和录入外国籍罪犯的监管信息时，应当

详细填写罪犯的中文译名及外文姓名全称，罪犯外文姓名的拼写方式应当与其判决书一致。

第9条规定，省监狱管理局应当在外籍犯收监后5个工作日内将外国籍罪犯收监情况书面照会其所属国驻华使、领馆。

监狱应当就收监情况是否告知驻华使、领馆征求外国籍罪犯本人意见，外国籍罪犯本人要求不通知的，可不通知，但监狱应当要求其写出书面说明，并将书面说明复印件与《外国籍罪犯登记表》一同上报省监狱管理局。

（三）制作的重点与难点

关于外国籍罪犯国籍的确认应遵循《广东省监狱管理局外国籍罪犯管教工作规定》第28、29和39条的规定。

第28条：服刑期间，外国籍罪犯要求更改或重新确认国籍身份的，可以由外国籍罪犯本人向监狱提出书面更改或确认申请，监狱应当在收到申请的10个工作日内将书面申请、《××国公民个人信息登记表》、相片4张上报省监狱管理局，由省监狱管理局与相关使、领馆或公安等部门重新核实或确认罪犯的国籍身份。

第29条：收到相关使、领馆或公安等部门正式更改或确认外国籍罪犯国籍身份的证明后，监狱应当在15个工作日内将罪犯的新、旧身份证明，刑事判决书，裁定书，结案登记表，执行通知书等材料提交原判法院裁定。

第30条：原判法院出具的更改或重新确认外国籍罪犯国籍身份的罪犯身份变更通知书送达监狱后，监狱应当及时将更改或确认情况书面告知罪犯，更改罪犯档案资料，并按外国籍罪犯的新国籍身份实施管理。

四、实例示范

表3-4　外籍犯或港澳台犯登记表

填报单位：山东省监狱　　　　　　罪犯编号：37×××××××××

姓名（中文）		汤×	姓名（原文）		Tom
性别	男	出生日期	1986年3月27日	文化程度	大学文化
籍贯	英国	捕前住址		英国伦敦××街××号	
身份证号		LD677×××（E）	护照号		W04265×××
护照有效期		2011年7月4日至2011年10月3日			
原工作单位		英国伦敦BBC广播公司	职务		职员
审判机关		济南市中级人民法院	判决书号		（2011）济法刑初字第87号
判决时间		2011年12月10日	罪名		贩卖毒品罪
刑种		有期徒刑	附加刑		罚金8万元
刑期		15年	刑期起止		自2011年8月29日至2026年8月28日止

续表

关押地点		山东省××监狱	入监时间	2011 年 12 月 27 日
家庭主要成员	姓名	关系	现住址	电话
	爱××	妻子	英国伦敦××街××号	000197745×××
	布×	儿子	英国伦敦××街××号	同上
主要犯罪事实		2011 年 8 月 29 日在济南市××酒店进行毒品交易时，被××市公安警察当场查获，收缴冰毒 50 克。		
健康状况		健康		

审核人：张×　　　　填表人：王×风　　　　填报日期：2011 年 12 月 27 日

注："姓名（原文）"应与护照姓名相同

【拓展阅读】

外籍犯或港澳台犯登记表 PPT。

第六节　罪犯入监通知书

一、任务描述

　　山东省某监狱新收一名罪犯，《罪犯入监登记表》记载：罪犯姓名张×，男，故意伤害罪，被济南市历下区人民法院判处有期徒刑 7 年，收押时间是 2016 年 9 月 4 日，罪犯张×的主要家庭成员有：妻子，吴×，36 岁；儿子，张×林，10 岁。监狱地址是山东省济南市××路××号，邮编 250100，咨询电话 0531－8624×××。

实施步骤：学生分组讨论，分析案情，新收罪犯后，监狱还需要按照什么法律程序，准备好哪些材料，制作哪些法律文书？

二、基础铺垫

（一）罪犯入监通知书的概念及功能

罪犯入监通知书是监狱收押罪犯后，在法定期限内将新收罪犯的入监时间、

关押场所及通信地址等情况通知罪犯家属时所使用的文书。

罪犯入监通知书是罪犯亲属获取罪犯关押信息的正常途径，有利于保障罪犯及其家属的知情权、探视权，是展示监狱监管改造罪犯效果的重要窗口。

（二）罪犯入监通知书的法律依据

《刑事诉讼法》第264条第4款规定，执行机关应当将罪犯及时收押，并且通知罪犯家属。

《监狱法》第20条规定，罪犯收监后，监狱应当通知罪犯家属。通知书应当自收监之日起5日内发出。

（三）罪犯入监通知书的结构及内容

罪犯入监通知书有三联，第一联由监狱留存，第二联是交付罪犯家属签收后寄回监狱的回执联，第三联是送达罪犯家属的正本。

1. 第一联是存根联。存根的目的是留存备查，主要记载项有：罪犯的基本情况、原判法院、入监时间、家属姓名、与家属关系、家属住址、填发人及填发时间。

2. 第二联罪犯入监通知书的回执联，与第三联罪犯入监通知书正本同时寄送给罪犯家属，罪犯家属在收到通知书后，在回执联上签字或盖章后，将回执联寄回监狱。

3. 第三联是罪犯入监通知书的正本，正本包括首部、正文与尾部三部分。

（1）首部要有标题、文书号。标题就是该文书的名称，发文字号标在标题的右下方，监狱执法文书中有统一的标注方式。

（2）正文有受文者、主体和结束语三部分。

第一，第三联的受文者是罪犯家属。通知书的送达人应当是与罪犯有血缘或婚姻关系的直系亲属，通常罪犯未婚的通知其父母或监护人，已婚的通知其配偶或成年子女，没有上述成员的通知关系密切的其他亲属。必要时，可以征求罪犯本人的意见。通知对象确定后，在正本联抬头栏顶格写上被通知人姓名，一般无需加称谓，这样，既体现执法文书的严肃性，又可以避免因关系不清或填写错误闹出笑话。

第二，主体是该通知的事项。简要说明罪犯收押的相关信息，有罪犯姓名、罪名、刑期、收押时间及收押场所。并告知监狱地址、邮政编码及咨询电话。

第三，结束语需另起一段，写"特此通知"。

（3）尾部，有发文机关名称和公章、成文日期。

三、文书制作提示

（一）罪犯入监通知书的制作要求和注意事项

1. 该文书的寄发有法定期限的规定，监狱自收押罪犯之日起的5日内必须将该通知书寄出，5日是个不变的期限，不因节假日顺延。

2. 家属寄回的回执可以与存根粘贴一起保管，以备查看。

3. 文书经核对无误后签注日期，正本联加盖监狱公章。

（二）制作罪犯入监通知书的准备工作

1. 罪犯入监满 3 个月后，监区要认真开展摸排统计新调入罪犯是否属于"三无"人员。释放后无家可归（没有属于自己的住房或居所的）、无亲可投（没有直系亲属或监护人也没有其他亲属的）或无生活来源的（本人没有任何财产，无法解决半年内吃、穿、住的基本保障，无业可就的），监区在统计结束后，填写三无人员情况登记表，报狱政科，罪犯在服刑期间发生上述变故的应及时摸排统计报狱政科。

2. 在填写罪犯入监通知书前要通过查阅罪犯档案、个别谈话、向罪犯户籍所在地司法局发函调查等形式确认罪犯的真实情况。

（三）制作的重点和难点

确定罪犯入监通知书的送达对象必须是与罪犯有血缘或婚姻关系的直系亲属。

文书中告知的监狱地址、信箱代号、邮政编号必须准确无误，正本联中收押监狱的名称须填写监狱全称。信封上收信人的地址、邮政编号要认真核对，以免因填写错误造成无法投递。通知书应当用挂号信的方式寄发，严禁将通知书交由罪犯本人寄发的不合法行为。

四、实例示范

罪犯入监通知书（存根）		罪犯入监通知书（回执）		罪犯入监通知书
〔2016〕鲁×狱入通字312号		〔2016〕鲁×狱入通字312号		〔2016〕鲁×狱入通字312号
罪犯姓名 张×		通知书我已收到。		吴×：
罪 名 故意伤害罪				张×因犯故意伤害罪，经人民法院判处有期徒刑七年，于2016年9月4日送山东省××监狱服刑。
刑 种 有期徒刑				
刑 期 7年				
判决机关 济南市历下区人民法院		家属：吴×		
入监时间 2016年9月4日		（签名或盖章）		地 址 山东省济南市工业北路1677号
家属姓名 吴×		二〇一六年九月十八日		乘车路线 到XX路换乘K309、K338、K509路公交车到西阳桥站下车
与罪犯家属的关系 夫妻				
家庭住址 ××市××区新城花苑×幢×单元×室		注：接到通知书后，请将此回执寄回发函单位		信箱代号
				邮政编号：250100
填发人：××				咨询电话：0531-86245783
填发日期：2016年9月8日				特此通知。
				（公章）
				2016年9月8日

（贰零壹陆）鲁×狱入通字叁佰壹拾贰号

（贰零壹陆）鲁×狱入通字叁佰壹拾贰号

【拓展阅读】

罪犯入监通知书PPT。

第七节　罪犯物品保管收据

一、任务描述

2017年5月19日山东省某监狱新收一名罪犯，姓名方×，罪犯编号为37××××××××，收押交接时公安机关移交该罪犯的非生活必需品有银行卡（工行）一张，卡号62220000612310030××××，九成新；苹果手机（iPhone6 plus）一部，七成新；劳力士手表（M183）一块，六成新；毛料西服（175/86A）一套，八成新。监狱依据有关规定，依法予以保管，并出具物品保管收据。

实施步骤：学生分组讨论，分析案情，在新收罪犯后，发现新收押罪犯的非生活必需品，监狱该做怎样处理，需要按照什么法律程序，制作哪些法律文书？

二、基础铺垫

（一）罪犯物品保管收据的概念及功能

罪犯物品保管收据是监狱在新收罪犯时代为保管罪犯的非生活必需品而开具给罪犯本人的书面保管凭证。

对罪犯的非生活必需品进行统一保管，可有效控制违禁品流入监狱，保证对罪犯日常生活实行有序管理的同时也体现了监狱对罪犯个人合法财产的保护。

（二）罪犯物品保管收据的法律依据

《监狱法》第18条规定，罪犯收监，应当严格检查其人身和所携带的物品。非生活必需品，由监狱代为保管或者征得罪犯同意退回其家属，违禁品予以没收。

（三）罪犯物品保管收据的结构及内容

罪犯物品保管收据有三联，三联的内容完全相同。

罪犯物品保管收据属于表格式文书，由标题、眉栏、腹栏、尾栏四部分组成。

1. 标题。该文书的标题是罪犯物品保管收据，是文书的必备项目，用来表明文书制作和使用的意图。

2. 眉栏。通常有罪犯编号和入监日期。此处的罪犯编号与罪犯入监登记表的编号是一致的。

3. 腹栏。是该文书的主体部分，大致可分为物品信息及签名两部分。物品信息分为品名、规格型号、计量单位、数量、新旧程度五个栏目。品名指物品的品牌和名称，可能的情况下，要把这两层含义完整表述；规格型号指同品牌物品的类别；计量单位指物品的度量单位，使用法定的计量单位；新旧程度指保管时物品实际使用过的状态。

签名，包括保管人签名与罪犯签名。保管人特指对物品进行直接保管的警察。填完收据后，应将收据内容交当事罪犯确认，认为没有异议的，由罪犯本人签名。

4. 尾栏。说明此表的去处。第一联由监狱狱政科留存，第二联由（分）监区留存，第三联由罪犯本人保存。

三、文书制作提示

（一）罪犯物品保管收据的制作要求和注意事项

1. 填写罪犯物品保管收据前要仔细核对实物，填写的数量要准确，并由罪犯本人签名确认。如果经办警察工作调动，则应办理物品保管的交接手续，做到账物清楚，并保留书面交接凭证。当罪犯释放或调离监狱时，凭物品保管收据领取监狱代为保管的物品，并由罪犯在领取单上签字。

2. 要收集并认真审阅罪犯入监登记表，保证填写罪犯物品保管收据中的罪犯编号与入监登记表的罪犯编号一致。

3. 填写罪犯物品保管收据前要仔细核对实物。

4. 该表中对保管物品"新旧程度"的判断是监狱干警的主观判断，可能与罪犯的主观判断不一致，这容易引起争议，所以在实践中可以通过视频、图片记录等现代方法和手段来记录，减少争议。

（二）制作罪犯物品保管收据的准备工作

1. 清楚违禁品的范围和种类。司法部《关于切实加强监狱、强制戒毒所违禁物品管理的若干规定》第8条规定：本规定所称违禁物品，主要包括：①警械、枪支、弹药、雷管、炸药等物品；②手机、对讲机及相关附属配件和其他具有移动通讯功能的电子设备；③各种货币现钞、金融卡和有价证券；④鸦片、海洛因、冰毒、吗啡、大麻、可卡因以及国家规定管制的其他能够使人形成瘾

癖的麻醉药品和精神药品；⑤管制刀具和刃器具；⑥军警制服、便服、假发；⑦危害国家安全宣传制品和淫秽物品；⑧其他可能影响监所安全稳定的物品。

2. 清楚违规品的范围和种类。违规品是指监狱规定在限定区域和时间内限制罪犯持有使用，且罪犯一旦违规持有使用将会对监管安全秩序造成不利影响的物品，主要包括：①含有酒精的饮品；②火种及可用作点火的可燃物品；③各种身份证件；④各种绳索及可用作绳索的生产原料、半成品、成品等；⑤玻璃陶瓷制品及含有玻璃制品的物品；⑥绝缘物品；⑦各种燃料炊具和电炊具；⑧其他未经允许不得在监狱限定区域和时间内持有使用的物品。

3. 清楚危险品的范围和种类。危险品是指因监狱生产、建筑施工及罪犯生活等原因确需进入监管区，且按照规定应当由干警集中、妥善管理和保存的物品。罪犯持有使用此类物品，有可能会对监管安全稳定和他人人身安全造成威胁。主要包括：①用于监狱生产和罪犯生活卫生的各类刀具和刃器具；②具有一定杀伤力的生产工具和用作生产材料、具有较强破坏力的钝器；③绳梯、爬梯、脚手架等攀高物；④用于生产的易燃易爆、麻醉品、剧毒品及放射性、腐蚀性物品；⑤其他可能会给监狱安全造成威胁的危险物品。

（三）制作的重点和难点

1. 填写物品品名、规格型号、计量单位、数量、新旧程度时尽量符合物品的实际状态。

2. 监狱警察填写后应交由当事罪犯确认没有异议后，由罪犯本人签名。

四、实例示范

罪犯物品保管收据

（2017）鲁×狱收据字15号　　　2017年5月19日

编号：37××××××××

品名	规格型号	计量单位	数量	新旧程度
劳力士手表	M183	块	1	六成新
银行卡	工商银行 622200 006123 10030×××	张	1	九成新
苹果手机	iPhone 6 plus,	部	1	七成新
毛料西服	175／86A	套	1	八成新
表格	以下无	内容		
保管人签名	××	罪犯签名	方×	

说明：此份存狱政科。

——————〔裁剪线〕鲁×狱收据字拾伍号——————

罪犯物品保管收据

（2017）鲁×狱收据字15号　　　2017年5月19日

编号：37××××××××

品名	规格型号	计量单位	数量	新旧程度
劳力士手表	M183	块	1	六成新
银行卡	工商银行 622200 006123 10030×××	张	1	九成新
苹果手机	iPhone 6 plus,	部	1	七成新
毛料西服	175／86A	套	1	八成新
表格	以下无	内容		
保管人签名	××	罪犯签名	方×	

说明：此份存（分）监区。

——————〔裁剪线〕鲁×狱收据字拾伍号——————

罪犯物品保管收据

（2017）鲁×狱收据字15号　　　2017年5月19日

编号：37××××××××

品名	规格型号	计量单位	数量	新旧程度
劳力士手表	M183	块	1	六成新
银行卡	工商银行 622200 006123 10030×××	张	1	九成新
苹果手机	iPhone 6 plus,	部	1	七成新
毛料西服	175／86A	套	1	八成新
表格	以下无	内容		
保管人签名	××	罪犯签名	方×	

说明：此份交罪犯本人保存。

【拓展阅读】

罪犯物品保管收据 PPT。

单元训练 罪犯收监执法文书项目实训

一、单元名称：罪犯入监登记表制作实训

二、实训目标

1. 具有依据法律对收押对象的审查能力。

2. 具有搜集罪犯个人信息的能力。

3. 具有对罪犯个人信息的提取能力。

4. 培养学生制作收监执法文书的能力。

5. 培养学生对收监执法文书的分析、评价、修改能力。

三、实训要求

1. 重点：各类收监执法文书制作节点；监狱执法文书常规栏目填写要求；

2. 难点：犯罪事实的制作要领；制作罪犯入监登记表罪犯入监通知书；易错填写点及执法中的注意事项。

四、实训内容

病文诊断——请指出下列文书的错误之处并改正。

表 3 - 5 罪犯入监登记表

单位：×监狱入监监区　　　编号：20140114　　　入监日期：2014 年 8 月 11 日

姓名	张××	别名	张××	性别	男	照　片
民族	汉	出生日期	1985 年 8 月 13 日	文化程度	初中	
捕前职业	无业	原政治面貌	群众	特长	驾驶	
身份证号	××××××××××		口音	四川巴中口音		
籍贯（国籍）	中国四川巴中市		原户籍所在地		四川巴中市××镇×村×组	
家庭住址	浙江省宁波市北仑区×乡×村×号			婚姻状况	已婚	

续表

拘留日期	2013 年 9 月 8 日	逮捕机关	四川省巴中市公安局	逮捕日期	2013 年 10 月 12 日
判决书号	(2014) 巴法刑初字第 23 号	判决机关	四川省巴中市巴州区法院	判决日期	2014 年 7 月 3 日
罪名	盗窃罪			刑种	有期徒刑
刑期	5 年	刑期起止	2014 年 8 月 11 日至 2013 年 8 月 11 日	附加刑	罚金 10 000 元
曾受何种惩罚	无				

本人简历	起时	止时	所在单位	职务（职业）
	1985.9	1994.7	巴中市××小学、××中学	学生
	1995.10	1997.6	在巴中市×镇×村×组	务农
	1998.7	2013.7	在浙江省宁波市北仑区××制衣厂	工人

主要犯罪事实	被告人张××以非法占有为目的，采取秘密窃取手段，盗窃他人财物，数额较大，检察机关指控被告人张××犯盗窃罪的犯罪事实成立

家庭成员及主要社会关系	关系	姓名	出生日期	政治面貌	工作单位（职业）	住址	电话
	妻子	寇××	1986 年 3 月	群众	宁波市北仑区××制衣厂工人	浙江省宁波市北仑区×乡×村×号	×× ×
	儿子	张小×	2008 年 9 月	无	无	同上	

同案犯	姓名	性别	出生日期	捕前职业	罪名	刑期	家庭住址
无	—	—	—	—	—	—	—

五、任务评估

1. 熟悉监狱法、刑事诉讼法对于罪犯收押的相关规定，能够根据法律法规判断罪犯是否符合收押条件。

2. 熟悉监狱对收押新犯的工作流程，能够按照正确流程收押新犯。

3. 能够通过各种途径搜集罪犯信息，能够通过查阅罪犯档案、罪犯个别谈话了解、核实罪犯信息。

4. 能够制作新犯收押环节的各种执法文书，准确填写文书内容。

5. 能够对新犯收押环节的执法文书进行有效的评析和修改。

第四章 监狱对罪犯刑事判决提请处理类文书

【本章引言】

　　申诉是罪犯的一项权利，监狱应当予以保障。罪犯如果对生效的判决、裁定不服的，可以提出申诉，请求人民法院或者人民检察院重新对案件进行审查处理。监狱和其他刑罚执行机关，对于罪犯提出的申诉，应当及时将申诉材料转交人民检察院或者原判人民法院进行处理，不能以任何形式和借口阻拦或者扣压罪犯的申诉。如果监狱也认为对罪犯已生效的刑事判决确有错误，即可启动对罪犯原判决提请处理程序，制作相关执法文书，请求人民法院或人民检察院重新对案件进行处理。

　　本章节的执法文书主要包括：对罪犯刑事判决提请处理意见书、罪犯材料转递函。具体工作流程及相关执法文书制作节点如图 4－1 所示：

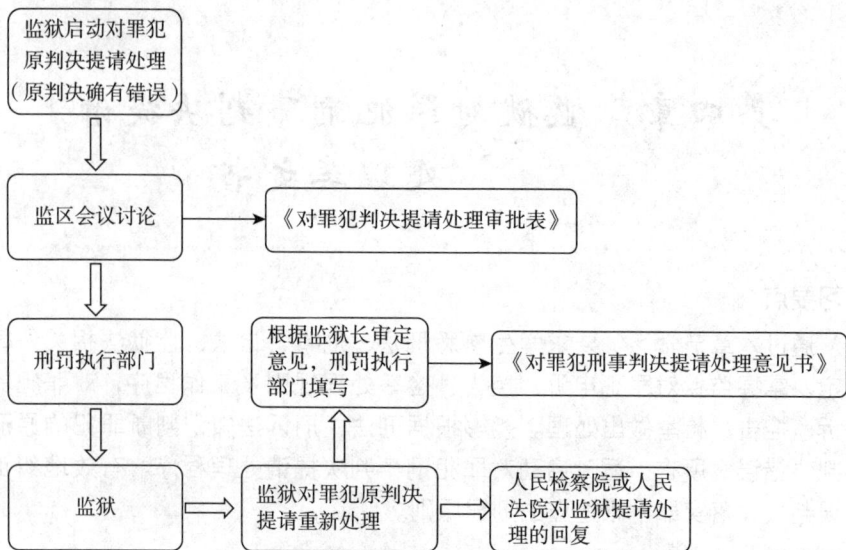

图 4－1　对罪犯刑事判决提请处理工作及执法文书制作节点图

第一节　对罪犯刑事判决提请处理意见书

一、任务描述

服刑人员俞××，男，1995 年 12 月 3 日出生，因犯故意伤害罪，2014 年 8 月 24 日被××市人民法院以（2014）×法刑初字第 56 号刑事判决书判处有期徒刑 10 年，于 2014 年 9 月 4 日送某监狱服刑。在服刑期间，俞××以法院量刑过重为由提出申诉。监狱仔细研究了该犯的判决书，判决书认定：2013 年 12 月 2 日，被告人俞××因琐事与邻居王×发生口角，在争执过程中，被告人俞××拿起身边的一根木棍向王×的头上打去，王×闪头避让，棍子击中王×的鼻子，致使王×鼻骨骨折，外鼻严重塌陷变形。后经法医验伤属重伤。法院认为被告人犯罪事实清楚，证据确凿，已构成故意伤害罪。依照《中华人民共和国刑法》第 234 条第 2 款 "犯前款罪，致人重伤的，处 3 年以上 10 年以下有期徒刑" 的规定，判处被告人俞××有期徒刑 10 年。通过该犯判决书内容监狱认为人民法院刑事判决有错误，于是，2015 年 3 月 6 日监狱启动了提请处理意见书程序，提请原审人民法院处理。

实施步骤：学生分组进行讨论，监狱认为人民法院对俞某某的刑事判决确有错误，请问人民法院的刑事判决错误之处是什么？监狱做出启动提请处理意见书程序决定是否恰当，应当制作什么执法文书来启动处理程序？

二、基础铺垫

（一）对罪犯刑事判决提请处理意见书的概念及功能

对罪犯刑事判决提请处理意见书，是指监狱在执行刑罚过程中，认为对罪犯的刑事判决确有错误而提请人民检察院或人民法院重新处理时制作的文书。

对罪犯刑事判决提请处理意见，有利于纠正错误的判决，确保公民合法权益不受侵犯；通过依法维持正确的判决，维护司法权威；通过依法纠正法院错误的判决，有效发挥对外监督和对内制约作用。

（二）对罪犯刑事判决提请处理意见书的法律依据

《监狱法》第24条规定，监狱在执行刑罚过程中，根据罪犯的申诉，认为判决可能有错误的，应当提请人民检察院或者人民法院处理，人民检察院或者人民法院应当自收到监狱提请处理意见书之日起6个月内将处理结果通知监狱。

《刑事诉讼法》第253条规定当事人及其法定代理人、近亲属的申诉符合下列情形之一的，人民法院应当重新审判：①有新的证据证明原判决、裁定认定的事实确有错误，可能影响定罪量刑的；②据以定罪量刑的证据不确实、不充分、依法应当予以排除，或者证明案件事实的主要证据之间存在矛盾的；③原判决、裁定适用法律确有错误的；④违反法律规定的诉讼程序，可能影响公正审判的；⑤审判人员在审理该案件的时候，有贪污受贿，徇私舞弊，枉法裁判行为的。

《刑事诉讼法》第275条规定，监狱和其他执行机关在刑罚执行中，如果认为判决有错误或者罪犯提出申诉，应当转请人民检察院或者原判人民法院处理。

（三）对罪犯刑事判决提请处理意见书的结构及内容

对罪犯刑事判决提请处理意见书由存根和正本两部分组成。正本由首部、正文、尾部三部分组成。

1. 首部。首部包括标题、发文字号和主送机关。

（1）标题：即文种名称，对罪犯刑事判决提请处理意见书。

（2）发文字号：包括年份、机关代字、文种代字、序号等四项内容。

（3）主送机关：即所要送达的原判人民法院或同级人民检察院名称。

2. 正文。正文包括以下三部分：

（1）原判情况及监狱认为原判的错误。原判情况包括罪犯的姓名，作出判决的人民法院的名称，判决书字号，判处的刑罚，对罪犯的判决可能有误的情况。此部分采用程式化的表述。

（2）提请处理的具体理由。提请处理的具体理由是本文书的重点内容，是决定文书质量的关键部分。在阐述提请处理的理由时，首先要对可能有错误的判决内容加以概括，再针对原判决所存在的错误问题进行分析并阐明监狱的观点。

提请处理的理由是监狱针对原判决存在的问题进行仔细分析后所提出的观点。根据刑事司法实践，已经生效的刑事判决中可能出现的错误主要有刑期计算有错误、认定事实有错误、适用法律有错误和量刑不当等等。

第一，刑期计算有错误。刑事判决在对罪犯刑期起止时间上出现多算或少算的错误。包括以下情形：其一，未能将判决前羁押期间折抵刑期。根据《刑法》第47条规定，有期徒刑的刑期，从判决执行之日起计算；判决执行以前先行羁押的，羁押1日折抵刑期1日。如被告人在异地被抓获后羁押在派出所的时间没有折抵刑期。其二，审判人员在制作判决书误将强制措施的填写日期当成宣布执行日期予以认定。其三，将不应折抵刑期期间折抵刑期。《行政处罚法》第28条规定："违法行为构成犯罪，人民法院判处拘役或者有期徒刑时，行政机关已经给予当事人行政拘留的，应当依法折抵相应刑期。违法行为构成犯罪，人民法院判处罚金时，行政机关已经给予当事人罚款的，应当折抵相应罚金。"即行政拘留可以折抵有期徒刑或者拘役；罚款可以折抵罚金。如果被告人被给予行政拘留但未执行的，不得折抵刑期。

第二，认定事实有错误。生效判决在认定事实方面出现错误，主要有以下三种情况：其一，没有实施判决书认定的犯罪行为；其二，判决书认定的犯罪行为与具体犯罪情节有出入；其三，认定犯罪的证据缺乏客观性、关联性、合法性。

第三，适用法律有错误。法律适用不当主要包括两方面内容：其一，犯罪事实没有争议，但适用法律有错误，导致罪名认定有误。如将此罪与彼罪、轻罪与重罪、一罪与数罪、甚至罪与非罪混淆；其二，适用法律不正确，导致罪名认定有误的错误后果。

第四，量刑不当。量刑不当包括"畸轻"和"畸重"两种情况。如果认定事实和定性都是正确的，而量刑出现了偏差，其原因一般是对犯罪事实中可能影响量刑的因素，如法定从轻、减轻情节或是法定从重、加重情节，在量刑时未能全面考虑和准确把握。

（3）提请处理的依据和建议。引用的条款必须准确、具体、完整，并提出处理建议。

3. 尾部。写明成文时间并加盖成文机关的公章。

存根主要包括罪犯姓名、罪名、刑期、提请理由、递送单位、时间、承办

人、回复时间和回复结果。存根中提请理由应当简明概括。

正本与存根骑缝处有发文字号，数字要用汉字大写。

三、文书制作提示

（一）对罪犯刑事判决提请处理意见书的制作要求和注意事项

1. 处理罪犯申诉必须认真慎重。任何单位或个人不得以任何理由剥夺、阻止罪犯合法的申诉权利，也不得扣压罪犯的申诉材料。

2. 罪犯的申诉材料，监狱警察个人不得私自代为转送，均须经监狱刑罚执行科处理。分监区、监区、监狱刑罚执行科均应建立《罪犯申诉登记本》。

3. 对罪犯的申诉，分监区、监区应予重视，刑罚执行科应协助各监区做好罪犯的思想教育工作，及时找罪犯谈话，掌握罪犯思想动态。

4. 对罪犯刑事判决提请处理意见书制作完毕后，正本发往原判人民法院或人民检察院，存根由监狱保存备查。

（二）对罪犯刑事判决提请处理意见书的准备工作

1. 对申诉材料须依如下程序及时转递：①分监区收到罪犯申诉材料后，应及时审阅、登记，3 个工作日内报送监区；②监区对收到的罪犯申诉材料及时审阅、登记，3 个工作日内转送监狱刑罚执行科；③监狱刑罚执行科收到罪犯申诉材料后，应仔细审阅，认真登记，及时转递至申诉的人民法院或人民检察院处理。罪犯申诉无明确投递机关的，可问明投递机关后再予转递。监狱刑罚执行科应在 5 个工作日内对申诉材料进行处理。

2. 监狱分监区、监区、刑罚执行业务部门在刑罚执行过程中，根据罪犯的申诉文书，认为判决或裁定可能有错误的，应当向监狱刑罚执行科书面反映，具体陈述理由和法律依据。监狱刑罚执行科应当进行核查，提出处理意见，报请监狱分管领导审查，审查后认为判决、裁定可能有错误的，由刑罚执行科制作《对罪犯刑事判决提请处理意见书》，提请相关人民法院或人民检察院处理。

（三）制作的重点和难点

对罪犯刑事判决提请处理意见书的正本部分中的具体理由是执法文书的制作重点。在填写时可叙写两方面的内容：一是引用原判决内容，此内容是监狱陈述理由的靶子，所以一定要找准，否则就会无的放矢；二是监狱陈述理由，指出原判决错误之所在，此部分在叙写时要抓住原判决的错误陈述理由。

四、实例示范

对罪犯刑事判决提请处理意见书（存根）

（2015）×监处字第×号

罪犯姓名：　俞××
罪　名：　故意伤害罪
刑　期：　有期徒刑 10 年
提请理由：量刑不当，人民法院在量刑时没有考虑到俞××犯罪时是未成年人这个法定的从轻情节，对其适用了法定刑幅度内最高刑期。
递送单位：××市人民法院
时　间：2015 年 3 月 6 日
承办人：刘×
回复时间：2015 年 3 月 20 日
回复结果：（原判法院回复后补填）

（贰零壹伍）×监处字第×号

对罪犯刑事判决提请处理意见书

（2015）×监处字第×号

××市人民法院

　　罪犯俞××经××市人民法院以（2014）×法刑初字第 56 号文判处有期徒刑 10 年。在刑罚执行中，我们发现罪犯俞××的判决可能有错误。具体理由是：罪犯俞××在 1995 年 12 月 3 日出生，犯罪时间是 2013 年 12 月 2 日，犯罪时未满 18 周岁，为未成年人犯罪。我国《刑法》第十七条第三款规定："已满十四周岁不满十八周岁的人犯罪，应当从轻或者减轻处罚。"根据该法条，罪犯俞××属于未成年人犯罪，法院量刑时应当从轻处罚。但法院在量刑中忽视了俞××是未成年人犯罪的情节，对罪犯俞××适用了法定刑幅度内的最高刑期，判处 10 年有期徒刑，违反了法律的义务性规范，属量刑不当。

　　为此，根据《中华人民共和国刑事诉讼法》第二百七十五条和《中华人民共和国监狱法》第二十四条的规定，提请你院对俞××的判决予以处理，并将处理结果函告我监。

（公章）
2015 年 3 月 6 日

【拓展阅读】

对罪犯刑事判决提请处理意见书 PPT。

第二节 罪犯材料转递函

一、任务描述

2012 年 4 月，罪犯李 × 因涉嫌抢夺罪被依法羁押；2013 年 1 月 25 日，×县人民法院以（2013）×县刑初字第 50 号刑事判决书以抢夺罪判处李 ×有期徒刑 3 年，缓刑 3 年，并于判决当日释放；2014 年 11 月 29 日，尚在缓刑考验期内的李 × 因涉嫌销售赃物被依法羁押；2015 年 6 月 3 日，×县人民法院以销售赃物罪判处李 × 有期徒刑 1 年。与前罪数罪并罚，决定执行有期徒刑 3 年 6 个月，刑期自 2014 年 11 月 29 日起至 2017 年 5 月 28 日止。李 × 被收监执行刑罚后，以刑期计算错误、未将 2013 年 1 月 25 日前羁押的 9 个月 12 天折抵刑期为由提起申诉，并提交申诉材料 4 页。

实施步骤： 学生分组；进行讨论，监狱民警收到申诉材料后，应该如何处理？

二、基础铺垫

（一）罪犯材料转递函概念及功能

罪犯材料转递函是监狱机关依法向人民法院、人民检察院、公安机关或上级司法机关转递罪犯申诉、控告、检举揭发、自首材料时制作的执法文书。这里的申诉是指罪犯对生效的判决不服，向人民法院或人民检察院提出重新审理的诉讼请求。控告是指罪犯对国家机关或国家机关工作人员侵害自己合法权益的违法犯罪行为，向监狱或相关部门进行揭发、控诉，要求依法予以处理；检举是指罪犯对违规违纪、违法犯罪行为，向监狱或相关部门揭发、举报。

罪犯材料转递函，可以及时转递罪犯的申诉、控告、检举材料，能保证罪犯正确、有效地行使控告、检举权，有助于发现和揭露各种犯罪行为，打击犯罪。同时，对于加强机关的廉政建设，促进政法各部门相互配合、相互支持具有重要的意义。

（二）罪犯材料转递函的法律依据

《监狱法》第 21 条规定："罪犯对生效的判决不服的，可以提出申诉。对于罪犯的申诉，人民检察院或人民法院应当及时处理。"

《监狱法》第 22 条规定："对罪犯提出的控告、检举材料，监狱应当及时处理或者转送公安机关或者人民检察院处理，公安机关或者人民检察院应当将处理结果通知监狱。"

《监狱法》第 23 条规定："罪犯的申诉、控告、检举材料，监狱应当及时转

递，不得扣压。"

（三）罪犯材料转递函结构及内容

罪犯材料转递函是填写式文书，一纸三联，由存根、正本、回执组成。正本转递人民法院、人民检察院、公安机关或上级司法机关；存根用于监狱存档备查；回执是各司法机关收到罪犯材料后的回复函，由上述机关填写制作。

存根依次填写罪犯姓名、材料类型、材料卷数、页数、材料摘要、转递单位、填发时间、承办人、回复时间等栏目。其中材料的类型有申诉、检举、控告三种；转递机关是人民法院、人民检察院、公安机关或上级司法机关；材料摘要栏简要说明转递材料的主要内容。

罪犯材料转递函的正本由首部、正文、尾部三部分组成。

1. 首部。首部由文书名称、文书编号和受文单位构成。受文单位是依据罪犯材料填写材料转递的单位，即材料转递给有权处理的人民法院、人民检察院、公安机关或是上级司法机关。

2. 正文。正文写明罪犯的姓名、材料的类型及材料的卷数、页数等内容。可表述为"现将罪犯×××的申诉材料共×卷×页给你们寄去，请查收"。

3. 尾部。尾部注明成文时间，加盖发函单位印章。提醒注意，正本中加盖的是制作文书监狱的公章，回执中加盖的是填写回执单位的公章。

三、文书制作提示

（一）罪犯材料转递函的制作要求和注意事项

1. 罪犯申诉、控告、检举合法权益应当依法保护。对罪犯申诉、控告、检举应当进行调查，收集证据，坚持依法处理，体现客观公正。

2. 监区（分监区）对收到的罪犯申诉、控告、检举，应及时处理。对超出处理权限的，应及时上报监狱刑罚执行部门。

监狱有关部门对收到的罪犯申诉、控告、检举，交由监狱刑罚执行部门处理。其中涉及民警执法执纪行为的，交由监狱纪检监察部门处理。

（二）制作罪犯材料转递函的准备工作

1. 监狱刑罚执行部门收到罪犯控告、检举材料，应当在5日内区分情况，分别按下列方式处理：①罪犯控告、检举狱内违规违纪、违法犯罪行为，由监狱刑罚执行部门处理或移交监狱相关职能部门处理。②罪犯控告、检举狱外违法犯罪行为的，刑罚执行部门应填写《罪犯控告、检举材料转递单》，并将有关材料转递相关部门。对于控告、检举材料，认真进行登记后，依法确定有权处理机关及时处理或转递。

2. 对涉及狱内的罪犯控告、检举应当在受理之日起30日内办结。罪犯控告、检举中有直接危及监狱安全稳定等重大紧迫情形的，应立即处理，并及时

逐级报告。对由省局或省局批转监狱调查处理的罪犯控告、检举，应当在规定时限内完成，并向交办部门报告结果。

（三）制作的重点和难点

1. 存根联中的材料摘要中要概括出材料的核心内容。

2. 文书名称中应填写罪犯的姓名和材料的类型，即申诉、控告、检举揭发、自首等。

3. 存根联的回复时间是补填项，按照收到回执的实际时间记载。

四、实例示范

罪犯李×材料转递函（存根）	罪犯李×材料转递函（回执）	罪犯李×材料转递函
(2015)×监函字第29号	(2014)×狱通字第3号	(2015)×监函字第29号
罪犯姓名：李× 材料类型：申诉 材料卷数、页数：1卷4页 材料摘要：李×2015年被判处有期徒刑一年，与前罪数罪并罚，决定执行有期徒刑三年六个月，在计算执行刑期时，未将李×2013年1月25日判决前羁押的9个月12天折抵刑期。 转递单位：×省×县人民法院 填发时间：2015年7月15日 承办人：张××王×× 回复时间：2015年7月25日	××监狱： 　(2015)×监函字第29号材料转递函及材料均收到，经核对无误。 回复地址：×省×县人民法院 通信信箱：×省×县203信箱 邮政编码：×××××× （公章） 2015年7月25日 注：接到材料转递函后，请即将此回执寄给发函单位。	×省×县人民法院： 　现将罪犯李×的申诉材料1卷4页寄去，请查收。 （公章） 2015年7月15日
（贰零壹伍）×监函字第贰拾玖号	（贰零壹伍）×监函字第贰拾玖号	

【拓展阅读】

罪犯材料转递函PPT。

单元训练 — 对罪犯刑事判决提请处理执法文书项目实训

一、单元名称：对罪犯刑事判决提请处理意见书制作实训

二、实训目标

1. 培养学生依据法律对罪犯原刑事判决的审查能力。

2. 培养学生制作对罪犯刑事判决提请处理意见书的能力。

3. 培养学生对罪犯刑事判决提请处理意见书的分析、评价、修改的能力。

三、实训要求

1. 重点：熟悉刑法、刑诉法及监狱法的相关规定，能够区分罪犯的申诉、控告、检举材料的性质，遵照处理的工作流程，及时处置罪犯的申诉、控告和检举，及时反馈处理信息。

2. 难点：《对罪犯刑事判决提请处理意见书》提请理由的叙写。

四、实训内容

对监狱制作《对罪犯刑事判决提请处理意见书》进行评析修改。

　　田××，男，汉族，1983年7月20日，河南省商丘市人，2001年7月，田××从云南德宏到河南商丘做生意时与袁××（另案处理）相识，袁××要求田××带一样东西到保山，田××表示同意。袁××把自己买的750克鸦片用塑料膜包成条状，使其减少鸦片气味，然后装入用毛巾缝的袋子里，指使田××系在腰上。田××问袁××是什么东西，袁××说："别啰唆！带到保山就行了。"田××携带时隐隐约约闻到一点气味，但不知是什么。当他从德宏市乘汽车到保山经过红旗桥时被查获。

　　2002年12月5日商丘市中级人民法院（2002）商刑初字第84号刑事判决以运输毒品罪判处被告人田××有期徒刑10年。省高院经复核，于2003年2月13日作出裁决，核准商丘中院上述判决。后田××在河南省第一监狱服刑。

　　田××入狱服刑后，提出申诉。田××认为他的行为不能构成运输毒品罪。因为田××受袁××的委托帮人携带毒品，而他自己根本不知是毒品。

　　监狱民警咨询审查了相关资料后，发现田××的判决可能有错误。2003年11月10日启动对罪犯原判决提请处理程序，并由民警王××制作一份了《对罪犯刑事判决提请处理意见书》。

请指出以下文书不适当的地方并进行修改。

对罪犯刑事判决提请处理意见书

（存根）

（2003）×监处字第×号

罪犯姓名：田××

罪名：运输毒品罪

刑期：有期徒刑10年

提请理由：认定事实错误

递送单位：河南省高级人民法院

时间：2003年11月10日

承办人：王××

回复时间：__年__月__日

回复结果：________

（2003）×监处字第×号

对罪犯刑事判决提请处理意见书

（2003）×监处字第×号

河南省高级人民法院

罪犯田××经商丘市中级人民法院以（2002）商刑初字第84号文判处有期徒刑10年，在刑罚执行中，我们发现罪犯田××的判决可能有错误。具体理由是：认定事实错误。

为此，根据《中华人民共和国监狱法》第二十四条和《中华人民共和国刑事诉讼法》第二百六十四条的规定，提请你院对田××的判决予以处理，并将处理结果函告我监。

（公章）

2003年11月10日

五、任务评估

1. 学生是否熟悉刑法“运输毒品罪”的犯罪构成，能否结合具体案例分析是否符合运输毒品罪的犯罪构成，清楚罪与非罪的界限。

2. 学生是否能够全面、准确地把握该案例的犯罪事实，分析犯罪事实，能够固定相关的证据去佐证。

3. 学生能够正确地适用法律，援引与本案事实一致的法律条款，准确找出原刑事判决的错误。

4. 能够正确制作对罪犯刑事判决提请处理意见书。

5. 能够对制作的执法文书文本进行析评和修改。

第五章　罪犯暂予监外执行类文书

学习要点

　　通过本章学习，要求学生掌握罪犯暂予监外执行的法律依据，熟悉罪犯暂予监外执行工作流程，熟悉《社区矫正实施办法》，知晓如何与社区矫正机构对接办理暂予监外执行手续；知晓罪犯暂予监外期间的收监和暂予监外执行期间不计入执行刑期的法定条件，熟悉罪犯暂予监外执行期间不计入执行刑期的法定程序；能够按照法定程序对不再适合暂予监外执行罪犯予以收监。

学习目标

　　通过学习，学生应明确罪犯暂予监外执行的法定条件、适用范围，能够按照罪犯暂予监外执行工作流程对罪犯依法办理，并按照司法部颁布的格式样式制作相应的执法文书。

【本章引言】

　　暂予监外执行是一种刑罚变更制度，是指被判处有期徒刑、拘役的罪犯在服刑期间，因出现了不宜在监所内服刑的法定事由，而由刑罚执行机关或法院批准（决定）该罪犯暂时在监所以外执行刑罚。暂予监外执行是一项严肃的执法行为，必须严格按照法定的条件和法定的程序予以办理。

　　本章内容主要涉及刑罚执行机关在依法办理暂予监外执行案件及执行过程中所制作的各种文书，主要包括：罪犯生活不能自理鉴别书、暂予监外执行审批表、收监执行决定书、罪犯暂予监外执行期间不计入刑期审批表，暂予监外执行期间不计入刑期建议书等文书。

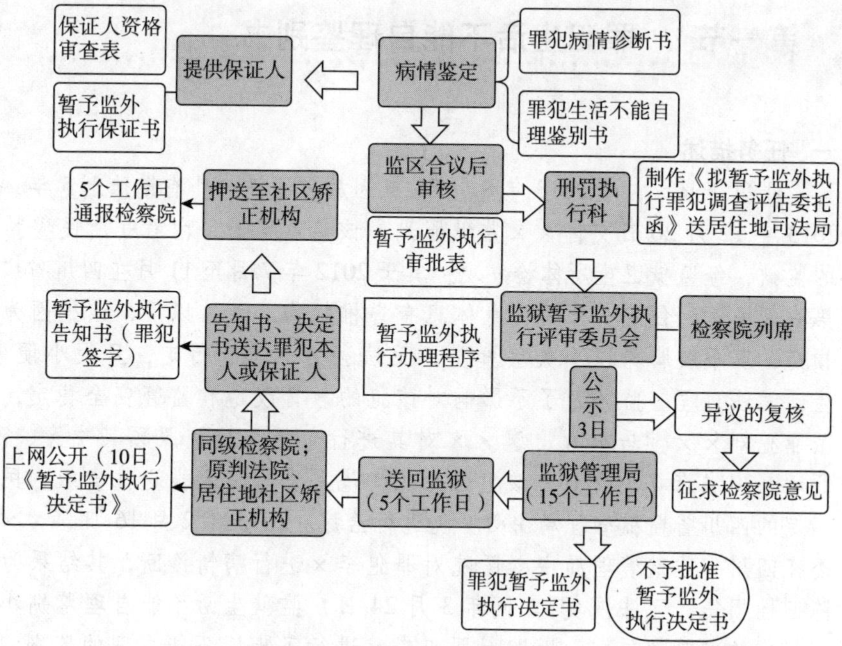

图5-1　罪犯暂予监外执行工作流程及相关执法文书的制作节点

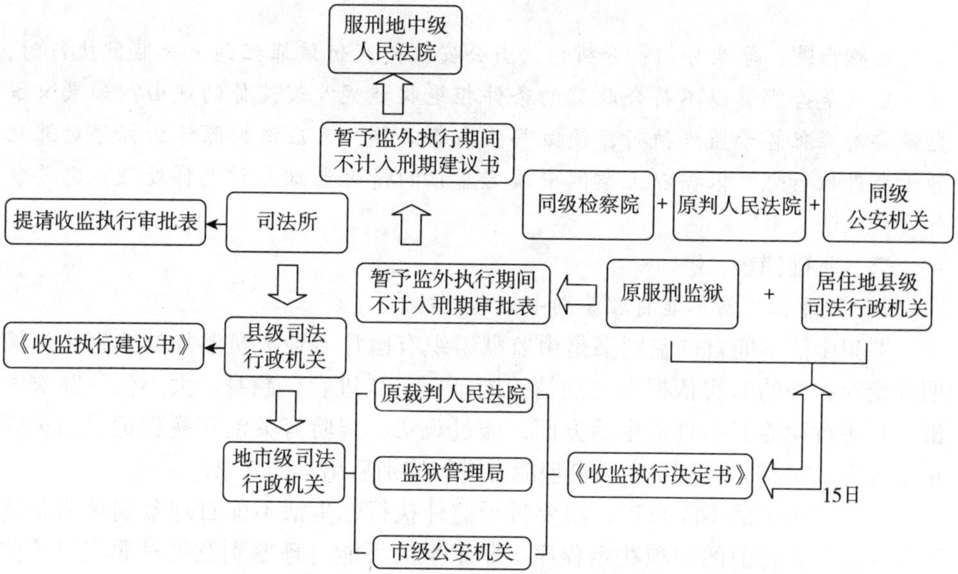

图5-2　暂予监外执行期间不计入刑期的工作流程图

第一节 罪犯生活不能自理鉴别书

一、任务描述

罪犯李××，于2013年8月25日因放火罪被判处有期徒刑5年，并于2013年12月20日交付××监狱服刑，该犯入监时，由看守所民警抬着进的监狱，经监狱卫生所体检发现：其于2012年7月至11月在四川省广元市第一人民医院住院5个月，身体患有脊椎损伤。入监以后，该犯因为脊椎损伤，双下肢脚踝以下失去知觉，无法独自站立、行走，且大小便失禁，生活无法自理。监区为了不影响对该犯的教育改造和监管安全稳定，分别派罪犯刘××、马××、廖××对其进行包控，轮流照顾其吃穿、洗漱、行动。2014年7月2日，该犯因身患褥疮并发生溃烂被送往省级人民政府指定的四川省监狱管理局中心医院进行治疗。2015年2月16日，××监狱委托四川省监狱管理局中心医院对罪犯李×进行病情诊断，其结果为"因陈旧性损伤，无法恢复"。同年3月24日，监狱生活不能自理鉴别小组在四川省监狱管理局中心医院对罪犯李×进行了生活不能自理的鉴别，认为该犯在进食、大小便、穿衣洗漱、自主行动方面都需要他人协助才能完成。

实施步骤： 学生分组；分析讨论当公安机关交付该罪犯到××监狱执行时，××监狱是否能够以不符合收监的条件拒绝收监呢？谈谈你的理由？如果××监狱要对罪犯暂予监外执行，须做哪些准备工作？又应该按照什么程序对罪犯暂予监外执行呢？根据以上案例中该名罪犯的情况监狱应该怎样处理？需要制作哪些执法文书？

二、基础铺垫

（一）罪犯生活不能自理鉴别书概念及功能

罪犯生活不能自理鉴别书是由监狱组织有医疗专业人员参加的鉴别小组按照规定对在押的罪犯依据有关病情诊断证明，从进食、翻身、大小便、穿衣洗漱、自主行动等五项日常生活方面，通过观察、查验有关治疗病程记录、护理记录等方式对其是否具备生活自理能力进行鉴别后出具的文书。

如果罪犯生活不能自理，需要暂予监外执行，生活不能自理鉴别是罪犯适用暂予监外执行前的一项法定程序。罪犯生活不能自理鉴别意见对罪犯暂予监外执行的批准具有决定性的意义，监狱机关及相关医疗单位严格按照相关规定对罪犯进行生活自理能力进行鉴定，以保障罪犯的合法权益，同时避免弄虚作假，骗取暂予监外执行。

（二）罪犯生活不能自理鉴别书的法律依据

《监狱法》第 25 条规定，对于被判处无期徒刑、有期徒刑在监内服刑的罪犯，符合刑事诉讼法规定的监外执行条件的，可以暂予监外执行。

《暂予监外执行规定》第 9 条规定，对罪犯的病情诊断或者妊娠检查，应当委托省级人民政府指定的医院进行。医院出具的病情诊断或者检查证明文件，应当由两名具有副高以上专业技术职称的医师共同作出，经主管业务院长审核签名，加盖公章，并附化验单、影像学资料和病历等有关医疗文书复印件。对罪犯生活不能自理情况的鉴别，由监狱、看守所组织有医疗专业人员参加的鉴别小组进行。鉴别意见由组织鉴别的监狱、看守所出具，参与鉴别的人员应当签名，监狱、看守所的负责人应当签名并加盖公章。对罪犯进行病情诊断、妊娠检查或者生活不能自理的鉴别，与罪犯有亲属关系或者其他利害关系的医师、人员应当回避。

《暂予监外执行规定》第 33 条第 1 款规定，本规定所称生活不能自理，是指罪犯因患病、身体残疾或者年老体弱，日常生活行为需要他人协助才能完成的情形。

生活不能自理的鉴别参照《劳动能力鉴定　职工工伤与职业病致残等级分级》（GB/T16180–2006）执行。进食、翻身、大小便、穿衣洗漱、自主行动等 5 项日常生活行为中有 3 项需要他人协助才能完成，且经过 6 个月以上治疗、护理和观察，自理能力不能恢复的，可以认定为生活不能自理。65 周岁以上的罪犯，上述五项日常生活行为有一项需要他人协助才能完成即可视为生活不能自理。

（三）罪犯生活不能自理鉴别书的结构及内容

罪犯生活不能自理鉴别书是表格式文书，由负责鉴定的医院专业人员填写。

1. 罪犯基本情况栏。该栏目依次填写清楚罪犯的姓名、性别、民族、出生日期、罪名、主刑、原判刑期、附加刑、刑期变动、现刑期起止、家庭住址等内容。

该栏目内容依据罪犯档案填写，刑期起止日期按最近变更后的起止日期填写，家庭住址栏应准确填写罪犯家庭所在的省（自治区、直辖市）、市、县（市、区）、乡（镇、街道）、村（社区）及门牌号。

2. 既往病史栏。既往病史包括罪犯以前的病史情况和病程等级情况。

3. 生活不能自理的主要表现栏。此栏是鉴定表的重点内容，主要包含进食、翻身、大小便、穿衣洗漱、自主行动等五项日常生活方面。此栏的内容必须具有医学上的说明力或证明力，可依据有关的医院诊断证明、治疗的病程记录、护理情况记录、观察记录等进行填写，对具体病症的描述应使用医学术语。

4. 现场考察情况。主要是对现场考察的时间、地点、参与考察的人员、被考察对象、考察经过进行概括地描述。此栏的内容必须依据暂予监外执行规定的几个方面进行全面的考察，不得疏漏，须事实详实。

5. 鉴别意见栏。根据上述生活不能自理的主要表现和现场考察情况，按照监狱罪犯生活不能自理鉴别小组共同作出鉴别意见进行填写

6. 鉴别人员签字栏。参与鉴别的生活不能自理小组人员签字，由监狱长审核签名，加盖公章，并附病情诊断证明、治疗的病程记录、护理记录、观察记录等有关证明材料。

三、文书制作提示

（一）罪犯生活不能自理鉴别书的制作要求和注意事项

1. 熟悉暂予监外执行规定中关于生活不理自理情况鉴别的标准和程序。

2. 如实填写罪犯的既往病史，可根据罪犯的档案材料及入狱后的发病情况填写，病史情况使用医学术语填写。

3. 在对生活不能自理的主要表现和现场考察情况的描述时，坚持实事求是，以证据为基础、客观呈现罪犯日常生活中的状态。

4. 在鉴别意见填写时，不得涉及刑罚执行的相关内容或事项，如不能填写"建议暂予监外执行"等内容。

5. 特殊情况的生活不能自理情况的鉴别，监狱鉴别小组可以邀请驻狱检察室组织联合考察。

（二）制作罪犯生活不能自理鉴别书的准备工作

1. 收集有关罪犯的病情资料，包括既往病史和当前的病情诊断情况，6个月以上的治疗病程记录、护理记录、观察记录。这是开展生活不能自理鉴别的基础。

2. 监狱鉴别小组在开展现场考察前，须召开生活不能自理情况鉴别会议，通报被鉴别对象的基本情况、既往病史、治疗情况和护理情况（护理人员、护理记录），提出考察要求，并形成会议记录。

3. 现场考察时，须做好现场记录。包括了解罪犯身体检查情况、询问护理人员和管理民警、特殊生活用品的消费和购买情况等。

4. 鉴别意见的出具，应当是鉴别小组通过现场考察后通过会议的形式研究讨论，最终达成一致意见。

（三）制作的重点和难点

重点：生活不能自理的主要表现是决定是否有生活自理能力的依据，填写时必须就符合规定中的项目进行逐一描述，不得删减或扩大。

难点：填表时，将生活不能自理的主要表现和现场考察情况作为鉴别依据，

要求叙写时既客观描述罪犯的日常生活中不能自理的几个方面，又需要援引庞杂的证据材料和多次的会议记录予以佐证，并进行高度的概括和总结，讲事实的同时须陈述理由。

四、实例示范

表 5-1　罪犯生活不能自理鉴别书

姓名	李×	性别	女	民族	汉	出生日期	1968 年 7 月 15 日
罪名	放火罪	主刑	有期徒刑	刑期	5 年	附加刑	无
刑期变动	无						
现刑期起止	2013 年 6 月 5 日至 2018 年 6 月 4 日止						
家庭住址	×省×市×区×街道××号						
既往病史	无						
生活不能自理的主要表现	该犯自 2013 年 12 月 20 日至 2015 年 3 月 24 日瘫痪在床，2014 年 7 月 2 日被送入四川省监狱管理局中心医院治疗至今。2015 年 2 月 16 日，经四川省监狱管理局中心医院诊断，认为其"无法恢复"。经监区主管民警张××、护理罪犯刘××、马××、廖××，四川省监狱管理局中心医院的病程记录和护理记录显示，罪犯李×，一直卧病在床，可以自主进食但须他人将食物送到其身边；无法独立穿裤子、袜子和鞋子；大小便失禁，长期使用尿不湿，无法独自上厕所；行动时需要外来支撑才能站立，无法独立行走。 　　综上所述，罪犯李×进食、大小便、穿衣洗漱、自主行动日常生活行为中有 4 项活动不能自理，需要他人协助才能完成，且经过 6 个月以上治疗、护理和观察，自理能力不能恢复。						
现场考察情况	经罪犯本人申请，该犯配偶作保向监狱申请暂予狱外执行，经监区全体警察会议后报刑罚执行科审查，经监狱暂予狱外执行评审委员会同意，启动罪犯生活不能自理鉴别。 　　罪犯生活不能自理鉴别小组于 2015 年 3 月 24 日在四川省监狱管理局中心医院对罪犯李×进行生活不能自理的现场考察。具体情况为：①该犯进食需要他人协助才能获得食物，无法独立取得食物；②穿衣洗漱均需要他人的协助，无法独立完成；③身上穿有尿不湿，医护人员杨××、护理罪犯马××证明其住院期间一直在使用尿不湿；④无法独立久坐，须依靠外力支撑才能站立，不能独立行走。						
鉴别意见	经罪犯生活不能自理鉴别小组于 2015 年 3 月 24 日现场考察结合其日常生活中不能自理的情况，认为罪犯李×在进食、穿衣洗漱、自主行动、大小便方面符合《暂予监外执行规定》第三十三条第二款之规定，罪犯李×生活不能自理且生活自理能力不能恢复。						

续表

	姓名	职称	职务	
鉴别人员	张　×	主任医师	主　任	（审核签字） 杨×× 2015 年 3 月 25 日（公章）
	周×	/	科长	
	李××	/	科长	

抄送：×××人民检察院

【拓展阅读】

1. 罪犯生活不能自理鉴别书 PPT。

2. 相关法律条文链接：

（1）《刑事诉讼法》第 265 条规定，对被判处有期徒刑或者拘役的罪犯，有下列情形之一的，可以暂予监外执行：①有严重疾病需要保外就医的；②怀孕或者正在哺乳自己婴儿的妇女；③生活不能自理，适用暂予监外执行不致危害社会的。对被判处无期徒刑的罪犯，有前款第 2 项规定情形的，可以暂予监外执行。对适用保外就医可能有社会危险性的罪犯，或者自伤自残的罪犯，不得保外就医。对罪犯确有严重疾病，必须保外就医的，由省级人民政府指定的医院诊断并开具证明文件。在交付执行前，暂予监外执行由交付执行的人民法院决定；在交付执行后，暂予监外执行由监狱或者看守所提出书面意见，报省级以上监狱管理机关或者设区的市级以上公安机关批准。

（2）《暂予监外执行规定》第 6 条规定，对需要保外就医或者属于生活不能自理，但适用暂予监外执行可能有社会危险性，或者自伤自残，或者不配合治疗的罪犯，不得暂予监外执行。对职务犯罪、破坏金融管理秩序和金融诈骗犯罪、组织（领导、参加、包庇、纵容）黑社会性质组织犯罪的罪犯适用保外就医应当从严审批，对患有高血压、糖尿病、心脏病等严重疾病，但经诊断短期内没有生命危险的，不得暂予监外执行。对在暂予监外执行期间因违法违规被收监执行或者因重新犯罪被判刑的罪犯，需要再次适用暂予监外执行的，应当从严审批。

3. 保外就医严重疾病范围。

第二节 罪犯病情诊断书

一、任务描述

服刑人员李×，于 2005 年 8 月 25 日因贪污罪被判处有期徒刑 15 年，并于 2005 年 9 月 20 日交付××监狱服刑，从 2012 年开始，该犯经常出现头痛、头晕、恶心等症状，到 2013 年又出现呕吐、双下肢浮肿、偏侧麻木、同向偏盲、失语、眩晕等症状，经询问得知其有高血压病史，经监狱医院检查，测血压 190/110mmg、CT：右侧大脑中动脉梗塞，由监狱医院为其治疗，但治疗效果一直不理想，后来李×出现眼球运动麻痹、交叉瘫、瞳孔异常、进食吞咽困难、意识障碍等症状。因其本人申请保外就医，2015 年 4 月 10 日监狱将期送到省政府指定的××医院进行病情鉴定，并由主任医师张×和副主任医师李××为其作了鉴定，经检查，血压：210/130mmg 行走略跛行，四肢麻木，头颅 CT：右侧大脑中动脉梗塞。鉴定结论为高血压、脑梗塞。

实施步骤：学生分组；分析讨论该犯的病情是否符合暂予监外执行的条件，监狱对罪犯暂予监外执行条件的判别必须经过哪些程序？如果监狱要启动暂予监外执行程序该如何启动？根据案例中该名罪犯的情况监狱怎样处理？需要制作哪些执法文书？

二、基础铺垫

（一）罪犯病情诊断书的概念及功能

罪犯病情诊断书是由指定医院具有特定资质的医务人员运用现代医学知识、技术和手段对拟暂予监外执行的罪犯病情鉴定时使用的执法文书。

该文书是省级人民政府指定的医院出具的具有法律效力的证明罪犯身体疾病和伤残情况的医学鉴定材料。由受委托鉴定单位填写，受委托的省级人民政府指定的医院或鉴定部门根据委托单位的委托鉴定事项予以病情伤残情况诊断、鉴定，经鉴定单位审核确认后，提交委托单位。

此文书一式三份，委托单位、鉴定单位及暂予监外执行审批机关各留存一份。

（二）罪犯病情诊断书的法律依据

《刑事诉讼法》第 265 条规定，对被判处有期徒刑或者拘役的罪犯，有下列情形之一的，可以暂予监外执行：①有严重疾病需要保外就医的；②怀孕或者正在哺乳自己婴儿的妇女；③生活不能自理，适用暂予监外执行不致危害社会的。对被判处无期徒刑的罪犯，有前款第二项规定情形的，可以暂予监外执行。

对适用保外就医可能有社会危险性的罪犯，或者自伤自残的罪犯，不得保外就医。对罪犯确有严重疾病，必须保外就医的，由省级人民政府指定的医院诊断并开具证明文件。

《监狱法》第25条规定，对于被判处无期徒刑、有期徒刑在监内服刑的罪犯，符合刑事诉讼法规定的监外执行条件的，可以暂予监外执行。

《暂予监外执行规定》第9条规定，对罪犯的病情诊断或者妊娠检查，应当委托省级人民政府指定的医院进行。医院出具的病情诊断或者检查证明文件，应当由两名具有副高以上专业技术职称的医师共同作出，经主管业务院长审核签名，加盖公章，并附化验单、影像学资料和病历等有关医疗文书复印件。对罪犯生活不能自理情况的鉴别，由监狱、看守所组织有医疗专业人员参加的鉴别小组进行。鉴别意见由组织鉴别的监狱、看守所出具，参与鉴别的人员应当签名，监狱、看守所的负责人应当签名并加盖公章。对罪犯进行病情诊断、妊娠检查或者生活不能自理的鉴别，与罪犯有亲属关系或者其他利害关系的医师、人员应当回避。

（三）罪犯病情诊断书的结构及内容

罪犯病情诊断书是表格式文书，由负责鉴定的医院专业人员填写。

1. 罪犯基本情况栏。该栏目依次填写清楚罪犯的姓名、性别、民族、出生日期、罪名、主刑、原判刑期、附加刑、刑期变动、现刑期起止及家庭住址等内容。

该栏目内容可从罪犯档案中查找填写，刑期起止日期按最近变更后的起止日期填写，家庭住址栏对应着罪犯社区矫正的属地，所以不能照抄档案材料，还应通过其他方式认真核对，确认罪犯准确的家庭住址，要求填写准确、具体。

2. 既往病史栏。如实填写罪犯的既往病史，可根据罪犯的档案材料及入狱后的发病情况填写。病史情况使用医学术语填写。

3. 病情情况栏。此栏是诊断书的重点内容，主要包含罪犯的体征、检查项目及结果等内容。此栏的内容必须具有医学上的说明力或证明力，可依据以前的医院诊断结论或鉴定结论填写，对具体病症使用医学术语。

4. 病情诊断栏。由两名具有副高以上专业技术职称的医师共同作出鉴定意见并在诊断医师栏中签字。

5. 诊断医师签字栏。两名参与医学诊断的，具有副高以上专业技术职称的医师签字，医院主管业务院长审核签名，并加盖公章，以示负责。

三、文书制作提示

（一）罪犯病情诊断书的制作要求和注意事项

1. 根据鉴定结果填写医学诊断结论，不能填写"建议暂予监外执行"等内容。

2. 由两名具有副高以上专业技术职称的医师共同作出诊断意见并签字。

（二）制作罪犯病情诊断书的准备工作

1. 熟悉罪犯暂予监外执行的有关法律法规和程序，做到依法审批罪犯暂予监外执行。

2. 依据保外就医的法定条件，审查罪犯的病情是否符合《保外就医严重疾病范围》。

3. 监区应当召开全体警察会议，合议后填写《罪犯暂予监外执行审批表》连同疾病鉴定证明报刑罚执行科审查同意，进行疾病鉴定。

4. 监狱对拟保外就医的罪犯，应当按照有关规定对其保证人资格进行审查，并填写《保证人资格审查表》，审查通过的，保证人和被保人应当在《暂予监外执行保证书》上签名盖章。

（三）制作的重点和难点

病情诊断栏填写的是医学检查结果及医学诊断结论，不得涉及刑罚执行的相关内容或事项，如不能填写"建议暂予监外执行"等内容。

四、实例示范

表 5 – 2　罪犯病情诊断书

姓名	李×	性别	男	民族	汉	出生日期	1968 年 7 月 15 日
罪名	贪污罪	主刑	有期徒刑	原判刑期	15 年	附加刑	/
刑期变动			2007 年 10 月经裁定减刑 1 年，2010 年 5 月经裁定减刑 1 年				
现刑期起止	2005 年 3 月 8 日至 2018 年 3 月 7 日						
家庭住址	×省×市×区×街道××号××幢 5 – 12 – 6 号						
既往病史	高血压病史：2 年；脑梗塞病史 5 个月。						
病情诊断	病史及体征：患者：二年前无诱因头痛、头晕、无力。曾到医院测血压 190/110mmg。四天前患有头痛、头晕、恶心、呕吐、双下肢浮肿、右侧肘体麻。血压：200/120mmg 入院治疗。 辅助检查及结果：CT：右侧大脑中动脉梗塞 血压：210/130mmg 行走略跛行，四肢麻木。 诊断结论：高血压、脑梗塞。						
鉴定医师	姓名		职称		职务		审核签名：陈××
	张 ×		主任医师		主任		（医院公章）
	李××		副主任医师		主任		2015 年 4 月 18 日

抄送：×××××人民检察院

【拓展阅读】

罪犯病情诊断书 PPT。

第三节   暂予监外执行审批表

一、任务描述

　　四川省×监狱五监区服刑人员杜××，女，汉族，四川省××县人，生于 1953 年 6 月 11 日，因诈骗罪被判处有期徒刑四年，于 2015 年 11 月 6 日交付执行。该犯因患有糖尿病、高血压等慢性疾病多年，且年龄较大，长期在监狱医院治疗，入监初期思想不稳定，缺乏改造信心，后经教育能认罪悔罪，遵守纪律，服从管理，改造表现稳定。

　　2016 年 12 月 7 日该犯病情加重，监狱医院因条件有限，建议将其送往较好的医院进行治疗。当日，五监区监区长刘××带领民警谢××、李××将杜犯送政府指定医院（四川省监狱管理局中心医院）进行住院治疗，并电话告知杜×家属其病情。后经四川省监狱管理局中心医院检查，确诊为：①Ⅱ型糖尿病、糖尿病肾病晚期、慢性肾功能不全、糖尿病周围神经病变；②高血压（极高危）、高心病、心脏长大、慢性心功能不全、心功级；③冠心病；④甲减；⑤慢性结石性胆囊炎、急性胆源性胰腺炎（水肿型）。

　　杜×的儿子在探视其母亲时向主管民警张××提出为杜×保外就医的书面申请并自愿担任保证人。

　　实施步骤：学生分组；分析讨论应对罪犯哪些方面进行审查，审查后是否启动暂予监外执行程序？如果要办理暂予监外执行，应遵循哪些程序，逐级审查中需要制作哪些执法文书？搜集哪些证据材料？

二、基础铺垫

（一）暂予监外执行审批表的概念和功能

暂予监外执行审批表是监狱机关办理罪犯暂予监外执行案件时，经逐级合

议、征询人民检察机关意见后提请省（自治区、直辖市）监狱管理局批准的表格式执法文书。

按照我国有关暂予监外执行的规定，监狱、看守所办理罪犯暂予监外执行，必须严格履行法定程序，完备相关的法律手续。罪犯暂予监外执行审批表是暂予监外执行每一环节合议情况的具体呈现，有助于实现执法链条的完整和全程监督，不存死角，保证符合法定情形的罪犯得以暂予监外执行，防止不符合法定情形的罪犯弄虚作假，骗取暂予监外执行。

（二）暂予监外执行审批表的法律依据

1. 审查暂予监外执行的条件。

（1）审查刑期条件。《刑事诉讼法》第265条规定，对被判处有期徒刑或者拘役的罪犯，有下列情形之一的，可以暂予监外执行。

（2）审查生理要件。《暂予监外执行规定》第5条规定，对被判处有期徒刑、拘役或者已经减为有期徒刑的罪犯，有下列情形之一，可以暂予监外执行：患有属于本规定所附《保外就医严重疾病范围》的严重疾病，需要保外就医的；怀孕或者正在哺乳自己婴儿的妇女；生活不能自理的。对被判处无期徒刑的罪犯，有前款第2项规定情形的，可以暂予监外执行。

（3）审查限制性要件。

《暂予监外执行规定》第6条第3款规定，对在暂予监外执行期间因违法违规被收监执行或者因重新犯罪被判刑的罪犯，需要再次适用暂予监外执行的，应当从严审批。

《暂予监外执行规定》第7条规定，对需要保外就医或者属于生活不能自理的累犯以及故意杀人、强奸、抢劫、绑架、放火、爆炸、投放危险物质或者有组织的暴力性犯罪的罪犯，原被判处死刑缓期二年执行或者无期徒刑的，应当在减为有期徒刑后执行有期徒刑7年以上方可适用暂予监外执行；原被判处10年以上有期徒刑的，应当执行原判刑期1/3以上方可适用暂予监外执行。

《暂予监外执行规定》第6条第2款规定，对职务犯罪、破坏金融管理秩序和金融诈骗犯罪、组织（领导、参加、包庇、纵容）黑社会性质组织犯罪的罪犯适用保外就医应当从严审批。

《暂予监外执行规定》第7条第3款规定，对患有本规定所附《保外就医严重疾病范围》的严重疾病，短期内有生命危险的罪犯，可以不受本条第1款规定关于执行刑期的限制。

（4）审查禁止性要件。

《暂予监外执行规定》第6条第1款规定，对需要保外就医或者属于生活不能自理，但适用暂予监外执行可能有社会危险性，或者自伤自残，或者不配合

治疗的罪犯，不得暂予监外执行。

《暂予监外执行规定》第 6 条第 2 款规定，对患有高血压、糖尿病、心脏病等严重疾病，但经诊断短期内没有生命危险的，不得暂予监外执行。

2. 暂予监外执行的法定程序。《监狱法》第 25 条规定，对于被判处无期徒刑、有期徒刑在监内服刑的罪犯，符合刑事诉讼法规定的监外执行条件的，可以暂予监外执行。

《监狱法》第 26 条第 1 款规定，暂予监外执行，由监狱提出书面意见，报省、自治区、直辖市监狱管理机关批准。批准机关应当将批准的暂予监外执行决定通知公安机关和原判人民法院，并抄送人民检察院。

《暂予监外执行规定》第 2 条规定，对罪犯适用暂予监外执行，分别由下列机关决定或者批准：在交付执行前，由人民法院决定；在监狱服刑的，由监狱审查同意后提请省级以上监狱管理机关批准；在看守所服刑的，由看守所审查同意后提请设区的市一级以上公安机关批准。对有关职务犯罪罪犯适用暂予监外执行，还应当依照有关规定逐案报请备案审查。

（三）暂予监外执行审批表的结构及内容

1. 罪犯基本情况栏。该栏目依次填写清楚罪犯的姓名、性别、民族、出生日期、户籍地、捕前居住地、罪名、原判法院、原判刑期、附加刑、刑期变动情况、现刑期起止日期、出监后居住地。

该栏目内容依据罪犯档案和服刑期间及办理暂予监外执行过程中调查核实的情况如实填写，刑期起止日期按最近变更后的起止日期填写，家庭住址栏应准确填写所在的省（自治区、直辖市）、市、县（市、区）、乡（镇、街道）、村（社区）及门牌号。

2. 主要犯罪事实及改造表现栏。该栏目内容分主要犯罪事实和改造表现两部分内容填写。主要犯罪事实主要填写案件发生的时间、地点、简要作案过程等内容，该部分内容主要依据人民法院判决书认定的犯罪事实填写；改造表现应根据罪犯的服刑情况如实、概括填写，重点阐述适用暂予监外执行没有社会危险性。

3. 病情诊断。监狱罪犯病残鉴定小组根据省级政府指定医院出具的罪犯病情诊断意见书和《保外就医严重疾病范围》规定进行审查研究后，作出是否符合暂予监外执行规定的结论，并注明病情诊断或检查意见书的文号。

4. 综合评估意见。该项内容包括社区矫正评估意见和罪犯再犯罪危险性评估意见，根据相关法律文书如实填写。

5. 保证人情况栏。如实填写保证人姓名、住址、工作单位、与罪犯的关系、联系电话等内容。

6. 相关部门和单位意见栏。该栏主要包括：监区（直属分监区）意见、监狱刑罚执行科意见、监狱暂予监外执行评审委员会意见、监狱意见、驻狱检察机关意见、监狱管理局意见。

该栏内容的填写由相应单位严格按暂予监外执行的程序作出相应的结论后如实填写，负责人签名并加盖本单位公章。

三、文书制作提示

（一）暂予监外执行审批表制作要求和注意事项

1. 熟悉法律法规中关于暂予监外执行及社区矫正的规定，尤其是对限制性对象和禁止性对象等特殊主体的情况的分析判断必须全面完整，准确掌握暂予监外执行的实体条件和程序条件。

2. 病情诊断情况，必须有省级人民政府指定医院诊断意见中的医学鉴定内容，同时罪犯病残鉴定小组给出符合《保外就医严重疾病范围》哪条规定的具体结论。

3. 执法须严谨，明确执法责任和执法要求。严格遵循"谁执法谁签字、谁签字谁负责"，不得代签的要求，需要加盖公章的必须加盖公章；同时，要求公示的必须按照规定进行公示，不得随意缩短公示时间，注重执法过程的时效性和连续性。

4. 明确每一环节对应的相关法律文书，须做到办理案件时证据的完整性和严密性，任何结论都必须有书证作为支撑。

（二）制作暂予监外执行审批表的准备工作

执法部门各司其职，审批表中涉及的每个环节必须由相关执法单位或部门提供相应的意见结论、证据材料及法律文书。具体来说可以分为几大部分：

1. 监区必须完善核准暂予监外执行罪犯的基本信息、服刑期间的刑事奖惩情况、改造情况，暂予监外执行罪犯的申请人、申请书、提供的保证人信息等。

2. 病情诊断：暂予监外执行病情诊断委托书、带押民警病情检查报告书、罪犯暂予监外执行病情诊断或检查意见书、罪犯病残鉴定表（或罪犯病残鉴定会议记录）等。

3. 保证人情况：保证人资格审查材料（《保证人资格审查表》《暂予监外执行保证书》各一式四份）。

4. 综合评估意见：地方司法机关社区调查意见书及回函，监狱对罪犯再犯罪危险性评估意见（执行机关制作《拟暂予监外执行罪犯调查评估委托函》，委托地方司法机关调查评估）。

5. 各级单位意见：监区、科室、评审委员会、监狱长办公会必须如实召开会议研究讨论并按规定制作会议记录，同时按规定公示（各级的会议记录原件、

公示及公示结果报告）。

6. 征求驻狱人民检察机关意见。在监狱评审会后，必须将暂予监外执行案卷材料移送驻监狱的人民检察机关审查，并征求其监督意见。

（三）制作的重点和难点

重点：暂予监外执行审批表作为相对格式固定的表格文书而言，其重点在于信息的准确性。比如对罪犯的基本信息、病情诊断、保证人情况都必须严谨准确，按照相关的法律文书和调查结果进行填写，不得随意修改。

难点：①对罪犯案情的描述必须简明扼要，可以参照罪犯入监登记表上的信息填写。而罪犯的改造表现情况必须由管理警官根据罪犯的现实改造情况如实填写，侧重于是否有再犯罪危险性的描写。既要情况清楚，又要简明扼要，还必须客观真实。②综合意见的出具，目前在法律和政策规定等方面都未对出具意见的部门和评估的内容作出明确的要求，因此在填写此项栏目时须根据上级机关的指示和要求进行。

四、实例示范

表 5 – 3　暂予监外执行审批表

姓　名	杜×		性　别	女	民　族	汉族
出生年月日	1953 年 6 月 11 日		户籍地		四川省广元市剑阁县×××乡×村 2 组 12 号	
捕前居住地	四川省广元市剑阁县××乡×村 2 组 12 号					
罪　名	诈骗罪		原判法院		四川省剑阁县人民法院	
原判刑期	4 年		附加刑		罚金 30 000 元	
刑期变动情况	无					
现刑期起止	自 2015 年 7 月 10 日起至 2019 年 7 月 6 日止，羁押抵刑 3 日					
出监后居住地	四川省广元市剑阁县××乡×村 2 组 12 号					
主要犯罪事实	2010 年 3 月至 12 月底，被告人杜×与同伙吴××、罗××、蒲××等多次在四川省剑阁县等地给被害人介绍对象，以收取"见面礼""介绍费""结婚礼金"等形式骗取钱财。					
改造表现	该犯入监初期因患有糖尿病、高血压等慢性疾病多年，且年龄较大，长期在监狱医院治疗，思想不稳定，缺乏改造信心，后经教育能认罪悔罪，遵守纪律，服从管理，改造表现稳定。					

病情诊断	据四川省监狱管理局中心医院病情诊断证明，该犯患有①Ⅱ型糖尿病、糖尿病肾病晚期、慢性肾功能不全、糖尿病周围神经病变；②高血压（极高危）、高心病、心脏长大、慢性心功能不全、心功级；③冠心病，④甲减，⑤慢性结石性胆囊炎、急性胆源性胰腺炎（水肿型）等疾病。经审核，符合《保外就医严重疾病范围》第八条之规定。 　　　　病残鉴定小组人员签字（签章）：李××、周×、陈×× 　　　　　　　　　　　　　　　　　　　　　　　　　2017 年 3 月 1 日
	病情诊断或检查证明文件（妊娠检查/生活不能自理鉴别书）

保证人情况	姓名	蒲××	居住地	四川省广元市剑阁县××乡×村 2 组 12 号
	工作单位	无	与罪犯关系 母子	联系电话 152××××××××

综合评估意见	暂无社会危险性，广元市剑阁县司法局同意将罪犯杜×纳入社区矫正。
监区 意见	经 2017 年 3 月 1 日监区长办公会议研究，该犯病情诊断明确，符合暂予监外执行条件，建议提请暂予监外执行。 　　　　　　　　　　　　　　　　　　　　　　签名（签章）：监区长 　　　　　　　　　　　　　　　　　　　　　　　　　2017 年 3 月 1 日
刑罚执行科 意见	经审查，该犯病情诊断明确，符合暂予监外执行条件，建议提请暂予监外执行。 　　　　　　　　　　　　　　　　　　　　　　　签名（签章）：科长 　　　　　　　　　　　　　　　　　　　　　　　　2017 年 4 月 18 日
评审委员会 意见	2017 年 5 月 4 日，经监狱暂予监外执行评审会评审，同意提请该犯暂予监外执行，呈监狱长办公会审议决定。 　　　　　　　　　　　　　　　　　　　　　　签名（签章）：分管领导 　　　　　　　　　　　　　　　　　　　　　　　　2017 年 5 月 4 日
监狱 意见	2017 年 5 月 15 日，经监狱长办公会研究，同意暂予监外执行。 　　　　　　　　　　　　　　　　　　　　　　　签名（签章）：监狱长 　　　　　　　　　　　　　　　　　　　　　　　　2017 年 5 月 15 日
检察机关 意见	详见：《技术性证据审查意见书》《检察意见书》 　　　　　　　　　　　　　　　　　　　　　　　签名（签章）：主任 　　　　　　　　　　　　　　　　　　　　　　　　2017 年 5 月 16 日
监狱管理局 意见	经省局研究，同意暂予监外执行。 　　　　　　　　　　　　　　　　　　　　　　　签名（签章）：局长 　　　　　　　　　　　　　　　　　　　　　　　　2017 年 5 月 20 日

抄送：××××人民检察院

【拓展阅读】

1. 暂予监外执行审批表的制作 PPT。

2. 暂予监外执行的监督。

对具备暂予监外执行条件的罪犯，人民法院判决时，可直接决定。人民法院决定暂予监外执行的，应当制作《暂予监外执行决定书》，载明罪犯基本情况、判决确定的罪名和刑罚、决定暂予监外执行的原因、依据等内容。在判决、裁定执行过程中，对具备监外执行条件的罪犯，由监狱提出书面意见，报省、自治区、直辖市监狱管理机关批准。

监所检察部门在暂予监外执行监督上，立足主动做到"三个同步"：其一，事前同步监督。驻所检察人员对每个需要暂予监外执行罪犯的病史、简历、案情、表现和刑期要做到了如指掌；其二，事中同步监督。要掌握罪犯的病情鉴定情况及批准法律手续是否齐全，如发现存在问题及时提出纠正意见或检察建议；其三，事后同步监督。检察机关接到批准暂予监外执行决定通知书后，监所检察部门要根据事前、事中监督中的情况，立即做出是否全面审查的决定。对于发现的问题，执行机关又没有及时纠正的，可视为暂予监外执行不当，在全面审查期间，罪犯不得出监；对没有问题或异议的，可不予全面审查，执行机关在接到暂予监外执行决定书后，可将罪犯监外执行。

对于暂予监外执行的罪犯，由居住地司法局执行，基层组织或者罪犯的原所在单位协助进行监督，执行机关应当对暂予监外执行的罪犯严格管理监督。对于服刑中决定暂予监外执行的罪犯，原执行机关应当将罪犯服刑改造的情况通报负责监外执行的司法局，以便有针对性地对罪犯进行管理监督。负责执行的司法局应当告知罪犯，在暂予监外执行期间必须接受监督改造，并遵守有关的规定。

第四节　暂予监外执行收监决定书

一、任务描述

罪犯赵××，女，汉族，1987 年 12 月 10 日出生，户籍地四川省巴中市平昌县岩口乡××村×组，因贩卖毒品罪被平昌县人民法院判处有期徒刑 5 年，刑期 2011 年 8 月 6 日至 2016 年 8 月 5 日止。2013 年 11 月 14 日因

患精神分裂症，由其母亲张××作为具保人，经四川省监狱管理局批准暂予监外执行。2015年3月21日，四川省华西法医学鉴定中心鉴定罪犯赵××危险性评估达到4级，具保人张××因病长期卧床无法履行保证人职责。2015年4月15日，四川省监狱管理局批准对罪犯赵××收监执行原判。

实施步骤：学生分组；分析讨论遇到罪犯赵××这种情况，监狱在什么情况下通过什么程序才能对罪犯收监？其法律依据是什么？在对罪犯赵××作出收监执行决定需经过哪些程序？需要制作哪些执法文书？这些执法文书制作主体是谁？起着什么样的法律作用？

二、基础铺垫

（一）暂予监外执行收监决定书的概念和功能

暂予监外执行收监决定书是暂予监外执行审批机关制作的，对刑期未满的暂予监外执行的罪犯，在暂予监外执行的情形消失或出现其他法定事由后，决定收监执行的执法文书。

罪犯暂予监外执行作为一种刑罚变更制度，是刑罚执行地的变更，也是执行方式的变更。《暂予监外执行规定》第3条明确规定"对暂予监外执行的罪犯，依法实行社区矫正，由其居住地的社区矫正机构负责执行"，所以暂予监外执行要以严格的程序通知相应的社区矫正机关、公安机关、原判法院及同级人民检察院，有助于对暂予监外执行罪犯的监督管理，也有助于相关机关及时了解、掌握狱内罪犯变动情况。

（二）暂予监外执行收监决定书的法律依据

1. 《社区矫正实施办法》第27条规定，人民法院裁定撤销缓刑、假释或者对暂予监外执行罪犯决定收监执行的，居住地县级司法行政机关应当及时将罪犯送交监狱或者看守所，公安机关予以协助。监狱管理机关对暂予监外执行罪犯决定收监执行的，监狱应当立即赴羁押地将罪犯收监执行。公安机关对暂予监外执行罪犯决定收监执行的，由罪犯居住地看守所将罪犯收监执行。

2. 《监狱法》第28条，暂予监外执行的罪犯具有刑事诉讼法规定的应当收监的情形的，社区矫正机构应当及时通知监狱收监；刑期届满的，由原关押监狱办理释放手续。罪犯在暂予监外执行期间死亡的，社区矫正机构应当及时通知原关押监狱。

3. 《暂予监执行规定》第23条规定，社区矫正机构发现暂予监外执行罪犯依法应予收监执行的，应当提出收监执行的建议，经县级司法行政机关审核同意后，报决定或者批准机关。决定或者批准机关应当进行审查，作出收监执行决定的，将有关的法律文书送达罪犯居住地县级司法行政机关和原服刑或者接

收其档案的监狱、看守所，并抄送同级人民检察院、公安机关和原判人民法院。人民检察院发现暂予监外执行罪犯依法应予收监执行而未收监执行的，由决定或者批准机关同级的人民检察院向决定或者批准机关提出收监执行的检察建议。

4. 《暂予监外执行规定》第14条，批准机关应当自收到监狱、看守所提请暂予监外执行材料之日起15个工作日以内作出决定。批准暂予监外执行的，应当在5个工作日以内将暂予监外执行决定书送达监狱、看守所，同时抄送同级人民检察院、原判人民法院和罪犯居住地社区矫正机构。暂予监外执行决定书应当上网公开。不予批准暂予监外执行的，应当在5个工作日以内将不予批准暂予监外执行决定书送达监狱、看守所。

（三）暂予监外执行收监决定书的结构及内容

暂予监外执行收监决定书分为三部分：首部、正文、尾部。

1. 首部：标题＋文书字号＋执行机关。标题：暂予监外执行收监决定书；发文字号：即年号、机关代字和文书顺序号；执行机关：××××监狱。

2. 正文：罪犯基本信息、原判信息。暂予监外执行决定情况，暂予监外执行收监执行的原因、适用的法规。决定机关意见，该部分内容是填写式，采用程式化的写法。

3. 结尾部分：结束语、决定机关公章、成文时间。

三、文书制作提示

（一）暂予监外执行收监决定书的制作要求和注意事项

1. 暂予监外执行收监决定书在形式上已经格式化，须制成一式七份，分别交由监管单位留存二份，暂予监外执行居住地司法行政机关，同级公安机关、人民检察院、原判人民法院、罪犯本人各一份。

2. 暂予监外执行收监决定书不仅形式上程式化，而且内容也已程式化。在制作过程中只需按规定格式和内容逐一进行即可。其内容包括收监执行提起的机关、事由、收监执行日期、协助请求以及罪犯住所情况。

（1）收监决定的执行机关。根据暂予监外执行的有关规定，暂予监外执行情形消失后，罪犯的暂予监外执行是由谁批准的，社区矫正机构就把收监执行建议书送达给对应的批准机关。监狱管理局或公安局在制作收监决定书必须明确收监后的执行机关。同时注明收监决定的发文字号，以备查验和执行。

（2）收监事由。收监事由即引起暂予监外执行消失的情形。制作时，须对收监的事由进行简明扼要、如实客观地描述，避免长篇累牍地叙述。

（3）成文时间。成文日期应在审批机关同意收监的会议日期后。

（4）抄送机关。按要求该文书应送达相关的执行机关，送达暂予监外执行居住地司法行政机关，同级公安机关、人民检察院、原判人民法院、罪犯本人。

3. 刑期截止日期应填写刑期变动后罪犯释放日期。包括罪犯服刑期间刑期和社区矫正期间刑期发生变动的，按变动后的刑满日期填写。

（二）制作暂予监外执行收监决定书的准备工作

1. 熟悉罪犯暂予监外执行收监的案卷，了解其原判决情况和刑罚变动、刑事奖惩情况以及准确的刑满释放时间。

2. 充分掌握罪犯在暂予监外执行期间的社区矫正情况，收监执行的原因，是否还存在不计入刑期情况。

3. 知晓审批机关的会议研究和审批结果。

（三）制作的重点和难点

重点：暂予监外执行收监决定书作为执法的依据，必须保证信息准确无误，用语得体符合法律要求，说事简明扼要，用法精准。

难点：收监事由应是法定事由。审查收监是否符合法定收监情形，审批机关对收监事由的描述应是在提请机关提供的证明材料和申请材料的基础上进行高度概括、提炼。

四、实例示范

暂予监外执行收监决定书

（2015 ）川狱刑保字第×号

四川省××女子监狱：

罪犯赵××，性别女，1987 年12 月10 日出生，汉族，居住地四川省巴中市平昌县岩口乡××村×组。因贩卖毒品罪经平昌县人民法院判处有期徒刑5 年，刑期自2011 年8 月6 日至2016 年8 月5 日止。因患精神分裂症经四川省监狱管理局批准自2013 年11 月14 日起暂予监外执行。该犯在暂予监外执行期间，因发现罪犯赵××危险性评估达到4 级，具有社会危险性，且具保人张××因病长期卧床无法履行保证人职责，罪犯赵××不再符合暂予监外执行条件，应当收监执行。根据《刑事诉讼法》第二百五十七条、《监狱法》第二十八条和《暂予监外执行规定》第二十三条之规定，决定由你监狱将罪犯赵××予以收监执行。

此致

（监狱管理局公章）

2015 年 4 月 15 日

送：罪犯居住地县级司法行政机关。

抄送：同级人民检察院、公安机关、原判人民法院。

【拓展阅读】

1. 暂予监外执行收监决定书 PPT。

2. 监狱暂予监外执行程序规定。

3. 法条链接：《社区矫正实施办法》第 26 条规定，暂予监外执行的社区矫正人员有下列情形之一的，由居住地县级司法行政机关向批准、决定机关提出收监执行的建议书并附相关证明材料，批准、决定机关应当自收到之日起 15 日内依法作出决定。

（1）发现不符合暂予监外执行条件的；

（2）未经司法行政机关批准擅自离开居住的市、县（旗），经警告拒不改正，或者拒不报告行踪，脱离监管的；

（3）因违反监督管理规定受到治安管理处罚，仍不改正的；

（4）受到司法行政机关两次警告，仍不改正的；

（5）保外就医期间不按规定提交病情复查情况，经警告拒不改正的；

（6）暂予监外执行的情形消失后，刑期未满的；

（7）保证人丧失保证条件或者因不履行义务被取消保证人资格，又不能在规定期限内提出新的保证人的；

（8）其他违反有关法律、行政法规和监督管理规定，情节严重的。

司法行政机关的收监执行建议书和决定机关的决定书，应当同时抄送社区矫正人员居住地同级人民检察院和公安机关。

第五节 暂予监外执行期间不计入刑期审批表

一、任务描述

罪犯钱××，男，1963 年 5 月 21 日出生，犯故意伤害罪，原判有期徒刑 9 年，刑期起于 2006 年 7 月 28 日。2008 年 1 月 13 日减刑 1 年，刑期止于 2014 年 7 月 27 日。2010 年 11 月 13 日经四川省监狱管理局批准保外就医 1 年，期限至 2011 年 11 月 12 日止。暂予监外执行居住地为四川省西×市昭×县铁牛乡石花村×组×号。2011 年 6 月 12 日，监狱到该犯家中走访

时，发现罪犯钱××已于2011年4月15日后就没回过家，不知去向。铁牛乡派出所证明，2011年4月6日，钱××到派出所报到；2011年4月21日，钱××的电话已关机无法接通；2011年4月22日至28日，民警张××、谢××多次到其居住地和务工的工地走访家属及村民都不知其去向，至今未归。监狱为将该犯收监执行，年年向当地公安机关和司法机关发函查找其下落，并分别于2012年3月26日，2013年4月2日派民警前往其居住地走访查找线索，均无所获。2013年7月16日，四川省青川县公安局因钱××曾多次参与聚众吸毒，决定对其强制隔离戒毒1年，在调查过程中发现钱××为保外就医脱管。7月28日青川县公安局向原服刑监狱通告钱××已在青川县强制戒毒所进行强制隔离戒毒1年的决定。2013年8月2日，四川省××监狱收到关于钱××强制隔离戒毒决定后，及时向四川省监狱管理局报告关于暂予监外执行罪犯钱××脱管情况，请求对其收监执行。2013年8月21日，××监狱将罪犯钱××收监执行。2013年10月××监狱经过调查核实，决定对罪犯钱××暂予监外执行期间脱管，及被公安机关决定强制隔离戒毒期间不计入执行刑期。2013年12月26日四川省西×市昭×县人民检察院回函，经调查核实罪犯钱××在保外就医期间自2011年4月21日起就再未到铁牛乡派所报到，且未回家，其行为违反了《刑事诉讼法》《监狱法》以及《暂予监外执行规定》的相关规定，请监狱按照相关规定进行处理。

实施步骤：学生分组；分析讨论对该犯不计入刑期应从哪些方面进行审查。**思考：**①理清暂予监外执行期间不计入刑期的法律规定；②清楚不计入执行刑期的法定情形；③启动该项不计入刑期的程序需要哪些证据支撑；④逐级审查中涉及哪些相关的辅助执法文书？⑤如何制作《罪犯暂予监外执行期间不计入刑期审批表》？

二、基础铺垫

（一）暂予监外执行期间不计入刑期审批表的概念和功能

暂予监外执行期间不计入刑期审批表是监狱机关办理暂予监外执行罪犯收监过程中，查证其在暂予监外执行期间有符合不计入刑期的情形，经逐级审查和征询人民检察机关意见后，提请省（自治区、直辖市）监狱管理局批准的表格式执法文书。

按照我国有关暂予监外执行的规定，监狱、看守所办理监外执行罪犯收监，必须符合收监法律规定，严格履行法定程序，完备相关的法律手续。制作罪犯暂予监外执行期间不计入刑期审批表，是对暂予监外执行罪犯收监审查中，对

不计入刑期的法定情形，按照法定程序，呈现各执法部门合议审查情况及报请上级管理机关审批意见。简言之，即执法留痕。

（二）暂予监外执行期间不计入刑期审批表的法律依据

《刑事诉讼法》第 268 条规定，对暂予监外执行的罪犯，有下列情形之一的，应当及时收监：①发现不符合暂予监外执行条件的；②严重违反有关暂予监外执行监督管理规定的；③暂予监外执行的情形消失后，罪犯刑期未满的。对于人民法院决定暂予监外执行的罪犯应当予以收监的，由人民法院作出决定，将有关的法律文书送达公安机关、监狱或者其他执行机关。不符合暂予监外执行条件的罪犯通过贿赂等非法手段被暂予监外执行的，在监外执行的期间不计入执行刑期。罪犯在暂予监外执行期间脱逃的，脱逃的期间不计入执行刑期。罪犯在暂予监外执行期间死亡的，执行机关应当及时通知监狱或者看守所。

《暂予监外执行规定》第 26 条规定，被收监执行的罪犯有法律规定的不计入执行刑期情形的，社区矫正机构应当在收监执行建议书中说明情况，并附有关证明材料。批准机关进行审核后，应当及时通知监狱、看守所向所在地的中级人民法院提出不计入执行刑期的建议书。人民法院应当自收到建议书之日起 1 个月以内依法对罪犯的刑期重新计算作出裁定。人民法院决定暂予监外执行的，在决定收监执行的同时应当确定不计入刑期的期间。人民法院应当将有关的法律文书送达监狱、看守所，同时抄送同级人民检察院。

（三）暂予监外执行期间不计入刑期审批表的结构和内容

1. 罪犯基本情况：该栏目依次填写清楚罪犯的姓名、性别、出生日期、罪名、原判刑期、刑期变动情况、现刑期起止日期、附加刑、暂予监外执行居住地。

该栏目内容依据罪犯档案和暂予监外执行过程中社区矫正机关提供的证据材料如实填写，如暂予监外执行的刑期变动、暂予监外执行居住地等必须根据罪犯收监的实际情况进行填写。

2. 具保人情况：姓名、住址、与罪犯关系、工作单位，根据暂予监外执行审批材料和社区矫正机关提供的材料进行填写。

3. 暂予监外执行情况：批准机关、暂予监外执行的开始时间。

4. 不计入刑期事由及期限：应从违法行为的时间（期间），行为表现（手段）、事实依据（证据来源）及不计入刑期的时间等方面完整表述。

5. 建议机关意见：①罪犯不计入执行刑期的事由及时间；②法定依据；③提请不计入刑期的建议。例：（建议机关）于×年×月×日×会议审查认为，罪犯××在×年×月×日保外就医……属实，根据《刑事诉讼法》第 268 条、《暂予监外执行规定》之规定，建议对罪犯××保外就医脱管期间自×年×月×日至×年×月×日止的×年×个月×天不计入执行刑期。

6. 调查小组意见：调查小组就调查核实情况即罪犯暂予监外执行期间不计入刑期的事由是否属实签署意见。调查小组在出具意见前须就调查情况进行会议研究合议，对法定事实的认定须一致，如果存在意见不统一的，必须在调查清楚后再出具意见。例如：在对暂予监外执行期间不计入刑期的法定情形，必须在证据确实充分的基础上达成一致意见；对于不计入刑期的期限和具体时间的界定须意见一致。在实际操作中，调查小组成员都须在最后的落款上签字确认。

7. 监狱意见：监狱长办公会议对建议机关提出暂予监外执行期间不计入刑期案件进行审查研究，并形成一致意见。落款时须监狱长签名并加盖单位公章。

8. 驻狱检察机关意见：审核表中，驻狱检察机关的意见在监狱意见之后，但是根据《暂予监外执行规定》的程序要求，检察机关意见是在监狱暂予监外执行评审委员会出具意见之后送达给驻狱检察机关监督审查。故审核表上即使没有暂予监外执行评审委员意见一栏，但是在移送给驻狱检察机关之前，监狱暂予监外执行评审委员会也应当召开会议审议。

9. 监狱管理局意见：由监狱管理局审核后出具的是否建议暂予监外执行期间不计入执行刑期。包括以下要素：审查情况，同意意见，不计入执行刑期的时间，处理方式。

三、文书制作提示

（一）暂予监外执行期间不计入刑期审批表制作要求和注意事项

1. 熟悉法律法规中关于暂予监外执行期间不计入刑期的规定，明确不计入刑期的法律要件，明确各层级意见的填写规则，及各级机关和单位在其中所承担的法律责任和义务。

2. 不计入刑期的事由必须是经查证属实的，证据确实充分。关于罪犯暂予监外执行期间有符合法律规定的不计入刑期的事实，在陈述时须实事求是、条理清楚、简明扼要。它只是对有关证明材料的提炼和归纳，不能随意增减，同时也不具备证明材料的功能。

3. 不计入刑期的期限必须时间节点明确，计算准确，具体到天数。对于时间节点认定必须有充分的证据材料加以佐证，不得随意推断。

4. 该文书报请审批机关审批时，要把能够证明罪犯暂予监外执行期间不计入刑期的违法事实、证据一并提交。

5. 监狱发现罪犯不符合暂予监外执行条件的；严重违反有关暂予监外执行监督管理规定的；或者暂予监外执行的情形消失后，罪犯刑期未满的，应当将罪犯立即收监。

（二）制作暂予监外执行期间不计入刑期审批表前的准备工作

整理完善罪犯暂予监外执行期间不计入执行刑期案卷材料，保证档案材料

齐全；全面掌握罪犯的基本情况、原判决情况、刑罚变动以及刑事奖惩情况；充分掌握罪犯在暂予监外执行期间的社区矫正情况，尤其是不计入刑期部分的证据情况；熟知监狱对不计入刑期的审批程序和每个审批环节中出现的问题以及补正情况。

（三）制作的重点和难点

重点：暂予监外执行期间不计入刑期审批表作为相对固定的表格式文书，其重点在于信息的准确性和审批过程中意见的真实性、法定性。

难点：①对罪犯暂予监外执行期间不计入执行刑期事由的陈述。既要情况清楚，又要简明扼要，还必须客观真实。②对不计入刑期的时间计算要准确。提请机关的提请意见直接影响着人民法院是否受理，如果提请机关的建议时间错误或不符合法律规定，送达人民法院后可能有两种结果：一种是退回提请重新研究审批，另一种是直接不予受理，两种都会严重影响执法进度。

四、实例示范

表5-4   暂予监外执行期间不计入刑期审批表

姓名	钱××	性别	男	出生年月	1963年5月21日		罪名	故意伤害罪
原判刑期	九年	刑期变动情况	2008年1月13日减去有期徒刑1年		现刑期起止		自2006年7月28日至2014年7月27日	
附加刑	无		暂予监外执行居住地		四川省西×市昭×县铁牛乡石花村×组×号			
具保人情况	姓名	王××		住址	四川省西×市昭×县铁牛乡石花村×组×号			
	工作单位及职务		在家务农		与罪犯的关系		母子	
暂予监外执行审批情况		2010年11月13日经四川省监狱管理局批准保外就医壹年。						
不计入执行刑期事由及期限	2011年6月12日，罪犯钱××保外就医期间，监狱到该犯家中走访时，从其母亲王××了解到钱××2011年4月15日后就没回过家，不知去向。铁牛乡派出所证明，2011年4月6日，钱××到派出所报到并表示在邻乡修路的工地上守材料；2011年4月21日，钱××的电话已关机无法接通；2011年4月22日至28日，民警张××、谢××多次到其居住地和务工的工地走访家属及村民，都不知其去向，至今未归。监狱为将该犯收监执行，2012年至2013年期间每半年向当地公安机关和司法机关发函查找其下落，并分别于2012年3月26日、2013年4月2日派民警前往其居住地走访查找线索，均无所获。2013年8月2日，监狱接到青川县公安局发来的关于钱××强制隔离戒毒1年的决定，并核准是保外就医脱管的罪犯钱××。2013年8月21日，监狱经四川省监狱管理局同意将罪犯钱××收监执行。2013年12月26日，四川省西×市昭×县人民检察院回函，经调查核实罪犯钱××在保外就医期间，自2011年4月21日起就再未到铁牛乡派所报到，且未回家，其行为违反了《刑事诉讼法》《监狱法》以及《暂予监外执行规定》的相关规定，请							

续表

不计入执行刑期事由及期限	监狱按照相关规定进行处理。关于罪犯钱××保外就医脱管的具体日期，有公安机关铁牛乡派出所民警和青川公安局的强制戒毒决定书证明，自2011年4月21日起至2013年8月20日。根据《刑事诉讼法》第257条、《暂予监外执行规定》之规定，建议对罪犯钱××保外就医脱管期间自2011年4月21日起至2013年8月20日止的2年4个月不计入执行刑期。
建议机关意见	2013年8月7日，刑罚执行科经科务会审查认为，罪犯钱××在保外就医期间于2011年4月21日未按管理规定脱离当地公安机关监管，并未在保外就医期满时办理续保手续，且因吸毒违法行为于2013年7月16日被强制隔离戒毒1年，根据《刑事诉讼法》第257条、《暂予监外执行规定》之规定，建议对罪犯钱××保外就医脱管期间自2011年4月21日起至2013年8月20日止的2年4个月不计入执行期。 （签章）李×× 2013年11月25日
调查小组意见	经调查核实，罪犯钱××在保外就医期间，于2011年4月21日起至2013年8月20日期间，未按管理规定脱离当地公安机关监管，并在保外就医期满时未办理续保手续，且因吸毒违法行为于2013年7月16日被决定强制隔离戒毒1年属实。 签字：××××××（等） 2013年12月9日
监狱意见	2014年1月18日，经监狱长办公会会议研究，认为罪犯钱××在保外就医期间于2011年4月21日起至2013年8月20日期间，未按管理规定脱离当地公安机关监管，并在保外就医期届满时未办理续保手续，且因吸毒违法行为于2013年7月16日被强制隔离戒毒1年，根据《刑事诉讼法》第二百五十七条、《暂予监外执行规定》之规定，建议对罪犯钱××保外就医脱管期间自2011年4月21日起至2013年8月20日止的2年4个月不计入执行刑期，呈报省局审核。 （签章）监狱长 2014年1月18日
驻狱检察机关意见	同意建议机关意见。 （签章）××× 2014年1月23日
省监狱管理局意见	建议对罪犯钱××保外就医期间脱管不计入刑期，自2011年4月21日起至2013年8月20日止的2年4个月不计入执行刑期。 （公章） 2014年1月26日

注：驻狱检察机关意见：有的地方驻狱检察机关会出具专门的检察意见书，不再在审批表上签署意见。

【拓展阅读】

1. 暂予监外执行期间不计入刑期审批表制作 PPT。

2. 暂予监外执行期间不计入刑期分工及办理程序。

一、不计入执行刑期的分工

1. 对于暂予监外执行期间有不计入刑期情形的，原决定机关是人民法院的，人民法院在作出收监决定时，确定不计入执行刑期的期间。

2. 原决定机关是监狱管理机关或者公安机关的，罪犯被收监后，由所在监狱或者看守所提出不计入执行刑期的建议书，人民法院审核裁定。

二、不计入执行刑期的办理程序

1. 人民法院决定的暂予监外执行期间有不计入执行刑期情形的，由人民法院确定不计入执行刑期期间。

2. 监狱管理机关决定的暂予监外执行期间有不计入执行刑期情形的，由监狱向所在地的中级人民法院提出不计入执行刑期的建议书，人民法院审核裁定。

3. 公安机关决定的暂予监外执行期间有不计入执行刑期情形的，由看守所提出不计入执行刑期的建议，经设区的市一级以上公安机关审查同意后，报请所在地中级以上人民法院审核裁定。

监狱和公安机关只有建议权，人民法院具有裁定权。

三、社区矫正实施办法对脱逃的定义

《社区矫正实施办法》第 26 条规定，未经司法行政机关批准擅自离开居住的市、县（旗），经警告拒不改正，或者拒不报告行踪，脱离监管的，由居住地县级司法行政机关向批准、决定机关提出收监执行的建议书并附相关证明材料，批准、决定机关应当自收到之日起 15 日内依法作出决定。拒不报告行踪，脱离监管的，应定性为脱逃。

未经司法行政机关批准擅自离开居住的市、县（旗），经警告拒不改正的，实际上是脱离了司法行政机关的监管，也应定性为脱逃。

第六节   暂予监外执行期间不计入执行刑期建议书

一、任务描述

罪犯赵××，男，19××年11月21日出生，汉族，居住地四川省××县××乡××村9组5号。因抢劫罪被人民法院原判有期徒刑7年，刑期于2010年9月28日起至2017年9月27日止。由四川省监狱管理局批准自2013年5月13日起暂予监外执行。该犯暂予监外执行前在川×监狱服刑。2014年1月9日，南通县司法局以罪犯赵××病情已经稳定，不再符合暂予监外执行条件为由建议川×监狱收监执行，同时附有关于罪犯赵××在保外就医期间不经许可擅自前往广州打工而脱管的证明材料。监狱经调查核实，确认罪犯赵××未经南通县司法局同意擅自于2013年9月13日与同乡刘××一同乘坐火车前往广州打工，期间未就自己的行踪向南通县和广州当地司法局汇报，同年12月28因工厂倒闭回家后至收监前一直闲散在家。2014年1月24日，监狱向四川省监狱管理局报告了关于罪犯赵××的社区矫正情况，建议收监执行。2014年1月30日，川×监狱将罪犯赵××收监执行。

实施步骤： 学生分组；分析讨论监狱应当如何与社区矫正机构对接，完成对罪犯赵××的收监？针对罪犯赵××不经司法局同意擅自外出该怎样定性？针对擅自外出期间该怎样处理？这个期间该如何计算？监狱对罪犯执法需要启动哪些程序？逐级审查中需要制作哪些执法文书？搜集哪些证据材料？如何制作《暂予监外执行期间不计入执行刑期建议书》？

二、基础铺垫

（一）暂予监外执行期间不计入执行刑期建议书的概念及功能

暂予监外执行期间不计入执行刑期建议书，是监狱机关、公安机关依法提请人民法院对暂予监外执行执行期间确有不计入执行刑期法定情形的罪犯予以审核裁定，重新计算刑期起止时间时所制作的文书。

暂予监外执行期间不计入执行刑期建议书，是监狱或公安机关在对暂予监外执行罪犯收监执行后，对其暂予监外执行期间有《刑事诉讼法》第268条规定的情形，提出不计入刑期报请审批机关同意，并依法向当地中级人民法院提请不计入执行刑期的建议，确保暂予监外执行法律程序的关联性和完整性、实现执法的公平性。

（二）暂予监外执行期间不计入执行刑期建议书的法律依据

1. 《刑事诉讼法》第268条第3款："不符合暂予监外执行条件的罪犯通过

贿赂等非法手段被暂予监外执行的，在监外执行的期间不计入执行刑期。罪犯在暂予监外执行期间脱逃的，脱逃的期间不计入执行刑期。"

2.《暂予监外执行规定》第26条规定，被收监执行的罪犯有法律规定的不计入执行刑期情形的，社区矫正机构应当在收监执行建议书中说明情况，并附有关证明材料。批准机关进行审核后，应当及时通知监狱、看守所向所在地的中级人民法院提出不计入执行刑期的建议书。人民法院应当自收到建议书之日起一个月以内依法对罪犯的刑期重新计算作出裁定。

（三）暂予监外执行期间不计入执行刑期建议书的结构及内容

暂予监外执行期间不计入执行刑期建议书分为三部分：首部、正文、尾部。

1. 首部。由三部分构成：①文书名称，即"暂予监外执行期间不计入执行刑期建议书"。②文书编号，即年号、机关代字和文书顺序号。③送达单位，即监狱所在地的中级人民法院。

2. 正文。

（1）提请对象基本情况。依次写明罪犯姓名、性别、出生年月日、民族、居住地、罪名、原判刑期、附加刑、刑期起止、批准暂予监外执行的机关、暂予监外执行的起始时间、原服刑监狱。

（2）提请的事由、法律依据和建议。不计入执行刑期的事由表述主要有两种情况：一是采取非法手段骗取保外就医的；二是暂予监外执行期间未经社区矫正机关批准擅自外出的。提请事由对审批机关审查并作出决定起重要的作用。应从违法行为的时间（期间）、行为表现（手段）、事实依据（证据来源）及不计入执行刑期的时间等方面完整表述。例如，经社区矫正机关提供的证据表明，罪犯王××在2009年10月6日至2009年12月15日暂予监外执行期间，未经批准擅自外出经商，擅自外出的时间共计2个月10日。

3. 尾部。包括结束语，落款与印章、制作文书的时间。结束语，即"请重新计算刑期起止，并作出裁定"。

三、文书制作提示

（一）暂予监外执行期间不计入执行刑期建议书的制作要求和注意事项

罪犯基本情况必须准确。即时间、地点、主体的准确。

1. 时间准确。此是指罪犯刑期截止日、暂予监外执行起始时间必须准确。

2. 地点准确。包括居住地和原服刑地（监狱）必须准确。居住地指罪犯暂予监外执行居住地。原服刑地指暂予监外执行之前所在服刑的监狱。

3. 主体准确。包括提请对象和批准机关必须准确。提请对象即罪犯的所有信息填写准确。批准机关为服刑地的中级人民法院。

（二）制作暂予监外执行期间不计入执行刑期建议书的准备工作

查阅罪犯暂予监外执行案卷，了解其原判决情况和刑罚变动、刑事奖惩情

况；充分掌握罪犯在暂予监外执行期间的社区矫正情况，尤其是不计入刑期的事实和证据情况；熟知监狱对不计入刑期的会议研究和审批情况、人民检察院的意见和省监狱管理局的审批意见。

（三）制作的重点和难点

1. 制作的重点就是对被收监执行的罪犯有法律规定的不计入执行刑期具体情形的描述。描述须事实确实充分、条理清楚、简明扼要，实事求是。整个具体事实的陈述只是对有关证明材料的提炼和归纳，既不能随意增减，也不具备证明材料的功能。尤其是对可能涉及罪犯不计入刑期的时间节点的判断，必须忠于证明材料，不得主观可意测。

2. 制作的难点主要是在对不计入刑期的时间计算上。提请机关的提请意见直接影响着人民法院是否受理。如果提请机关的建议时间错误或不符合法律规定，送达人民法院后可能有两种结果：一种是退回提请重新研究审批，另一种是直接不予受理，都会严重影响执法进度。

四、实例示范

暂予监外执行期间不计入执行刑期建议书

（2014）×监不计入字第 5 号

××省××市中级人民法院：

罪犯赵××，男，19××年11月21日出生，汉族，居住地四川省××县××乡××村×组×号。因抢劫罪被人民法院原判有期徒刑7年，刑期起于2010年9月28日至2017年9月27日。由四川省监狱管理局批准自2013年5月13日起暂予监外执行。该犯暂予监外执行前在川×监狱服刑。

罪犯赵××于2013年9月13日保外就医期间未经司法机关批准擅自外出打工，脱管三个月十六天，2014年1月30日，被川×监狱收监执行，有法律规定不计入执行刑期的情形，根据《刑事诉讼法》第二百六十八条、《暂予监外执行规定》第二十六的规定，建议对罪犯赵××保外就医期间自2013年9月13日起至2013年12月28日止的三个月十六天不计入刑期。

请重新计算刑期起止日期，并作出裁定。

（公章）

2014年2月4日

【拓展阅读】

1. 暂予监外执行期间不计入执行刑期建议书PPT。

2. 司法部监狱管理局关于印发和使用《暂予监外执行执法文书》的通知

（2015 年 2 月 9 日）。

暂予监外执行执法文书格式目录与样本：①罪犯病情诊断书；②罪犯妊娠检查书；③罪犯生活不能自理鉴别书；④拟暂予监外执行罪犯调查评估委托函；⑤保证人资格审查表；⑥暂予监外执行保证书；⑦暂予监外执行审批表；⑧暂予监外执行决定书；⑨不予批准暂予监外执行决定书；⑩罪犯档案转递函；⑪暂予监外执行收监决定书；⑫暂予监外执行期间不计入执行刑期建议书；⑬暂予监外执行告知书；⑭暂予监外执行罪犯移交证明书。

单元训练　罪犯暂予监外执行执法文书项目实训

一、单元名称：暂予监外执行审批表制作实训

二、实训目标

1. 具备对暂予监外执行罪犯进行条件审查的能力。

2. 能够规范组织对罪犯进行病情诊断、妊娠检查或者生活不能自理的鉴别。

3. 具备评估罪犯社会危险性的能力。

4. 具备记录暂予监外执行集体评议记录的能力。

5. 熟悉社区矫正实施办法相关规定，能够做好与社区矫正机构的对接工作。

6. 培养学生制作罪犯暂予监外执行执法文书的能力。

7. 培养学生对罪犯暂予监外执行执法文书的分析、评价、修改的能力。

三、实训要求

1. 重点：暂予监外执行的法定条件；暂予监外执行的限制性条件、禁止性条件；暂予监外执行排除条款；暂予监外执行消失的条件。对三类罪犯从严把握的条件；暂予监外执行的工作程序；对罪犯病情诊断、妊娠检查或者生活不能自理鉴别的程序。

2. 难点：能够根据病情鉴别的流程，绘制暂予监外执行的工作流程图；能够制作暂予监外执行相关执法文书。

四、实训内容

1. 训练要求：根据材料分析判断在此执法环节中须制作什么法律文书；须

经过哪些程序；明确该执法环节所依据的法律法规；结合本节知识内容制作规范的监狱执法文书。

　　罪犯岳××，男，1972年5月10日出生，汉族，原户籍所在地×省×县×乡×村，2002年4月12日该犯因邻居张×（女，48岁）的鸡啄食自家菜地发生纠纷并造成岳××肩膀脱臼，经村委会调解邻居张×支付岳××200元医疗费。当晚19时许，岳××在张×屋后菜地摘菜时见张×站在屋檐下，背对他大骂他是药罐子、活死人、短命鬼、拿着钱也活不了两天，今后子孙也不得好死。岳××心生愤恨，提着砍菜刀就冲向张×，朝着对方后背猛砍两刀，在张×反抗过程中，又在张×的前胸砍了三刀，后被闻讯而来的邻居赵×、朱×、刘×阻止。张×送医后医治无效死亡。2002年10月28日××省×市×区人民法院作出（2002）川×法刑初字第4号刑事判决，岳××犯故意伤害罪，判处死刑缓期二年执行，2003年1月16日送××省某监狱服刑；2005年3月25日减为无期徒刑，剥夺政治权利终身；2008年9月26日减为有期徒刑19年3个月，剥夺政治权利9年；2011年1月2日，减去有期徒刑2年，剥夺政治权利5年。刑期止于2025年12月16日。

　　2013年1月19日，罪犯岳××因病情严重，监狱将其送往××省监狱管理局中心医院（省级政府指定医院）住院治疗。后经××省监狱管理局中心医院诊断，确诊罪犯岳××患有慢性肾功能不全代偿期。2013年2月23日，××省监狱管理局中心医院给监狱发了罪犯岳××的病危通知书。监狱及时电话告知罪犯岳××的女儿岳×娟，2013年3月1日其女儿（已嫁往邻省，现住湖北省××县新兴镇小河街129号，个体经营）愿作保证人。2013年3月9日，监狱再次收到××省监狱管理局中心医院发出的罪犯岳××病危通知书。2013年3月12日经监狱罪犯病残鉴定小组鉴定，罪犯岳××患有慢性肾功能不全代偿期。2013年3月11日，罪犯岳××所在监区正式启动暂予监外执行程序，经研究讨论，并取得地方司法机关纳入社区矫正意见，于3月15日提交业务部门刑罚执行科审查通过。刑罚执行科按规定提交监狱及人民检察机关经逐级审核通过。2013年4月17日，××省监狱管理局批准了罪犯岳××暂予监外执行。

问题：

1. 罪犯岳××是否符合暂予监外执行条件，为什么？

2. 罪犯岳××的女儿是否能担任担保人，如果能，社会调查评估意见应该由哪个司法局出具？

3. 案例中缺少了哪个执法环节的法定文书?

4. 监狱未经公示上报省监狱管理局是否符合规定?

5. 制作《暂予监外执行审批表》。

表 5 - 5　暂予监外执行审批表

姓名	岳××	性别	男	民族	汉族
出生年月日	1972 年 5 月 10 日	户籍地	×省×县×乡×村		
捕前居住地	×省×县×乡×村				
罪名	故意伤害罪	原判法院	××省××市×区人民法院		
原判刑期	死刑缓期二年执行	附加刑	赔偿被害人家属、剥夺政治权利终身		
刑期变动情况	2005 年 3 月 25 日减为无期徒刑,剥夺政治权利终身;2008 年 9 月 26 日减为有期徒刑 19 年 3 个月,剥夺政治权利 9 年;2011 年 1 月 2 日,减去有期徒刑 2 年,剥夺政治权利 5 年。				
现刑期起止	自 2008 年 9 月 26 日起至 2025 年 12 月 16 日止				
出监后居住地	四川省×市×县××乡×村 2 组 12 号				
主要犯罪事实	2002 年 4 月 12 日该犯因邻居张×(女,48 岁)的鸡啄食自家菜地发生纠纷并抓扯造成肩膀脱臼,经村委会调解邻居张×支付岳×× 200 元医疗费。当晚 19 时许,岳××在张×屋后菜地摘菜时见张×站在屋檐下,背对他大骂他是药罐子、活死人、短命鬼,拿着钱也活不了两天,今后子孙也不得好死。岳××心生愤恨,提着砍菜刀就冲向张×,朝着对方后背猛砍两刀,在张×反抗过程中,又在张某的前胸砍了三刀,后被闻讯而来的邻居赵×、朱×、刘×阻止。张×送医后医治无效死亡。				
改造表现	该犯自入监以来身体一直不好,2013 年 1 月 19 日,罪犯岳××因病情严重,监狱将其送往××省监狱管理局中心医院(省级政府指定医院)住院治疗。				
病情诊断	2013 年 1 月 19 日,罪犯岳××因病情严重,监狱将其送往××省监狱管理局中心医院(省级政府指定医院)住院治疗。后经××省监狱管理局中心医院诊断,确诊罪犯岳××患有慢性肾功能不全代偿期。2013 年 2 月 23 日,××省监狱管理局中心医院给监狱发了罪犯岳××的病危通知书。 签字(签章):李××、周×× 2013 年 2 月 23 日				

续表

保证人 情况	姓名	岳×娟	居住地	湖北省××县新兴镇小河街 129 号		
	工作 单位	个体经营	与罪犯关系	父女	联系电话	152××××××××
综合评估意见	××市×县司法局同意社区矫正。					
监区意见	该犯符合暂予监外执行条件，建议提请暂予监外执行。 <div style="text-align:right">签名（签章）：监区长 2013 年 3 月 1 日</div>					
刑罚执行科 意见	经审查，该犯符合暂予监外执行条件，建议提请暂予监外执行。 <div style="text-align:right">签名（签章）：科长 2013 年 3 月 15 日</div>					
评审委员会 意见	同意提请该犯暂予监外执行，呈监狱长办公会审议决定。 <div style="text-align:right">签名（签章）：分管领导 2013 年 3 月 15 日</div>					
监狱意见	同意暂予监外执行。 <div style="text-align:right">签名（签章）：监狱长 2013 年 3 月 17 日</div>					
检察机关 意见	详见：《技术性证据审查意见书》、《检察意见书》 <div style="text-align:right">签名（签章）：主任 2013 年 3 月 17 日</div>					
监狱管理局 意见	经省局研究，同意暂予监外执行。 <div style="text-align:right">签名（签章）：局长 2013 年 4 月 17 日</div>					

抄送：<u>××</u>人民检察院

2. 以下是一则新闻稿件，请分析案例，说说服刑人员王某从监狱被暂予监外执行到监狱收监执行需要制作哪些执法文书？这些执法文书在执法环节中发挥了什么作用和功能？

<h2 style="text-align:center">暂予监外执行人员的一场手术</h2>
——记一起特殊的社区矫正收监执行案例[1]

近日，椒江区司法局办理了一起特殊的收监执行案件，为社区矫正工

---

[1] 椒江司法局："暂予监外执行人员的一场手术——记一起特殊的社区矫正收监执行案例"，载 http：//www.tzsfj.gov.cn/art/2017/9/22/art_ 13463_ 1024088.html，2019 年 6 月 3 日访问。

作提供了实务操作案例。

社区服刑人员王×，女，因帮助他人投注非法的"六合彩"，从中收取手续费，于2016年3月被××市椒江区人民法院以非法经营罪判处有期徒刑3年。2016年4月1日被送至××监狱服刑，2016年7月因患乳癌，需进行切除手术，被决定暂予监外执行，后到区司法局报到接受社区矫正，同时就医治疗。

2017年7月，区司法局通过指定医院，对王×进行一年一度的医疗鉴定，鉴定结论为不再符合暂予监外执行条件。

2017年9月4日，区司法局执行干警参加××市椒江区人民法院组织的社区服刑人员王×收监执行开庭听证，王×到庭参加听证，提交了医疗证明书，提出自己正在住院，9月6日有一场右臀部位的肿块切除手术，因曾患乳癌，切除的肿块还要进行切片化验，判断是否为恶性肿瘤。

2017年9月11日，王×出院，执行干警联系公安部门共同将其押送至××市看守所，与看守所医生沟通后允许王×将术后药物带入监狱，交由监狱医生定期配药，并承诺将医院切片化验结果寄送至监狱。同时联系法院，确定王×手术期间不计入刑罚执行时间，收监执行的刑期自2017年9月11日起算，体现刑罚的严肃性和公平性。

至此，这起因暂予监外执行人员的一场手术引发的特殊收监案件顺利执行完毕。

以下是学生根据上面的案例制作的文书，请析评后修改。

表5-6　暂予监外执行审批表

姓名	王×		性别	女	民族	汉
出生日期	1985年9月13日		户籍地	×省×市椒江区××路二段×号		
捕前居住地			×省台州市椒江区××路二段×号			
罪名	非法经营罪		原判法院	××市椒江区人民法院		
原判刑期	3年		附加刑	无		
刑期变动情况		无				
现刑期起止		2016年4月1日至2019年4月1日				
出监后居住地		×省台州市椒江区××路二段×号				
主要犯罪事实		帮助他人投注非法的"六合彩"，从中收取手续费。				
改造表现		该犯从入监后，身体一直不好，情绪低落、消极，缺乏改造信心。加之入监后不久被检查出患有乳腺癌，每天必须服用药物，身体和心灵的创伤彻底让她内心崩溃。				

病情诊断	据××省医院病情诊断证明，罪犯<u>王×</u>患有<u>乳腺癌</u>病，经审核，符合《暂予监外执行》第<u>×</u>条第<u>×</u>款。 病残小组人员签字：李××、张××、 2016 年 7 月 3 日					
保证人 情况	姓名	沈×××	居住地	×省××市椒江区××路二段×号		
	工作 单位	自主择业	与罪 罪犯 关系	配偶	联系 电话	135623123××
综合评估 意见	我狱委托罪犯王××居住地的××区司法所进行暂予监外执行前调查评估，××司法所通过先后走访王××亲属、受害人家属、其家属所辖社区、派出所，详细了解王××的性格、家庭背景、入狱前的表现、入狱后的悔罪态度等一系列情况，并对王××保外就医是否具备监护监管条件，以及保外就医对所居住社区的影响等进行调查评估，居委会、服刑人员亲属愿意接纳和帮教的实际情况，经××司法所讨论评议，同意接纳王××暂予监外执行。 （公章） 2016 年 7 月 10 日					
监区（直属 分监区） 意见	同意 董××（公章） 2016 年 7 月 16 日					
监区刑罚 执行科意见	同意 李××（公章） 2016 年 7 月 18 日					
监狱减假 暂评委会 意见	经评委会评审，认为罪犯王××符合暂予监外执行的条件，同意暂予监外执行 易××（公章） 2016 年 7 月 20 日					
监狱 意见	同意 陈××（监狱公章） 2016 年 7 月 20 日					
驻狱检察 机关意见	同意监狱意见 令××（公章） 2016 年 7 月 20 日					

监狱 管理局 意见	同意监狱意见
	刘××（监狱管理局公章） 2016 年 7 月 25 日

抄送：×市×人民检察院驻监检察室

五、任务评估

1. 能够掌握暂予监外执行的法定条件，分析判断案例中的服刑罪犯是否适用暂予监外执行。

2. 熟悉罪犯办理暂予监外执行的法定程序，遵循程序正确办理审批手续。

3. 能够分析案例，熟悉案例所涉及的执法点，并能够针对执法点知晓应该制作哪些执法文书。

4. 学生能够结合所学知识，对执法文书中的错误进行析评并加以修改。

5. 能够制作《暂予监外执行审批表》，符合执法文书制作要求。

第六章 提请减刑、假释类文书

学习要点

通过本章节学习，要求学生掌握罪犯减刑、假释所涉及的法律法规，熟悉罪犯减刑、假释的工作流程，知晓监狱在罪犯减刑、假释工作过程中应当制作哪些法律文书。

学习目标

对罪犯减刑、假释条件的审核，特别是通过对罪犯犯罪史、入监后改造表现、人身危险性评估等信息搜集和分析，衡量罪犯是否符合减刑、假释的条件，完成罪犯减刑、假释相关法律文书制作。

【本章引言】

减刑、假释是为了促进罪犯的积极改造，监狱通过法定的程序，报请人民法院审批变更刑罚执行种类或方式的刑事政策。该制度可以变更刑罚种类、缩短罪犯的服刑时间，或是变更刑罚执行地点（场所）。减刑、假释制度关系到罪犯的服刑改造、监狱的管理教育和社会的长治久安，对刑罚执行和改造罪犯发挥着重要作用。

提请减刑、假释类文书是指监狱对狱内服刑的罪犯，根据其改造表现进行评议、审核和提请等程序所制作的各种文书。提请减刑、假释类文书主要包括：罪犯减刑（假释）审核表、提请减刑建议书、提请假释建议书和假释证明书。具体工作流程及相关执法文书制作节点如图所示：

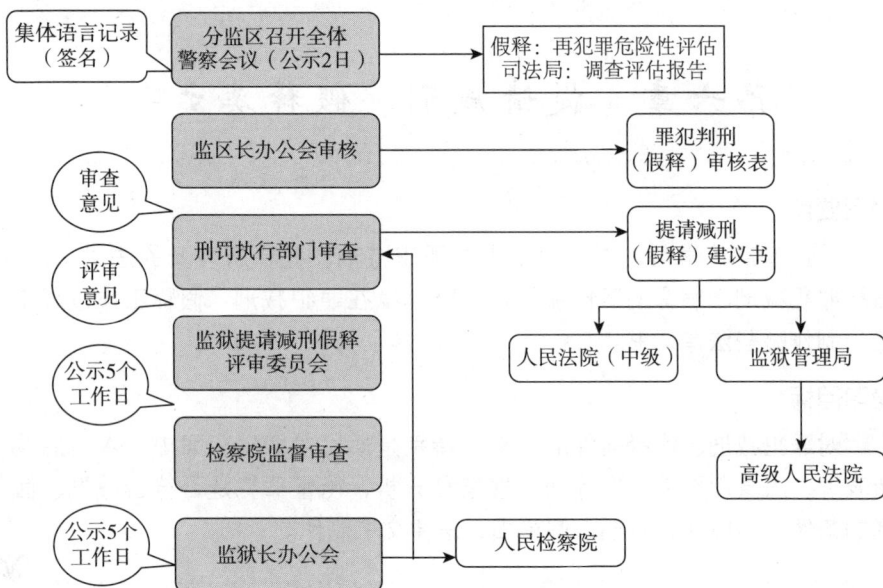

图6-1 提请减刑、假释工作流程及执法文书制作节点

第一节 罪犯减刑（假释）审核表

一、任务描述

罪犯张×立，男，1983年9月9日生，汉族，初中毕业，吉林省××市××区人，吉林省××市中级人民法院于2013年2月6日作出（2012）×刑初字第10号刑事判决，认定被告人张×立犯故意伤害罪判处无期徒刑，剥夺政治权利终身，民事赔偿人民币55 000元。因被告人、同案被告人不服，提出上诉，吉林省高级人民法院于2013年8月8日作出（2013）吉刑终字第56号刑事裁定，驳回上诉，维持原判。宣判后即交付执行，于2013年8月16日投入监狱服刑改造。服刑期间执行刑期无变动。

该犯入监后，2014年度上半年获得表扬1次，2014年度下半年获得奖励1次，2015年度上半年获得表扬1次，获得考核积分210分。

实施步骤：学生分组；每组分析讨论案例，对罪犯具体情况进行分析，审核是否符合减刑的条件，如何确立减刑的幅度？如果符合，准备好哪些材料，需要履行哪些法律程序？

　　罪犯陈×东，男，1982年6月26日生，汉族，吉林省××市人，初中毕业，捕前住吉林省××市××镇××村×××屯。罪犯陈×东因犯故意伤害罪被北京市丰台区人民法院判处有期徒刑1年9个月，送吉林省××市北郊监狱服刑，2015年1月7日入监，实际执行刑期1年6个月26天。

　　罪犯入监教育后被分配到监狱第五监区机台岗位劳动，获得考核积分30.5分。

　　实施步骤：学生分组讨论；每组分析讨论案例，对罪犯改造表现及刑期执行情况进行分析，审核罪犯是否符合假释的条件？如果符合假释条件，应该准备好哪些材料？需要履行哪些法律程序？

二、基础铺垫

（一）罪犯减刑（假释）审核表的概念及功能

　　罪犯减刑（假释）审核表，是监狱集中记录对罪犯提请减刑（假释）审核过程和结果的文书。在该文书中涵盖了罪犯自然情况、犯罪情况、刑期刑种，以及分监区、监区、狱政管理部门、监狱提请减刑假释委员会、监狱及监狱管理局的意见。全面整合了从分监区集体评议、监区长办公会审核和监狱提请减刑假释评审委员会的评议意见和评议结果，直观清晰地了解评议的程序和内容。

　　（二）罪犯减刑（假释）审核表的法律依据

　　1. 根据《刑法》第78、81条的规定审查减刑适用条件和限度，衡量罪犯是否符合提请减刑、假释的法定条件。

　　《刑法》第78规定，被判处管制、拘役、有期徒刑、无期徒刑的犯罪分子，在执行期间，如果认真遵守监规，接受教育改造，确有悔改表现的，或者有立功表现的，可以减刑；有下列重大立功表现之一的，应当减刑：①阻止他人重大犯罪活动的；②检举监狱内外重大犯罪活动，经查证属实的；③有发明创造或者重大技术革新的；④在日常生产、生活中舍己救人的；⑤在抗御自然灾害或者排除重大事故中，有突出表现的；⑥对国家和社会有其他重大贡献的。减刑以后实际执行的刑期不能少于下列期限：①判处管制、拘役、有期徒刑的，不能少于原判刑期的1/2；②判处无期徒刑的，不能少于13年；③人民法院依照《刑法》第50条第2款规定限制减刑的死刑缓期执行的犯罪分子，缓期执行期满后依法减为无期徒刑的，不能少于25年，缓期执行期满后依法减为25年有期徒刑的，不能少于20年。

　　《最高人民法院关于办理减刑、假释案件具体应用法律的规定》（以下简称《减刑、假释的规定》）第2条规定，对于罪犯符合《刑法》第78条第1款规定"可以减刑"条件的案件，在办理时应当综合考察罪犯犯罪的性质和具体情节、

社会危害程度、原判刑罚及生效裁判中财产性判项的履行情况、交付执行后的一贯表现等因素。

《减刑、假释的规定》第3条规定，"确有悔改表现"是指同时具备以下条件：①认罪悔罪；②遵守法律法规及监规，接受教育改造；③积极参加思想、文化、职业技术教育；④积极参加劳动，努力完成劳动任务。对职务犯罪、破坏金融管理秩序和金融诈骗犯罪、组织（领导、参加、包庇、纵容）黑社会性质组织犯罪等罪犯，不积极退赃、协助追缴赃款赃物、赔偿损失，或者服刑期间利用个人影响力和社会关系等不正当手段意图获得减刑、假释的，不认定其"确有悔改表现"。罪犯在刑罚执行期间的申诉权利应当依法保护，对其正当申诉不能不加分析地认为是不认罪悔罪。

《减刑、假释的规定》第4条规定，具有下列情形之一的，可以认定为有"立功表现"：①阻止他人实施犯罪活动的；②检举、揭发监狱内外犯罪活动，或者提供重要的破案线索，经查证属实的；③协助司法机关抓捕其他犯罪嫌疑人的；④在生产、科研中进行技术革新，成绩突出的；⑤在抗御自然灾害或者排除重大事故中，表现积极的；⑥对国家和社会有其他较大贡献的。第④项、第⑥项中的技术革新或者其他较大贡献应当由罪犯在刑罚执行期间独立或者为主完成，并经省级主管部门确认。

《减刑、假释的规定》第5条规定，具有下列情形之一的，应当认定为有"重大立功表现"：①阻止他人实施重大犯罪活动的；②检举监狱内外重大犯罪活动，经查证属实的；③协助司法机关抓捕其他重大犯罪嫌疑人的；④有发明创造或者重大技术革新的；⑤在日常生产、生活中舍己救人的；⑥在抗御自然灾害或者排除重大事故中，有突出表现的；⑦对国家和社会有其他重大贡献的。第④项中的发明创造或者重大技术革新应当是罪犯在刑罚执行期间独立或者为主完成并经国家主管部门确认的发明专利，且不包括实用新型专利和外观设计专利；第⑦项中的其他重大贡献应当由罪犯在刑罚执行期间独立或者为主完成，并经国家主管部门确认。

2. 《刑法修正案（八）》第16条规定，被判处有期徒刑的犯罪分子，执行原判刑期1/2以上，被判处无期徒刑的犯罪分子，实际执行13年以上，如果认真遵守监规，接受教育改造，确有悔改表现，没有再犯罪的危险的，可以假释。如果有特殊情况，经最高人民法院核准，可以不受上述执行刑期的限制。对累犯以及因故意杀人、强奸、抢劫、绑架、放火、爆炸、投放危险物质或者有组织的暴力性犯罪被判处10年以上有期徒刑、无期徒刑的犯罪分子，不得假释。对犯罪分子决定假释时，应当考虑其假释后对所居住社区的影响。

《减刑、假释的规定》第22条规定，办理假释案件，认定"没有再犯罪的

危险"，除符合《刑法》第 81 条规定的情形外，还应当根据犯罪的具体情节、原判刑罚情况，在刑罚执行中的一贯表现，罪犯的年龄、身体状况、性格特征，假释后生活来源以及监管条件等因素综合考虑。

3. 根据《刑法》第 79、82 条的规定，了解减刑、假释的程序。《刑法》第 82 条规定，对于犯罪分子的假释，依照《刑法》第 79 条规定的程序进行。非经法定程序不得假释。

根据《监狱提请减刑假释工作程序规定》的规定，罪犯减刑（假释）审核表是监区或直属分监区提请减刑、假释必须报送的材料之一。涉及分监区、监区、监狱刑罚执行（狱政管理）部门、监狱提请减刑假释委员会、监狱对被判处有期徒刑的罪犯给予评议意见。对被判处死刑缓刑二年执行罪犯的减刑和无期徒刑罪犯的减刑、假释，还要将罪犯减刑（假释）审核表送省、自治区、直辖市监狱管理局审核。

（三）罪犯减刑（假释）审核表的结构和内容

罪犯减刑（假释）审核表展示了监狱参与减刑（假释）审核和评议的程序和各部门的减刑（假释）评审意见，充分体现了监狱对罪犯减刑（假释）工作的严格审核把关的审慎态度。制作时各单位和部门要按照栏目顺序和要求认真填写。该表格主要包括两部分，分别是表眉和正表。

1. 表眉内容。表眉位置需要填写两个内容，一个是单位，另一个是罪犯编号。单位填写罪犯所在监区或直属分监区，罪犯编号按照有关规定填写罪犯的统一编号。

2. 正表内容。

（1）罪犯基本情况。罪犯基本情况包括姓名、性别、文化程度、籍贯、民族、出生日期、家庭住址、罪名、刑种、刑期和刑期起止时间。

（2）刑期变动情况。此处罪犯是否有减刑经历，包括减刑的起止时间，减刑的幅度。

（3）犯罪事实。简练概括罪犯的犯罪情况，包括犯罪时间、地点、犯罪原因、犯罪行为和犯罪结果。

（4）改造表现。这部分内容应该根据减刑（假释）的条件组织材料进行填写。"改造表现"及其以上栏目由分监区填写。

根据《刑法》的规定，罪犯确有悔改表现或立功表现可以减刑；确有重大立功表现应当减刑。在填写具体内容时应体现确有悔改表现、立功表现或重大立功表现的具体事实。对于初次减刑的罪犯，在填写内容上要重点体现其入监以来的悔改表现、立功表现或重大立功表现；对于非初次减刑的罪犯，在填写内容上突出自上次减刑后的悔改表现、立功表现或重大立功表现。

假释的罪犯要符合《刑法》第81条的规定。在对假释罪犯改造表现填写时要体现遵守监规监纪，确有悔改表现和没有再犯罪危险等方面的具体事实。

在此处表格的填写中，减刑（假释）的表现情况要简明，重点突出。把罪犯的奖分情况、获得狱政奖励情况、评为改造积极分子情况以及处罚情况客观、简练地予以概括，这样才能全面真实地反映出罪犯改造变化的真实情况。

（5）各级单位和部门意见。这部分内容体现各级部门对罪犯是否符合减刑（假释）的审核和意见，需要主管责任人签字。

分监区意见栏，填写分监区集体评议结论。例如，罪犯减刑审核表可以这样填写："经2017年1月14日分监区全体干警会议评议，认为罪犯张×确有悔改表现，建议对其提请减为有期徒刑22年。"最后由分监区负责人签名并注明日期。

罪犯假释审核表可以填写如下："经2016年1月12日分监区全体干警集体评议，认为罪犯陈×东，遵守监规监纪，积极参加劳动改造和教育学习，确有悔罪表现，并且没有再犯罪的危险性，建议对其提请假释。"最后由分监区负责人签名和注明日期。

有的省监狱实行两级扁平化管理，没有设立分监区。如果没有设立分监区的，那么在制作该表时，监区作为基层单位应参照以上分监区意见的填写方式填写。否则，按下面监区意见填写。

监区意见栏填写内容为监区长办公会审核意见。罪犯减刑审核表这部分内容具体可填写为："经过2016年1月18日监区长办公会审核，同意分监区意见，请刑罚执行科审核。"然后由监区负责人签名并注明日期。

罪犯假释审核表可以填写如下："经过2016年1月16日监区长办公会审核，同意分监区意见，请刑罚执行科审核。"然后由监区负责人签字并注明日期。

科室意见栏，一般由监狱刑罚执行部门填写。根据《监狱提请减刑假释工作程序规定》第9条："监狱刑罚执行部门收到监区或者直属分监区对罪犯提请减刑、假释的材料后，应当就下列事项进行审查：①需提交的材料是否齐全、完备、规范；②罪犯确有悔改或者立功表现的具体事实的书面证明材料是否来源合法；③罪犯是否符合法定减刑、假释的条件；④提请减刑、假释建议是否适当。经审查，对材料不齐全或者不符合提请条件的，应当通知监区或者直属分监区补充有关材料或者退回；对相关材料有疑义的，应当提讯罪犯进行核查；对材料齐全、符合提请条件的，应当出具审查意见，连同监区或者直属分监区报送的材料一并提交监狱减刑假释评审委员会评审。提请罪犯假释的，还应当委托县级司法行政机构对罪犯假释后对所居住社区影响进行调查评估，并将调查评估报告一并提交。"

因此，该栏目要简要写明对上述问题的审查意见，并由部门负责人签名并

注明日期。

监狱提请减刑假释评审委员会意见栏，此栏由评审委员会负责人签字。

监狱意见栏，此处由监狱长办公会审议决定。

罪犯减刑审核表监狱意见栏可填写为："经2016年1月28日监狱长办公会决定，因罪犯张×立确有悔改表现，提请省监狱管理局进行审核。"如果是有期徒刑罪犯的减刑，监狱意见栏则填写为"经××年×月×日监狱长办公会决定，因罪犯×××确有悔改表现，提请人民法院对其减刑。"然后由监狱长签名并注明日期。

罪犯假释审核表监狱意见栏可填写为："经2017年1月26日监狱长办公会决定，因罪犯陈×东遵守监规监纪，积极参加劳动改造和教育学习，确有悔改表现，并且没有再犯罪的危险，提请人民法院对其假释。"

监狱管理局意见栏，由罪犯服刑地省级监狱管理局填写审核意见。对于死刑缓刑二年执行罪犯减刑，无期徒刑罪犯的减刑、假释的，都要填写监狱管理局意见栏，并写明监狱管理局审核会议的时间和审核决定，然后由监狱管理局局长签署意见，加盖监狱管理局公章。

三、文书制作提示

（一）罪犯减刑（假释）审核表的制作要求和注意事项

1. 准确填写罪犯改造表现。罪犯减刑（假释）审核表是监狱向法院提请减刑、假释程序中必备的法律文件，监狱应当认真搜集能反映出罪犯改造表现的各种事实材料，客观真实地填写，以便上级部门进行审核，有效地执行减刑、假释政策，使刑事奖励政策真正地落到实处。

2. 各意见栏要按程序填写。罪犯减刑（假释）审核表里有分监区意见、监区意见、科室意见、提请减刑假释评审委员会意见、监狱意见和监狱管理局意见。意见栏的填写内容和填写顺序要严格按照《监狱法》和《监狱提请减刑假释工作程序规定》的规定，每个意见栏里必须写明做出的意见及相应依据，不能只填写"同意"，并且填写先后顺序必须从分监区开始逐级填写。

3. 各部门的意见要依照职权做出。因此在写意见时要注意用词的规范性，特别是监狱管理局意见栏中，监狱管理局的职权是对监狱意见的审查不是审批。

（二）制作罪犯减刑（假释）审核表的准备工作

1. 制作罪犯减刑（假释）审核表需要准备的材料有：罪犯档案、罪犯计分考核明细表、罪案评审鉴定表、罪犯奖惩审批表、罪犯确有悔改表现或者立功、重大立功表现的具体实施的书面材料、分监区全体干警评议记录、监区长办公会审核记录、监狱提请减刑假释评审委员会评审记录。

2. 制作罪犯减刑（假释）审核表之前要完成分监区集体评议程序，分监区形成意见后将表格中分监区意见栏之前的内容填写完整。各意见栏内容填写之

前，要完成相应的评议审查程序，其评议结论应当作为证据材料附在罪犯减刑、假释的案卷中。

（三）制作的重点和难点

重点：改造表现栏所填内容是罪犯上一次减刑后至提请减刑或假释前这一个考察期限内的改造表现，所以在叙写时应是以这一阶段的改造表现为准，所以不在此期限内的或在上一次已被核准减刑前的改造表现及所获得奖励就不能再作表述。

难点：各意见栏目的填写要注意根据各部门的权限注意表述内容和用语。如监区（分监区）意见栏，作为基层提出的第一个层级的意见，对于减刑、假释只有建议权，而没有决定权，所以在表述时只能用"建议"，而不能用"同意"或"决定"。

四、实例示范

表6-1　罪犯减刑审核表

单位：第二监区　　　　　　　　　　　　　　　　　　　　　罪犯编号：×××××

姓名	张×立	别名	无	性别	男	文化程度	初中毕业
籍贯	吉林省××市	民族	汉	出生日期		1983年9月9日	
家庭住址	吉林省××市××区花园××小区×栋×门×室						
罪名	故意伤害罪	刑种	无期徒刑	原判刑期		无期徒刑	
刑期起止	2013年8月16日		附加刑	附加剥夺政治权利终身			
刑期变动	无						
犯罪事实	2012年3月20日，该犯在其工作期间与被害人王×因工作问题发生冲突，双方互有厮打。厮打过程中，该犯拿出随身携带的匕首在同案犯刘×协助下向王×腰部猛刺，后王×被送往医院，在送往医院途中因脾脏破裂死亡。						
改造表现	该犯在服刑改造期间，能够端正改造态度，明确改造方向，加快改造步伐，不断加深认罪悔罪的认识，积极向被害人履行民事赔偿55 000元人民币；日常改造中能严格遵守各项监规监纪；接受教育改造，按时参加三课学习，学习认真，成绩优良；能搞好个人卫生和环境卫生，养成良好的生活卫生习惯；积极参加劳动生产，出色完成各项改造任务。2014年度上半年获得表扬1次，2014下半年获得奖励1次，2015年度上半年获得表扬1次，获得考核积分210分。						
分监区意见	经2016年1月14日分监区全体警察会议评议，认为张×立入监后能够认罪服法，遵守监规、监纪，接受教育改造，积极参加思想、文化教育。并多次获得行政奖励符合确有悔改表现，建议对其减为有期徒刑22年。 分监区长：王×× 2016年1月14日						

监区意见	经 2016 年 1 月 18 日监区长办公会审核，同意以确有悔改表现为由，建议对罪犯张×立减为有期徒刑 22 年。 监区长：张× 2016 年 1 月 18 日
科室意见	经审查，罪犯张×立确有悔改表现，建议减为有期徒刑 22 年。 科长：赵× 2016 年 1 月 20 日
监狱提请减刑假释评审委员会意见	经评审，罪犯张×立却有悔改表现，提请减为有期徒刑 22 年。 主任：刘× 2016 年 1 月 21 日
监狱意见	经 2016 年 1 月 28 日监狱长办公会议审议决定，因罪犯张×立确有悔改表现，提请吉林省监狱管理局审核将罪犯张×立减为有期徒刑 22 年。 监狱长：周× 2016 年 1 月 28 日
监狱局意见	经审查，同意罪犯张×立确有悔改表现，向吉林省高级人民法院提请建议罪犯张×立减为有其徒刑 22 年。 局长：陈×× 2016 年 2 月 8 日
备注	无

表 6-2　罪犯假释审核表

单位：第五监区　　　　　　　　　　　　　　　　　　　　罪犯编号：××××

姓名	陈×东	别名	无	性别	男	文化程度	初中毕业
籍贯	吉林省××市	民族	汉	出生日期		1982 年 6 月 26 日	
家庭住址	吉林省××市××镇××村×××屯						
罪名	故意伤害罪	刑种	有期徒刑	原判刑期		1 年 9 个月	
刑期起止	2015 年 1 月 7 日～ 2016 年 10 月 6 日， 羁押折抵刑期×日	附加刑		无			
刑期变动	无						
犯罪事实	该犯于 2013 年 5 月 14 日 4 时许，在北京市丰台区蒲黄榆安乐林路××KTV 歌厅门口，被害人许××、何××等人因结账问题与歌厅工作人员发生纠纷，后该犯指使多名歌厅工作人员殴打几名被害人，造成不同程度损伤。双方当事人已就民事赔偿达成谅解。						

续表

改造表现	该犯自入监以来能认罪悔罪，深挖犯罪根源，对自己的犯罪行为表示追悔，并愿意接受法律的惩处。严格遵守监规纪律，自觉维护监管秩序，服从管教，听从指挥。"三课"学习认真，成绩良好，平均成绩达到90分。该犯在吉林省长春市北郊监狱第五监区参加机台岗位劳动，劳动中积极肯干，努力完成劳动任务，认真遵守监规，积极参加三课学习，获得考核积分30.5分。
分监区意见	该犯入监后能够认罪悔罪，遵守监规、监纪，接受教育改造，积极参加思想、文化教育，努力完成劳动任务经2016年1月12日分监区全体警察会议评议，认为罪犯陈××，确有悔改表现，建议对其提请假释。 分监区长：王×仁 2016年1月12日
监区意见	经2016年1月16日监区长办公会审核，同意分监区意见，建议对罪犯陈×东提请假释。 监区长：张× 2016年1月16日
科室意见	经审查，同意监区意见，建议提请假释。 科长：赵× 2016年1月17日
监狱提请减刑假释评审委员会意见	经评审，根据监狱对该犯的危险性评估意见，并综合××司法局的调查评估意见，经评审，认为罪犯陈×东确有悔改表现，没有再犯罪危险性，提请假释。 主任：刘× 2016年1月25日
监狱意见	经2016年1月26日监狱长办公会议审议决定，因罪犯陈×东确有悔改表现，没有再犯罪危险性，提请长春市中级人民法院裁定。 监狱长：周× 2016年1月26日
监狱局意见	无
备注	无

【拓展阅读】

1. 罪犯减刑（假释）审核表PPT。

2. 《监狱提请减刑假释工作程序规定》（司法部77号令，2014年12月1日施行）。

3.《最高人民法院关于办理减刑、假释案件具体应用法律若干问题的规定》（2012 年 1 月 1 日施行，法释〔2012〕2 号）。

第二节 提请减刑建议书

一、任务描述

任务案例参见第一节罪犯减刑（假释）审核表中案例 1。

实施步骤：学生分组；通过讨论，每组分析案例，讨论要制作提请减刑建议书应从哪些方面来搜集罪犯确有悔改表现的事实材料？如何在提请减刑建议书的事实结论进行表述，这样表述的依据是什么？深入思考，有期徒刑罪犯、无期徒刑罪犯和判处死刑缓刑二年执行罪犯的减刑建议的事实结论又应如何表述，表述的依据是什么？在制作提请减刑建议书时应准备好哪些材料，罪犯减刑的案卷材料应包括哪些材料，应如何组卷？应注意哪些事项，为什么？

二、基础铺垫

（一）提请减刑建议书的概念及功能

提请减刑建议书是指监狱对符合法定减刑条件的罪犯向人民法院提出减刑建议时制作的执法文书。

监狱制作的提请减刑建议书是监狱依法行使减刑建议权的具体体现，也是人民法院启动罪犯减刑案件审理程序的标志性文书。提请减刑建议书就是监狱向人民法院表达对罪犯建议减刑的意见，反映罪犯积极服刑改造表现的具体事实，是人民法院裁定罪犯是否减刑的重要依据。

（二）提请减刑建议书的法律依据

《刑事诉讼法》第 273 条第 2 款规定，被判处管制、拘役、有期徒刑或者无期徒刑的罪犯，在执行期间确有悔改或者立功表现，应当依法予以减刑、假释的时候，由执行机关提出建议书，报请人民法院审核裁定，并将建议书副本抄送人民检察院。人民检察院可以向人民法院提出书面意见。

《监狱法》第 30 条规定，减刑建议由监狱向人民法院提出，人民法院应当自收到减刑建议书之日起 1 个月内予以审核裁定；案情复杂或者情况特殊的，

可以延长1个月。减刑裁定的副本应当抄送人民检察院。

《监狱法》第31条规定，被判处死刑缓期二年执行的罪犯，在死刑缓期执行期间，符合法律规定的减为无期徒刑、有期徒刑条件的，2年期满时，所在监狱应当及时提出减刑建议，报经省、自治区、直辖市监狱管理机关审核后，提请高级人民法院裁定。

《最高人民法院关于适用〈中华人民共和国刑事诉讼法〉的解释》第449条的规定，对减刑、假释案件，应当按照下列情形分别处理：①对判处死刑缓期执行的罪犯的减刑，由罪犯服刑地的高级人民法院根据同级监狱管理机关审核同意的减刑建议书裁定；②对被判处无期徒刑的罪犯的减刑、假释，由罪犯服刑地的高级人民法院，在收到同级监狱管理机关审核同意的减刑、假释建议书后1个月内作出裁定，案情复杂或者情况特殊的，可以延长1个月；③对被判处有期徒刑和被减为有期徒刑的罪犯的减刑、假释，由罪犯服刑地的中级人民法院，在收到执行机关提出的减刑、假释建议书后1个月内作出裁定，案情复杂或者情况特殊的，可以延长1个月；④对被判处拘役、管制的罪犯的减刑，由罪犯服刑地中级人民法院，在收到同级执行机关审核同意的减刑、假释建议书后1个月内作出裁定。对暂予监外执行罪犯的减刑，应当根据情况，分别适用前款的有关规定。

《监狱法》第30、31条，《刑事诉讼法司法解释》第449条，明确了有期徒刑罪犯的减刑建议如何提请，由谁裁定；明确了判处无期徒刑和死刑缓刑二年执行的罪犯减刑建议如何提请，由谁裁定。

（三）提请减刑建议书的结构及内容

提请减刑建议书的具体结构如下：

1. 首部。首部包括三个方面：标题，即"提请减刑建议书"；文书号，由年号、机关代字和文书顺序号组成，如"（2016）吉长减字第×号"；罪犯基本情况，包括姓名、性别、出生日期、民族、原户籍所在地、罪名、作出判决的人民法院、判决时间、判决书字号、附加刑情况、刑期、收监时间等内容。

2. 事实结论。事实结论就是监狱依据法律规定减刑的条件对罪犯的服刑表现所做出的认定结论，表述为"该犯在近期有×××表现。"事实结论是监狱对罪犯改造表现的认定和评价，影响罪犯减刑的认定和减刑的幅度，因而制作时要特别注意。罪犯类型不同，事实结论的描述也不同：

（1）有期徒刑罪犯建议减刑的，事实结论分别有：确有悔改表现，确有立功表现，确有重大立功表现，确有悔改并有立功表现，确有悔改并有重大立功表现。区分以上事实结论是因为建议罪犯减刑的期限、间隔和起始时间上是不同的。

（2）对无期徒刑罪犯建议减刑的，事实结论分别有：确有悔改表现，确有立功表现，确有重大立功表现。

（3）对判处死刑缓期二年执行罪犯建议减刑的，事实结论分别有：没有故意犯罪，有重大立功表现。

经《刑法修正案（八）》修正的《刑法》第 50 条第 1 款规定："判处死刑缓期二年执行的，在死刑缓期执行期间，如果没有故意犯罪，2 年期满以后，减为无期徒刑；如果确有重大立功表现，2 年期满以后，减为 25 年有期徒刑；如果故意犯罪，查证属实的，由最高人民法院核准，执行死刑。"该条第 2 款规定："对被判处死刑缓期执行的累犯以及因故意杀人、强奸、抢劫、绑架、放火、爆炸、投放危险物质或者有组织的暴力性犯罪被判处死刑缓期执行的犯罪分子，人民法院根据犯罪情节等情况可以同时决定对其限制减刑。"

经《刑法修正案（八）》修正的《刑法》第 78 条第 2 款第 3 项就实际执行期限规定："人民法院依照本法第 50 条第 2 款规定限制减刑的死刑缓期执行的犯罪分子，缓期执行期满后依法减为无期徒刑，不能少于 25 年，缓期执行期满后依法减为 25 年有期徒刑的，不能少于 20 年。"

3. 具体事实。具体事实都写在事实结论之后，是用具体详实的描述和材料来证明事实结论的，因此，强调这部分叙述内容要紧密围绕事实结论，并给予事实结论以有效支撑。

在具体事实部分，对悔改表现的描述主要体现以下四个方面：

（1）认罪悔罪表现。主要体现在罪犯对刑事判决内容的认可和对其效力的服从等方面。这部门内容可从罪犯对犯罪与刑罚的认识变化来进行表述。

（2）认真遵守监规监纪。主要体现罪犯的服刑改造表现，这部分内容可以通过罪犯的考核和奖惩情况入手进行描述。

（3）积极参加思想、文化、技能等教育改造的表现。这部分内容可以从罪犯参加课程的到课率，取得的各种培训证书和资格证书，学习心得体会汇报情况等进行表述。

（4）劳动改造表现。这部分内容可以从罪犯的劳动态度、劳动绩效、劳动习惯养成、劳动技能提升等方面入手，用考核积分等材料进行说明。

4. 法律依据及减刑建议。这部分包括两个内容：一是法律条款的引用。对于判处有期徒刑罪犯和无期徒刑罪犯的减刑建议，一般引用《刑法》第 78 条第 1 款、《刑事诉讼法》第 273 条第 2 款、《监狱法》第 30 条。对于死刑缓刑二年执行的罪犯的减刑建议，一般需要引用《刑法》第 30 条、《刑事诉讼法》第 250 条第 2 款、《监狱法》第 31 条。二是减刑具体建议部分。这部分需要根据减刑审核表中的最终意见的内容填写。对于有期徒刑罪犯的减刑建议写为"建议减刑××年"等；对于无期徒刑罪犯的减刑建议写为"建议减为有期徒刑××年"等；对于死刑缓刑二年执行罪犯的减刑建议写为"建议减为无期徒刑"或

"建议减为有期徒刑 25 年"。

5. 尾部。这部分内容主要包括：致送机关、落款、成文日期、公章和附件。附件要写明附送罪犯服刑改造档案的卷数、册数及页数。

三、文书制作提示

（一）提请减刑建议书的制作要求和注意事项

1. 注意对减刑条件的审核。监狱提请减刑建议书体现了监狱对罪犯的服刑表现和改造表现等符合减刑的认可，也是人民法院裁定罪犯是否减刑的重要依据。因此，制作提请减刑建议书要特别注意对罪犯减刑条件的把握。

2. 事实叙述要准确有据。提请减刑建议书不是证据，而是对罪犯符合减刑条件的叙述和材料的提供。因此，在制作提请减刑建议书时，注意对于事实结论的进一步的解释和材料证明。例如，叙述一件事件，要有材料来源，如"经询问××""经×××评议"；或者需要提供材料证明，如"参见罪犯劳动改造考核表"；或者事件详述，如具有重大立功表现的事件材料；等等。

（二）制作提请减刑建议书的准备工作

制作提请减刑建议书需要准备的材料有：罪犯档案、罪犯计分考核明细表、罪案评审鉴定表、罪犯奖惩审批表、罪犯确有悔改表现或者立功、重大立功表现的具体实施的书面材料、罪犯减刑审核表等。

（三）制作的重点和难点

提请减刑建议书中的重点是建议减刑的事实依据的记述。事实依据有三项内容：具体事实、事实分析和事实结论。提请减刑建议书是将事实结论放在最前面，使得阅读者对于提请减刑的意见一目了然。事实结论要注意对于判处有期徒刑、无期徒刑、死刑缓刑二年执行的罪犯提请减刑建议根据法律规定适用不同的结论。难点在于，在对事实结论进行说明的"具体事实"部分，要围绕建议减刑的事实结论采取记述、举数据、比较前后变化、排除法、反证法等方法客观、真实、详实的表现罪犯符合减刑建议事实结论的内容。我们在这部分强调，提请减刑建议书不是证据材料，因此，内容更应该有理有据。

四、实例示范

提请减刑建议书

（2015）××监减字第 5 号

罪犯张×立，男，1983 年 9 月 9 日生，汉族，初中毕业，吉林省××市××区人，吉林省××市中级人民法院于 2013 年 2 月 6 日作出（2012）长刑二初字第 10 号刑事判决，认定被告人张×立犯故意伤害罪判处无期徒刑，剥夺政治权利终身，民事赔偿人民币 55 000 元。因被告人、同案被告人不服，提出上诉，吉林省高级人民法院于 2013 年 8 月 8 日作出（2013）

吉刑一终字第 56 号刑事裁定，驳回上诉，维持原判。宣判后即交付执行于 2013 年 8 月 16 日投入我监狱服刑改造。服刑期间执行刑期无变动。

该犯近期确有悔改表现，具体事实如下：

该犯能够认罪悔罪。该犯入狱初期对所犯罪行认识不足，认为量刑过重，思想压力大，表现沉闷。经人民警察多次个别教育后，该犯转变了认罪态度，认识到"自己的犯罪行为给受害人的家庭和社会带来了极大的危害，自身罪孽深重，只有积极改造才能洗刷罪恶，报答监狱人民警察的挽救之恩"（摘自罪犯的思想汇报）。此后该犯承认犯罪事实，服从法院判决，能够深刻认识到自己的犯罪行为给他人和社会造成的危害性，深挖犯罪根源，真诚悔罪。罪犯张×立因故意伤害罪被人民法院判处附带民事赔偿 55 000 元，至服刑以来，该犯积极履行民事赔偿义务，现已履行向被害人赔偿 3 万元。（见卷宗 A 第 20 页）

该犯遵守监规监纪，接受教育改造。该犯服从管理，遵守监规纪律，罪犯身份意识较强。在日常改造中能严格以《服刑人员行为规范》作为行为准则，不仅熟记条文内容，而且严格按要求去做。对监狱和监区的各项制度和纪律，也能自觉维护和遵守，考核期内未发生故意违规扣分的情况。能大胆制止其他罪犯的违规行为，行为养成较好，语言文明礼貌。

该犯能够按照监狱的要求积极参加思想、文化和职业技术教育。上课认真听课并做好笔记，按时完成各项作业，在今年组织的思想、文化、和技术课程的考核中，该犯取得平均分 85 分的好成绩。

该犯在劳动中积极肯干，保质保量完成任务，在担任质检员期间，能够积极配合管理人员组织生产，认真监督检查产品质量，向其他罪犯传授生产操作技能，起到了带头改造作用。

该犯在 2014 年上半年获得表扬 1 次，2014 年度下半年获得奖励 1 次，2015 年度上半年获得表扬 1 次，获得考核积分 210 分。（见卷宗 A36 页）

综上所述，该犯认罪悔罪，遵守监规监纪，积极参加思想、文化和职业技术教育，积极参加劳动，努力完成劳动任务，确有悔改表现。

为此，根据《中华人民共和国监狱法》第三十一条、《中华人民共和国刑法》第七十八条第一款、《中华人民共和国刑事诉讼法》第二百六十二条第二款的规定，建议对罪案张×立予以减为有期徒刑二十二年。

此致

吉林省高级人民法院

×××监狱（公章）
2015 年××月××日

附：罪犯张×立卷宗材料共 2 卷 2 册 95 页。

【拓展阅读】

1. 提请减刑建议书 PPT。

2. 《最高人民法院关于办理减刑、假释案件具体应用法律的规定》（法释〔2016〕23 号，2017 年 1 月 1 日施行）。

第三节 提请假释建议书

一、任务描述

任务案例参见第一节罪犯减刑（假释）审核表中案例 2。

实施步骤： 学生分组；通过讨论，每组分析案例，讨论要制作提请假释建议书应从哪些方面来搜集罪犯确有悔改表现的事实材料？如何在提请假释建议书的事实结论进行表述，这样表述的依据是什么？深入思考，有期徒刑罪犯、无期徒刑罪犯的假释建议的事实结论又应如何表述，表述的依据是什么？在制作提请假释建议书时应准备好哪些材料，罪犯假释的案卷材料应包括哪些材料，应如何组卷？应注意哪些事项，为什么？

二、基础铺垫

（一）提请假释建议书的概念及功能

提请假释建议书是指监狱对符合法定假释条件的罪犯依法向人民法院提出假释建议时制作的法律文书。

假释是附条件的提前释放。假释是一项严肃的执法活动，必须按法定的条件和法定的程序进行。

提诉假释建议书就是监狱根据假释的规定，对于刑罚执行的刑期符合刑法的规定，改造表现上确有悔改表现，没有再犯罪危险的罪犯，向人民法院提请假释建议，是启动假释的必备程序，是人民法院裁定假释的重要参考依据。

（二）提请假释建议书的法律依据

《刑法》第 81 条、《刑事诉讼法》第 273 条第 2 款、《监狱法》第 32 条、和《关于适用〈中华人民共和国刑事诉讼法〉的解释》第 449 条的规定，明确了有期徒刑罪犯的假释建议如何提请，由谁裁定；明确了判处无期徒刑罪犯假释建

议如何提请，由谁裁定。

《减刑、假释的规定》第 22 条规定，办理假释案件，认定"没有再犯罪的危险"，除符合《刑法》第 81 条规定的情形外，还应当根据犯罪的具体情节、原判刑罚情况，在刑罚执行中的一贯表现，罪犯的年龄、身体状况、性格特征，假释后生活来源以及监管条件等因素综合考虑。

《减刑、假释的规定》第 23 条第 1 款规定，被判处有期徒刑的罪犯假释时，执行原判刑期 1/2 的时间，应当从判决执行之日起计算，判决执行以前先行羁押的，羁押一日折抵刑期一日。

被判处无期徒刑的罪犯假释时，刑法中关于实际执行刑期不得少于 13 年的时间，应当从判决生效之日起计算。判决生效以前先行羁押的时间不予折抵。

被判处死刑缓期执行的罪犯减为无期徒刑或者有期徒刑后，实际执行 15 年以上，方可假释，该实际执行时间应当从死刑缓期执行期满之日起计算。死刑缓期执行期间不包括在内，判决确定以前先行羁押的时间不予折抵。

《减刑、假释的规定》第 24 条，《刑法》第 81 条第 1 款规定的"特殊情况"，是指有国家政治、国防、外交等方面特殊需要的情况。

《减刑、假释的规定》第 25 条，对累犯以及因故意杀人、强奸、抢劫、绑架、放火、爆炸、投放危险物质或者有组织的暴力性犯罪被判处 10 年以上有期徒刑、无期徒刑的罪犯，不得假释。因前款情形和犯罪被判处死刑缓期执行的罪犯，被减为无期徒刑、有期徒刑后也不得假释。

（三）提请假释建议书的结构及内容

提请假释建议书与提请减刑建议书在文书的结构、内容、制作目的和意义有很多相似处。相同之处内容简要介绍，该部分仅就不同之处进行详细介绍。

提请假释建议书的具体结构如下：

1. 首部。首部包括三个方面：标题，即"提请假释建议书"，居中书写；文书号，由年号、机关代字和文书顺序号组成，如"（2016）××监假建字第×号"；罪犯基本情况，包括姓名、性别、出生日期、民族、原户籍所在地、罪名、作出判决的人民法院、判决时间、判决书字号、附加刑情况、刑期、收监时间等内容。

3. 事实结论。提请假释建议书的事实结论部分主要包括两种情况：一是"确有悔改表现，没有再犯罪危险"；二是"具有国家国防、外交等方面的特殊需要等特殊情况。"

此处"确有悔改表现"的认定与提请减刑建议书中"确有悔改表现"的认定标准一致，在这里不再赘述。

在这部分一般表述为："该犯近期确有××表现，没有再犯罪危险，具体事

实如下：……"将监狱认定罪犯的事实结论填于空白处。

4.具体事实。提请假释建议书在具体事实部分与提请减刑建议书基本相似。主要围绕事实结论"确有悔改表现、没有再犯罪危险；国家、国防、外交等方面的特殊需要"进行具体说明。

（1）对于"确有悔改表现"在表述内容上与提请减刑建议书一致。如果罪犯有财产性判项，应当写明罪犯在服刑期间财产性判项的履行情况；如果是三类罪犯，不仅要看罪犯是否具备假释的一般条件，还应当看三类罪犯是否主动退赃、积极协助追缴境外赃款赃物，主动赔偿损失等方面的事实。

（2）没有再犯罪的危险的。按照《刑法修正案（八）》假释条件的规定，内容上必须反映没有再犯罪的危险。解读第16条，判断"没有再犯罪的危险"，除符合《刑法》第81条规定的情形外，还应根据犯罪的具体情节、原判刑罚情况，在刑罚执行中的一贯表现，罪犯的年龄、身体状况、性格特征，假释后生活来源以及监管条件等因素综合考虑，包括：①犯罪的具体情节、原判刑罚情况（参照基础）。②罪犯改造表现及人身危险性表征（基本条件），调查罪犯犯罪前的一贯表现，罪犯性格特征、心理状态等人格状况，以进一步判断其人身危险性高低。③罪犯假释后的社会接纳情况，罪犯假释后的生活来来源、监管条件以及共同居住的家庭成员及收入情况，对罪犯能否顺利重新回归社会有重要影响。目的在于向人民法院表明该犯具备假释的适用条件。

5.尾部。这部分内容主要包括：致送机关、落款、成文日期、公章和附件。附件要写附送罪犯服刑改造档案的卷数、册数及页数。

三、文书制作提示

（一）提请假释建议书的制作要求和注意事项

1.注意对假释条件的审核。监狱要认真把握和审核假释条件。我们除了准确掌握《刑法》第81、82条规定审核罪犯的假释条件，还应该特别注意对特殊罪犯假释条件的审核。

（1）对于无期徒刑罪犯的假释和死缓减为无期徒刑罪犯的假释条件的审核。注意刑罚执行刑期的要求。根据《减刑、假释的规定》第23条的相关规定，无期徒刑罪犯假释，实际执行的刑期不得少于13年，从判决执行之日起开始计算，判决执行之前的羁押时间不予折抵，这是与有期徒刑罪犯假释刑期计算的重要区别。对于死缓减为无期徒刑罪犯的假释，实际执行的刑期不得少于15年，时间从死缓执行期满之日起计算，死缓执行期间和判决确定以前的羁押期间不得计算其中。

（2）对不得假释罪犯条件的把握。根据《减刑、假释的规定》第25条规定："对累犯以及因故意杀人、强奸、抢劫、绑架、放火、爆炸、投放危险物质

或者有组织的暴力性犯罪被判处 10 年以上有期徒刑、无期徒刑的罪犯，不得假释。因前款情形和犯罪被判处死刑缓期执行的罪犯，被减为无期徒刑、有期徒刑后，也不得假释。"

（3）事实叙述要准确有据。与提请减刑建议书一样，提请假释建议书也不是证据，是对罪犯符合假释条件的叙述和材料的提供。因此，在制作提请假释建议书时，注意对于事实结论的进一步的解释和材料证明。根据《刑法》第 81 条对假释条件的规定，假释的罪犯要符合：一是时间条件，即符合在狱内服刑的刑期条件；二是表现条件，即罪犯在狱内服刑期间确有悔改表现；三是没有再犯罪危险性。事实叙述部分要围绕提请假释建议书事实结论的三方面对罪犯的表现进行阐释和说明。因此，事实叙述这部分要说明罪犯符合假释的"时间条件"，"确有悔改表现"的表述与提请减刑建议书表述内容相同，对罪犯"没有再犯罪危险"的表述可以体现罪犯符合《刑法》第 81 条第 1 款的规定。例如，可以通过罪犯改造的具体事例、改造前后的变化对比、考核积分体现不致重新犯罪；也可以通过罪犯的服刑时间、年龄和体检报告等体现罪犯身体条件不具备再犯罪可能性等。

（二）制作提请假释建议书的准备工作

制作提请假释建议书需要准备的常规材料有：罪犯档案、罪犯计分考核明细表、罪案评审鉴定表、罪犯奖惩审批表、罪犯确有悔改表现或者立功、重大立功表现的具体实施的书面材料、罪犯假释审核表等。

根据罪犯假释的不同情形，监狱可以为法院裁定假释提供更多参考，建议可以准备材料包括：

1. 根据《减刑、假释的规定》第 26 条从宽适用假释罪犯的规定，监狱对于认为符合此规定的罪犯可以提供身体条件的证明材料，体检报告等、服刑期间改造特别突出的事件材料等。

2. 对法院判决中有财产性判决的，在服刑期间罪犯及家属向被害人积极履行财产性判项的证明材料。

3. 对于罪犯"没有再犯罪危险"的判定，可以司法行政机构提供的调查评估报告予以支持。

（三）制作的重点和难点

提请假释建议书中的重点和难点就是对罪犯假释条件的把握，事实结论的准确作出以及具体事实的准确客观的陈述。注意之处与提请减刑建议书相同。

四、实例示范

提请假释建议书

（2016）长刑执假字第 5 号

罪犯陈×东，男，1982 年 6 月 26 日生，汉族，吉林省××市××镇××村×××屯，初中毕业，因故意伤害罪经北京××区人民法院于 2014 年 12 月 20 日以（2014）×刑初字第 45 号刑事判决书判处有期徒刑 1 年 9 个月，送吉林省长春市北郊监狱服刑，2015 年 1 月 7 日入监，实际执行刑期 1 年 6 个月 26 天。

该犯在确有悔改表现，没有再犯罪的危险，具体事实如下：

该犯自服刑以来，能够认罪服法，服从管理，深挖犯罪根源，能够认识到自己的犯罪严重性和危害性，痛恨自己的犯罪给社会带来的危害，能够认罪悔罪、认真接受教育改造。

该犯能够严格遵守监规监纪，严格依照《监狱服刑人员行为规范》要求自己的一言一行。

该犯积极参加"三课"学习，从不迟到、早退、旷课现象，遵守课堂纪律，按时完成作业，积极交思想汇报，获得考核积分 30.5 分。

该犯积极参加劳动，在吉林省长春市北郊监狱第五监区参加机台岗位劳动，劳动中积极肯干，努力完成劳动任务。不怕脏、不怕累，做到吃苦在前，见困难就上。该犯讲究文明礼貌，不讲脏话、粗话，注意个人卫生和环境卫生，内务卫生在检查中多次得到奖励。

2015 年 12 月 1 日我狱已委托××司法局对罪犯陈×东进行了假释前适用社区矫正调查评估，司法所认为：罪犯陈×东属于初犯，其主观恶性不大，并与被害人达成了民事赔偿谅解，罪犯陈×东的家庭关系和睦，罪犯比较认可家庭对其的管教，其家庭也能够对罪犯实现有效监管。罪犯陈×东符合社区矫正的相关条件，同意其适用社区矫正。

综上所述，该犯认罪悔罪，遵守监规，积极参加思想、文化和职业技术学习，积极参加劳动，完成劳动任务，确有悔改表现。经罪犯陈×东居住地的社区矫正机构调查评估，认为陈×东没有再犯罪的危险，同意接受其社区矫正。监区经全体警察会议集体评议认为罪犯不具有再犯罪危险性，建议社区矫正。

根据《监狱法》第三十二条、《中华人民共和国刑法》第八十一条、《中华人民共和国刑事诉讼法》第二百六十二条第二款规定，建议对罪犯陈×东予以假释。特提请假释。

此致

吉林省长春市中级人民法院

××监狱（公章）

2016 年 1 月 8 日

　　附：罪犯陈×东卷宗材料共 2 卷 2 册 102 页。

【拓展阅读】

提请假释建议书 PPT。

第四节　假释证明书

一、任务描述

　　任务案例参见第一节罪犯减刑（假释）审核表中案例 2 和第三节提请假释建议书实例示范部分。

××中级人民法院刑事裁定书

（2016）吉××刑更×××号

　　罪犯陈×东，男，1982 年 6 月 26 日生，汉族，吉林省××市人，初中毕业，捕前住吉林省××市××镇××村×××屯。现在吉林省长春北郊监狱服刑。

　　北京市丰台人民法院于 2014 年 12 月 20 日作出（2014）×刑初字第××号刑事判决，认定被告人陈×东犯故意伤害罪，判处有期徒刑 1 年 9 个月。判决发生法律效力后交付执行。执行机关吉林省长春北郊监狱以该犯在服刑期间确有悔改表现为由，提出假释建议书，报送本院审理。本院依法组成合议庭公开开庭审理了本案。吉林省长春市城郊地区人民检察院检察员严××出庭履行职务，吉林省长春北郊监狱刑罚科张××代表执行机关参加诉讼，罪犯陈×东到庭参加诉讼。案件现已审理终结。

　　执行机关吉林省长春北郊监狱认为罪犯陈×东端正改造态度，劳动中积极肯干，确有悔改表现，建议对该犯予以假释，该建议已经长春市城郊地区人民检察院驻监狱检察室监督并同意。

经审理查明，原判认定，陈×东2013年5月14日4时许，在北京市丰台区××路蓝猫KTV歌厅门口，被害人许×西、何×奉、何×威、何×清等人因结账问题与歌厅工作人员发生纠纷，后该犯指使多名歌厅工作人员殴打几名被害人，造成几名被害人不同程度损伤。双方民事赔偿达成谅解。罪犯在吉林省长春市北郊监狱第五监区参加机台岗位劳动，劳动中积极肯干，努力完成劳动任务，认真遵守监规，积极参加三课学习，获得考核积分30.5分。监区认为罪犯不具有再犯罪危险性，同意社区矫正。以上事实，有执行机关提供的原审裁判文书、罪犯年度评审鉴定表、考核积分台账、监区民警集体评议意见、同监服刑人员证言等证据予以证明，经查证属实，本院予以采纳。

本院认为，该犯积极改造，确有悔改表现。依照《中华人民共和国刑法》第八十一条、第八十三条，《最高人民法院关于办理减刑、假释案件具体应用法律若干问题的规定》及《最高人民法院关于减刑、假释案件审理程序的规定》，裁定如下：

对罪犯陈×东予以假释。

本裁定送达后即发生法律效力。

审　判　长　王××

代理审判员　申××

代理审判员　徐　×

二〇一六年一月二十一日

本件与原本核对无异

书　记　员　王×丽

实施步骤：学生分组讨论；每组分析讨论案例，对监狱申请假释的罪犯假释审核表到提请假释建议书，再到假释证明书涉及的案例和材料进行分析，说说监狱要办理罪犯的假释要经过哪些法定程序，与县级以上司法局如何对接以实现对罪犯的假释。根据法院的假释裁定书认真填写假释证明书，确保假释证明书各栏目的准确填写，仔细阅读注意事项，等等。

二、基础铺垫

（一）假释证明书的概念及功能

假释证明书是罪犯被人民法院裁定假释，监狱按其假释裁定书出具的证明文件。

假释证明书既是罪犯被假释出监时验证的重要法律文书，也是假释人员回原籍办理户籍登记必需的证明文件。

假释证明书也是裁定假释罪犯社区矫正报到时必须抄送的法律文书之一。

（二）假释证明书的法律依据

《监狱法》第 33 条第 1 款规定："人民法院裁定假释的，监狱应当按期假释并发给假释证明书。"

《刑事诉讼法》第 269 条规定："对判处管制、宣告缓刑、假释或暂予监外执行的罪犯，依法实行社区矫正，由社区矫正机构负责执行。"

《社区矫正实施办法》第 5 条规定："对于适用社区矫正的罪犯，人民法院、公安机关、监狱应当核实居住地，在向其宣判时或者在其离开监所之前，书面告知其到居住地县级司法行政机关；在判决、裁定生效起 3 个工作日内，送达判决书、裁定书、决定书、执行通知书、假释证明书副本等法律文书，同时抄送其居住地县级人民检察院和公安机关。县级司法行政机关收到法律文书后，应当在 3 个工作日送达回执。"

（三）假释证明书的结构及内容

假释证明书是表格式文本，一共有三联。第一联是"假释证明书（存根）"，该联留存罪犯服刑监狱；第二联是"假释证明书"，该联交被裁定假释罪犯保存；第三联是"假释证明书（副本）"，该联由被裁定假释的罪犯带到户籍所在地的派出所办理户口登记手续。各联之间需填写本文书的发文字号，用大写的汉字填写。

假释证明书中填写的内容主要包括：罪犯的姓名、性别、出生日期、原户籍所在地、原审法院、刑种、刑期、刑罚执行变更情况、附加刑、刑罚执行起止时间、假释考验期等等。这些内容的填写，我们可以根据相关法律文书填写，包括罪犯入监登记表、原审判决书、罪犯假释审核表、提请假释建议书和假释裁定书等准确填写。

三、文书制作提示

（一）假释证明书的制作要求和注意事项

假释证明书是罪犯出监后办理户籍和社区矫正登记的重要法律文书，监狱部门依照法律规定，假释裁定作出后必须为罪犯开具假释证明书。既然假释证明书具有重要的证明作用，文书制作时要认真、准确填写。

1. 假释证明书中的内容都是格式条款，填写时根据相关法律文书准确填写，不得空项，三联文书必须全部填写，相互印证。

2. 假释证明书三联中都有假释考验期这一重要栏目，填写时应以裁定书确定的假释考验期为准。

3. 假释证明书三联内容经核准无误后，分别在正本、副本的落款日期及中缝发文字号处加盖公章。文书的成文日期为人民法院裁定假释之日。

（二）制作假释证明书的准备工作

制作假释证明书应准备参考的法律文书包括：罪犯入监登记表、原审判决

书、罪犯假释审核表、提请假释建议书和假释裁定书。监狱还应当根据《社区矫正实施办法》第 5 条、第 6 条的规定，向社区矫正机构提供罪犯原户籍地证明，及书面告知罪犯到居住地县级司法行政机关报到的时间、期限及不报到的后果的法律文书。

（三）制作的重点和难点

假释证明书的重点、难点是经办干警要针对不同情况作出处理。罪犯被假释时，经办民警将假释证明书的正本、副本交给被假释罪犯。存根联设有"被假释人"签名栏目，在被假释出监当日发给假释证明书时，应由被假释人在该栏目处签名，文盲的可代签，本人按手印，并注明收到假释证明书正本、副本的时间，以示上述证明文书收悉。

四、实例示范

假释证明书 （存根）	假释证明书	假释证明书（副本）
（2016）×监假释字第 5 号 姓名陈×东 性别男出生日期1982 年 6 月26 日 原户籍所在地吉林省××市××镇××村×××屯 原判法院：北京市丰台区人民法院 罪名故意伤害罪刑种有期徒刑 原判刑期一年九个月自2014 年年6 月1 日至2016 年3 月31 日 附加刑：无 执行期间刑种、刑期变动情况：无 假释考验期2016 年1 月25 日至2016 年3 月31 日 假释后住址吉林省××市××镇××村×××屯 填发人张× 审核人王× 填发日期2016 年1 月25 日 本假释证明书和副本已发给我。 被假释人陈×东（签名） 2016 年1 月25 日	（2016）×监假释字第 5 号 兹有陈×东，男（女），1982 年6 月26 日生，原户籍所在地吉林省××市××镇××村×××屯，因故意伤害罪于2014 年12 月20 日经北京市丰台区人民法院判处有期徒刑一年九个月附加无。现依据长春市中级人民法院裁定，予以假释。假释考验期限自2016 年1 月25 日至2016 年3 月31 日止。 特此证明。 （公章） 2016 年1 月25 日 注意事项：此页由被假释人保存。	（2016）×监假释字第 5 号 兹有陈×东，男（女），1982 年6 月26 日生，原户籍所在地吉林省××市××镇××村×××屯，因故意伤害罪于2014 年12 月20 日经北京市丰台区人民法院判处有期徒刑一年九个月附加无。现依据长春市中级人民法院裁定，予以假释。假释考验期限自2016 年1 月25 日至2016 年3 月31 日止。 特此证明。 （公章） 2016 年1 月25 日 注意事项： 1. 持证人必须在2016 年2 月1 日以前将本证明书副本送达××市县（市）××镇派出所办理户口登记手续。 2. 本证明书私自涂改无效。

（贰零壹陆）×监假释字第伍号

（贰零壹陆）×监假释字第伍号

【拓展阅读】

假释证明书 PPT。

单元训练　提请减刑、假释执法文书项目实训

一、单元名称：减刑、假释执法文书制作实训

二、实训目标

1. 熟悉监狱提请减刑的工作流程。

2. 熟悉监狱提请假释的工作流程。

3. 具备依据法律对服刑罪犯是否符合减刑条件进行审查的能力。

4. 具备依据法律对服刑罪犯是否符合假释条件进行审查的能力。

5. 具备对罪犯个人信息进行提取、整理的能力。

6. 培养学生制作减刑、假释执法文书的能力。

7. 培养学生对减刑、假释执法文书的分析、评价、修改的能力。

三、实训要求

1. 重点：依据法律规定，并结合罪犯刑罚执行情况及改造表现，分析判断罪犯是否符合减刑、假释条件，熟悉减刑、假释的工作程序，制作相关的执法文书。

2. 难点：制作提请减刑建议书和提请假释建议书时，要注意二者内容上的不同，制作文书时必须区别掌握两个文书的事实结论和法律依据不同，具体事实的叙述时，要注意客观真实、有理有据，不要千篇一律。

四、实训内容

1. 根据所学知识判断以下案例，他们是否符合减刑、假释的条件，如果符合，需要制作哪些执法文书？

罪犯宋××，别名刀疤，男，大专学历，籍贯辽宁大连人，汉族，1982 年 9 月 6 日出生，家庭住址辽宁省大连市×××区××花园×栋×单元×室，犯故意杀人罪，2007 年 6 月 16 日被判处死刑缓期二年执行，附加

剥夺政治权利终身，2007 年 6 月 30 日送吉林省某监狱三监区二分监区服刑，2009 年 6 月 15 日由死刑缓期二年执行减为无期徒刑，附加剥夺政治权利终身，2011 年 8 月 23 日由无期徒刑减为有期徒刑 20 年，剥夺政治权利期限为 10 年。至 2013 年 8 月，该犯考核期内累积考核分 230 分，其中奖分 50 分，受监狱单项表扬 2 次，2011 年、2012 年度评比分别获得改造积极分子和记功奖励。2013 年分监区民警集体会议进行评议，监区审核后应作出怎样的处理？

罪犯幺××，男，1983 年 5 月 16 日出生，原户籍所在地在吉林省长春市××区×××小区×栋×单元×室，因犯交通肇事罪，于 2009 年 3 月 15 日被吉林省长春市××区人民法院判处有期徒刑 7 年，刑期自 2008 年 8 月 10 日起至 2015 年 8 月 9 日止，2009 年 3 月 26 日送吉林省某监狱服刑。2011 年 3 月减刑 1 年。2013 年 8 月 6 日晚，罪犯幺××发现同监舍罪犯常×在卫生间企图上吊自杀，幺××及时将常×救下，并让其他罪犯通知值班干警赵×峰。在值班干警赵×峰的组织下，与另一名罪犯张×把罪犯常×送至监狱医院，及时挽救了常×的生命。罪犯幺××三课学习考核成绩平均分在 86 分，在 2012 年因超额劳动，完成产品质量高而被评为"监区劳动改造标兵"。2014 年 3 月该犯监区进行评议，监区审核后应作出怎样的处理？

2. 监狱执法文书析评与修改。

罪犯王××，男，1987 年 5 月 15 日出生，汉族，原户籍所在地吉林省长春市××区××路派出所，因犯盗窃罪被朝阳区人民法院以（2007）朝法初字第××号刑事判决书判处有期徒刑 15 年，附加罚金 2 万元。王××于 2007 年 2 月 1 日被送往吉林省长春监狱服刑。刑期为 2006 年 3 月 8 日至 2021 年 3 月 7 日。该犯在 2009 年 3 月和 2011 年 5 月，分别被裁定减刑 6 个月、9 个月。

改造表现事实：

该犯认罪服法，不仅能做到自己遵守监规监纪，并对其他罪犯违反监规监纪的行为勇敢地站出来进行制止。在三课学习中，不迟到不早退，学习考核平均成绩达到 86 分。该犯劳动超工时 1200 小时，在分监区所有罪犯中排名第一。该罪犯在劳动改造过程中发现零配件受损严重，废品率较高，他利用一个月的时间对机床进行维修和改造，降低了生产产品废品率，为

国家节省资金 1000 元。

值班民警回忆：2012 年 11 月 8 日上午 9 时 30 分，在劳动生产车间，罪犯质量员孙×批评罪犯刘×用生产的不合格产品冒充合格产品，让刘×重新生产，刘×恼羞成怒，随手将用于冲压产品的 10 厘米长、3 厘米宽的钢条砸向孙×头部。王××看见后，马上冲到孙×身前，用双手抱住刘×，并及时抢下刘×手中的钢条，阻止了一起即将发生的故意伤害事件。这一事实，有现场目击罪犯高×的证言为证。

服刑期间，该犯获得监狱单项表扬 1 次、记功 1 次；2011 年度被评为记功，2012 年度被评为监狱级改造积极分子；考核累计积分 380 分。

根据以上案例制作提请减刑建议书如下，请分析评议该文书存在什么问题，提出改正意见。结合评议，思考制作一份合格的提请减刑建议书应注意哪些方面？

××省××监狱提请减刑建议书

（2013）××监减字第××号

罪犯王××，男，1987 年 5 月 15 日出生，汉族，原户籍所在地吉林省长春市××区×××派出所，犯盗窃罪，2007 年 1 月 15 日被××区人民法院以（2007）朝法初字第××号刑事判决书判处有期徒刑 15 年，附加罚金 2 万元，刑期自 2006 年 3 月 8 日起至 2021 年 3 月 7 日止，2007 年 2 月 1 日送吉林省长春监狱服刑。服刑期间刑期变动情况：2009 年 3 月、2011 年 5 月因确有悔改表现，分别被裁定减刑 6 个月、9 个月。

罪犯王××在考核期内确有悔改表现，具体事实如下：

在思想改造中，罪犯能认罪服法，深挖犯罪根源，多次表示对犯罪行为的深恶痛绝。

该犯服从管教，遵守《监狱服刑人员行为规范》，没有违反监规监纪的行为。

该犯在三课学习中非常认真，从不迟到早退，无故旷课，积极完成作业，学习成绩良好，平均成绩达到 86 分。

该罪犯积极参加劳动改造，超工时 1200 小时，分监区所有罪犯中排名第一。该罪犯在劳动改造过程中发现生产机床由于年久失修，零配件受损严重，导致生产产品废品率较高，他积极钻研，利用一个月的时间对机床进行维修和改造，降低了生产产品废品率，节省零配件的耗损，为国家节省资金 1000 元。劳动期间罪犯质量员孙×批评罪犯刘×对产品质量弄虚作假，刘×恼羞成怒，随手拿起堆在身旁的生产原料砸向孙×头部，站在一旁

正在劳动的王××看见后，不顾危险马上冲到孙×身前，用双手抱住刘×，并及时抢下刘×手中的生产原料，阻止了一起即将发生的故意伤害事件。

该犯取得的改造成绩：获得监狱单项表扬 1 次、记功 1 次；2011 年度被评为记功，2012 年度被评为监狱级改造积极分子；考核累计积分 380 分。

综上所述，该犯认罪悔罪，遵守监规，积极参加政治、文化和技术学习，积极参加劳动，完成任务，确有悔改表现。为此，建议对罪犯王××予以减刑，特提请减刑裁定。

此致
××中级人民法院

××监狱（公章）

2013 年××月××日

罪犯刘××是吉林省白山市××县××乡××村人，1982 年 8 月 6 日出生，男，汉族。2008 年 5 月 14 日被吉林省白山市××县人民法院以故意伤害罪判处有期徒刑 9 年，刑期自 2008 年 4 月 15 日至 2017 年 4 月 14 日止，于 2008 年 6 月 5 日送××监狱服刑改造。服刑期间于 2010 年 4 月 20 日被吉林省××市中级人民法院减刑 8 个月，现已经入监服刑 7 年 2 个月。

该犯在监狱服刑改造表现：

该犯能够遵守监规监纪，自己能做到无违纪行为。在三课学习方面从无迟到、早退、旷课现象，在各项考核中获得平均成绩 88 分的好成绩。在参加技能学习中获得电工初级证书。2013 年 8 月，监狱接到一批服装加工订单，工期紧，质量要求高，监狱领导压力很大。该犯提议其所在的小组向全体罪犯提出开展"劳动大比武、质量大练兵"活动的倡议，这个活动极大地调动了罪犯们的劳动积极性，提前 7 天保质保量地完成了订单。期间该犯风湿病发作，但一直坚持在劳动改造生产第一线，为此获得监区的表扬。

在监狱服刑期间，该犯于 2013 年获得监区表扬一次，2013 年度被评为监狱级改造积极分子，2014 年度被评为监区级改造积极分子。

根据以上材料，请制作罪犯假释审核表和提请假释建议书。请分析文本，指出存在什么样的问题，提出诊断结论。

表 6 - 3　罪犯假释审核表

单位：×××监区　　　　　　　　　　　　　　　　　　　罪犯编号：××××

姓名	刘××	别名	无	性别	男	文化程度	初中毕业
籍贯	吉林省白山市	民族	汉	出生日期		1982 年 8 月 6 日	
家庭住址	吉林省白山市××县××乡××村						
罪名	故意伤害罪	刑种	有期徒刑	原判刑期		九年	
刑期起止	2008 年 4 月 15 日至 2017 年 4 月 14 日止	附加刑		无			
刑期变动	减刑 8 个月						
犯罪事实	2007 年 6 月 8 日，伙同张×、王×利对被害人李×使用木棒进行殴打，致被害人重伤。						
改造表现	该罪犯在服刑期间，认罪服法，积极改造，能正确认识其犯罪思想根源及其犯罪行为的社会危害性；遵守监规监纪，服从《监狱服刑人员行为规范》；积极参加三课学习，考核成绩平均分 88 分；积极参加劳动改造，累计考核积分 120 分。						
分监区意见	经分监区全体警察会议评议，认为该犯入监后能够认罪服法，遵守监规、监纪，接受教育改造，积极参加思想、文化教育，不具有再犯罪危险性，建议对其提请假释。 分监区长：××× 2014 年 12 月 11 日						
监区意见	同意 监区长：×× 2014 年 12 月 14 日						
科室意见	同意 科长：××× 2014 年 12 月 21 日						
监狱提请减刑假释评审委员会意见	同意 主任：××× 2015 年 1 月 2 日						
监狱意见	同意 监狱长：×× 2015 年 1 月 3 日						

续表

监狱局意见	无
备注	无

×× 省 ×× 监狱
提请假释建议书

（2015）　×× 监假建字第 ×× 号

　　罪犯刘 ××，男，汉族，初中毕业，1982 年 8 月 6 日出生，原户籍所在地吉林省白山市 ×× 县 ×× 乡 ×× 村，因故意伤害罪经吉林省 ×× 县人民法院于 2008 年 5 月 14 日以（2008）× 刑初字第 ×× 号刑事判决书判处有期徒刑 9 年，刑期自 2008 年 4 月 15 日至 2017 年 4 月 14 日止，于 2008 年 6 月 5 日送 ×× 监狱服刑改造。服刑期间执行刑期变动情况：2010 年 4 月 20 日被吉林省 ×× 市中级人民法院减刑 8 个月，刑期至 2016 年 8 月 14 日。现已经入监服刑 7 年 2 个月。

　　该犯在服刑改造期间，确有悔改表现，具体事实如下：

　　该犯自服刑以来，能够认罪服法，服从管理，深挖犯罪根源，能够认识到自己犯罪的严重性和危险性，痛恨自己的犯罪给社会带来的危害，能够认罪、悔罪，认真接受教育改造。

　　该犯能够遵守监规监纪，严格按照《监狱服刑人员行为规范》的要求，约束自己的一言一行。讲文明、懂礼貌，团结其他罪犯，自己能做到无违纪行为。

　　该犯在三课学习方面表现积极，从无迟到、早退、旷课现象，认真听课，遵守课堂纪律，积极完成各项学习任务，在各项考核中获得平均成绩 88 分的好成绩。该犯积极参加技能学习，希望出监之后有一技之长，守法劳动、守法生活，获得电工初级证书。

　　该犯积极参加劳动改造，自投入改造以来，不怕脏，不怕累，对其他罪犯起到表率作用。特别是 2013 年 8 月，监狱接到一批服装加工订单，时间紧，任务重，质量要求高，领导压力很大。在该犯的提议下，他所在的小组向全体罪犯提出开展"劳动大比武、质量大练兵"活动的倡议，这一活动有力地调动了全体罪犯的积极性。使这批加工订货任务在保质量的前提下，提前 7 天完成，期间该犯风湿病发作，但一直坚持在劳动改造生产第一线，为此获得监区的表扬。

　　该罪犯现有考核累计积分 120 分，2013 年获得监区表扬一次，被评为 2013 年度监狱级和 2014 年度监区级改造积极分子。

　　综上所述，该犯在考核期内，积极改造，认罪服法，遵守监规监纪，三课学习成绩好，劳动改造表现突出，确有悔改表现。

　　为此，根据《监狱法》第二十九条，《刑事诉讼法》第二百二十一条第二款规定，建议对罪犯刘××予以假释，特提请假释审核裁定。

　　此致
××中级人民法院

××监狱（公章）
2015 年××月××日

五、任务评估

1. 能否全面收集罪犯改造表现的全部信息，准确判断罪犯是否符合减刑条件或假释条件。

2. 熟悉监狱减刑、假释工作程序，知晓每一个工作流程的节点该制作什么执法文书，并能够根据需要解决的具体问题准确判断制作执法文书文种。

3. 制作提请减刑（假释）建议书，事实结论的认定是否准确，对事实结论进行论证时是否符合有理有据要求，对具体事实的表述是否做到了准确全面。对于罪犯确有悔改表现和没有再犯罪危险的论证是否有具体事例和相关数据的说明和证明，对于材料与材料之间是否做到了相互印证，无相互矛盾之处。

4. 能够分析案例，熟悉案例所涉及的执法点，并能够针对执法点知晓应该制作哪些执法文书。

5. 学生能够结合所学知识，对执法文书中的错误进行析评并修改。

6. 制作的执法文书格式准确，能够准确使用法言法语进行表述，符合法律文书的制作要求。

第七章　罪犯释放类文书

学习要点

　　通过本章节学习，要求学生掌握罪犯释放所涉及的法律法规，熟悉罪犯释放的法定工作流程，知晓监狱在罪犯释放工作过程中应当制作哪些法律文书。

学习目标

　　难点在于对罪犯释放整个环节的掌控，特别是对释放时间的确定、出监材料的准备。对罪犯进行改造质量评估，通过使用系列量表对服刑人员的改造结果和重新犯罪的可能性进行预测，根据评估结果，准确填写罪犯释放相关法律文书。

【本章引言】

　　释放是罪犯出监的形式之一，是监狱对服刑罪犯依法解除监禁状态，恢复人身自由，使其重返社会的一项刑罚执行制度。我国法律规定的释放包括刑满释放（包括减刑后剩余刑期执行完毕）、人民法院重新判决或者裁定释放以及特赦。罪犯释放标志着罪犯与监狱之间的法律关系完全终结，罪犯法律身份发生重大变化，恢复人身自由，成为自由公民。

　　释放标志着监狱执行刑罚完毕，释放是罪犯出监形式的一种，罪犯无论什么性质的出监都应当履行相应的法律手续。本章节对当前监狱释放类文书进行归类、整理，并进行了规范化的制作解析。具体包括《罪犯出监鉴定表》《刑满释放人员通知书》《释放证明书》等文书。具体工作流程及相关执法文书制作节点如图所示：

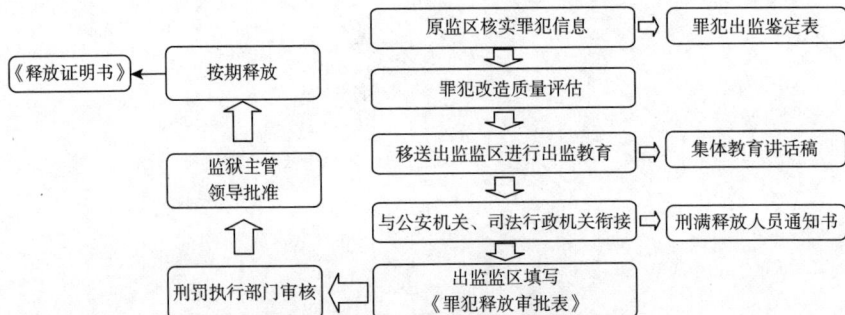

图7－1　罪犯释放工作流程

第一节　　罪犯出监鉴定表

一、任务描述

罪犯鲜××，男，1983 年 5 月 16 日生，汉族，因盗窃罪被常德市中级人民法院判处有期徒刑 10 年，刑期为 2005 年 11 月 5 日起至 2015 年 11 月 4 日止，2005 年 12 月 25 日押送至湖南省××监狱服刑。服刑期间刑期变动情况：2010 年 02 月，因有立功表现被减刑一年。该犯能认罪悔罪但思想不够稳定，在入监服刑初期认为对他判刑过重，缺乏改造信心。经教育后决心努力改造，多为社会做贡献。该犯一般能遵守纪律，服从管理，但也有不少违纪行为，曾因酒后打架被警告处分一次。生产劳动中表现较突出，能服从分配，钻研技术，完成和超额完成任务。2007 年、2008 年均超额完成生产任务 20%，并积极传授焊工技术，为此被裁定减刑一年。该犯近期表现较差，特别是不遵守纪律。鲜某现阶段快要刑满释放，如果你是出监监区的办案民警，请问应当办理哪些手续？制作什么执法文书？

实施步骤：学生分组；通过讨论，每组分析讨论案例，对罪犯释放的具体情况进行分析，罪犯是否符合释放的条件？

二、基础铺垫

（一）罪犯出监鉴定表的概念及功能

罪犯出监鉴定表记载罪犯在服刑改造期间的表现，并有监狱对其表现的评价和结论性意见，供接收机关对其安置、帮教、监督的表格式执法文书。罪犯因裁定假释和裁定暂予监外执行或刑满释放时，监狱应当对罪犯进行鉴定，并填写罪犯出监鉴定表。

罪犯出监鉴定表的制作，有利于对出监罪犯进行生活安置、帮教管理以及司法监督。罪犯出监鉴定表是制作释放证明书、假释证明书的依据。

（二）罪犯出监鉴定表的法律依据

《监狱教育改造工作规定》（司法部第 79 号令）第 58 条规定："监狱应当根据罪犯在服刑期间的考核情况、奖惩情况、心理测验情况，对其改造效果进行综合评估，具体评价指标、评估方法，另行规定。"

（三）罪犯出监鉴定表的结构及内容

罪犯出监鉴定表分为封面和封内。封面：填写的内容包括姓名、填表机关、填表日期 3 项。封内：需要填写的内容可以分为罪犯的基本情况和意见两个部分。

1. 罪犯的基本情况：大部分栏目都可以从出监罪犯的服刑档案中查找。

（1）健康状况：填写罪犯的实际健康状况。对于患有严重的慢性疾病或是身体有残疾的，应写明具体的病名和残疾情况。

（2）刑期变动情况：包括加刑、减刑及改判的情况。应依次写明判决和裁定的时间、原因及结果。

（3）出监原因：具体写明刑满释放、暂予监外执行、假释等。

（4）文化程度（原有、现有）：具体写明国家承认的最高学历，应以学校颁发的毕业证为准。

（5）有无技术特长和等级：应根据劳动部门颁发的技术等级证书填写。有多种技术证书的应一一填写清楚。

（6）主要犯罪事实：除原判的犯罪事实外，对于有加刑的，还应当将引起加刑的犯罪事实填写清楚。

（7）家庭成员及主要社会关系：应根据实际情况写明关系、姓名、年龄、职业、政治面貌等。

（8）本人简历：除了转抄"罪犯入监登记表"中填写的简历外，还应当将出监罪犯的服刑经历也填写清楚。

（9）改造表现：按照"悔改表现"要求的四个方面的情形进行填写。如果表现有明显的阶段性，应从时间上作出界定；如果有立功表现的，应将立功表现融合在"悔改表现"里；如果罪犯出监前出现一些异常表现，也应填写清楚。

（10）服刑期间奖罚情况：填写时应以时间为序，分别写明服刑期间所受的行政和刑事奖励、处罚种类、期限及其原因。

2. 意见：包括分监区意见、监区意见、监狱意见。

（1）分监区意见：该文书的主旨是鉴定，作用是为地方政府安置、帮教、监督出狱人员提供建议。因此，监区意见必须有符合罪犯个体改造情况的评语，或有安置、帮教、监督方面的具体建议。

（2）监区意见：是程序审核，只要签署"同意分监区意见"即可，而不能笼统地填上"刑期执行完毕，按期释放"或"依据法院裁定假释"或"经监狱局批准暂予监外执行"的意见，这是不正确的。

（3）监狱意见：填写时应表态明确。监狱意见同样是程序审核，代表刑罚执行机关，具有最高的确认效力，一般只要签署"同意出监鉴定"的意见即可。

三、文书制作提示

（一）罪犯出监鉴定表的制作要求和注意事项

1. 对于出监罪犯在服刑期间"家庭住址"有变迁的，应当填写变迁后的实际住址。

2. 填写"有无技术特长和等级"栏目时，对于确有某种技术特长由于某种

原因未取得证书的，应根据实际情况填写。

（二）制作罪犯出监鉴定表的准备工作

1. 查阅罪犯副档、核实罪犯基本情况和释放依据，为制作罪犯出监鉴定表提供准确信息。

2. 根据刑满释放、假释、暂予监外执行罪犯的具体情况，查阅罪犯服刑期间的所有资料，提前一周归纳整理出罪犯服刑改造期间表现情况的鉴定文字材料。要求客观评价，既要肯定成绩，也要指出问题。

3. 在罪犯出监前的三个月阶段，对出监罪犯进行改造质量的评价，综合评定服刑人员的改造状况。采取罪犯矫治阶段评估、出监阶段评估和再社会化预测等三大评估手段，通过使用系列量表对服刑人员的改造结果和重新犯罪的可能性进行预测，力求出监评估结果和实际相符。根据评估结果，准确填写罪犯出监鉴定表。

（三）制作的重点和难点

1. 出监鉴定表的改造表现填写与入监登记表中的改造表现填写有一定区别，入监登记表填写内容以入监初期服刑人员的思想和行为的具体表现，监狱通过此表可以掌握罪犯的基本情况，便于有针对性地对罪犯进行教育改造；经过在狱内服刑后，服刑人员无论是在"悔改表现"，还是劳动技能等方面都会有所变化，把二者相对比，对出监人员进行社会帮教也有参考价值。

2. 填写表格最后的几个意见栏时，把握总体原则：意见要切合实际，分寸得当，语言中肯，文字准确、精炼。

四、实例示范

表 7-1　罪犯出监鉴定表

（封面）

姓　　名　鲜××

填表机关　×××监狱

填表日期　20××年××月××日

姓名	鲜××	别名	铁柱	性别	男	民族	汉族
出生日期	1983 年 5 月 16 日			健康状况		良好	
家庭住址	湖南省××市××街××小区××号楼 603 室						
原户籍所在地	湖南省××市××小区						
罪名	盗窃罪	原判法院	××中级人民法院	判决书号		(2005) ×法刑字第 362 号	

刑期	原判刑期		10 年	附加刑		无	
	原判刑期 起止	2005 年 11 月 5 日起 2015 年 11 月 4 日止		刑期变动 情况		2010 年因立功 被裁定减刑 1 年	
出监原因	刑满释放		文化 程度	原有：小学		有何技术特长 及等级	焊工 3 级
出监时间	2014 年 11 月 4 日			现有：初中			
主要 犯罪 事实	该犯于 2005 年 8 月至 2005 年 10 月间，在太原、石家庄、阳泉、大同、长治等行驶其间的火车、长途汽车上，采取顺手牵羊、套近乎借机下手等手段，盗窃现金人民币 13 000 元和照相机、手表、首饰、衣物等实物（共计价值 1 万余元）。						
家庭成员 及主要 社会关系	父亲：鲜××，××××厂工人，中共党员。 母亲：王××，××××商店售货员，群众。 妻子：刘××，××××厂工人，群众。 伯母：许××，××公司职员，中共党员。 舅父：王××，××市教育局科长，中共党员。						
本人简历	1989 年 08 月至 1995 年 08 月读小学； 1995 年 08 月至 1998 年 07 月读初中； 初中毕业待业，打短工等； 1998 年 08 月×××厂任焊工； 2000 年 10 月辞职后在社会上流浪至逮捕； 2005 年 12 月 25 日入本监服刑至今。						
改造表现	该犯能认罪悔罪但思想不够稳定。入监初期认为对他判刑过重，缺乏改造信心。经教育后认识到自己的犯罪给社会和受害人带来很大的危害，决心努力改造，多为社会做贡献。该犯一般能遵守纪律，服从管理，但也有不少违纪行为，曾因酒后打架被警告处分一次。生产劳动中表现较突出，能服从分配，钻研技术，完成和超额完成任务。该犯近期表现较差，特别是不遵守纪律。 　　改造评价为"较好"。						
服刑期间 奖罚情况	2007 年 06 月 15 日，因打架被警告处分一次。 　　2007 年、2008 年均超额完成生产任务 20%，并积极传授焊工技术，为此被裁定减刑 1 年。						
分监区意见	该犯爱学习，钻研革新技术，但改造成果不够巩固，思想波动大，自律意识差。应对其合理安置，加强教育与管理。 （签字） 2014 年 8 月 1 日						
监区意见	同意分监区意见。 张×× 2014 年 8 月 1 日						

续表

监狱意见	同意出监鉴定。 李×× 2014 年 8 月 1 日
备注	

【拓展阅读】

1. 罪犯出监鉴定表 PPT。

2. 最高人民法院、最高人民检察院、公安部、国家安全部、司法部印发《关于建立犯罪人员犯罪记录制度的意见》。

第二节　刑满释放人员通知书

一、任务描述

罪犯白×，女，1969 年 8 月 4 日生，满族，原籍安徽省滁州市，因容留、介绍卖淫罪经安徽省滁州市琅琊区人民法院于 2011 年 10 月 17 日以（2011）滁琅刑初字第 00132 号刑事判决书判处有期徒刑 6 年，刑期自 2010 年 12 月 23 日起至 2016 年 12 月 22 日止，于 2012 年 1 月 5 日送我监服刑改造。服刑期间执行刑期变动情况：2014 年 8 月 4 日减刑 1 年。

该犯在改造期间，能认罪悔罪；认真遵守法律法规及监规，接受教育改造；积极参加思想、文化、职业技术教育；积极参加劳动，努力完成劳动任务。总体表现较好。一天白×向监区民警询问自己的释放日期，民警查阅档案后明确回复白×，释放日期为 2016 年 12 月 22 日，但该犯确认为应是 21 日，新来的民警认为应当是 23 日，假如你是当班民警，你该在哪天释放该犯？如何办理罪犯的出监事宜？

实施步骤：学生分组；通过讨论，每组分析讨论案例，对罪犯释放时间的具体情况进行分析，罪犯释放的时间怎样认定？如果确定好释放时间，填写刑满释放人员通知书前需要提前完成哪些法律程序，准备好哪些材料，此文书的

制作还涉及哪些执法部门？为什么？

二、基础铺垫

（一）刑满释放人员通知书的概念及功能

刑满释放人员通知书是监狱机关将罪犯的释放情况告知接收机关，并提出帮教建议的执法文书。罪犯释放前监狱应当做好罪犯刑满释放的准备工作，教育科做好罪犯刑满释放前 3 个月的出监教育，做好对刑满释放罪犯的改造质量评估工作；刑罚执行科将次月刑满释放人员的信息录入监狱的刑满释放信息软件系统，实现与地方司法局的无缝对接。这是罪犯服刑改造中较为"特殊"的时段，是罪犯从监狱的改造生活逐渐向回归社会开始正常生活的过渡阶段。

刑满释放人员通知书，起到了监狱与公安机关、检察机关、人民法院及其他司法机关以及服刑人员家属联系的纽带作用，有助于地方政府了解刑满释放人员的改造效果、职业技能状况，并采取针对性地帮教安置措施，对于有效防范刑满释放人员重新犯罪，做好社会综合治理工作具有十分重要的意义。

（二）刑满释放人员通知书的法律依据

1.《监狱法》第 37 条规定："对刑满释放人员，当地人民政府帮助其安置生活。刑满释放人员丧失劳动能力又无法定赡养人、扶养人和基本生活来源的，由当地人民政府予以救济。"

2.《监狱教育改造工作规定》第 59 条规定："监狱应当在罪犯刑满前一个月，将其在监狱服刑改造的评估意见、刑满释放的时间、本人职业技能特长和回归社会后的职业意向，以及对地方做好安置帮教工作的建议，填入《刑满释放人员通知书》，寄送服刑人员原户籍所在地的县级公安机关和司法行政机关。"

3.《社区矫正实施办法》第 30 条第 5 款规定，暂予监外执行的社区矫正人员刑期届满的，由监狱、看守所依法为其办理刑满释放手续。

（三）刑满释放人员通知书的结构及内容

"刑满释放人员通知书"是一纸三联，由两联正本和一联存根组成。

第一联：是送达刑满释放人员原户籍所在地的社区矫正机构的通知书。该联中需要填写的内容可以分为文头、正文和文尾三个部分。

1. 文头：由发文字号和送达单位组成。

（1）发文字号：包括年份、机关代字、文书代字和序号四项内容。

（2）送达单位：填写应当通知的机关。

2. 正文：大部分内容都可以从刑满释放人员的服刑档案中查找。

（1）刑满释放人员户籍所在地：填写时应再次核实，确保地址准确。

（2）判处的刑罚：填写原判决的情况。一般表述为"死刑缓期二年执行""无期徒刑"或"有期徒刑×年"。

（3）服刑表现：选择性项目。

（4）帮教性质：选择性项目。

以上所有选择性项目在填写时，应将非选择性内容划掉。

（5）技术特长：根据劳动部门颁发的技术等级证书填写。

3. 文尾：由成文日期和监狱章组成。

第二联：是送达刑满释放人员原户籍所在地的公安机关的通知书，与第一联的写法相同。

第三联（存根）：其内容都可以从刑满释放人员的服刑档案中查找或从第一联转抄。

三、文书制作提示

（一）刑满释放人员通知书的制作要求和注意事项

1. 罪犯的历次刑种和刑期的变化情况都应填写在"执行期间刑种、刑期变化情况"栏。如果刑种、刑期变化情况较多，则应采用综合叙述的方法。

2. 存根中"通知发往单位"应写明送达的公安局和社区矫正机构的全称。

3. 两个正本的内容略有不同，填写时注意区分。

4. 在罪犯刑满释放前的一个月寄发，文书的成文日期为制作日期。

（二）制作刑满释放人员通知书的准备工作

1. 释放日期的确定。监区内勤或分管民警应当提前半年制作罪犯释放时间表。将本监区释放罪犯列表造册，写明罪犯姓名、刑满释放的具体年、月、日和备注栏，按时间先后顺序排列，打印、张贴，便于提示自己提前进行准备工作，提前与有关民警、狱政管理（刑罚执行）科等部门开展协调工作。

2. 释放日期的核实。刑满释放的具体时间确定应当查阅罪犯档案，仔细核实：①看法院最后一份生效判决书、裁定书载明的刑期起止日期。其所写的到何年何月何日止的时间就是刑满释放日期。②看有无不计入刑期的情形。如保外就医罪犯骗取保外就医的、在保外就医期间故意拖延保外就医时间的、未经公安机关批准擅自外出或有严重违法违规行为的等，不计入执行刑期的情形。法院依法对罪犯刑期做出的重新计算的裁定，根据此裁定的内容，在执行通知书和释放时间表上注明扣除时间和新的截止时间。③看有无刑期计算错误。多次减刑的，又犯罪加刑的，改判的，保外就医的等，往往容易出现错误，需要仔细核对。

（三）制作的重点和难点

1. 刑满释放人员通知书中对于刑期起止日的计算一定要精准，严格按照法定释放的时间填写释放日期。

2. 罪犯改造评估表现一般尽量不要往差靠，确实存在社会危害性的应如实填写。

3. 认真填写罪犯所掌握的技术，便于安置帮教单位做好衔接准备和有针对性的给予帮助。

四、实例示范

刑满释放人员通知书
（存根）

（2015）×监释通字第 122 号

姓名 白× 性别 女

出生日期 1969 年 8 月 4 日

原户籍所在地 安徽省 ×× 市 ×× 区 ×× 路 派出所

罪名 容留、介绍卖淫罪

刑期起止日 2010 年 12 月 23 日 2016 年 12 月 22 日

附加刑 无

执行期间刑，刑期变动情况：2014 年 8 月因确有悔改表现，刑期被裁定减刑 1 年。

通知发往单位 ×× 省 ×× 市 ×× 区公安局及司法所（安置帮教办公室）

通知发出时间 2015 年 12 月 20 日

填发人 林 ××

（监狱章）

2015 年 12 月 20 日

刑满释放人员通知书

（2015）×监释通字第 122 号

×× 县（市，区）公安局：

安徽省 ×县（市，区）白× 生于 1969 年 8 月 4 日，由 ×× 县（市，区）公安局 ×× 派出所，因 ×× 区人民检察院起诉。因容留、介绍卖淫罪被 ×区人民法院判处有期徒刑 6 年，于 2012 年 1 月 5 日起在我监服刑。将于 2015 年 12 月 22 日刑满释放。服刑期间，其表现较好（较好、一般、差）。曾受过表扬 1 次，记功 1 次，评为改积分子 1 次，减刑 1 次 1 年个月；警告 ×次，记过 ×次，禁闭 ×次，加刑 ×次 ×年×月。释放后，建议作为一般（重点）人员帮教。请接此通知做好安置帮教工作准备。

（监狱章）

2015 年 12 月 20 日

刑满释放人员通知书

（2015）×监释通字第 122 号

×× 县（市，区）司法局安置帮教办：

你县（市，区）白×，因犯容留、介绍卖淫有期徒刑 6 年，将于 2011 年 10 月 17 日被裁判处在我监服刑，于 2012 年 1 月 5 日起刑满释放。服刑期间，其表现较好（较好、一般、差）。曾受过表扬 1 次，记功 1 次，评为改积分子 1 次，减刑 1 次 1 年个月；警告 ×次，记过 ×次，禁闭 ×次，加刑 ×次 ×年×月。释放后，建议作为一般（重点）人员帮教。本人曾获得 ×× 证书，掌握 ×× 焊调技术。请接此通知，做好安置帮教工作准备。

（监狱章）

2015 年 12 月 20 日

【拓展阅读】

刑满释放人员通知书 PPT。

第三节 释放证明书

一、任务描述

罪犯谢×，男，1980 年 8 月 16 日生，汉族，原籍山西省太原市，因盗窃罪经山西省太原市杏××区人民法院于 2008 年 10 月 15 日以（2008）太杏刑初字第××号刑事判决书判处有期徒刑 8 年，刑期自 2008 年 3 月 14 日至 2016 年 3 月 13 日止，于 2008 年 12 月 5 日送监服刑改造。服刑期间执行刑期变动情况：2011 年 3 月因确有悔改表现裁定减刑 1 年。

该犯自入监以来，能够做到认罪悔罪，服从管教，安心改造；自觉遵守各项监规，从无违纪行为发生。在监管区担任监督岗期间，积极肯干，尽职尽责，较好地完成值班任务。总体表现较好。2013 年 5 月 7 日，监区组织了一次清监检查，监区民警在搜查到蔡×个人物品时发现了一本通讯录，里面详细记录部分罪犯的家庭住址和联系电话。该罪犯解释说这些登记的罪犯是相处关系较好的狱友，为了便于以后保持联系才留下了联系方式。假如你是当班民警，你该如何处理此事？

实施步骤：学生分组；通过讨论，每组分析讨论案例，对罪犯释放前的准备工作情况进行了解和分析，面对该种异常情况应该如何应对？填写释放证明书前需要提前完成哪些法律程序，准备好哪些材料，此文书还涉及哪些执法部门？为什么？

二、基础铺垫

（一）释放证明书的概念及功能

释放证明书是由监狱机关发给被释放人员证明其被依法解除刑罚，恢复人身自由的执法文书。

出监实施即释放当天需要履行的程序，确保罪犯完成所有手续后在规定的时间出监。在实际执行中，对因特赦、人民法院改判无罪等其他原因释放的人员也应该发给释放证明书。释放证明书的制作可以证明被释放人员的身份，维

护被释放人员已经恢复的法定权利，并避免引起误会。同时，释放证明书是一份重要的书证，它可涉及对又犯罪，累犯及数罪并罚的认定。

（二）释放证明书的法律依据

1. 《监狱法》第 35 条规定："罪犯服刑期满，监狱应当按期释放并发给释放证明书。"

2. 《监狱法》第 36 条规定："罪犯释放后，公安机关凭释放证明书办理户籍登记。"

（三）释放证明书的结构及内容

"释放证明书"是一纸三联，由正本、副本和存根组成。

1. 第一联：正本。由被释放人保存，作为其获得释放的凭证。其内容都可以从被释放人的服刑档案中查找。

（1）判处的刑罚：填写原判决的情况。一般表述为"死刑缓期二年执行""无期徒刑"或"有期徒刑×年"。

（2）附加（刑）：第一个填写原判决的附加刑，第二个填写罪犯释放前实际应当执行的附加刑。如果没有则填写"无"或者画"／"。

（3）实际执行刑期：填写实际执行的总的刑期。

（4）释放理由：一般是刑满释放，也有少数是改判无罪的。如果有特殊情况，应当根据实际情况填写。

2. 第二联：副本。由持证人在指定的时间内送达至释放后其居住地的公安派出所，作为办理户口登记手续的凭据。送达公安派出所的时间应当根据需要填写清楚。

3. 第三联：存根。其中大部分内容都可以从正本和副本中转抄。

（1）释放理由：可以从正本或副本中转抄。

（2）释放后住址：根据实际情况写明罪犯释放后的确切住址。如有变更的，以变更后的地址为准。

（3）审核人：由主管监狱领导签字。

三、文书制作提示

（一）释放证明书的制作要求和注意事项

1. 如有多次减刑或加刑的，应将减（加）刑的次数和实际减刑的总期限，计算准确后填入。

2. 正本和副本中的"实际执行刑期"是指总的执行刑期，因此，在填写原判为死刑缓期二年执行或者无期徒刑罪犯的实际执行刑期时，应当将死刑缓期二年执行和无期徒刑期间的执行刑期加上。

（二）制作释放证明书的准备工作

1. 再次核准释放日期。释放当日，监区民警要在释放前一天再一次核对罪犯出监的日期。释放的正常时间为释放日 0 时至 24 时，实践中，常以监狱日常

办公时间为标准。

2. 监区民警要将《释放证明书》正本发给罪犯本人，并告知其妥善保管，在指定的时间内到户籍所在的公安机关报到。

（三）制作的重点和难点

1. 罪犯释放工作是在之前出监准备工作的基础上进行的，不管罪犯主观态度如何，或是罪犯改造表现较差不符合守法公民标准，监狱都必须按时将罪犯释放出监，恢复其人身自由。这在本质上是对公民合法权利的保障，法律上标志着罪犯与监狱的法律关系依法彻底终结。

2. 如果发现即将释放的罪犯有又犯罪行为的或是发现漏罪的，应当发给罪犯释放证明书，但与此同时应当及时与狱内侦查科联系按侦查程序处理。

四、实例示范

假释证明书

（存根）

（2015）×监释证字第 156 号

姓名谢×× 性别男
出生日期1980 年 8 月 16 日
原户籍所在地山西省太原市杏花区××派出所
原判法院山西省太原市杏花区人民法院
罪名盗窃罪刑种有期徒刑8 年
刑期起止日2008 年 3 月 14 日至 2016 年 3 月 13 日，附加无
执行期间刑种、刑期变动情况2011 年 3 月因确有悔改表现，被裁定减刑 1 年。
释放理由刑罚执行期满
释放后住址××省××市××县××乡××村××号
填发人王××
审核人章××
填发时间2015 年 3 月 13 日
本释放证明书和副本已发给我
被释放人谢××（签名）
2015 年 3 月 13 日

（贰零壹伍）×监释字第壹佰伍拾陆号

释放证明书

（2015）×监释证字第 156 号

兹有谢××，男（女），1980 年 8 月 16 日生，原户籍所在地山西省太原市杏花区××派出所，因盗窃罪于 2008 年 10 月 15 日经人民法院判处有期徒刑 8 年，附加无。服刑期间，减刑 1 次，减刑 1 年／个月，加刑／次，加刑／年／月，实际执行刑期 7 年／个月，附加无。现因执行期满予以释放。

特此证明。

（公章）

2015 年 3 月 13 日

（贰零壹伍）×监释字第壹佰伍拾陆号

注：此页由被释放人保存

释放证明书

（2015）×监释证字第 156 号

兹有谢××，男（女），1980 年 8 月 16 日生，原户籍所在地山西省太原市杏花区××派出所，因盗窃罪于 2008 年 10 月 15 日经人民法院判处有期徒刑 8 年，附加无。服刑期间，减刑 1 次，减刑 1 年／个月，加刑／次，加刑／年／月，实际执行刑期 7 年／个月，附加无。现因执行期满予以释放。

特此证明。

（公章）

2015 年 3 月 13 日

注：此页由被释放人保存

注意事项：

1. 持证人必须在2015 年 3 月 20 日以前将本证明书副本送达山西省太原市杏花区××派出所办理户口登记手续。

2. 本证明书私自涂改无效。

【拓展阅读】

1. 刑满释放证明书 PPT。

2. 《最高人民法院、最高人民检察院、公安部、司法部关于进一步加强社区矫正工作衔接配合管理的意见》。

单元训练   罪犯释放执法文书项目实训

一、单元名称：罪犯出监鉴定表制作实训

二、实训目标

1. 具有依据法律对即将释放罪犯的审查能力。

2. 具有核实罪犯个人信息的能力。

3. 培养学生制作释放执法文书的能力。

4. 培养学生对释放执法文书的分析、评价、修改的能力。

三、实训要求

1. 重点：熟悉监狱释放的法律程序及各类释放执法文书制作节点。

2. 难点：罪犯改造表现事实的制作要领；制作罪犯出监鉴定表、刑满释放人员通知书，易错填写点及执法中的注意事项。

四、实训内容

罪犯赵××服刑初期，认罪悔罪意识差，思想很消极。由于抗拒改造情绪严重，最后发展到越狱逃跑。捕回后，态度恶劣，拒不认罪，因脱逃罪被加刑 2 年。至此，该犯才开始对自己的罪行有所认识，在日常的改造中，一方面他能自觉地积极汇报自己的思想认识，同时还写出了书面认识材料；另一方面，在劳动中，一反过去消极做法，肯吃苦耐劳，常常超额完成生产定额，经考核达到三级钳工。特别是担任了犯人文化教员以后，改造信心更足了。曾 5 次受到分监区、监区、监狱的表扬和鼓励，2014 年、2015 年先后两次受到监狱大会表扬，并获得两次物质奖励，2016 年被评为改造积极分子。罪犯赵××热爱学习，钻研革新技术，应对其合理安置，加强教育与管理。

以下是学生制作的罪犯出监鉴定表，请指该文书存在什么问题，并进行修改。

表7－2　罪犯出监鉴定表
（封面）

姓　　名　<u>赵××</u>
填表机关　<u>×××监狱出监监区</u>
填表日期　<u>20××年××月××日</u>

姓名	赵××	别名	无	性别	男	民族	汉族
出生日期	1980. 3. 13			健康状况		良好	
家庭住址	××省××机械厂						
原户籍所在地	××省××市××小区						
罪名	盗窃		原判法院	××市中级人民法院		判决书号	(2008) ×法刑初字第25号

刑期	原判刑期	7年		附加刑		无	
	原判刑期起止	2008年2月5日起2015年2月4日止		刑期变动情况		2010年8月因脱逃罪被加刑2年，刑期到2017年2月5日	

出监原因	执行期满	文化程度	原有：高中	有何技术特长及等级	钳工
出监时间	2017年2月5日		现有：高中		

主要犯罪事实	2007年6月15日，经预谋，赵××伙同陈×、官×（另案处理）带着事先准备的钢钻头，摩托车等作案工具，窜至集美区港口镇农业银行门前锁定作案目标。当日14时许，赵××等人见吴×从农业银行取出几袋现金后，即由陈×驾驶微型车搭载王×，官×驾驶一辆摩托车尾随吴×驾驶的越野车。吴×将车停放在集美区灌口镇凤泉西里的一栋楼下后，赵××趁其上楼之机，用钢钻头砸碎越野车的后玻璃，盗走吴×放在车内的现金60万元，并坐上在一旁等候的官×的摩托车逃窜，后被公安机关抓获归案。
家庭成员及主要社会关系	父亲：赵××，××县第×百货门市部会计，已退休。 母亲：李××，××县第×百货门市部售货员，已退休。 妻子：杨×，××县机械厂工作。
本人简历	1986年9月至1992年7月在××县××小学读书。 1994年9月至1995年7月在××县××中学读书。 1995年9月被招进××县机械厂当工人到2008年1月4日被捕。 2008年2月服刑至今。

续表

改造表现	赵××服刑初期,思想消极。由于抗拒改造发展到越狱逃跑。捕回后,态度恶劣,拒不认罪,被加刑 2 年。至此,该犯才开始对自己的罪行有所认识,一方面他能自觉地汇报自己的思想认识,同时还写出了书面认识材料;另一方面,在劳动中,一反过去消极做法肯吃苦,常常超额完成生产定额,经考核达到三级钳工。特别是担任了犯人文化教员以后,改造信心更足了,5 次受到分监区、监区、监狱的表扬和奖励,2016 年被评为改造积极分子。
服刑期间奖惩情况	2010 年因脱逃受禁闭 1 次,后经人民法院以脱逃罪被判处有期徒刑 2 年,合并前刑期共执行有期徒刑 9 年。 　　2014 年、2015 年先后 2 次受到监狱大会表扬,并获得 2 次物质奖励。 　　2016 年被评为改造积极分子。
分监区意见	该犯从不认罪受到加刑处罚,到开始认罪至被评为改造积极分子,说明该犯在改造期间,已经抛弃好逸恶劳、贪图享受的恶习,今后只要进一步加强学习和修养,一定能成为自食其力的守法公民。
监区意见	同意按期释放 李×× ×年×月×日
监狱意见	同意按期释放 张×× ×年×月×日
备注	

五、任务评估

1. 整理核实即将释放罪犯的信息资料,做好罪犯的改造质量评估。刑满释放(假释)前评估工作应在罪犯出狱前 3 个月完成。监区应提前 3 个月,组织监区罪犯改造质量评估小组完成对罪犯出监评估的信息收集、量表测试及监区帮教建议,完成后将需审议罪犯名单报监狱罪犯改造质量评估中心。

出监评估内容含罪犯服刑期间改造行为评定、出监后家庭关系经济状况及社会环境影响、刑罚体验测验、重新犯罪率预测、社会适应性测试、帮教及回归保护建议。

2. 能够根据罪犯改造质量评估结论,对罪犯作出客观准确地评价,归纳整理出罪犯服刑改造期间表现情况的文字鉴定材料。

3. 熟悉罪犯刑满释放的法定程序,正确办理出监手续。

4. 学生能够结合所学知识要点对案例中的填写要素做出客观、准确的评价,找出错误点并能更正。

学习单元三　狱政管理类执法文书

第八章　对罪犯实施奖惩类文书

学习要点

通过本章学习要求学生掌握罪犯奖惩的法律依据，熟悉罪犯奖惩工作流程，了解罪犯计分考核规定，能够全面、准确地收集相关材料并制作罪犯奖惩类的法律文书。

学习目标

通过学习，学生应明确罪犯奖惩所依据的法律规定，能够按照罪犯奖惩工作流程对罪犯依法进行奖惩的申报、评议、推荐等，并按照司法部颁布的格式和内容要求制作相应的文书。

【本章引言】

对罪犯实施奖惩类文书，是监狱对罪犯实施行政奖惩事宜时所使用的文书总称。及时根据罪犯的阶段性表现制作对罪犯奖惩类文书，有利于激励罪犯依照考核要求积极改造，形成良好的行为习惯，同时也有利于监狱改造秩序的稳定，更是我国"区别对待，奖罚分明"刑事政策的具体化表现。

对罪犯依法管理实施奖惩，是狱政管理基础工作，要求民警必须依据法律规定和程序实施奖惩。

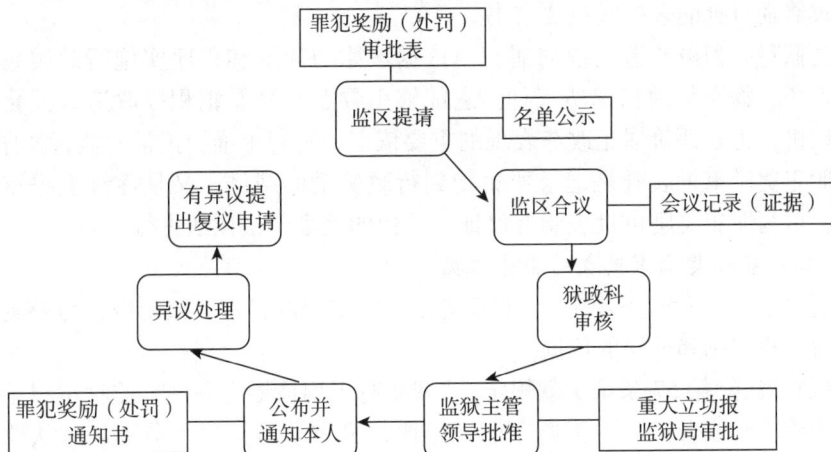

图 8 – 1　罪犯奖惩工作流程图

第一节　　罪犯奖励审批表

一、任务描述

2010 年 3 月末×监狱一监区进行罪犯月评定，以下是该监区罪犯的情况汇总：

1. 3 月×日，一监区生产车间的护栏正在维修，电工师傅因操作不当，电焊火花从二楼飞溅下落，致使车间一楼的两个乙炔瓶被引燃。正在一楼吊装设备的李××、张××等罪犯发现后，在值班民警王××带领下冲向火点，经过二十多分钟的奋力扑救，火被扑灭，保住了现场六十多万元的设备。

2. 一监区罪犯朱×自从担任罪犯小组长后，在警察面前伪装积极，殷勤备至，背后却欺压其他罪犯，让他们给他送东西。该组罪犯怕朱×报复，不敢向警察汇报情况。

实施步骤： 学生分组；分析讨论案例，讨论对罪犯的改造表现应该如何考核？考核的依据是什么？监狱应当怎样进行记载？对罪犯的改造表现，你作为监狱干警应该如何全面掌握？以上案例中涉及的罪犯表现情况应该怎样处理？作为管教干警该如何上报？需要制作哪些执法文书？

二、基础铺垫

（一）罪犯奖励审批表的概念及功能

罪犯奖励审批表是监狱对具有法定奖励情形的罪犯，按照一定的程序，给予行政奖励审批的表格式执法文书。

监狱对有积极改造表现的罪犯，依据法律的规定和程序实施行政奖励，主要有表扬、物质奖励和记功三种。它能够引导、激励罪犯积极改造，强化罪犯改造动机，也是评价罪犯改造表现的重要依据，有利于维护正常的监管秩序。

罪犯奖励审批表既是记录罪犯受到行政奖励的载体，又是逐级上报审批的依据，填写罪犯奖励审批表能够保证对罪犯的奖励严格依法进行。

（二）罪犯奖励审批表的法律依据

《监狱法》第 56 条规定："监狱应当建立罪犯的日常考核制度，考核的结果作为对罪犯奖励和处罚的依据。"

《监狱法》第 57 条第 1 款规定："罪犯有下列情形之一的，监狱可以给予表扬、物质奖励或者记功：①遵守监规纪律，努力学习，积极劳动，有认罪服法表现的；②阻止违法犯罪活动的；③超额完成生产任务的；④节约原材料或者

爱护公物，有成绩的；⑤进行技术革新或者传授生产技术，有一定成效的；⑥在防止或者消除灾害事故中做出一定贡献的；⑦对国家和社会有其他贡献的。"

（三）罪犯奖励审批表的结构及内容

该文书栏目由表头、罪犯基本情况、奖励依据及审批意见组成。

1. 表头。表头有标题、单位和罪犯编号三项内容。该文书是监狱内部的审批文书，单位填写罪犯所在的监区、分监区。罪犯编号按《罪犯入监登记表》确定的统一编号填入。

2. 罪犯基本情况。依次写明罪犯姓名、性别、出生日期、民族、文化程度、罪名、刑期、刑种、刑期起止日期等内容，该部分内容可以直接从判决书中摘录。由于该文书缺少刑期（种）变动情况栏，所以如果填写原判情况，就无法了解罪犯当前的刑种、刑期及余刑情况。因此，在制作时可以分两种情况填写：

（1）罪犯刑种、刑期没有发生变动的。如果原判是有期徒刑，填写原判决的刑种、刑期及刑期起止日期；如果原判是死刑缓期二年执行，只需填写刑种栏，刑期及刑期起止栏都不填，用斜线划去；如果原判是无期徒刑，填写刑种栏及刑期起止栏，刑期起止栏只填起刑日，起刑日为无期徒刑判决之日，刑止日不填，用斜线划去。

（2）罪犯刑种、刑期发生变动的。按两种情况处理：一种情况是死缓减为无期徒刑的，在刑种栏注明"原：死缓，现：无期徒刑"，刑期及刑期起止栏按前述原判无期徒刑的要求填写；另一种情况是原判死缓、无期徒刑已减为有期徒刑的，在刑种栏注明"原：死缓或无期，现：有期徒刑"。在刑期栏填写最后一次减刑后的实际刑期，刑期起止栏填写有期徒刑的起止日期，刑期的起刑日，从减为有期徒刑之日起计算，刑期终止日填写最后一次减刑后的刑期截止日。

3. 奖励依据。奖励依据包括事实依据和法律依据。

事实依据指受奖励罪犯的行为符合《监狱法》第 57 条第 1 款规定的客观事实，要将罪犯有何种奖励情形的行为叙述清楚。如果奖励的是某一单项行为，应把该行为发生的时间、地点、人物、经过、情节和结果表述完整。如果是因综合表现好，要全面反映罪犯日常表现情况，要有事实，有数据。

法律依据是《监狱法》第 57 条的相关规定，援引的法条要根据罪犯的行为，明确到具体的款项。如一名罪犯因超额完成生产任务被提请奖励，其行为就符合《监狱法》第 57 条第 1 款第③项的情形。法律依据的填写可以程式化地表述为："综上所述，该犯行为符合《监狱法》第 57 条第 1 款第 3 项之规定。"

4. 审批意见。审批意见分为分监区意见、监区意见、狱政科意见及监狱意见。

（1）分监区是奖励提请的主体，根据执法工作要求，对罪犯的奖励必须经分监区民警会议讨论，形成集体意见。其写法是："经××××年××月××日分监区民警会议讨论，建议给予××奖励。"

（2）监区意见着重把握对奖励事实的审查，明确是否同意奖励的态度。监区意见可以这样签署："情况属实，同意给予××奖励。"

（3）狱政科意见在于审查奖励的条件及把握奖励的横向平衡。意见可以这样签署："经审查，同意给予××奖励。"

（4）监狱意见是行政奖励成立的决定意见，可以这样签署："同意××奖励。"

各意见应当由负责人签名，注明年月日，以示对意见内容负责。

三、文书制作提示

（一）罪犯奖励审批表的制作要求和注意事项

1. 奖励依据中的事实依据是奖励审批表的核心部分，根据《监狱法》第57条第1款所列的情形，以此为主旨组织材料，与主旨无关的内容如罪犯的一般性改造表现不要罗列在其中。要力求真实、客观、准确、恰当，力戒套话空话、现象罗列，应当全面收集材料，酌情草拟后认真填写。

2. 基本情况栏要求文字正确、数字准确、术语规范、字迹工整。

3. 对罪犯的表扬、物质奖励或记功均填写此表，对罪犯离监探亲的行政奖励，填写《罪犯离监探亲审批表》。

4. 该表一式两份，审批结束后分别归入罪犯的正档和副档。

（二）制作罪犯奖励审批表的准备工作

1. 知晓对罪犯进行日常考核记载，能够根据罪犯的表现，进行规范地加扣分，制作《服刑人员加扣分通知书》。

2. 罪犯计分考核实行日记载、周评议、月小结，累积计分。掌握计分考核罪犯的程序，加强在计分考核中的证据留存。

3. 能够对监区罪犯的计分考核结果进行统计，并进行"悔改表现值"转化，确定罪犯的考核分。

4. 审议条件，确定人选。在对罪犯考核记载和统计的基础上，根据法律法规和考评工作程序要求，确定拟奖励人员，提交相关名单。

5. 监区集体评议后，层级上报，经监狱批准后通过。

（三）制作的重点和难点

1. 刑种、刑期及起止日期变化的填写。

2. 奖励依据的填写，特别是事实依据的填写。

四、实例示范

表 8-1 罪犯奖励审批表

单位：一监区　　　　　　　　　　　　　　　　　罪犯编号：×××××××

姓名	李××	性别	男	出生日期	1980 年 7 月 20 日
民族	汉族	文化程度	高中	罪名	盗窃罪
刑种	有期徒刑	刑期	8 年	刑期起止	自 2005 年 7 月 3 日至 2013 年 7 月 2 日
奖励依据	2010 年 3 月 18 日 10 时许，我监区生产车间一楼的两个乙炔瓶，因电焊火花从二楼飞溅下落而被引燃。正在一楼吊装设备的李××、张××等罪犯，在值班民警王××带领下冲向火点，经过二十多分钟的奋力扑救，火被扑灭，保住了现场六十多万元的设备。 为此，根据《中华人民共和国监狱法》第五十七条第一款第六项之规定，建议给予李××记功奖励。				
分监区意见	经分监区 2010 年 3 月 20 日民警会议集体讨论，建议给予记功奖励。 分监区长：孙×× 指导员：杨× 2010 年 3 月 20 日				
监区意见	情况属实，同意给予记功奖励。 监区长：侯× 教导员：郭×× 2010 年 3 月 21 日				
狱政科意见	经审查，同意给予记功奖励。 科长：姜× 2010 年 3 月 23 日				
监狱意见	同意记功奖励。 监狱长：吴×× 2010 年 3 月 25 日				

【拓展阅读】

1. 罪犯奖励审批表 PPT。

2. 司法部印发《关于计分考核罪犯的规定》第二章计分考核的内容和标准、第四章计分考核结果的运用。

第二节　　罪犯奖励通知书

一、任务描述

参见本章第一节任务描述案例。

二、基础铺垫

（一）罪犯奖励通知书的概念及功能

罪犯奖励通知书是监狱将奖励结果告知罪犯本人的书面凭证，属于填写式执法文书。

适用于表扬、物质奖励和记功三种奖励。

该文书制作的依据是经监狱领导审批同意的《罪犯奖励审批表》，意义在于保障罪犯受奖励的知情权，是奖励公开、透明要求的具体体现。可以激励罪犯积极改造，充分发挥奖励的激励效应。

（二）罪犯奖励通知书的法律依据

《监狱法》第 56 条规定："监狱应当建立罪犯的日常考核制度，考核的结果作为对罪犯奖励和处罚的依据。"

司法部《关于计分考核罪犯的规定》第 12 条规定，计分考核实行"日记载、周评议、月公示"。监狱人民警察每日记载罪犯的改造表现及加分、扣分情况。监区计分考核小组每周评议罪犯的改造表现，每月审定罪犯的考核得分，除检举违法违纪行为、提供有价值破案线索等不宜公示的情形外，及时在监区内公示。

《关于计分考核罪犯的规定》第 13 条规定，计分考核采取"基础分分值＋加分分值－扣分分值"的计分模式，依据考核的内容和标准，对符合标准的给予基础分，表现突出的给予加分，违反规定的给予扣分。积分总和为罪犯当月的考核得分。教育改造与劳动改造的分数不得相互替补。

《关于计分考核罪犯的规定》第14条规定，对罪犯加分、扣分，由监狱人民警察提出建议，报监区计分考核小组决定。分值较大的加分、扣分由监区计分考核小组报监狱计分考核领导小组审批。

《关于计分考核罪犯的规定》第15条规定，同一加分、扣分情形可以给予多项加分、扣分的，按照最高分值给予加分、扣分。

《关于计分考核罪犯的规定》第16条规定，每部分考核内容月加分分值不得超过其基础分的50％。

（三）罪犯奖励通知书的结构及内容

罪犯奖励通知书一纸两联，分为正本和存根，正本交由罪犯本人，存根由监狱留存。

1. 正本。

（1）标题、发文字号。发文字号由年份、机关代字、文种代字和发文顺序号组成。

（2）受奖励罪犯姓名，即通知的对象。

（3）受奖励的原因、法律依据和奖励的种类名称。"受奖励原因"，用概括性的语言写明原因。要求高度概括，中间不能加句号或分号。"法律依据"，指的是《监狱法》第57条，援引法律条款时应具体到款项。"奖励的种类"，填写由监狱最后审定的奖励种类名称。

（4）用"特此通知"作结束语。

（5）加盖发通知单位印章。

（6）落款日期，用汉字小写。年份不得省略，填写奖励被领导批准的日期。

2. 存根。

（1）标题、发文字号。发文字号的写法与正本写法要求一致。

（2）罪犯基本情况。包括姓名、性别、出生日期、罪名、刑期等内容。要求依次填写，不能留白。

（3）奖励的原因、种类。写明予以奖励的直接原因和奖励的具体种类。

（4）通知的时间。通知的时间应在监狱审批同意后的时间。

（5）经办人签字。

存根与正本之间的骑缝处也应填写发文字号，用汉字大写。

以上项目在印好的格式中已留有空格，应据情逐项填写，不可疏漏；内容要准确，避免误差。

三、文书制作提示

（一）罪犯奖励通知书的制作要求和注意事项

1. 填写此通知书必须以监狱领导批准的罪犯奖励审批表为凭据，即奖励决

定成立后才能制作该通知书。

2. 正本联中的奖励事由，可以从奖励审批表中摘录，用词要简洁明了，奖励种类必须填写准确。落款日期应填写奖励审批表中监狱领导签名的日期，即奖励成立的日期，而不是填写文书制作的日期，加盖监狱公章。

3. 存根联的奖励内容要与正本保持一致，其他内容可以从奖励审批表中摘录。

4. 奖励成立后，对审批生效的奖励，监狱应在审批或生效当天填写《罪犯奖励通知书》，送达罪犯。并将通知书发放的时间填入存根联，经办人应签名以示对通知事项负责。

（二）制作罪犯奖励通知书的准备工作

1. 做好对罪犯考核奖惩的依据、程序和结果的公开和公示。依据《司法部关于进一步深化狱务公开的意见》第 6 条第 3、4 款之规定，除向社会公众公开的内容外，监狱还应当依法向罪犯近亲属公开有关罪犯的个人服刑信息。公开的内容包括：监狱对罪犯实行分级处遇、考评、奖惩的结果，以及对结果有异议的处理方式。罪犯立功或重大立功的结果，以及对结果有异议的处理方式。第 7 条规定，对罪犯公开，除向社会公众和罪犯近亲属公开的内容外，监狱还应当以监区或分监区为单位，向罪犯全面公开监狱执行刑罚和管理过程中的法律依据、程序、结果，以及对结果不服或者有异议的处理方式，但对涉及国家秘密、工作秘密和罪犯个人隐私的信息不得公开。

2. 熟悉罪犯行政奖励工作流程。

（三）制作的重点和难点

"受奖励原因"在填写时应高度概括，不宜过多罗列。

四、实例示范

罪犯奖励通知书

（存根）

（2010）×监奖通字第××号

姓名：<u>李××</u>

性别：<u>男</u>

出生日期：<u>1980</u> 年<u>7</u> 月<u>20</u> 日

罪名：<u>盗窃罪</u>

刑期：<u>有期徒刑 8 年</u>

奖励原因：<u>在消除灾害事故中做出一定贡献</u>

奖励种类：<u>记功</u>

已于<u>2010</u> 年<u>3</u> 月<u>25</u> 日通知本人

经办人签字：<u>×××</u>

（贰零壹零）×监奖通字第××号

罪犯奖励通知书

（2010）×监奖通字第××号

<u>李××</u>：

你在服刑改造期间，因在消除监狱灾害事故中做出了一定贡献。根据《中华人民共和国监狱法》第五十七条第（六）款的规定，决定给予<u>记功</u>奖励。

特此通知。

（公章）

2010 年 3 月 25 日

【拓展阅读】

1. 罪犯奖励通知书 PPT。

2.《司法部关于进一步深化狱务公开的意见》（司发〔2015〕7 号）。

第三节　罪犯离监探亲审批表

一、任务描述

罪犯刘××，男，1973 年 8 月 5 日出生，汉族，高中文化，犯故意伤害罪，2003 年 9 月被判处有期徒刑 10 年，在×省监狱二监区一分监区服刑。该犯在服刑改造期间，能够遵守监狱各项规章制度，认罪服法，积极接受改造。在学习讨论中，能联系改造实际，深挖犯罪思想根源，认罪悔罪，表示要努力改造，重新做人。劳动生产中，态度端正、积极，能够完成生产任务，不怕脏不怕累，较好地掌握了生产岗位技能。积极参加三课学习，由于服刑期间一贯表现良好，现处宽管级处遇。该犯在服刑期间减刑 3 次共计 2 年。2009 年 3 月上旬该犯情绪出现波动，干警及时发现并通过教育谈话得知其家里老母亲患食道癌症晚期目前已报 2 次病危，心里十分牵挂。罪犯刘××提出想回家探望母亲，担心母亲病情一旦恶化，怕是见不上最后一面了。

实施步骤：学生分组；分析讨论案例，根据提供材料，对于罪犯申请的离监探亲，监狱能否允许？为什么？监狱需要准备哪些材料？要如何进行初步审核？以及需要制作哪些执法文书？

二、基础铺垫

（一）罪犯离监探亲审批表的概念及功能

罪犯离监探亲审批表是监狱对符合法定条件的罪犯，按照一定的程序批准其离监探亲的审批文书。

离监探亲制度的实施满足了罪犯一定的需求，是对罪犯人文关怀的具体体现，同时也丰富了监狱行政奖励手段，与表扬、物质奖励、记功一样，是激励

罪犯接受改造的行政奖励措施。对巩固罪犯的家庭关系，激励罪犯的改造积极性具有重要作用，它是依据考核结果对罪犯改造表现给予肯定的结论。

罪犯离监探亲审批表，既是记录罪犯受到"离监探亲"奖励的载体，又是上报审批的依据，同时也是一项严肃的执法活动。

以下是罪犯离监探亲工作流程：

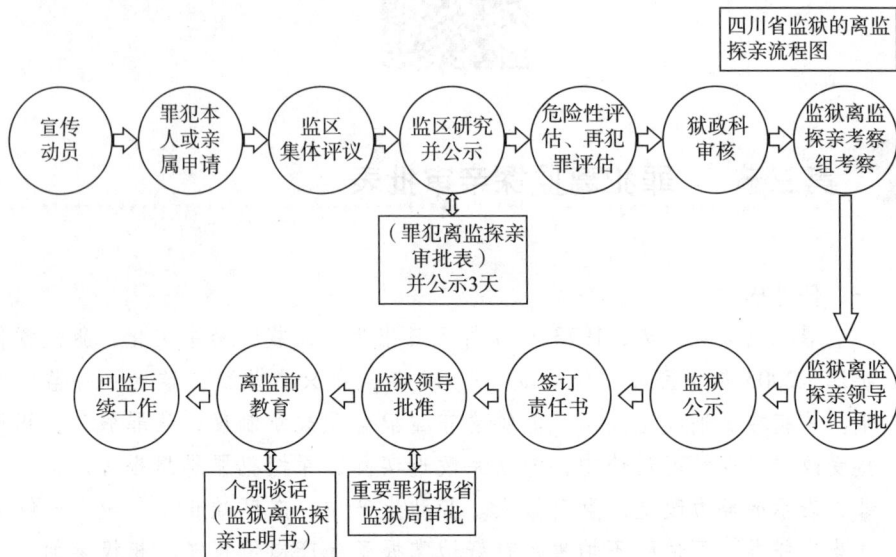

图8-2　罪犯离监探亲工作流程

（二）罪犯离监探亲审批表的法律依据

《监狱法》第57条第2款规定："被判处有期徒刑的罪犯有前款所列情形之一，执行原判刑期1/2以上，在服刑期间一贯表现好，离开监狱不致再危害社会的，监狱可以根据情况准其离监探亲。"

《罪犯离监探亲和特许离监规定》（司发通［2001］094号）第2条规定，对具有《监狱法》第57条第1款规定的情形之一，同时具备下列条件的罪犯，可以批准其离监探亲："①原判有期徒刑以及原判死刑缓期二年执行、无期徒刑减为有期徒刑，执行有期徒刑1/2以上；②宽管级处遇；③在服刑期间一贯表现好，离监后不致再危害社会；④探亲对象的常住地在监狱所在的省（区、市）行政区域范围内。"

《罪犯离监探亲和特许离监规定》第3条规定："离监探亲的对象限于父母、子女、配偶。"

《罪犯离监探亲和特许离监规定》第4条规定："符合条件的罪犯每年只准离监探亲一次，时间为3至7天（不含路途时间）。"

《罪犯离监探亲和特许离监规定》第6条规定："批准罪犯离监探亲，应当按照以下程序进行：①监区根据离监探亲的条件组织罪犯按条件申请或推荐。②监区对申请或推荐出的罪犯进行认真审查，对符合条件的，填写罪犯离监探亲审批表，经狱政科审核报主管监狱长批准。③对列为重点管理的罪犯离监探亲，须报经省（区、市）监狱管理局批准。"

《罪犯离监探亲和特许离监规定》第8条规定："罪犯回到探亲地后，必须《持罪犯离监探亲证明》及时向当地公安派出所报到，主动接受公安机关的监督。罪犯离监探亲期间，必须严格遵守国家法律法规和探亲纪律，不得参与和离监探亲无关的活动。"

《罪犯离监探亲和特许离监规定》第10条规定："对逾期不归的罪犯，以脱逃论处，但因不可抗拒的原因未能按期归监的除外。"

（三）罪犯离监探亲审批表的结构及内容

该文书由罪犯基本情况、亲属基本情况、离监探亲事由及审批意见组成。

1. 罪犯基本情况。罪犯基本情况中填写的重点是"刑期"及"刑期起止"，该栏目直接反映呈报对象是否满足执行原判刑期1/2以上的条件。但因该文书的表式无法完整地表述罪犯刑种、刑期的变动情况，在使用现表式的情况下，可供参考的变通做法有：

（1）原判是有期徒刑的填写。刑期栏填写时注明原刑期及现刑期，用"原："现："表示，在刑期起止栏填写最后一次减刑后的刑期起止日期。如某罪犯原判有期徒刑12年，刑期起止日期为：自2000年3月14日起至2012年3月13日止。呈报离监探亲时该犯已被减刑3次共3年。那么，在刑种（期）栏填写："原：有期徒刑12年，现：有期徒刑9年"。刑期起止栏填写：自2000年3月14日起至2009年3月13日止。

（2）原判为死缓、无期徒刑，现为有期徒刑的填写。刑期栏填写时注明原刑种及现刑种和刑期，用"原："现："表示，需要注意的是在表述现刑种有期徒刑时，应当分别表明首次的刑期及当前的刑期，表明首次刑期对审查是否实际执行原判刑期1/2有实际意义。刑期起止栏填写减为有期徒刑的刑期起止日期。如果多次减刑的，刑期的起刑日仍为减为有期徒刑之日，刑期的终止日填写最后一次减刑后的刑期截止日。如某罪犯1995年5月被判处死刑缓期二年执行，2年后减为无期徒刑，1999年8月9日减为有期徒刑20年，刑期起止日期为：自1999年8月9日起至2019年8月8日止。此后，该犯又被减刑4次共4年，刑期截止日期为2015年8月8日。那么，在刑期（种）栏填写："原：死缓，现：有期徒刑首次20年，当前16年"，刑期起止栏填"自1999年8月9日起至2015年8月8日止"。

2. 亲属基本情况。该文书中的亲属指探亲对象。按照规定，离监探亲的对

象限于父母、子女和配偶。要将亲属的姓名、关系、职务（职业）、政治面貌、家庭住址、身份证号码等信息填写完整。

3. 离监探亲事由。此部分包括离监探亲的事实理由和法律依据并表达分监区呈报意见。

事实理由，要写明罪犯符合离监探亲条件的事实依据。这部分应围绕着离监探亲的法定条件来写，一方面写明罪犯具有服刑期间一贯表现好，确有悔改表现，离监后不致再危害社会的事实，另一方面写明具备离监探亲的刑期条件、处遇条件、探亲对象在同一行政区域内等条件。

法律依据是《监狱法》第 57 条第 2 款及《罪犯离监探亲和特许离监规定》第 2 条。

分监区的呈报意见，可以这样表述："经×××年×月×日分监区民警会议讨论，该犯符合离监探亲的条件，建议给予离监探亲。"

4. 审批意见。审批意见分为监区意见、狱政科意见及监狱意见。

监区意见是对罪犯离监探亲的资格条件进行审查，作出是否同意离监探亲的明确意见。可以这样签署："经审查，同意离监探亲。"

狱政科意见是对罪犯离监探亲的条件进行审核，同时又是监狱领导审批意见的重要依据，所以，应当具体表明离监探亲的期限。可以这样签署："经审核，同意离监探亲×天，自×××年×月×日起至×××年×月×日止。"

监狱意见直接发生离监探亲的法律效力（重点管理罪犯除外），是有关监区执行离监探亲的依据，应当由主管监狱领导批准。监狱意见必须态度明确，有具体的离监探亲期限、起止日期。可以这样签署："同意离监探亲×天，自××××年×月×日起至×××年×月×日止。"

各意见应当由负责人签名，注明职务、年月日。

三、文书制作提示

（一）罪犯离监探亲审批表的制作要求和注意事项

1. 分监区对被批准离监探亲的罪犯应进行一次专题的个别谈话，告知其离监探亲期间应遵守的纪律，强化其守法意识，并要求探亲罪犯到达探亲地后必须持《罪犯离监探亲证明》及时向当地公安派出所报到，主动接受公安机关的监督。

2. 注意与特许离监制度的区别。特许离监是指罪犯配偶、直系亲属或监护人病危、死亡或者家中发生重大变故，确须本人回家处理，而经监狱审批准予其回家处理的狱政管理制度。两者的性质、适用条件、离监时间、执行方式不同。

（二）制作罪犯离监探亲审批表的准备工作

1. 监区根据离监探亲条件组织罪犯申请或推荐。

2. 监区民警组织罪犯进行评议。

3. 监区民警全面准确收集离监探亲所需呈报的材料，如获得行政奖励通知书、宽管级处遇材料、监狱对罪犯的危险性评估材料、刑期状况材料及服刑期间表现考核记载等材料。

4. 监区对申请或推荐出的罪犯进行认真审查，对符合条件的填写《罪犯离监探亲审批表》，并报相关部门及领导审核批准。

（三）制作的重点和难点

1. 罪犯基本情况、刑期、刑期起止栏的填写。

2. 离监探亲事由栏目的填写不仅要写明事由还要写出分监区的呈报意见。

3. 批示意见要求语意明确、态度明朗，注明具体天数和起止日期。

四、实例示范

表 8 - 2　罪犯离监探亲审批表

姓名	刘××	性别	男	出生日期	1973 年 8 月 5 日	罪名	故意伤害罪
刑期	原：有期徒刑 10 年 现：有期徒刑 8 年	刑期起止		自 2003 年 8 月 15 日至 2011 年 8 月 14 日止		剥夺政治权利	原：10 年 现：8 年

亲属基本情况	姓名		与罪犯关系	职业	政治面貌
	张××		母子	工人	群众
	家庭住址	××省××市××区××街道××号			
	身份证号	×××××××××××××××			

离监探亲事由	该犯已执行有期徒刑 1/2 以上，改造表现一贯良好，能够认罪服法，积极接受改造。曾获得过 2 次表扬，系宽管级处遇罪犯，离监后不致再危害社会。根据《监狱法》第五十七条第二款及《罪犯离监探亲和特许离监规定》第二条的规定，经 2009 年 3 月 16 日分监区民警会议讨论，该犯符合离监探亲条件，建议给予离监探亲。 <div align="right">分监区长：马× 2009 年 3 月 16 日</div>
监区意见	经审查，同意离监探亲。 <div align="right">教导员：赵×× 2009 年 3 月 18 日</div>
狱政科意见	经审核，同意离监探亲 3 天，自 2009 年 3 月 24 日起至 2009 年 3 月 26 日止。 <div align="right">科长：葛×× 2009 年 3 月 20 日</div>
监狱意见	同意离监探亲 3 天，自 2009 年 3 月 24 日起至 2009 年 3 月 26 日止。 <div align="right">监狱长：郑× 2009 年 3 月 22 日</div>

【拓展阅读】

1. 罪犯离监探亲审批表 PPT。

2. 《司法部罪犯离监探亲和特许离监规定》。

第四节　罪犯离监探亲证明书

一、任务描述

参见第三节任务描述案例。

二、基础铺垫

（一）罪犯离监探亲证明书的概念及功能

罪犯离监探亲证明书是罪犯被依法批准离监探亲时，监狱发给探亲罪犯证明其离监原因及身份的文书。

罪犯离监探亲证明书，有利于公安机关落实对离监探亲罪犯的监督管理，而且起到了罪犯临时离监的身份证明作用，毕竟其仍然为罪犯身份，在监狱外的活动需要相关证明才能实现。此外，该文书注明罪犯探亲的期限，还能起到督促罪犯按时归监的作用。

（二）罪犯离监探亲证明书的法律依据

司法部《罪犯离监探亲和特许离监规定》第8条规定："罪犯回到探亲地后，必须持《罪犯离监探亲证明》及时向当地公安派出所报到，主动接受公安机关的监督。罪犯离监探亲期间，必须严格遵守国家法律法规和探亲纪律，不得参与和离监探亲无关的活动。"

（三）罪犯离监探亲证明书的结构及内容

该文书属填写式文书，分为存根和正本。存根监狱留存，正本交罪犯本人。

1. 存根。

（1）标题、文号。

（2）罪犯及罪犯家属的基本情况。包括罪犯姓名、性别、罪名、家庭住址、家属姓名和与罪犯关系等六项内容。

（3）批准情况。包括批准探亲的期限、批准人、填发时间和填发人等四项

内容。

2. 正本。

（1）标题、文号。

（2）批准离监探亲的情况。包括罪犯姓名、性别、年龄、批准的理由、法律依据和离监探亲的起止时间等六项内容。

（3）"特此证明"作结束语。

（4）批准机关印章、批准日期。

（5）探亲对象与罪犯的关系、探亲对象的住址。

三、文书制作提示

（一）罪犯离监探亲证明书的制作要求和注意事项

1. 文书填写的依据是经监狱主管领导审批同意的罪犯离监探亲审批表。

2. 文书正本中的探亲期限要求填写到小时，在批准的期限内以监狱正常的工作时间作为离监探亲的起始和终止时间，不以足日计算。例如，监狱批准某罪犯离监探亲5天，期间自7月10日至7月14日。该监狱正常的工作时间为上午8时至下午5时，那么，罪犯离监探亲证明书填写的该罪犯实际探亲期间为：7月10日的上午8时至7月14日的下午5时，而不是7月15日的8时，这点要特别注意。

3. 正本中的成文时间应填写罪犯离监探亲之日，与上面填写的离监探亲的起始日保持一致，加盖监狱印章。

4. 该文书在罪犯离监时交给罪犯本人，要求罪犯到达探亲地后持本证明及时到当地公安派出所报到，返监时收回。

（二）制作罪犯离监探亲证明书的准备工作

1. 监区民警全面准确收集离监探亲所需呈报的材料，如获得行政奖励通知书、宽管级处遇材料、监狱对罪犯的危险性评估材料、刑期状况材料及服刑期间表现考核记载等材料。

2. 根据罪犯离监探亲审批表填写该证明书。

3. 对罪犯进行离监探亲前的个别教育谈话，讲明罪犯离监期间应该遵守的法律法规及纪律要求。

（三）制作的重点和难点

1. 离监探亲事由应高度概括，用语简练。

2. 注意成文日期填写的时间。

四、实例示范

<table>
<tr><td>

罪犯离监探亲证明书
（存根）

（2009）×监探证字第×号

罪犯刘××

性别男

家庭住址××省××市×区×街道×号

与罪犯关系母子

批准期限2009年3月24日至2009年3月26日

批准人郑×

填发时间2009年3月24日

填发人朱×

</td><td>

（贰零零玖）×监探证字第×号

</td><td>

罪犯离监探亲证明书

（2009）×监探证字第×号

　　罪犯刘××，男（女），36岁，因服刑期间遵守监规纪律，认罪服法，积极劳动，认真参加三课学习，表现较好，根据《中华人民共和国监狱法》第五十七条之规定，经监狱决定离监探亲，时间自2009年3月24日8时起至2009年3月26日17时止。

　　特此证明。

（公章）

2009年3月24日

探亲对象张××　关系母子

家庭住址××省××市×区×街道×号

</td></tr>
</table>

【拓展阅读】

罪犯离监探亲证明书PPT。

第五节　　罪犯改造积极分子审批表

一、任务描述

　　罪犯王×，男，汉族，本科文化，1966年3月5日出生，捕前为某国有企业负责人，2008年因职务侵占罪被××市××区法院判处有期徒刑10年。入监后，该犯情绪相当低落，经民警多次耐心教育，有了很大的转变。能认罪悔罪，深挖导致走上犯罪道路的思想根源，接受法院公正的判决。遵守监规纪律，在改造中能自觉履行改造义务，牢记罪犯身份意识，服从管理。能够按要求参加三课学习，认真听课完成各项作业，全年到课率100%，平均成绩优秀。踊跃参加监狱组织的各项活动，在监狱组织的征文比赛中多次获奖，积极写稿投稿，全年被新生报录用4篇。劳动态度端正，

服从分配，积极劳动遵守劳动纪律和安全操作规程。在积极完成生产任务的同时，利用空余时间，认真钻研专业知识，不断总结入狱前在工程中的各种问题，先后完成《智能交变电磁感应电动机控制保护器》和《线性显示变电阻液位计》的设计。并于 2013 年 10 月、2014 年 3 月获得国家知识产权局授予的两项专利证书。其中《线性显示变电阻液位计》经国家知识产权局实物论证，认定该专利技术有效填补了国家 >20m 深度液体测控的空白。近年来，获得监狱记功 3 次，减刑 2 次，共减去刑期 1 年。2014 年度考核累计 216 分，月均得分 18 分，全年无故意违规扣分。

实施步骤：学生分组；分析讨论案例：根据提供材料，应如何对材料涉及的罪犯表现进行归纳并对照分析是否符合奖励条件，符合何种奖励？具体该做哪些工作？需要制作哪些相应的执法文书？

二、基础铺垫

（一）罪犯改造积极分子审批表的概念及功能

罪犯改造积极分子审批表，是监狱或省级监狱管理局在组织罪犯开展年度评审工作的基础上，将改造表现突出的罪犯，按照一定的程序确定为改造积极分子的审批文书。

评选"改造积极分子"既是对改造中积极分子的肯定，又是对罪犯进行的一次有益的教育。将评选结果予以记载和审批，是一项重要的狱政管理工作，严肃认真、及时准确地评选出"改造积极分子"并逐级上报、审批，有利于调动罪犯改造的积极性，促进监管改造秩序的稳定。

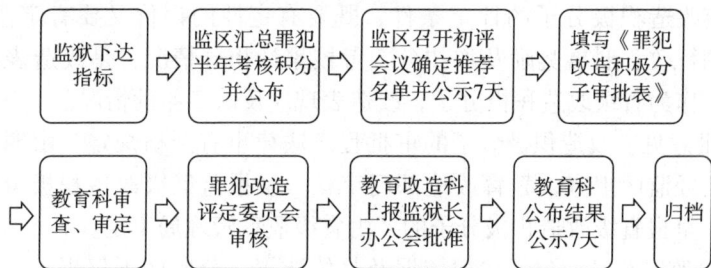

图 8 - 3　监狱级改造积极分子评选流程

（二）罪犯改造积极分子审批表的法律依据

2003 年司法部颁发的《监狱教育改造工作规定》，明确规定改造积极分子的条件、类别和评选方法。

第 51 条规定："监狱和省、自治区、直辖市监狱管理局应当每年分别组织评选本监狱和本地区的改造积极分子。改造积极分子的条件：认罪悔罪，积极

改造；自觉遵守法律、法规、规章和监规纪律；讲究文明礼貌，乐于助人；认真学习文化知识和劳动技能，成绩突出；积极参加劳动，完成劳动任务；达到计分考核奖励条件。"

第 52 条规定："监狱评选改造积极分子，应当在完成年终评审的基础上，由分监区召集罪犯集体评议推荐，全体警察集体研究，报监区长办公会审议，确定人选。直属分监区或者未设分监区的监区，其人选由分监区或者监区召集罪犯集体评议推荐，全体警察集体研究确定。监区或者直属分监区确定人选后，填写改造积极分子审批表，报监狱教育改造部门审核，在本监狱内履行公示程序后，提交监狱长办公会审定。"

第 54 条规定："省、自治区、直辖市监狱管理局评选本地区改造积极分子，由监狱根据下达的名额，从连续 2 年被评为监狱改造积极分子的罪犯中提出人选，报监狱管理局教育改造部门审核，由局长办公会审定。"

（三）罪犯改造积极分子审批表的结构及内容

1. 表头。表头包括标题、单位和编号。审批监狱级改造积极分子的，单位填写监区分监区名称；审批省级改造积极分子的，单位填写监狱名称。罪犯编号指监狱收押新犯时确定的统一编号。

2. 罪犯基本情况。要注意"刑期"及"刑期起止"栏的填写。由于该文书没有"刑种"栏，也没有"刑期变动情况"栏，因此在具体填写时要在"刑期"栏中填写刑种和刑期及其变动情况；在"刑期起止"栏中写明历次减刑情况及刑期截止日期。

3. 改造表现。该栏目为审批机关审定改造积极分子提供事实依据。在表述时，要对应改造积极分子的评定条件，既要有定性的评价又要有定量的总结。当年取得的行政、刑事奖励及加扣分、考核累计积分情况，是改造表现的重要组成部分。作为省级改造积极分子，改造表现应反映 2 年的情况。

4. 审批意见。改造积极分子的审批程序法律也有严格规定，由罪犯所在分监区提起，经监区审查，教育改造部门审核。呈报监狱级改造积极分子的，由监狱审定；呈报省级改造积极分子的，由省级监狱管理局审定。

（1）分监区意见。包括法律依据及具体建议。分监区不仅提出改造积极分子的人选，而且提供罪犯积极改造的表现情况。上级部门的审批意见，通常是建立在分监区意见的基础上，因此必须依法提出明确建议。根据《监狱教育改造工作规定》第 52 条的要求，评选改造积极分子必须经分监区民警会议讨论，形成集体意见。分监区意见可以表述为："根据《监狱教育改造工作规定》第51 条之规定，经×××年××月××日分监区民警集中评议，认为该犯改造表现突出，符合监狱级（省级）改造积极分子条件，建议评为×××年度监

狱级（省级）改造积极分子。"

（2）监区意见。监区意见着重审查改造积极分子的条件，明确是否同意的意见。监区意见可以这样签署："经××××年××月××日监区长办公会议审查，同意评为××××年度监狱级（省级）改造积极分子。"

（3）教育改造科意见。主管科室要对罪犯改造表现是否属实，对是否确定为改造积极分子提出审查意见，供监狱领导审批时参考。

（4）监狱意见。分两种情况，对监狱级改造积极分子是决定意见，对省级改造积极分子是推荐意见。意见可以这样签署："经××××年××月××日监狱长办公会议审定，同意评为××××年度监狱级（省级）改造积极分子。"当然不同意的，写明意见并简要说明理由。

（5）批准机关意见。批准机关意见对省级改造积极分子具有确定效力。按照司法部《监狱教育改造工作规定》有关规定，在局长办公会审定之前，先由局教育改造部门审核，但文书可以这样签署："经局教育改造处审核，××××年××月××日局长办公会审定，同意评为××××年度省级改造积极分子。"

各意见应当由负责人签名，注明年月日（用阿拉伯数字）。监狱教育改造科、监狱、省监狱管理局应同时加盖公章。

三、文书制作提示

（一）罪犯改造积极分子审批表的制作要求和注意事项

1. 此表是罪犯评审鉴定表监狱意见栏记载的同意评为改造积极分子的依据。

2. 审批省级改造积极分子的，该文书应一式两份，审批后，一份由审批机关留存，另一份发还呈报单位归入罪犯本人档案。

（二）制作罪犯改造积极分子审批表的准备工作

1. （分）监区进行罪犯的年终评审工作（汇总罪犯当年取得的行政、刑事奖励及加扣分、考核累计积分情况），并进行公布。如是省级改造积极分子申报，要求汇总以上2年的改造表现材料。

2. 完成以上工作基础上，由（分）监区召集罪犯集体评议推荐人选。

3. （分）监区召开初评会议，全体警察集体研究确定推荐名单，报监区长办公会审定，并公示7天。

4. 填写罪犯改造积极分子审批表并逐级上报审核，等待批准。

（三）制作的重点和难点

1. 罪犯刑种、刑期、刑期起止的填写。

2. 罪犯改造表现的填写，应全面围绕法定条件组织语言，既要有定性总结，也要有定量数据表述。

3. 批示意见栏目填写不能简单签注"同意"，应签注具体意见并注明年度。

四、实例示范

表8-3　罪犯改造积极分子审批表

单位：×监区×分监区　　　　　　　　罪犯编号：×××××××

姓名	王×	性别	男	出生日期	1966年3月5日
罪名	职务侵占罪	刑期	有期徒刑10年	刑期起止	自2008年4月4日至2018年4月3日止，先后减刑2次，累计减刑1年，刑期截止日期为2017年4月3日。
改造表现					该犯自入监改造以来，能认罪悔罪，遵守监规纪律，服从管理。能够按照监狱要求认真参加三课学习，全年到课率100%，平均成绩优秀。积极参加生产劳动，吃苦肯干，保质保量完成生产任务；有钻研精神，先后申请并获得国家2项专利技术。积极参加监狱组织的各项活动，踊跃向新生报投稿10余篇，被录用4篇。 　　全年累计考核分数216分，月均得分18分，无故意违规扣分。先后获得监狱记功3次，减刑2次，共减去刑期1年。 　　综上所述，该犯积极改造、认罪悔罪、遵守法律法规和监规纪律，讲究文明礼貌、乐于助人；文化知识和劳动技能突出，达到计分考核奖励条件。
分监区意见					根据《监狱教育改造工作规定》第五十一条，经2015年1月13日分监区民警会议评议，认为该犯改造表现突出，符合改造积极分子评选条件，建议评为2014年度监狱级改造积极分子。 分监区长：关× 指导员：夏×× 2015年1月13日
监区意见					经2015年1月15日监区长办公会议审查，同意评为2014年度监狱级改造积极分子。 监区长：张×× 指导员：吴× 2015年1月15日
教育改造科意见					经审核，同意评为2014年度监狱级改造积极分子。 科长：胡×× （公章） 2015年1月16日
监狱意见					经2015年1月18日监狱长办公会议审定，同意评为2014年度监狱级改造积极分子。 监狱长：候× （公章） 2015年1月18日

续表

批准机关意见	无
备注	

【拓展阅读】

1. 罪犯改造积极分子审批表 PPT。

2. 《监狱教育改造工作规定》《教育改造罪犯纲要》。

第六节　罪犯处罚审批表

一、任务描述

2003 年 6 月 13 日早上在监内餐厅就餐期间，罪犯兰××在唱歌，同改罪犯林×对兰××说："唱得那么难听，别唱了，别污染空气了"。为此双方发生口角，被其他罪犯劝阻后，罪犯兰××突然用菜盆朝林×头上砸去，造成林×头部受伤，伤口长约 1.2 厘米，深约 0.4 厘米，缝合两针。

实施步骤：学生分组；分析讨论案例，根据提供材料，监狱干警处置的依据是什么？对罪犯的日常改造表现该怎样记录固定，记录时应当遵循什么程序？注意哪些细节？需要制作哪些执法文书？

二、基础铺垫

（一）罪犯处罚审批表的概念及功能

罪犯处罚审批表是监狱对具有法定破坏监管秩序情形的罪犯，按照一定的程序，给予行政处罚的审批文书。

监狱对有破坏监管秩序行为的罪犯，依据法律的规定和程序实施处罚，是我国监狱管理中打击抗改行为、维护监所稳定的重要手段，是评价罪犯改造表

现的重要依据。

罪犯处罚审批表既是记录罪犯受到行政处罚的载体，又是逐级上报的依据，填写罪犯处罚审批表是履行必要的审批程序，能确保对罪犯的处罚严格依法进行。

（二）罪犯处罚审批表的法律依据

《监狱法》第58条第1款规定："罪犯有下列破坏监管秩序情形之一的，监狱可以给予警告、记过或者禁闭：①聚众哄闹监狱，扰乱正常秩序的；②辱骂或者殴打人民警察的；③欺压其他罪犯的；④偷窃、赌博、打架斗殴、寻衅滋事的；⑤有劳动能力拒不参加劳动或者消极怠工，经教育不改的；⑥以自伤、自残手段逃避劳动的；⑦在生产劳动中故意违反操作规程，或者有意损坏生产工具的；⑧有违反监规纪律的其他行为的。"

（三）罪犯处罚审批表的结构及内容

该表与罪犯奖励审批表结构及内容要求基本相同，在此仅对重点栏目"处罚依据"作介绍：

处罚依据包括事实依据和法律依据。叙述事实依据应着重叙述典型事实或主要情节，将事实的时间、地点、人物、情节和结果填写清楚，力求真实、客观、准确、恰当。

法律依据要求援引到《监狱法》第58条相应款项。

三、文书制作提示

（一）罪犯处罚审批表的制作要求和注意事项

1. 现行法律规定对罪犯处罚的种类有三种：警告、记过、禁闭，但罪犯处罚审批表只适用于对罪犯的警告、记过，对罪犯禁闭使用罪犯禁闭审批表。

2. 处罚依据的法律条文是《监狱法》第58条第1款，该条款列举了8项可以给予处罚的情形，在填写法律依据时，要根据具体破坏监管秩序的行为准确引用所适用的款项。

3. 奖励审批表中分监区意见使用的语气词是"建议"，而处罚审批表使用"提请"比较庄重。

4. 该表一式两份，审批结束后分别归入罪犯的正档和副档。

（二）制作罪犯处罚审批表的准备工作

1. 上报罪犯违纪问题。当事罪犯控制后，监区值班领导立即电话向狱政科汇报，违纪问题上报的汇报内容包括违纪问题发生的情况，具体包括发生的时间、地点、涉及罪犯人数、违纪的类别和性质等情况，同时狱政科对问题、性质严重的违纪问题进行调查和处理。

2. 搜集、留存违纪现场证据。干警要做好现场证据的搜集、留存：包括违

纪现场、罪犯伤情等痕迹的拍照和固定；对违纪工具、物品等物证的采集留存；同时对当事罪犯相关物品进行严格检查，搜集与违纪有关证据材料。

3. 进行调查，制作询问、讯问笔录并注意收集保存相关证据材料。

4. 将罪犯行为表现进行日常考核记载，进行规范的扣分，制作《服刑人员加扣分通知书》。

5. 在监区评议会议中，上报情况，经民警集体评议根据相关规定，提请对罪犯进行相应行政处罚。

6. 层级上报，由相关部门进行审查和审核，批准通过。

（三）制作的重点和难点

1. 刑种、刑期及起止日期变化的填写。

2. 处罚依据的填写，事实依据中各要素填写的完整度、逻辑性；法律依据是否援引准确、具体。

四、实例示范

表 8 - 4　罪犯处罚审批表

单位：×监区×分监区　　　　　　　　　罪犯编号：×××××××××

姓名	兰××	性别	男	出生日期	1978 年 4 月 26 日
民族	汉族	文化程度	高中	罪名	故意杀人罪
刑种	原：无期徒刑 现：有期徒刑	刑期	18 年	刑期起止	自 2001 年 10 月 10 日 至 2019 年 10 月 9 日
处罚依据		2003 年 6 月 13 日早上在监内餐厅就餐期间，罪犯兰××与同改罪犯林×因琐事发生口角，被其他罪犯劝阻后，罪犯兰××突然用菜盆朝林×头上砸去，造成林×头部受伤，伤口长约 1.2 厘米，深约 0.4 厘米，缝合两针。罪犯兰××对违规事实供认不讳。 　综上所述，罪犯兰××无视监规监纪，寻衅滋事，殴打其他被监管人员，破坏监管秩序，其行为触犯了《监狱法》第五十八条第一款第四项之规定。				
分监区意见	经 2003 年 6 月 14 日分监区民警会议集体讨论，提请给予记过处罚。 　　　　　　　　　　　　　　　　　　　　　分监区长：李×× 　　　　　　　　　　　　　　　　　　　　　　指导员：杨× 　　　　　　　　　　　　　　　　　　　　2003 年 6 月 14 日				
监区意见	情况属实，同意给予记过处罚。 　　　　　　　　　　　　　　　　　　　　　　监区长：吴× 　　　　　　　　　　　　　　　　　　　　　教导员：汪×× 　　　　　　　　　　　　　　　　　　　　2003 年 6 月 14 日				

狱政科意见	经审核，同意给予记过处罚。 科长：刘× 2003 年 6 月 16 日
监狱意见	同意给予记过处罚。 监狱长：闫×× 2003 年 6 月 18 日

【拓展阅读】

1. 罪犯处罚审批表 PPT。

2. 司法部印发《关于计分考核罪犯的规定》第三章计分考核的组织和方法（节选）。

第七节　罪犯处罚通知书

一、任务描述

参见第六节任务描述案例。

二、基础铺垫

（一）罪犯处罚通知书的概念及功能

罪犯处罚通知书是监狱将处罚结果告知罪犯本人的书面凭证，适用于警告和记过两种处罚。该文书制作的依据是经监狱领导审批同意的《罪犯处罚审批表》，意义在于保障罪犯受处罚的知情权，是处罚公开、透明的具体体现，罪犯如对处罚不服的，可以据此作为申诉的依据。同时，罪犯本人持有处罚凭证，可以促其牢记违规教训，发挥处罚的警示效应。

（二）罪犯处罚通知书的法律依据

司法部《关于计分考核罪犯的规定》（2016 年 8 月 1 日起施行）。

第 5 条：计分考核内容分为教育改造和劳动改造两个部分，每月基础分为 100 分。

第6条：按照监狱管理规定，罪犯在服刑改造期间达到以下各项要求的，当月给予教育改造基础分65分：①服从法院判决，认罪悔罪；②遵守监规纪律，遵守服刑人员行为规范；③服从管理，如实向监狱人民警察汇报改造情况；④爱护公共财物，讲究卫生，讲究文明礼貌；⑤参加思想、文化、技术学习，考核成绩合格；⑥参加文体活动，接受心理健康教育；⑦其他接受教育改造的情形。

第7条：按照监狱管理规定，罪犯在服刑改造期间达到以下各项要求的，当月给予劳动改造基础分35分：①劳动态度端正，服从调配，按时出工劳动，参加劳动习艺；②按时完成核定的劳动任务，达到劳动质量要求，无劳动定额的，认真履行岗位职责；③遵守劳动操作规程和安全生产规定，爱护劳动工具和产品；④其他接受劳动改造的情形。

第8条：对老年、身体残疾（不含自伤致残）、患严重疾病等经鉴定没有劳动能力的罪犯，只考核其教育改造的表现，每月基础分为100分。

监狱建立对罪犯的日常考核制度，以计分的办法对罪犯进行考核，计分考核的结果作为分级处遇、奖罚和呈报减刑、假释的依据。

罪犯计分考核分为基础分考核和奖励分考核。基础分是每月评定奖励分等级，兑现奖励分的依据；奖励分是兑现行政奖励、物质奖励，实施分级管理的主要依据。

罪犯的日常改造表现无奖分、扣分行为的，给予基础分；符合奖分、扣分规定的，应增减基础分的相应分值；符合法定奖励、处罚条件的，应给予行政奖罚。

（三）罪犯处罚通知书的结构及内容

该文书属于填写式文书，一纸两联，分正本和存根。正本交由罪犯本人，存根监狱留存。

该文书与罪犯奖励通知书的结构内容要求基本相同，在此不再赘述。

三、文书制作提示

（一）罪犯处罚通知书的制作要求和注意事项

1. 填写此通知书必须以监狱领导批准的罪犯处罚审批表为凭据，即处罚决定成立后才能制作该通知书。

2. 正本联中的处罚事由，可以从处罚审批表中摘录，用词应简洁明了。属于何种处罚种类必须填写清楚。落款日期应填写处罚审批表中监狱领导签名的日期，即处罚成立的日期，而不是填写文书制作的日期，加盖监狱公章。

3. 存根联的处罚内容应与正本一致，其他内容可以从处罚审批表中摘录。

4. 处罚成立后，经办人应及时制作通知书发给受处罚罪犯，将通知书发放的时间填入存根联。经办人应签名，以示对通知事项负责。

5. 本通知书只适用于对罪犯予以警告或记过处罚，不适用禁闭处罚。

（二）制作罪犯处罚通知书的准备工作

1. 进行调查，制作询问、讯问笔录并注意收集保存相关证据材料。

2. 将罪犯行为表现进行日常考核记载，进行规范的扣分，填写服刑人员加扣分通知书。

3. 在监区评议会议中，上报情况，经民警集体评议，根据相关规定，提请对罪犯进行相应行政处罚。

4. 层级上报，由相关部门进行审查和审核，批准通过。

5. 根据罪犯处罚审批表，制作罪犯处罚通知书。

（三）制作的重点和难点

"处罚原因"应高度概括、简单明了。

四、实例示范

罪犯处罚通知书

（存根）

（2003）×监罚通字第××号

姓名：<u>兰××</u>

性别：<u>男</u>

出生日期：<u>1978</u>年<u>4</u>月<u>26</u>日

罪名：<u>故意杀人罪</u>

刑期：<u>原：无期徒刑</u>

<u>现：有期徒刑18年</u>

处罚原因：<u>因琐事寻衅滋事，殴打</u>

<u>他犯</u>

处罚种类：<u>记过</u>

已于<u>2003</u>年<u>6</u>月<u>18</u>日通知本人

经办人签字：<u>×××</u>

（贰零零叁）×监罚通字第××号

罪犯处罚通知书

（2003）×监罚通字第××号

<u>兰××</u>：

　　你在服刑改造期间，因<u>琐事寻衅滋事，殴</u><u>打他犯</u>。根据《中华人民共和国监狱法》第五十八条的规定，决定给予<u>记过</u>处罚。特此通知。

（公章）

2003 年 6 月 18 日

【拓展阅读】

1. 罪犯处罚通知书 PPT。

2. 我国监狱行政处罚形式的历史演进。

第八节　　罪犯禁闭审批表

一、任务描述

罪犯许××，女，28岁，犯运输毒品罪，2011年2月14日入监。入狱前就职于××市公安机关。入狱后认为新入监监区管理过于严格，抗拒背诵监规，以监内行为规范严而抗拒管理，经常与组内安全岗争吵。该犯因为自己之前是警察就要求干警宽松对待，觉得自己身份特殊指使同监舍罪犯为其服务，对不听从的同改拳脚相加，甚至把监狱新警也不放在眼里，对其教育谈话毫无悔改，仍然我行我素。6月15日下午3点30分，该犯在监区3楼罪犯通道内，故意借头晕躺在地上无故耍赖，安全岗罪犯制止也不予理睬，值班民警及时赶到进行处置。

实施步骤：学生分组；分析讨论案例，根据罪犯许××表现作为管教干警该如何进行管理处置？应采取哪些措施？处置的依据是什么？对罪犯的日常改造表现该怎样记录固定，记录时应当遵循什么程序？注意哪些细节？需要制作哪些执法文书？

二、基础铺垫

(一) 罪犯禁闭审批表的概念及功能

罪犯禁闭审批表是监狱对有法定破坏监管秩序情形的罪犯，依据一定的程序，给予禁闭作为处罚、防范或强制措施时制作的审批文书。

禁闭是对严重违反监规纪律的罪犯最为严厉的行政处罚措施。禁闭还可以作为监管安全防范措施和刑事诉讼活动的强制措施。如监狱对那些加戴戒具仍不能消除危险性的罪犯，可以采取禁闭来防范危险性，关押期限适用禁闭处罚的规定；监狱对狱内又犯罪正在审理的罪犯、报处死刑待批的罪犯，可以采取禁闭来实施刑事强制措施，关押期限适用刑事诉讼法的有关规定。对罪犯禁闭，应经逐级审批后执行。但遇到特殊情况，如发生罪犯行凶、脱逃等危及监管安全的突发行为，有必要先行采取关押措施的，可以先关押，再补办审批手续。

依法制作和使用罪犯禁闭审批表，是现代法治精神对监狱执法活动的基本要求。规范禁闭处罚程序，可以有效地采取法律手段打击狱内少数罪犯的抗改行为，维护监管改造场所秩序的稳定；可以防止和避免少数监狱民警在对罪犯违规行为处理中以罚代教、滥用禁闭、超期关押的违法现象，确保刑罚的正确执行。

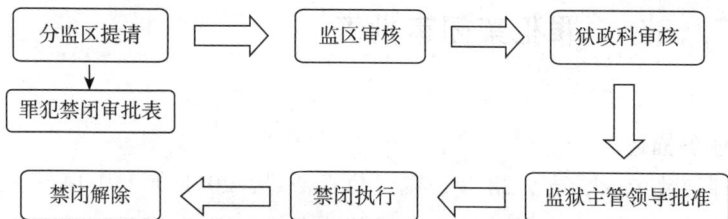

图 8-4　罪犯禁闭流程及相关文书制作节点

（二）罪犯禁闭审批表的法律依据

《监狱法》第 58 条第 1 款、第 2 款对禁闭的情形、禁闭的期限作了明确的规定："罪犯有下列破坏监管秩序情形之一的，监狱可以给予警告、记过或者禁闭：①聚众哄闹监狱，扰乱正常秩序的；②辱骂或者殴打人民警察的；③欺压其他罪犯的；④偷窃、赌博、打架斗殴、寻衅滋事的；⑤有劳动能力拒不参加劳动或者消极怠工，经教育不改的；⑥以自伤、自残手段逃避劳动的；⑦在生产劳动中故意违反操作规程，或者有意损坏生产工具的；⑧有违反监规纪律的其他行为的。依照前款规定对罪犯实行禁闭的期限为 7 天至 15 天。"

（三）罪犯禁闭审批表的结构及内容

罪犯禁闭审批表属表格式文书，包括表头、罪犯基本情况、申请依据、申请期限、审批意见、罪犯禁闭期间的表现及解除禁闭情况等栏目。

1. 表头。表头有标题单位和编号三项内容。该表为监狱内部的审批表，因此单位只填所在的监区，如一监区。编号指审批表的序号，由监狱主管科室在审批时统一编写。

2. 罪犯基本情况。该栏目的内容可以直接从判决书中摘录。有两个栏目的填写需注意：一是刑种、刑期栏的填写，如果提请处罚时罪犯原判的刑种或刑期已经发生变动的，填写时要反映刑种的变动情况和现行刑期。二是健康状况栏的填写，根据罪犯身体的实际状况，选择填写"健康"、"一般"或"较差"。如有比较严重的疾病，须具体写明病名和病情。

3. 申请依据。申请依据包括事实依据和法律依据。

事实依据是要把罪犯具有何种严重破坏监管改造秩序的行为及造成的危害叙述清楚，把违规行为发生的时间、地点、人物、经过、情节和危害后果表述完整，力求真实、客观。作为行政处罚措施申请使用禁闭，依照《监狱法》第 58 条的规定来组织材料。禁闭是相当严厉的行政处罚措施，只适用于严重违反监规纪律的情形，所以叙述时必须指明罪犯违规行为的严重性。作为安全防范使用时，要简要叙述罪犯有哪一种或哪几种现实危险，并注明加戴戒具仍不足以消除危险的具体情况。作为强制措施使用时，要叙述罪犯被确定为狱内刑事

案件犯罪嫌疑人的事实依据。事实依据是禁闭审批表的核心部分，应当有充足的证据，斟酌草拟后填写。

法律依据就是援引《监狱法》第58条第1款的相关规定，来表明罪犯的行为已经符合禁闭的情形。援引的法条要针对罪犯具体的行为，明确到项。如一名罪犯因打架斗殴被提请禁闭，其行为就符合《监狱法》第58条第1款第4项情形。又如，一名罪犯因有劳动能力拒不参加劳动被提请禁闭，其行为就符合该法58条第1款第5项情形。法律依据的填写可以这样表述："综上所述，该犯的行为已经符合《中华人民共和国监狱法》第58条第1款第×项禁闭的情形。"

4. 申请期限。该栏目由分监区负责填写，提出禁闭的意见、期限、起止日期。禁闭须经民警会议讨论作出。禁闭的期限必须在法律规定的幅度内，最少7天，最长不超过15天。分监区意见可表述为："经×××年××月××日分监区民警会议讨论，提请对罪犯××禁闭×天，自×××年××月××日起至×××年××月××日止。"需要注意的是，禁闭的天数包括起始日与终止日，不按足日计算。例如，准予禁闭的期限为7天，禁闭的起始日是6月10日，那么禁闭的终止日就是6月16日，而非6月17日。

分监区领导应当在意见栏签名，注明职务、年月日。

5. 审批意见。审批意见分为监区意见、主管科室意见及监狱意见。

（1）监区意见。监区意见着重是对罪犯违规行为的事实审查，作出是否同意禁闭的意见。监区的意见可签注为：情况属实，同意禁闭×天。

（2）主管科室意见。禁闭审批的主管科室一般为监狱狱政科。意见内容应表明对禁闭的意见、期限、起止日期。主管科室的意见可签注为："经审核，同意禁闭×天，自×××年××月××日起至×××年××月××日止。"

（3）监狱意见。监狱意见是决定意见，是对罪犯实行禁闭的执行依据，因此监狱意见必须做到观点明确，禁闭的期限、起止日期表达完整。监狱意见可签注为："同意禁闭×天，自×××年××月××日起至×××年××月××日止。"

各审批领导应当在意见栏签名，注明职务、年月日。

6. 罪犯禁闭期间的表现。该栏目内容由执行禁闭管理的民警填写，针对罪犯在禁闭期间的表现作出客观的评价，并提出解除禁闭的建议。作为处罚措施使用的，重点写明罪犯禁闭期间遵守纪律和悔过情况；作为防范措施使用的，重点写明罪犯禁闭期危险行为的变化情况；作为强制措施使用的，重点写明罪犯遵守纪律情况。

对禁闭期限已到，罪犯尚无正确认识或原有危险性仍未消除的，应如实鉴定，并提出解除禁闭后加强管理教育的意见。

禁闭室领导应当在意见栏签名，注明职务、年月日。

7. 解除禁闭情况。该栏目内容已程式化，填写罪犯解除禁闭的日期，由批准解除禁闭的监狱领导和禁闭室执行民警共同签名，注明年月日。

三、文书制作提示

（一）罪犯禁闭审批表的制作要求和注意事项

1. 对罪犯关押禁闭的期限，除死刑等待执行的罪犯外，一般为 7 天至 10 天，最长不超过 15 天。对关押禁闭的罪犯，除死刑有特别危险的以外，不再加戴戒具。

2. 如关押禁闭期间仍有不轨表现，符合法律规定需继续关押禁闭的，必须另行填写"罪犯禁闭审批表"，待批准后执行。

3. 各审批意见栏的落款日期用阿拉伯数字。

（二）制作罪犯禁闭审批表的准备工作

1. 掌握罪犯改造中的日常思想、行为等各项表现。

2. 民警做好罪犯违规违纪的调查并做好询问、讯问笔录，注意收集证据并妥善保存。

3. 召开监区评议会议，经民警集体评议根据考核计分规定及具体违规行为，对罪犯进行相应的扣分，并做出关押禁闭的提请。

4. 将罪犯带到监狱医院进行体检并保留好体检单。

5. 层级上报，由相关部门进行审查和审核，批准通过。

（三）制作的重点和难点

1. 刑种、刑期、健康状况栏的填写。

2. 申请依据中事实依据要求叙述完整清楚，申请期限要求按照法定期限及计算方法填写。

3. 罪犯禁闭期间表现栏目的填写。罪犯因被关押禁闭，活动范围受限，故禁闭期间的表现更多地体现在罪犯的思想认识上，所以本栏目的表现和前面所涉及的改造表现有不同之处，叙写时应注意侧重点。

4. 主管科室和监狱意见栏的填写，不能只写是否同意，还应具体写明禁闭的起止时间。

四、实例示范

表 8 – 5　罪犯禁闭审批表

单位：×监区×分监区　　　　　　　　　　　　编号：××××××

姓名	许××	性别	女	出生日期	1983 年 2 月 22 日		
罪名	运输毒品罪	刑种	有期徒刑	刑期	6 年	健康状况	良好

续表

申请依据	罪犯许××自入监以来，认为新入监监区管理过于严格，抗拒背诵监规，以监内行为规范严为由而抗拒管理，经常与组内安全岗争吵。该犯因为自己之前是警察就要求干警宽松对待，觉得自己身份特殊指使同监舍罪犯为其服务，对不听从的同改拳脚相加，甚至对监狱新警毫无礼貌，对其教育谈话毫无悔改，仍然我行我素。2011 年 6 月 15 日下午 3 点 30 分，该犯在监区 3 楼罪犯通道内，故意借头晕躺在地上无故要赖，安全岗罪犯制止也不予理睬，民警及时赶到询问后，该犯嘴里说就是抗改，情绪消极。罪犯许××欺压他犯、抗改行为对监区正常改造秩序造成了恶劣的影响。 　　综上所述，罪犯许××的行为已经符合《监狱法》第五十八条第一款第三项及第八项禁闭的情形。
申请期限	经 2011 年 6 月 16 日分监区民警会议讨论，提请对罪犯许××禁闭 7 天，自 2011 年 6 月 17 日起至 2011 年 6 月 23 日止。 　　　　　　　　　　　　　　　　　　　　　　分监区长：李×× 　　　　　　　　　　　　　　　　　　　　　　2011 年 6 月 16 日
监区 意见	情况属实，同意禁闭 7 天。 　　　　　　　　　　　　　　　　　　　　　　监区长：孙×× 　　　　　　　　　　　　　　　　　　　　　　2011 年 6 月 16 日
主管科室 意见	经审核，同意禁闭 7 天，自 2011 年 6 月 17 日起至 2011 年 6 月 23 日止。 　　　　　　　　　　　　　　　　　　　　　　　　科长：姜× 　　　　　　　　　　　　　　　　　　　　　　2011 年 6 月 16 日
监狱 意见	同意禁闭 7 天，自 2011 年 6 月 17 日起至 2011 年 6 月 23 日止。 　　　　　　　　　　　　　　　　　　　　　　监狱长：张×× 　　　　　　　　　　　　　　　　　　　　　　2011 年 6 月 16 日
罪犯禁闭 期间表现	该犯禁闭期间经过自我反思及民警谈话教育，能够认识自己行为严重扰乱了监规秩序，表示要服从管教，踏踏实实改造。该犯基本达到禁闭处罚的目的，可以按期解除禁闭。 　　　　　　　　　　　　　　　　　　　　　　指导员：邱×× 　　　　　　　　　　　　　　　　　　　　　　2011 年 6 月 23 日
解除禁闭 情况	对罪犯许××已于 2011 年 6 月 23 日解除禁闭。 批准人：张×× 　　　　　　　　　　　　　　　　　　　　　　执行人：邱×× 2011 年 6 月 23 日 　　　　　　　　　　　　　　　　　　　　　　2011 年 6 月 23 日

【拓展阅读】

罪犯禁闭审批表 PPT。

单元训练　罪犯行政奖惩执法文书项目实训

一、单元名称：罪犯行政奖励文书制作实训

二、实训目标

1. 具有对罪犯行政奖励及种类的分析判断能力。

2. 具有对罪犯计分考核相应赋分及统计能力。

3. 具有对罪犯改造表现各项材料的选取收集能力。

4. 培养学生制作罪犯行政奖励执法文书的能力。

5. 培养学生对罪犯行政奖励执法文书的分析、评价和修改的能力。

三、实训要求

1. 重点：罪犯行政奖励办理工作流程；罪犯日常管理加扣分操作流程；罪犯行政奖励执法文书常规栏目填写要求。

2. 难点：罪犯行政奖励执法文书奖励依据的填写；执法中的注意事项。

四、实训内容

（一）执法判断

　　罪犯赵×，男，32岁，因抢夺罪被判处有期徒刑5年。入监后，改造态度端正，能够认罪悔罪，服从管理遵守监规纪律，也配合教育改造。因刑期较短想早日减刑出狱，在生产劳动中能够吃苦，积极参加技术培训，认真学习理论知识，在实际操作过程中遇到不懂的及时请教技术熟练的罪犯和民警，同时积极参加监区组织的各项劳动竞赛。经过一段时间的劳动改造，赵×在监狱的劳动考核中，每次都能获得满分并能超额完成劳动任务。

　　根据所学知识判断赵×是否符合奖励的条件？应给予何种奖励？以及需要制作哪些执法文书？

（二）监狱执法文书析评与修改

2011 年 10 月 28 日，×监狱犯人彭××在清扫会见室时，捡到了一个皮夹子，内有 1130 元钱，彭××当即将其上缴给值班干警。该监狱为表彰他拾金不昧的精神，特别给予他相应的奖励。并在×监狱系统的报纸《×××报》上隆重表彰，此事在全省服刑犯人中引起了广泛关注。

以下是学生制作的罪犯奖励审批表，请根据本章所学，对下面文本进行析评与修改。

表 8－6　罪犯奖励审批表

单位：××分监区　　　　　　　　　　　　　　　　罪犯编号：××××××

姓名	彭××	性别	男	出生日期	1973 年 7 月 20 日
民族	汉族	文化程度	高中	罪名	贪污罪
刑种	死缓	刑期	16 年	刑期起止	自 2007 年 7 月 3 日至 2023 年 7 月 2 日
奖励依据	2011 年 10 月 28 日，我一分监区罪犯彭××在清扫会见室时拾到钱包一个，里面有 1130 元钱，该犯主动上缴给监区干警。 　为此，根据《监狱法》第 57 条规定，建议给予彭××表扬一次奖励。				
分监区意见	经分监区 2011 年 10 月 29 日民警会议集体讨论，建议给予表扬奖励。 分监区长：孙×× 指导员：杨× 2011 年 10 月 29 日				
监区意见	情况属实，同意给予表扬奖励。 监区长：姜× 教导员：郭×× 2011 年 10 月 29 日				
狱政科意见	经审查，同意给予表扬奖励。 科长：侯× 2011 年 11 月 1 日				
监狱意见	同意表扬奖励。 监狱长：吴×× 2011 年 11 月 4 日				

罪犯奖励通知书

（存根）

（2011）×监奖通字第 36 号

姓名：彭××

性别：男

出生日期：1973 年 7 月 20 日

罪名：贪污罪

刑期：16 年

奖励原因：在清扫会见室时拾到钱包一个，装有 1130 元钱，主动上缴给监区干警。

奖励种类：表扬

已于 2011 年 11 月 6 日通知本人

经办人签字：×××

罪犯奖励通知书

（2011）×监奖通字第 36 号

彭××：

　　你在服刑改造期间，在清扫会见室时拾到钱包一个，装有 1130 元钱，主动上缴给监区干警。

　　根据《中华人民共和国监狱法》第五十七条的规定，决定给予表扬奖励。

　　特此通知。

（公章）

2011 年 11 月 6 日

（2011）×监奖通字第 3 6 号

五、任务评估

1. 是否能够全面地收集罪犯日常表现及服刑改造信息，根据搜集的资料分析判断罪犯是否符合离监探亲的条件。

2. 掌握罪犯离监探亲办理的工作流程。

3. 文书制作格式规范。刑种、刑期及刑期起止是否按照要求填写，特别是对于刑期、刑种有变化的填写是否准确。

4. 审查判断亲属是否属于法律允许探望的范围，亲属基本情况填写是否完整。

5. 离监探亲事由是否围绕法定条件来写，法律依据是否具体。离监探亲期限计算是否正确，是否按要求填写到小时。

6. 呈现及审批意见用语是否准确。

7. 法律依据是否援引的明确具体。

第九章 其他狱政类执法文书

学习目标

通过本章学习应掌握罪犯特许离监和使用戒具的法律依据，能够全面、准确收集相关材料并分析，熟悉办理工作流程，掌握罪犯特许离监和使用戒具法律文书的制作要求。

重点提示

通过学习，学生应明确罪犯特许离监和使用戒具所依据的法律规定，能够按照要求和工作流程对罪犯提出的申请进行核查、评议、提交等，并按照司法部颁布的格式和内容要求制作相应的文书。

【本章引言】

严格来讲，本章中的文书不属于行政奖惩类文书，但在狱政管理中经常被使用，所以单列一章进行介绍。

特许离监制度作为监狱的一种狱政管理制度，诠释了宽严相济的刑事政策，践行了司法部提出的"治本安全观"理念，彰显了监狱刑罚执行中的人文关怀。有利于教育感化服刑罪犯，达到监狱、社会、家庭共同教育感化的目标。

第一节　罪犯特许离监审批表

一、任务描述

罪犯罗××，女，1968 年 2 月 12 日出生，犯受贿罪，2005 年 9 月被判处有期徒刑 9 年，同年 10 月 25 日送往×省监狱服刑。刑期自 2005 年 8 月 15 日起至 2014 年 8 月 14 日止。该犯服刑期间能够认罪悔罪、服法服判，遵守监规纪律，努力学习，积极参加劳动，一贯表现好。服刑期间情绪平稳，家庭关系较好，父母早亡，目前家中只剩丈夫和儿子两人，定期来监探望。2012 年 10 月 9 日早晨，儿子在上学途中遭遇车祸，当场身亡。其夫当日向监狱告知这一情况，请求罗××回家见孩子最后一面并料理后事。罗××得知这一噩耗，濒临崩溃，几次哭昏过去，无法正常学习劳动。

实施步骤：学生分组；分析讨论案例，根据提供材料，监狱民警面对罪犯这一突发情况应采取哪些措施？依据是什么？之后应如何帮助该犯走出困境？对于罪犯家属提出的离监请求应如何解决？以及需要制作哪些执法文书？

二、基础铺垫

（一）罪犯特许离监审批表的概念及功能

罪犯特许离监审批表是指罪犯配偶、直系亲属或监护人病危、死亡或者家中发生重大变故，确需本人回去处理且罪犯本人符合法定条件，监狱特许其离开监狱回家看望或处理时制作的审批文书。

罪犯特许离监体现了监狱公正文明、人道的执法理念，是"人性化"管理的重要措施，是全面贯彻"惩罚与改造相结合，以改造人为宗旨"的监狱工作方针的体现。该制度调动了罪犯的改造积极性，有效地维护了监狱稳定，提高了罪犯的改造质量。

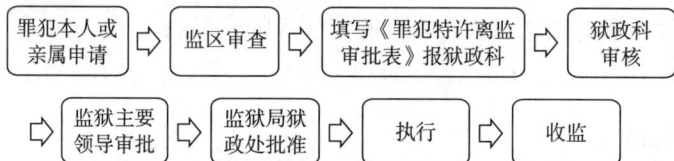

```
┌─────────┐   ┌───────┐   ┌───────────┐   ┌───────┐
│罪犯本人或│ → │监区审查│ → │填写《罪犯特许离监│ → │狱政科 │
│亲属申请 │   │       │   │审批表》报狱政科│   │审核  │
└─────────┘   └───────┘   └───────────┘   └───────┘

  ┌───────┐   ┌───────┐   ┌───────┐   ┌───────┐
⇨ │监狱主要│ ⇨ │监狱局狱│ ⇨ │执行   │ ⇨ │收监   │
  │领导审批│   │政处批准│   │       │   │       │
  └───────┘   └───────┘   └───────┘   └───────┘
```

图9－1　罪犯特许离监工作流程

（二）罪犯特许离监审批表的法律依据

《罪犯离监探亲和特许离监规定》（司发通〔2001〕094号）第11条规定："对于同时具有下列情形的罪犯，可以特许其离监回家看望或处理：①剩余刑期10年以下，改造表现较好的；②配偶、直系亲属或监护人病危、死亡，或家中发生重大变故、确需本人回去处理的；③有县级以上医院出具的病危或死亡证明，及当地村民（居民）委员会和派出所签署的意见；④特许离监的去处在监狱所在的省（区、市）行政区域范围内。……"

（三）罪犯特许离监审批表的结构及内容

该文书由罪犯基本情况、亲属基本情况、特许离监事由及审批意见组成。

1. 罪犯基本情况。罪犯基本情况填写的重点是"刑期"及"刑期起止"，该栏目直接反映呈报对象是否满足已执行原判刑期1/2且剩余刑期10年以下的条件。具体填写参见罪犯离监探亲审批表中该栏目的填写方法。

2. 亲属基本情况。该文书中的亲属指特许离监看望的对象。按照规定，特许离监看望的对象限于配偶、直系亲属或监护人。要将亲属的姓名、关系、职务（职业）、政治面貌、家庭住址、身份证号码等信息填写完整。

3. 特许离监事由。包括特许离监的事实理由和法律依据并表述分监区呈报

意见。

事实理由，要写明罪犯的配偶、直系亲属或监护人病危、死亡或家中发生重大变故的事实，以及确需本人回去处理的实际情况，叙写时应围绕着特许离监的法定条件叙写。

法律依据是《监狱法》第 57 条第 2 款及《罪犯离监探亲和特许离监规定》第 11 条。

分监区的呈报意见，可以这样表述："经××××年××月××日分监区民警会议讨论，该犯符合特许离监的条件，提请批准特许离监。"此表针对的是特许离监，所以用提请比较合适。

4. 审批意见。审批意见分为监区、狱政科意见及监狱意见。

（1）监区意见，是对罪犯特许离监的资格条件进行审查，作出是否同意特许离监的明确意见。可以这样签署："经审查，同意特许离监。"

（2）狱政科意见，是对罪犯特许离监的条件进行审核，同时又是监狱领导审批意见的重要依据，所以，应当具体表明特许离监的期限。可以这样签署："经审核，同意特许离监 1 天，时间为××××年××月××日。"

（3）监狱意见，是有关监区执行特许离监的依据，应当由主管监狱领导批准。监狱意见必须态度明确，有具体的特许离监期限、日期。可以这样签署："同意特许离监 1 天，时间为××××年××月××日。"

各意见应当由负责人签名，注明职务、年月日。

三、文书制作提示

（一）罪犯特许离监审批表制作要求和注意事项

1. 整理特许离监申报材料。特许离监有县级以上医院出具的病危或死亡证明，及当地村民（居民）委员会和派出所签署的意见。

2. 办理特许离监，应由罪犯本人或其亲属提出申请，监狱依照罪犯特许离监审批程序批准。

3. 对特许离监的罪犯，监狱必须派民警押解并予以严密监管。当晚不能返回监狱的，必须羁押于当地监狱或看守所。

4. 由于特许离监的事由都比较紧急，因此特许离监相对于离监探亲在审批程序上的时间要尽量缩短。

（二）制作罪犯特许离监审批表的准备工作

1. 准备罪犯本人或亲属申请材料。

2. 全面掌握罪犯服刑期间的表现并准备相应佐证材料。

3. 联系收集县级以上医院出具的病危或死亡证明，及当地村民（居民）委员会、社区和派出所签署或出具的意见。

4. 监区民警对收集材料进行认真审查，提交监区民警会议讨论对符合条件的罪犯填写罪犯特许离监审批表，并报相关部门及领导审核批准。

（三）制作的重点和难点

1. 罪犯基本情况、刑期、刑期起止栏的填写。

2. 特许离监事由栏目的填写，不仅要写明事由，还要写出分监区的呈报意见。

3. 批示意见要求语意明确、态度明朗，注明具体天数和起止日期，日期要具体到年、月、日、时。

四、实例示范

表 9-1　罪犯特许离监审批表

姓名	罗××		性别	女	出生日期	1968 年 2 月 12 日	罪名	受贿罪
刑期	有期徒刑 9 年	刑期起止	2005 年 8 月 15 日起至 2014 年 8 月 14 日止			剥夺政治权利		无
亲属基本情况	姓名			与罪犯关系		职业	政治面貌	
	李××			母子		学生	群众	
	家庭住址		××省××市××区××街道××号					
	身份证号		××××××××××××××					
特许离监事由	该犯儿子突遇车祸身亡，有县级以上医院的死亡证明和当地交通事故处理部门出具的事故处理材料及社区出具的意见。罪犯已执行原判刑期的 1/2 且剩余刑期 10 年以下，该犯服刑期间一贯表现好。 　　经罪犯亲属申请，2012 年 10 月 10 日分监区民警经过集体评议，根据《监狱法》第五十七条第二款及《罪犯离监探亲和特许离监规定》第十一条规定，该犯符合特许离监条件，提请准予罪犯特许离监。 　　　　　　　　　　　　　　　　　　　　　　　分监区长：肖× 　　　　　　　　　　　　　　　　　　　　　　　2012 年 10 月 10 日							
监区意见	经审查，同意特许离监。 　　　　　　　　　　　　　　　　　　　　　　　教导员：赵×× 　　　　　　　　　　　　　　　　　　　　　　　2012 年 10 月 10 日							
狱政科意见	经审核，同意特许离监 1 天，时间为 2012 年 10 月 12 日 7 时至 2012 年 10 月 12 日 23 时。 　　　　　　　　　　　　　　　　　　　　　　　科长：王×× 　　　　　　　　　　　　　　　　　　　　　　　2012 年 10 月 10 日							
监狱意见	同意特许离监 1 天，时间为 2012 年 10 月 12 日 7 时至 2012 年 10 月 12 日 23 时。 　　　　　　　　　　　　　　　　　　　　　　　监狱长：张× 　　　　　　　　　　　　　　　　　　　　　　　2012 年 10 月 11 日							

【拓展阅读】

罪犯特许离监审批表 PPT。

（二维码）

第二节　　罪犯特许离监证明书

一、任务描述

参见第一节任务描述案例。

二、基础铺垫

（一）罪犯特许离监证明书的概念及功能

罪犯特许离监证明书是罪犯被依法批准特许离监时，监狱发给离监罪犯证明其离监原因及身份的文书。

罪犯特许离监证明书，起到了罪犯临时离监的身份证明作用。虽然罪犯特许离监需要民警押送，但其某些活动还需一定的身份证明才可实现。另外，这也是法律程序所要求的。

（二）罪犯特许离监证明书的法律依据

司法部《罪犯离监探亲和特许离监规定》第 8 条规定："罪犯回到探亲地后，必须持《罪犯离监探亲证明》及时向当地公安派出所报到，主动接受公安机关的监督。罪犯离监探亲期间，必须严格遵守国家法律法规和探亲纪律，不得参与和离监探亲无关的活动。"

（三）罪犯特许离监证明书的结构及内容

该文书属填写式文书，分为存根和正本。存根监狱留存，正本交罪犯本人。

1. 存根。

（1）标题、文号。

（2）罪犯及罪犯家属的基本情况。包括罪犯姓名、性别、罪名、家庭住址、家属姓名和与罪犯关系等六项内容。

（3）批准情况。包括批准特许离监的期限、批准人、填发时间和填发人等四项内容。

2. 正本。

（1）标题、文号。

（2）批准特许离监的情况。包括罪犯姓名、性别、年龄、批准的理由、法律依据和特许离监的时间等六项内容。

（3）"特此证明"作结束语。

（4）批准机关印章、批准日期。

（5）特许离监看望的对象与罪犯的关系及住址。

三、文书制作提示

（一）罪犯特许离监证明书的制作要求和注意事项

1. 文书填写的依据是经监狱主管领导审批同意的罪犯特许离监审批表。

2. 文书正本中的特许离监期限要求填写到小时。由于特许离监通常只批准1天，且有监狱民警押解，因此时间一般不以监狱正常上下班时间为限。

3. 正本中的成文时间应填写罪犯特许离监之日，加盖监狱印章。

4. 该文书在罪犯离监时交给罪犯本人，返监时收回。

（二）制作罪犯特许离监证明书的准备工作

1. 查看经审核批准的罪犯特许离监审批表。

2. 对罪犯进行离监前的个别教育谈话，讲明期间应该遵守的法律法规及纪律要求。

（三）制作的重点和难点

1. 特许离监事由应高度概括，用语简练。

2. 注意成文日期的填写，成文时间是特许离监审批通过的时间。

四、实例示范

<table>
<tr><td>

罪犯特许离监证明书
（存根）

　　（2012）×监特离证字第×号

罪犯罗××
性别女
罪名受贿罪
家庭住址××省××市×区×街道×号
家属姓名李××
与罪犯关系母子
批准期限2012 年 10 月 12 日 7 时至 2012 年 10 月 12 日 23 时。
批准人王×
填发时间2012 年 10 月 12 日
填发人彦×

</td><td>

（贰零壹贰）×监特离证字第×号

</td><td>

罪犯特许离监证明书

　　（2012）×监特离证字第××号

　　罪犯罗××，女（男），44 岁，因儿子突遇车祸意外身亡，根据《中华人民共和国监狱法》第五十七条之规定，经监狱决定特许离监，时间自2012 年10 月12 日7 时至2012 年10 月12 日23 时止。

　　特此证明。

　　　　　　　　　　（公章）
　　　　　　　　2012 年10 月12 日

　　探亲对象李××关系母子
　　家庭住址××省××市×区×街道×号

</td></tr>
</table>

【拓展阅读】

罪犯特许离监证明书 PPT。

第三节　使用戒具审批表

一、任务描述

罪犯龚×，男，1977 年 5 月 17 日出生，犯抢劫罪，1995 年 5 月被判处无期徒刑，1997 年 9 月 20 日被减为有期徒刑 20 年，后又减刑 2 次共减刑 2 年。2013 年 5 月 10 日，龚×在监舍内准备上厕所时，发现自己的卫生纸少了，随即开始谩骂："是谁动了我的卫生纸，也不说一声……"同监舍李×反驳道："你骂谁呢，你没用过别人的吗？"随后，两人发生激烈的争执，龚×将李×推到，并用脚不停踢打李×腹部及下身，情绪激动，声称要打死李×，被互监组成员制止，上报民警。

实施步骤：学生分组；分析讨论案例，根据罪犯龚×表现作为管教干警该如何进行处置？该怎样对其进行管理教育？应采取哪些措施？需要制作哪些执法文书？

二、基础铺垫

（一）使用戒具审批表的概念及功能

使用戒具审批表是监狱对具有法定加戴戒具情形的罪犯，依照一定的程序使用戒具的审批文书。

监狱使用戒具是一种临时的强制性、防范性措施，使用戒具的前提，必须是具有法律规定的情形。使用戒具与行政处罚不同，其目的不是惩处，而是防范、控制，一旦情形消失，应当停止使用戒具，使用的时段严格限定为法定情形存续期间。使用戒具，一般情况下由所在监区填写使用戒具审批表，经监区主管领导、主管科室领导签署意见，报监狱主管领导批准后执行。但遇到紧急情况，确有必要即时采取羁束性措施来消除危险的，可以先加戴戒具，再补办审批手续。

依法制作使用戒具审批表，能够保障监狱人民警察按照监狱法的有关规定，适时、正确地对那些具有危险行为或严重违反监规纪律的罪犯使用戒具。严格审批手续，可以有效防范监管事故发生，震慑狱内少数罪犯的抗改行为，维护监管改造场所秩序的稳定。使用戒具审批表是罪犯在服刑改造期间的重要档案材料，可以作为对罪犯考核、年终评审及奖惩工作的重要材料。

（二）使用戒具审批表的法律依据

《监狱法》第45条规定："监狱遇有下列情形之一的，可以使用戒具：①罪犯有脱逃行为的；②罪犯有使用暴力行为的；③罪犯正在押解途中的；④罪犯有其他危险行为需要采取防范措施的。前款所列情形消失后，应当停止使用戒具。"

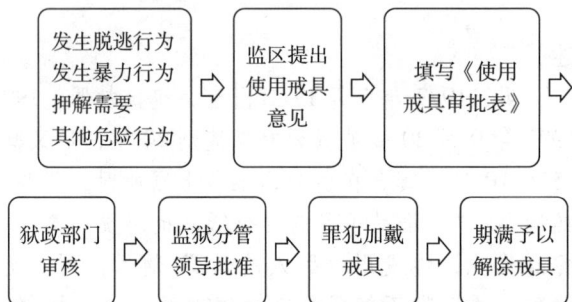

图9-2　罪犯使用戒具工作流程

根据《人民警察使用警械和武器条例》的规定，该条例把警械分为约束性警械和驱逐性、制服性警械。约束性警械与监狱法规定的戒具大体相当。其中第8条第1款规定："人民警察依法执行下列任务，遇有违法犯罪分子可能脱逃、行凶、自杀、自伤或者有其他危险行为的，可以使用手铐、脚镣、警绳等约束性警械：①抓获违法犯罪分子或者犯罪重大嫌疑人的；②执行逮捕、拘留、看押、押解、审讯、拘传、强制传唤的；③法律、行政法规规定可以使用警械的其他情形。"该条第2款规定："人民警察依照前款规定使用警械，不得故意造成人身伤害。"

在监狱实际工作中，戒具包括警棍、手铐、脚镣和警绳等约束性警械，在监内则不使用警绳，警绳一般在抓获脱逃（含暴动越狱和组织越狱）罪犯等行动中使用。

（三）使用戒具审批表的结构及内容

使用戒具审批表属表格式文书，包括表头、罪犯基本情况、申请依据、申请期限、审批意见、加戴戒具期间表现及解除戒具情况等栏目。

该文书与罪犯禁闭审批表的结构及内容基本相同，在此不再赘述。

三、文书制作提示

（一）使用戒具审批表的制作要求和注意事项

1. 申请依据。使用戒具的法律依据是《监狱法》第 45 条第 1 款，援引法条时要针对具体的情形明确到项。如一名罪犯因有脱逃行为被申请使用戒具，就符合该条款第 1 项之情形。法律依据可以这样表述："根据《中华人民共和国监狱法》第 45 条第 1 款规定，该犯具有该条款第 1 项之情形，提请对其使用戒具。"

2. 申请期限。该栏目由监区负责填写，提出使用戒具的名称和期限。戒具包括手铐和脚镣，在意见中应明确使用何种戒具。使用戒具的期限包括天数及起止时间，法律对使用戒具的期限只作了原则规定，即情形消失后，应当停止使用戒具。所以，使用戒具的期限应当根据不同的适用情形慎重确定。

3. 审批意见。各级领导根据各自的职能签署意见，领导的批示意见应当具体明确。

4. 罪犯戴戒具期间的表现。着重记录情形消失的事实，为解除戒具提出事实依据，由执行监区领导负责填写。

5. 解除戒具情况。将实际解除戒具的时间填入程式意见的空格，由执行监区领导和监狱领导共同签名。

各级审批领导应当在意见栏签名，注明职务、年月日。

（二）制作使用戒具审批表的准备工作

1. 掌握罪犯改造中的日常思想、行为等各项表现。

2. 民警做好罪犯违纪的调查并做好询问、讯问笔录，注意收集证据并妥善保存。

3. 召开监区评议会议，上报罪犯具体危险行为及情形，经民警集体评议根据考核计分规定对罪犯进行相应的扣分，并做出加戴戒具的提请。

4. 层级上报，由相关部门进行审查和审核，批准通过。

（三）制作的重点和难点

1. 申请依据中事实依据的填写应完整、清楚。

2. 监区意见应填写具体，申请期限应符合法律规定，注明起止日期。

3. 罪犯戴戒具期间的表现应围绕罪犯对所犯罪错的认识情况、罪犯的危险行为是否消除、能否接受教育等方面填写。

四、实例示范

表9-2　使用戒具审批表

单位：×监区×分监区　　　　　　　　　　　编号：××××××

姓名	龚×	性别	男	出生日期	1977 年 5 月 17 日	
罪名	抢劫罪	刑种	原：无期徒刑 现：有期徒刑	刑期	首次：20 年 当前：18 年	健康状况	良好

申请依据	2013 年 5 月 10 日，罪犯龚×在监舍内准备上厕所时，因生活琐事与李×发生激烈的争执，将李×推到，并用脚不停踢打李×腹部及下身，情绪激动，声称要打死李×，被互监组成员制止，上报民警。 　　龚×行为严重扰乱了监管改造秩序，事发后情绪仍十分激动，暴力倾向明显。为防止该犯有过激行为，根据《监狱法》第四十五条第一款第二项规定之情形，提请对其使用戒具。
申请期限	经分监区民警会议讨论，该犯暴力倾向明显，为防止有过激行为，提请对其戴铐 3 天，自 2013 年 5 月 10 日起至 2013 年 5 月 12 日止。 <div align="right">分监区长：王×× 2013 年 5 月 10 日</div>
监区意见	情况属实，同意戴铐 3 天。 <div align="right">监区长：常×× 2013 年 5 月 10 日</div>
主管科室 意见	经审核，同意戴铐 3 天，自 2013 年 5 月 10 日起至 2013 年 5 月 12 日止。 <div align="right">科长：王× 2013 年 5 月 10 日</div>
监狱意见	同意戴铐 3 天，自 2013 年 5 月 10 日起至 2013 年 5 月 12 日止。 <div align="right">监狱长：马×× 2013 年 5 月 10 日</div>
罪犯戴戒具期间表现	该犯经过自我反思及民警谈话教育，能够认识自己暴力行为的危害性，意识到是严重扰乱了监管秩序，分监区对其采取的加戴手铐的强制措施是必要的，表示今后要吸取教训，遵守监规纪律。该犯现已基本消除暴力危险性，可以解除戒具。 <div align="right">分监区长：王×× 2013 年 5 月 12 日</div>
解除戒具 情况	对罪犯龚×已于 2013 年 5 月 12 日解除戒具。 批准人：马××　　　　　　　　　　　　执行人：王×× 2013 年 5 月 12 日　　　　　　　　　　　2013 年 5 月 12 日

【拓展阅读】

使用戒具审批表 PPT。

单元训练 其他狱政类执法文书项目实训

一、单元名称：罪犯特许离监审批表制作实训

二、实训目标：

1. 具有对罪犯是否符合特许离监条件的分析判断能力。

2. 熟悉特许离监的工作程序并能够办理相关事宜。

3. 具有对罪犯特许离监前的教育谈话能力。

4. 培养学生制作罪犯特许离监执法文书的能力。

5. 培养学生对罪犯特许离监执法文书的分析、评价、修改的能力。

三、实训要求

1. 重点：办理罪犯特许离监的工作流程；罪犯特许离监执法文书刑种、刑期、事由栏目的填写。

2. 难点：审核罪犯是否符合特许离监的条件，完成相关执法文书的制作。

四、实训内容

（一）执法判断

陈××因贩毒罪被判有期徒刑 15 年，经过多次减刑，余刑还剩下 2 年 7 个月。2018 年 3 月 22 日，他从亲情电话中得知母亲因腿骨骨折及糖尿病并发症住进了××县人民医院重症监护室，医院已下了病危通知，母亲弥留之际唯一的愿望就是离世之前还想再见自己一面。去年该犯哥哥突然病逝，家人在探监时才将噩耗告诉他。悲伤的心情刚平复不久，家中老母亲病危即将离世已是今年家中遭受的第二次变故。陈××把家中的突发变故如实向监区长报告，并提出了特许离监的书面申请。

根据所学知识判断陈××是否符合特许离监的条件，如果符合需要制作哪些执法文书？

（二）监狱执法文书析评与修改

罪犯沈××，河北省人，2008年因信用卡诈骗罪被判处有期徒刑10年，入监8年多，改造表现一贯较好。2017年12月19日下午某时，监狱接到罪犯沈××的妹妹打来的电话，告知其父亲和外婆在两天前几乎同时去世，家人都希望沈××能回家奔丧。该犯服刑期间，他的母亲和两位叔叔先后离世，作为家中唯一的男丁，他出狱后回家最大的心愿就是能在仍在世的老人膝下尽孝。身形高大的沈××得知消息后当场崩溃，痛哭不止。为了防止他发生意外，监区民警几乎不间断地轮流与他谈话，"当时，我们深刻地感受到，如果不帮助他解决实际问题，任何说教都是苍白无力的"，监区长说。该犯通过电话与妻子取得联系，请求妻子替他回家奔丧，其妻子态度很坚决，以孩子生病为由，怎么都不愿意回家奔丧。

余刑只剩四十多天。他是家中独子，妹妹未婚在外地打工，妻子拒绝替他奔丧。最后该犯向监区提出申请，请求回家见老人最后一面并料理后事。

以下是学生制作的罪犯特许离监文书，请根据本章所学，对下面文书进行析评与修改。

表9-3　罪犯特许离监审批表

姓名	沈××	性别	男	出生日期	1982年3月12日	罪名	诈骗罪
刑期	有期徒刑10年	刑期起止	2008年2月5日起至2018年2月4日止	剥夺政治权利		无	
亲属基本情况	姓名		与罪犯关系		职业		政治面貌
	沈星×		兄妹		打工		群众
	家庭住址		××省××市××区××街道××号				
	身份证号		××××××××××××××				
特许离监事由	该犯父亲和外婆同时去世，他是家中独子，妹妹未婚在外地打工，妻子拒绝替他奔丧。 经罪犯本人申请，2017年12月21日分监区民警经过集体评议，根据《中华人民共和国监狱法》第57条第2款及《罪犯离监探亲和特许离监规定》第11条规定，该犯符合特许离监条件，建议准予罪犯特许离监。 <div align="right">分监区长：王× 2017年12月20日</div>						

续表

监区 意见	经审查，同意特许离监。 教导员：赵×× 2017 年 12 月 21 日
狱政科 意见	经审核，同意特许离监。 科长：王×× 2017 年 12 月 22 日
监狱 意见	同意特许离监。 监狱长：张× 2017 年 12 月 23 日

五、任务评估

1. 掌握罪犯特许离监的条件，能够根据罪犯的日常表现、服刑改造情况对罪犯是否符合特许离监的条件进行审核。

2. 熟悉罪犯特许离监的工作流程，能够办理相关事宜。

3. 能够制作相关的特许离监执法文书，准确填写特许离监事由，正确援引法律依据，文书制作格式规范。

4. 能够针对制作好的特许离监执法文书进行评析、修改。

第十章　罪犯死亡处理类文书

学习要点

　　通过本章节学习，要求学生知晓对罪犯病危、死亡处理的工作流程，熟悉处理的相关法律法规，能够针对罪犯正常死亡与非正常死亡的不同情况，确实依据相应的法律程序予以处理，注重罪犯死亡原因鉴定及处理过程的证据固定，依法依规解决与罪犯亲属的争议，妥善解决罪犯死亡善后问题。

学习目标

　　知晓处理罪犯病危或死亡处理的法律法规及工作要领，掌握执法文书制作规范，能制作较规范的执法文书。

【本章引言】

　　在监狱服刑罪犯死亡牵动社会敏感的神经，处理得当与否，规范与否，集中反映着我国刑罚执行与监管活动的文明程度，直接关系到监狱方、监狱人民警察、罪犯家属及相关各方的切身利益，关乎刑罚执行机关的执法形象、司法公信力。依法依规妥善处理罪犯死亡事务，认真做好善后工作，既是我国监狱工作执法为民和人道主义的体现，更是稳定监内改造秩序，争取社会各界理解与支持刑罚执行工作的有效举措。

　　"监狱执法工作法治化，执法行为标准化，执法流程台账化"是监狱现代执法工作的发展方向，死亡处理工作也不例外。

　　罪犯死亡处理文书是监狱机关针对正在监狱服刑的罪犯出现病危或死亡情形，需及时依法依规处理相关事宜而制作的各种文书的总称。罪犯死亡处理文书制作是罪犯死亡处理工作的重要内容，与处理工作流程紧密关联，具体流程如图 10 - 1：

発生在监狱内的罪犯死亡

报　告

通　知

死亡原因初步判断

正常死亡　非正常死亡

监狱调查　检察院调查

通知死因

对死因有疑义

检察院重新调查　司法鉴定　检察院：复核复议

确定死亡原因

尸体移送殡仪馆

遗物登记、移交

与罪犯家属沟通、妥善处理善后

做好死亡处理记录、火化、与家属送别

总结　上报　归档

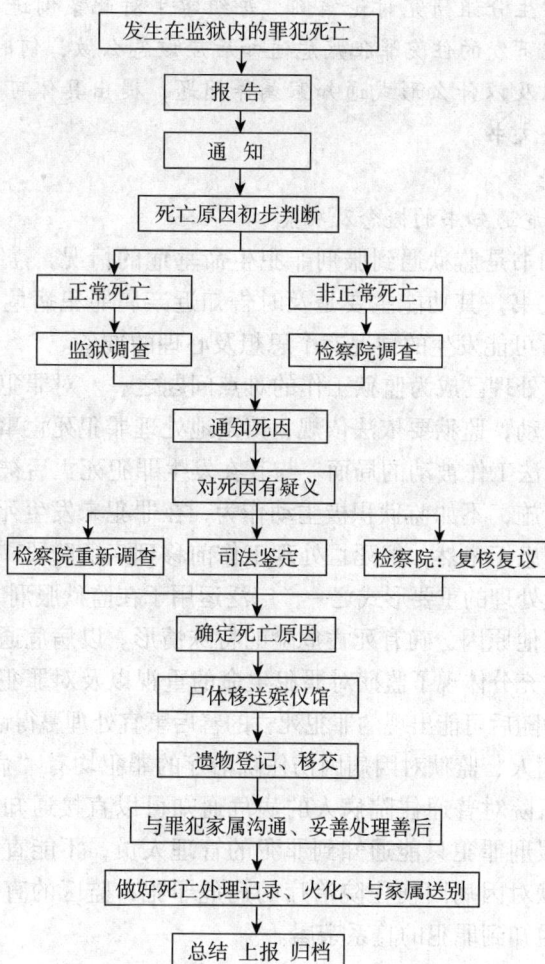

图 10 – 1　罪犯死亡处理工作流程

第一节　罪犯病危通知书

一、任务描述

罪犯刘×彬因抢劫罪被东辽县人民法院判处有期徒刑 14 年，于 2004 年 12 月 9 日被投入到吉林省××监狱服刑，2007 年 8 月 12 日因患脑出血造成身体右侧肢体全瘫痪，语言表达有障碍，说话不流利，思维反应慢，大小便失禁，被送往辉南县人民医院脑外科进行救治，经医院诊断，该犯病情有反复发作并加重趋势，短期内有生命危险，并及时向监狱方下达了病危通知。

　　实施步骤：学生分组研究讨论案例，每组学生对此案例进行深度分析，讨论监狱接到县医院下发的住院罪犯病危通知后应该怎么做，何时通知罪犯家属，通知哪些家属，以及以什么形式通知家属等问题，提出具体可行的方案，应制作哪些相关的执法文书。

　　二、基础铺垫

　　（一）罪犯病危通知书的概念及功能

　　罪犯病危通知书是监狱遇到服刑罪犯生命垂危的情况，需要及时告知其近亲属时所制作的文书。其功能主要是及时告知近亲属罪犯病危的实情，让近亲属对病危罪犯随时可能发生的情况有个思想及心理的准备。

　　狱内罪犯死亡处理已成为监狱工作的难点问题之一。对罪犯死亡处理是一项非常严谨的执法活动，监狱要依法依规、慎重地处理罪犯死亡事件，稍有不慎极有可能造成监狱执法工作被动的局面。与其在发生罪犯死亡后被动等待家属提出解决善后的方法措施，不如监狱积极主动作为，在罪犯未发生死亡之前，提前与家属沟通交流，防患于未然，把死亡处理工作前移到病危阶段。罪犯病危通知书正是罪犯死亡前置处理的重要形式之一，广泛运用于在监狱服刑罪犯因病情严重，或出现工伤，或其他原因，确有死亡危险的特殊情形。以病危通知书的形式及时通知罪犯家属，这充分体现了监狱对罪犯生命的重视以及对罪犯家属亲情权、知情权的尊重，也为随后可能出现的罪犯死亡的善后事宜处理赢得话语权与主动权。

　　医院对住院病人、监狱对因病因伤住院治疗的罪犯均有"病危"的通知权，二者不同的是：医院对普通住院病人的病危通知可以直接通知到病危病人的直系亲属，对住院服刑罪犯只能通知到罪犯的管理人员，不能直接通知到罪犯的直系亲属；而监狱对因病因伤住院治疗的病危罪犯，监区的直接管理责任人员应在第一时间内通知到罪犯的直系亲属。

　　（二）罪犯病危通知书的法律依据

　　《宪法》第33条第3款规定，国家尊重和保障人权。

　　《监狱法》第7条第1款规定，罪犯的人格不受侮辱，其人身安全、合法财产和辩护、申诉、控告、检举以及其他未被依法剥夺或者限制的权利不受侵犯。

　　尽管到目前为止，我国法律尚没有"对病危罪犯要通知家属"的具体条款规定，但从《宪法》"保障人权"的基本精神，从《监狱法》总则"保障罪犯人格，保护罪犯未被剥夺、未被限制的权利"基本原则来看，"当罪犯病危时，及时通知其家属"，也是法律的应有之意，是监狱依法依规执行刑罚的必然要求。

　　（三）罪犯病危通知书的结构及内容

　　该文书属填写式文书，一纸两联，分正本和存根，均为程式化的填空文书，正本寄发罪犯家属，存根监狱存档。

1. 正本联填写"通知对象、病危罪犯姓名、病危原因、通知人地址、通知时间"五个栏目。正文第一行顶格填上通知对象——罪犯近亲属的姓名。通知的对象应当是与罪犯关系密切，具有完全民事行为能力的自然人。第二行起依次填写病危罪犯姓名、病危原因、看望地址等，病危原因可根据医疗单位诊断情况填写"患××病""工伤"或根据实际原因填写。"地址"指监狱地址，为家属来监探望提供方便，填写时要做到正确完整，最好能注明具体的乘车路线，留有联系人的姓名和电话。通知时间即落款日期，填写寄发时的时间。应在各联文书中间的骑缝线上加盖监狱公章。

2. 存根联填写"病危罪犯姓名、家属姓名、家庭地址、填发人姓名、填发时间"五个栏目，按照掌握的现实情况填写准确即可。

三、文书制作提示

（一）罪犯病危通知书的制作要求和注意事项

1. 使用该文书必须十分慎重，只有经监狱主管领导同意后，才能启动通知程序。

2. 存根中"填发人"为监狱指定或授权通知病危罪犯家属的责任干警，应当签署全名，以示对通知事宜负责。

3. 存根上的填发时间与正本联的落款时间保持一致。

4. 通知应采用最快最直接的传递的方式，用特快专递或电子邮件均可。但不宜用平信邮寄，以免耽误时间。

5. 遇到特别危急的情况，来不及采用信件通知的方式，又确有必要告知家属的，经监狱主管领导允许，可以采用电话通知的方式，但应做好证据留存。

（二）制作罪犯病危通知书的准备工作

1. 重视对病危罪犯病情发展过程及抢救治疗过程情况的记载。记明罪犯病危的原因，熟悉抢救治疗情况与病危过程，并做好相关记录，作好证据留存与固定。

2. 认真核实病危罪犯家庭情况，确定病危罪犯需要通知的家属。要掌握病危罪犯所有直系亲属的基本信息，包括姓名、住址、联系方式、民事行为能力状况、与病危罪犯的亲疏关系等，做好相关记录，做好证据的留存与固定。

3. 准确填写监狱地址。为了方便罪犯家属的探望，需准确填写监狱的地址，包括监狱的具体位置、交通线路状况、建筑物编号、楼层、房间号等。

（三）制作的重点和难点

罪犯病危通知书本身不复杂，其篇幅很短，内容也比较简单，但制作的重点和难点在于什么时候通知家属，通知哪个家属。

1. 通知时间的确定。医院对危重病人下发病危通知书是很正常的事情，有时对一个危重病人可能多次下发病危通知。对病情严重的住院治疗罪犯也是一

样的，医院也同样可能向管理人员多次下达病危通知书，应该在什么时候通知罪犯家属是件很难决定的事情，通知过早很可能加重家属负担，通知过晚又可能因突发危机情况而使家属误解监狱。在"什么时候通知家属最适合"的问题上，必须树立"防患于未然"的思想，宜早不宜迟，宜前不宜后，只要确认住院罪犯随时有危及生命的情形，就应当立即通知家属。

2. 通知哪个家属。病危罪犯的直系亲属，无论是配偶，还是父母、子女，还是兄弟姐妹都可以成为通知的对象。但通知通常只通知其中的一人，必须从中做出正确的选择。为便于问题和平圆满地解决，监狱一般选择文化层次高、行为能力与语言交流能力较强、在家庭成员中有一定威信或同病危罪犯关系比较亲密的直系亲属作为通知对象。

四、实例示范

| 罪犯病危通知书
（存根）
（2007）×监病危通字第6号

罪犯姓名　刘×彬

家属姓名　谭×芬

家庭地址　延吉市××区温馨人家6栋3单元402室

填发人　张×君

填发时间　2007年8月13日 | （贰零零柒）×监病危通字第陆号 | 罪犯病危通知书

（2007）×监病危通字第6号

谭×芬：
　罪犯刘×彬　因患脑出血，目前病情严重，请即来看望。
　地址：吉林省××市××路52号××省××监狱
　联系人：吴××
　联系电话：133×××××××
　特此通知

2007年8月13日
（公章） |

【拓展阅读】
罪犯病危通知书PPT。

第二节　罪犯死亡通知书

一、任务描述

2012年6月17日，吴×云因拐卖儿童罪被判有期徒刑12年，送云南省××监狱×监区服刑改造。2014年2月2日0时25分，入睡中的吴×云忽然发出怪异的呼吸声，惊醒了403号同监室的服刑人员，同监室的服刑人员立即报告值班干警，值班干警与值班医生随即赶到现场，对吴×云进行人工呼吸和胸外心脏按压，同时拨打了120急救电话。1时25分，砚山县人民医院的急救人员赶到监狱，医生对吴×云实施了4分钟的胸部按压。1时29分，吴被抬到救护车上。1时40分，急救人员采取急救措施，但吴×云的心跳、呼吸都已经停止，砚山县人民医院宣告吴×云抢救无效死亡。

实施步骤：学生分组，研究讨论本案例。每组学生对此案例进行深度剖析探讨，讨论监狱如遇到诸如吴×云这样的服刑人员死亡事件应及时通知哪些机关与人员，采取什么形式通知，需要启动什么程序，固定哪些证据，制作哪些执法文书，梳理出提纲条目，提出具体可行的措施方案，制作相关的执法文书。

二、基础铺垫

（一）罪犯死亡通知书的概念及功能

罪犯死亡通知书是监狱将在服刑期间死亡的罪犯情况告知其近亲属及有关职能机关时所制作的管理文书。

在监狱服刑罪犯死亡后，监狱应及时制作罪犯死亡通知书通知其近亲属及有关机关。其功能：一是能使其家属及时而确切地知道服刑罪犯死亡的事实，配合监狱尽快处理善后事宜。二是确保人民检察院对罪犯死亡处理工作的监督落到实处。罪犯在服刑期间死亡的，人民检察院应当掌握情况，实地进行检验，及时对罪犯在服刑期间死亡原因进行调查或鉴定。三是原判人民法院对生效判决的执行情况有知悉权，向原判人民法院通报罪犯服刑期间死亡的情况，表明原判刑罚因死亡而告终结。

（二）罪犯死亡通知书的法律依据

1.《监狱法》。

第55条：罪犯在服刑期间死亡的，监狱应当立即通知罪犯家属和人民检察院、人民法院。罪犯因病死亡的，由监狱作出医疗鉴定。人民检察院对监狱的医疗鉴定有疑义的，可以重新对死亡原因作出鉴定。罪犯家属有疑义的，可以向人民检察院提出。罪犯非正常死亡的，人民检察院应当立即检验，对死亡原因作出鉴定。

2. 最高人民检察院、民政部、司法部《监狱罪犯死亡处理规定》。

第3条：罪犯死亡处理，监狱、人民检察院、民政部门应当分工负责，加强协作，坚持依法、公正、及时、人道的原则。

第5条：罪犯死亡后，监狱应当立即通知死亡罪犯的近亲属，报告所属监狱管理机关，通报承担检察职责的人民检察院和原审人民法院。死亡的罪犯无近亲属或者无法通知其近亲属的，监狱应当通知死亡罪犯户籍所在地或者居住地的村（居）民委员会或者公安派出所。

第6条：罪犯死亡后，监狱、人民检察院应当按照有关规定分别层报司法部、最高人民检察院。

（三）罪犯死亡通知书的结构及内容

罪犯死亡通知书一式四联，包括一个存根、三个正本，正本依次是家属联、检察院联、法院联。

1. 存根联。第一联是存根联，由监狱留存，位于文书最左边的位置，文书记载内容包括罪犯基本情况、死亡情况与死亡原因、罪犯家属姓名、通知机关名称及填表人与批准人等基本信息。

2. 家属联。第二联是家属联，是发给死亡罪犯近亲属的，记载内容包括死亡罪犯近亲属的姓名，死亡罪犯服刑所在的监狱、监区、死亡的原因、死亡的时间、通知的事项等。

3. 检察院联。第三联是检察院联，记载内容包括要通知的检察机关名称、死亡罪犯的基本信息、近亲属的基本信息、通知依据与相关请求事项等。

4. 法院联。第四联是人民法院联，记载内容包括要通知的人民法院名称、死亡罪犯的基本信息、近亲属的基本信息、要告知的事项等。

三、文书制作提示

（一）罪犯死亡通知书的制作要求和注意事项

1. 死亡罪犯家属，必须是死亡罪犯的近亲属，且具有完全民事行为能力。

2. 填写病因与死亡时间，必须与罪犯死亡善后处理情况登记表里确认的原因、时间一致。

3. 要通知的检察机关是指监狱所在地的检察机关或人民检察院的驻监检察室。

4. 要通知的法院是指对该罪犯作出生效判决的人民法院。

5. 各正本联的落款时间为发出通知的时间，尽可能在罪犯死亡后的最短时间内通知，该落款时间与其他的文书不同，必须精确到时与分。

把握通知的时间节点：《监狱罪犯死亡处理规定》第5条规定了"立即通知死亡罪犯的近亲属，报告所属监狱管理机关，通报承担检察职责的人民检察院和原审人民法院"的执法要求，但没有具体说明立即通知的时间节点，所以在实践中我们应采用法学界普遍提倡的最佳通知时间节点，即在罪犯死亡事件发

生后 24 小时内，通知罪犯近亲属[1]。

6. 为准确记录送达情况，与本文书相配套，监狱应专门设计文书送达回证（见例文后样式），以证明通知执行情况。

7. 邮寄应采用特快邮递的方式，不宜用平信。遇到特殊情况，需要尽快通知家属的，经监狱领导允许，可以采用"电话＋邮件"的通知方式，应做好通知相关证据留存。

（二）罪犯死亡通知书制作的准备工作

1. 准确把握罪犯死亡处理的法律政策。熟悉最高人民检察院、民政部、司法部《监狱罪犯死亡处理规定》，知晓罪犯死亡报告、通知程序，明确通知对象的范围，掌握报告、通知的内容形式。

2. 熟悉罪犯正常死亡和非正常死亡的处理程序。熟悉罪犯正常死亡和非正常死亡的处理程序，能够根据罪犯死亡的不同情况启动不同的处理程序。严格遵守罪犯死亡处理程序规定，做好证据留存和固定。

3. 做好死亡罪犯死亡事实与死亡经过的证据留存。知晓死亡罪犯的基本情况，着重了解罪犯的身体状况及疾病史、近期的服刑改造情况等一切可能跟死亡原因有关系的情况，并做到在第一时间封存证据，做好证据的留存和固定，以利于监狱或检察院准确判定死因，使监狱对罪犯死亡的处理有理有据。

4. 了解死亡罪犯的家庭情况，确定通知对象。要掌握病死亡罪犯所有直系亲属的基本信息，包括姓名、住址、联系方式、民事行为能力状况、与病危罪犯的亲疏关系等。熟悉要通知的机构及人员联系渠道，包括联系人的姓名、性别、通信地址、联系电话等。

5. 掌握检验过程中出现淤血、尸斑的一般形成原理。尸体表面出现的块状淤血、局部尸斑往往会成为家属质疑监狱执法活动公平、公正、文明的焦点，要熟悉、掌握形成淤血、尸斑的医学原理，向家属做耐心细致的解释工作，必要时可以请医学专家进行讲解。

（三）制作的重点和难点

罪犯死亡通知书制作的重点难点是：通知时间的确定，通常在发生服刑人员死亡后，监区的负责人要在第一时间内报告给主管的监狱领导，由主管领导确定通知的具体时间。确定通知时间要考虑与死亡发生的间隔时间，尽可能定在距离死亡最近的时间。此外，还应考虑能够及时送达通知的时段与方式，尽可能选择被通知人能接收到通知的时间段，尽可能选择被通知人能最快接收通知的方式方法，不限于一种方式，必要时可以多种并用，采用"电话＋书面"的形式。

---

〔1〕 张洪建："狱内罪犯死亡处理的困境与应对"，载《犯罪与改造研究》2016 年第 5 期。

四、实例示范

罪犯死亡通知书（法院联）

（2014）文监亡通字×号

广南县人民法院：

姓名：吴×云，性别：男，生于1978年8月13日，因拐卖儿童罪，被判处有期徒刑12年，2012年6月17日入监。该犯于2014年2月2日1时40分因病死亡。

其家属姓名：吴×能，与罪犯关系：兄弟关系，家庭详细住址：广南县×乡×村，家属电话：135××××××。

根据《监狱法》第55条规定，特将罪犯的情况告知贵院。

特此通知

云南省××监狱（公章）

2014年2月2日

（贰零壹肆）文监亡通字第×号

罪犯死亡通知书（检察院联）

（2014）文监亡通字×号

砚山县人民检察院：

姓名：吴×云，性别：男，生于1978年8月13日，因拐卖儿童罪，被判处有期徒刑12年，2012年6月17日入监，在九监区服刑。该犯于2014年2月2日1时40分因病死亡，与罪犯的家属姓名：吴×能，家庭详细住址：广南县×乡×村，家属电话：135××××××。

根据监字〔1995〕1号《最高人民检察院关于执行〈监狱法〉有关问题的通知》、2011年《最高人民检察院关于监管场所被监管人员死亡检察程序的规定》，请贵院及时派员到现场进行检察。

特此通知

注：

电话通知检察院的时间：2014年2月2日3时0分

云南省××监狱（公章）

2014年2月2日

（贰零壹肆）文监亡通字第×号

罪犯死亡通知书（家属联）

（2014）文监亡通字×号

吴×能同志：

你的亲属吴×云在云南省××监狱九监区服刑（位于云南省文山州砚山县城），现因病于2014年2月2日1时40分死亡，请即刻动身来处理善后。

如不能前来，请速告知，我们将依法给予处理。

特此通知

注：

电话通知家属时间：2014年2月2日4时0分

云南省××监狱（公章）

2014年2月2日

（贰零壹肆）文监亡通字第×号

罪犯死亡通知书（存根）

（2014）文监亡通字×号

姓名吴×云，性别男，生于1978年8月13日，因拐卖儿童罪，被判处有期徒刑12年，2012年6月17日入监，在九监区服刑。该犯于2014年2月2日1时40分因病死亡。

家属姓名：吴×能，与罪犯关系：兄弟关系，家庭详细住址：广南县×乡×村，家属电话：××××××。

发往：广南县人民法院 砚山县人民检察院

书面通知发出时间：2014年2月2日3时0分

电话通知家属时间：2014年2月2日4时0分

电话通知检察院时间：2014年2月2日3时0分

填发人××× 批准人×××

填发时间：2014年2月2日

说明：此外，罪犯死亡通知书送达给通知对象后，应有送达记录，由被通知对象亲自签收，被通知对象因故不能签收的，可由代收人签收，但务必向代收人说明送达件的重要性与紧迫性，请代收人及时转交当事人，代收情况如实记录在案。各监狱单位可参照以下监狱送达文书回证表自行制作送达回证文书（此文书样式适用于云南省监狱，供其他省监狱参考）。

监狱文书送达回证_____

事由	_____监区罪犯死亡			
文书名称	《罪犯死亡通知书》 （　　）亡通字　第　　号			
文书送达情况				
受送达单位 或个人	送达地点	送达时间	收件人签名	代收人签名
罪犯家属				
人民检察院				
人民法院				
代收人说明 代收理由				
备注				

注：此送达回证原件须与死亡通知书存根联一并存入死亡罪犯档案，复印件留存监狱业务科室及人民检察院备查。

【拓展阅读】
罪犯死亡通知书 PPT。

第三节　罪犯死亡善后处理情况登记表

一、任务描述

陕西省×××监狱第十四监区服刑人员白×阳系陕西省××县人，生

于 1972 年 1 月，2013 年 12 月被榆林市榆阳区人民法院以抢劫罪、强奸罪判处有期徒刑 13 年，并处罚金人民币 30 000 元，剥夺政治权利 3 年；2014 年 1 月 3 日，白×阳被送至×××监狱服刑改造。2016 年 7 月 19 日上午 10 点 15 分左右，白×阳所在的第三监舍的安全员尚×向带班民警原警官报告称：白×阳全身抽搐、叫无应答，有发抖现象。原警官立即组织卫生员和 4 名服刑人员用担架将白×阳送往狱内防疫站就诊。防疫站接诊后，感到病情严重，立即送至黄陵矿业集团总医院做了脑 CT，诊断为：左侧枕叶脑梗塞。黄陵矿业集团总医院难于救治，监狱直接转送其至省新安中心医院住院治疗。7 月 23 日 10 时 16 分，白×阳因抢救无效，亡于陕西省新安中心医院。新安医院的《死亡医学证明书》记载为：①脑梗塞、脑出血；②消化道出血。黄陵县检察院接到监狱报告后，检察院立即派员赶赴新安医院，全程监督事件处理，并展开调查，提取封存白×阳的病例等。经调查，初步认定罪犯白×阳因病死亡。

实施步骤：学生分组，讨论案件，针对本案例死亡性质、家属与监狱方的分歧点、快速处理死亡罪犯善后事宜的途径方法、解决方案及需要制作的文书进行讨论研究，梳理出提纲要目，并制作相应文书。

二、基础铺垫

（一）罪犯死亡善后处理情况登记表的概念及功能

罪犯死亡善后处理情况登记表是指监狱在发生罪犯死亡之后，依法依规，在人民检察院的参与、监督下与死亡罪犯家属共同协商处理死亡罪犯善后事宜的事务文书。

此文书实际是原罪犯死因鉴定书升级创新版，罪犯死因鉴定书属于监狱机关制作的文书，鉴定书需要由隶属于不同系统的机关作出鉴定意见，这在实践中缺乏可操作性，为了有效解决这一问题，云南省监狱创新文书样本，提出该文书样本，为处理死亡罪犯的善后事宜提供了一个全新的解决模式。该文书并非司法部监狱管理局规范的监狱文书样式，现主要运用于云南省各监狱，供其他省监狱参考执行。

该文书的制作质量关系着罪犯死亡善后处理的进程与处理程序走向，关系监狱警察执法的公信力，故而要求监狱机关要依法依规处置罪犯死亡事件，要在法律规章的框架下，尊重死者生命与人格，正确对待死亡罪犯家属的合理诉求，通过认真、耐心、细致的工作，使死亡罪犯家属心悦诚服地接受、认可相关机构作出的死因鉴定，使死亡善后处理程序进入快车道。否则，如果死亡罪犯家属不认可或不接受死因鉴定，意味着必然启动"死因再鉴定"或"司法鉴

定"程序，延缓善后处理进程，增加处理成本。

（二）罪犯死亡善后处理情况登记表的法律依据

1.《监狱法》规定。

第 55 条：罪犯在服刑期间死亡的，监狱应当立即通知罪犯家属和人民检察院、人民法院。罪犯因病死亡的，由监狱作出医疗鉴定。人民检察院对监狱的医疗鉴定有疑义的，可以重新对死亡原因作出鉴定。罪犯家属有疑义的，可以向人民检察院提出。罪犯非正常死亡的，人民检察院应当立即检验，对死亡原因作出鉴定。

2.《监狱罪犯死亡处理规定》规定。2015 年 3 月 18 日最高人民检察院、民政部、司法部发布的《监狱罪犯死亡处理规定》对监狱罪犯死亡处理程序作出专门规定，主要内容是：

第 9 条：人民检察院接到监狱罪犯死亡报告后，应当立即派员赶赴现场，开展相关工作。具有下列情形之一的，由人民检察院进行调查：①罪犯非正常死亡的；②死亡罪犯的近亲属对监狱的调查结论有疑义，向人民检察院提出，人民检察院审查后认为需要调查的；③人民检察院对监狱的调查结论有异议的；④其他需要由人民检察院调查的。

第 17 条：人民检察院、死亡罪犯的近亲属对监狱的调查结论无异议、疑义的，监狱应当及时火化尸体。监狱、死亡罪犯的近亲属对人民检察院调查结论或者复议、复核结论无异议、疑义的，监狱应当及时火化尸体。对经上一级人民检察院复核后，死亡罪犯的近亲属仍不同意火化尸体的，监狱可以按照国家有关规定火化尸体。

第 19 条：尸体火化自死亡原因确定之日起 15 日内进行。死亡罪犯的近亲属要求延期火化的，应当向监狱提出申请。监狱根据实际情况决定是否延期。尸体延长保存期限不得超过 10 日。

三、文书制作提示

（一）罪犯死亡善后处理情况登记表的制作要求和注意事项

1. 本登记表为三方协调一致的善后处理情况登记表，死亡罪犯家属、监狱、人民检察院三方对死亡原因必须达成一致意见，否则，制作此表无任何实质意义。

2. 三方的责任人或负责人都必须在相应栏目签署真实意思表示的意见，并亲自签署姓名以示负责。没有签名或签名不全，此表均不发生效力。

（二）罪犯死亡善后处理情况登记表制作的准备工作

1. 了解和掌握罪犯死亡处理的法律法规与相关政策。

2. 熟悉死亡处理的流程与操作规范。

3. 了解死亡罪犯家属的基本情况，掌握家属的具体需求。

4. 与驻监检察机关充分沟通，熟悉检察机关的监督检察程序。

5. 建立善后处理工作小组，分工负责，做好家属接待事宜。

（三）制作的重点和难点

罪犯死亡善后处理情况登记表制作的重点和难点在于：

1. "死亡原因及地点"栏的描述。监狱应当在第一时间组织医务力量抢救，尽可能不让罪犯死在医院外，死亡的原因或死亡证明尽可能让医院作出，并保留院方出具的原始文件。

2. "死亡经过"栏的叙述。对罪犯死亡经过的叙述，要做到"客观、真实、可信"。要客观描述死亡的全过程，包括因病、因伤住院情况、抢救转院情况，药品、医疗措施使用情况、医疗费用使用情况等；表述文字要逻辑严谨，真实反映死亡过程。所有情况均应有相应的证明材料，包括病历、医药费单据及抢救照片、录像资料等。

3. "三方"对死亡性质的认定要一致。罪犯家属对死亡原因的认定、监狱对死亡性质的审查结论、检察院对死亡性质的检验结论都必须达到高度一致。因此，监狱如果发现有可能引发争议的死因状况，必须未雨绸缪，提前做好与对方的沟通与解释工作，做好释法说理工作，保证三方一致。

四、实例示范

表 10 - 1　罪犯死亡善后处理情况登记表

姓名	白×阳	年龄	44 岁	民族	汉族	性别	男	籍贯	陕西省 ××县
原判刑期	有期徒刑 13 年	入监时间	2014 年 1 月 3 日	犯罪性质	抢劫罪 强奸罪	死亡时间	2011 年 7 月 23 日 10：16		
死亡原因及死亡地点	因脑梗塞、脑出血并伴有消化道出血在陕西省新安中心医院死亡。								
死亡经过	2016 年 7 月 19 日上午 10 点 15 分左右，白×阳所在的第三监舍的安全员尚×向带班民警原警官报告称：白×阳全身抽搐、叫无应答，有发抖现象。原警官立即组织卫生员和 4 名服刑人员用担架将其送往狱内防疫站就诊。防疫站接诊后，感到病情严重，立即送至黄陵矿业集团总医院，经脑 CT 检查诊断为：								
死亡经过	左侧枕叶脑梗塞。黄陵矿业集团总医院难于救治，要求转院，监狱直接转送白×阳至省新安中心医院住院治疗。7 月 23 日 10 时 16 分，白×阳因抢救无效，亡于陕西省新安中心医院。新安医院的《死亡医学证明书》记载为：①脑梗塞、脑出血；②消化道出血。								
家属意见	对死因认定无疑义，同意火化。 签名：白×阳 2016 年 7 月 25 日								

续表

监狱审查结果： 正常死亡 2016 年 7 月 25 日	检察院检验结论： 正常死亡 2016 年 7 月 25 日
参加善后处理工作人员签名： 黄陵县人民检察院：张××、王××、李×× 陕西省×××监狱：吴××、宁××、鲁××、曹×	

注：此表非司法部规范的监狱文书样式种类，适用于云南等部分省市监狱，供其他省监狱参考。

【拓展阅读】

1. 罪犯死亡善后处理情况登记表 PPT。

2. 《监狱罪犯死亡处理规定》（司法 [2015] 5 号）。

3. 《罪犯工伤补偿办法（试行）》（司发 [2001] 013 号）。

4. 如果罪犯家属因故不能到监狱处理善后的，可以委托监狱全权处理。委托书样式如下：

授权委托书

委托人：（姓名_____ 性别____ 身份证号码_____ 家庭住址_____ 工作单位_____ 与死亡罪犯关系_____ 联系电话_____ ）

受委托人：××省×××监狱

委托事项：_____

现委托上列受委托人根据最高人民检察院、民政部、司法部下发的司发 [2015] 5 号《监狱罪犯死亡处理规定》全权处理我的亲属_____死亡的善后事宜。

委托人：（签字 指印）

年 月 日

注意：委托人必须是死亡罪犯的直系亲属（按照《继承法》中规定的继承人顺序选择委托人）。

如果罪犯系"非正常死亡"的，如意外事故死亡、工伤死亡的家属极有可能提出赔偿要求，一般都不在此表中反应。而需要监狱与死亡家属进一步商谈，按《国家赔偿法》《罪犯工伤补偿办法》等相关规定，参照经济合同的样本来拟写制作善后处理协议书。

另外，处理罪犯死亡善后事宜，还必须从细处着手，解决好家属情绪与心

情问题，坚持"先解决情绪（心情），再解决事情（问题）"策略，循序渐进做好四方面的工作：

1. 验证身份，复印身份证留存。要确认死亡罪犯的家属身份，热情接待家属，与家属充分沟通，尽量解决好家属的情绪问题。理解面对生离死别家属的处境和心情，平复其悲伤、激动等情绪。用"倾听＋同理心"的方法，看到情绪背后的原因与需求，适时修正其错误认知，回归"法、理、情"。

2. 介绍罪犯入监以来的改造表现和死亡情况。客观公正地介绍死亡罪犯的死亡过程，从尊重死者的角度，用马斯洛需求层次理论正确评价死者，多讲死者做得好的、出色的或长处与优点，少谈缺点与不足，尽量维护死者在家属心中的美好形象，让家属得到情感慰藉。

3. 沟通中选择恰当时机宣传罪犯死亡处理的法规政策。正常死亡的监狱承担遗体接运费、遗体保存费、火化费及500元内骨灰盒费用；其他情况死亡的，根据实际情况和有关规定，与家属协商处理。协商过程中要循循善诱采取"先跟后带"的方法：

（1）先跟，即共情。可用同理心，在立场上跟对方一致，说对或是，把自己放在聆听者的位置，不为第三方辩解，建立信任感。

（2）后带，即引领。又分有两步：

第一步：问他（她）想要什么，列出一个愿望清单。人们常常对不要的东西很敏感，对想要的也许不太清楚，要通过充分沟通了解清楚。诚恳请他（她）列出愿望清单，可以让监狱方清晰地知道其需要。

第二步：深入探讨解决方案。带领对方一步一步分析，把愿望清单里的东西分成三类。第一类：靠自己稍作努力就能做到的，这部分落实成可以实施的方案。第二类：基本不可能改变的，这部分暂时放一边。第三类：自己做出努力在未来可能发生改变的，这部分主动去做。放下"我是对的"，探究对方需求，可以问几个问题："你想要什么？""要怎么做？""这样做有什么结果？"

4. 听取罪犯家属处理善后的意见，协助家属处理善后。听取死亡罪犯家属处理善后的意见后，一般干警不能随意表态与答复，必须由监狱指定的专门人员予以解答，耐心解释家属提出专业问题与法律问题，改变家属不合法理的认知，宣传法规政策，坚持走"程序＋法理情"道路，容"法、理、情"于程序之中。对家属合理的要求，监狱与家属协商一致积极促成实施。

单元训练 罪犯死亡处理执法文书项目实训

一、单元名称：罪犯死亡通知及善后处理文书制作实训

二、实训目标

1. 培养学生对罪犯死亡处理法律法规的解读与应用能力。

2. 培养学生在罪犯死亡后遵循法定程序处理罪犯死亡的能力。

3. 培养学生对罪犯死亡调查和封存、固定证据的能力。

4. 培养学生的沟通与疏导能力。

5. 培养学生的组织与控制能力。

6. 培养学生收集整理相关信息资料，制作相关执法文书的能力。

三、实训要求

1. 重点：罪犯死亡处理的法律法规理解与适用。

2. 难点：接待家属，对家属的解释、疏导与引导工作，对家属的说理与法制宣传工作。

3. 要点：

（1）根据案情，对罪犯死亡的性质进行初步判断，对照相应处理流程开展死亡处理具体工作。

（2）根据案情的现实情况，及时、快速地确定通知的具体对象与准确时间，以最快的速度通知到相关人员与机构。

（3）全力促成监狱、死亡罪犯家属、检察机关对死因认定的一致意见，高效、经济地达成善后处理措施方案。

四、实训内容

2008 年 10 月 27 日中午 11 时 50 分左右，赣州监狱五监区值班民警开始组织服刑罪犯吃午饭。11 时 55 分左右，当大多数犯人走出车间后，罪犯古×清返回到车间进入浸漆房，拎起半桶 QFR - IA 稀释剂（易燃液体、约 7 公升）走到浸漆房杂物间，稀释剂突然起大火。值班民警立即组织人员救火，在灭火过程中，见古×清全身着火从车间浸漆房杂物间跑出来，民警将古×清身上的火扑灭并将其立即送往监狱医院。古×清因烧伤严重，于 13 时被 120 急救中心送至赣南医学院第一附属医院烧伤科抢救。10 月 28 日 7 时 30 分古×清因伤势过重经抢救无效死亡。

相关民警依法制作罪犯死亡通知书与罪犯死亡处理善后登记表，请分析执法文书文本，说出哪些地方制作不规范。

罪犯死亡通知书
（法院联）

（2008）赣监亡通字×号

古城区人民法院：

姓名：古×清，性别：男，生于1982年8月18日，因抢劫罪被判处有期徒刑10年，在五监区服刑2002年4月26日入监。该犯于2008年10月28日7时30分因伤势重抢救无效死亡。

其家属姓名：古×，与罪犯关系：父子关系，家庭详细住址：赣州市古城区×××乡××村，家属电话：138×××××。根据《监狱法》第55条规定，特将罪犯古×清死亡的情况告知贵院。

特此通知

江西省赣州监狱（公章）

2008年10月28日

--------（贰零捌）赣监亡通字第×号--------

罪犯死亡通知书
（检察院联）

（2008）赣监亡通字×号

古城区人民检察院：

姓名：古×清，性别：男，生于1982年8月18日，因抢劫罪被判处有期徒刑10年，在五监区服刑2002年4月26日入监。该犯于2008年10月28日7时30分因伤势重抢救无效死亡。

其家属姓名：古×，与罪犯关系：父子关系，家庭详细住址：赣州市古城区×××乡××村，家属电话：138×××××。

根据监发字〔1995〕1号《最高人民检察院关于执行〈监狱法〉有关问题的通知》、2005年最高人民检察院《关于看守所管教监管场所被监管人员死亡检察程序的规定》，请贵院及时派员到现场进行检察。

特此通知

注：电话通知检察院的时间：

2008年10月28日14时15分

江西省赣州监狱（公章）

2008年10月28日

--------（贰零捌）赣监亡通字第×号--------

罪犯死亡通知书
（家属联）

（2008）赣监亡通字×号

古×同志：

你的亲属古×清在江西省赣州监狱五监区服刑（位于江西省赣州市），现因伤势重抢救无效死于2008年10月28日7时30分死亡，请即刻动身来我处理善后。

如不能前来，请速告知，我们将依法给予处理。

特此通知

注：
电话通知家属时间：

2008年10月28日14时0分

江西省赣州监狱（公章）

2008年10月28日

--------（贰零捌）赣监亡通字第×号--------

罪犯死亡通知书
（存根）

（2008）赣监亡通字×号

姓名古×清，性别男，生于1982年8月18日，因抢劫罪被判处有期徒刑10年，2002年4月26日入监服刑，在五监区，该犯于2008年10月28日7时30分因伤势重抢救无效死亡。

家属姓名：古×，与服刑人员关系：父子关系，家庭详细住址：赣州市古城区×××乡××村，家属电话：138×××××。

发往：古×（罪犯家属）
古城区县人民法院
古城区人民检察院

书面通知发出时间：2008年10月28日16时0分

电话通知家属时间：2008年10月28日14时0分

电话通知检察院时间：2008年10月28日14时15分

填发人×××批准人×××

表 10 – 2　罪犯死亡善后处理情况登记表

姓名	古×清	年龄	26 岁	民族	汉族	性别	男	籍贯	江西省赣州市
原判刑期	10 年	入监时间	2002.4.26	犯罪性质	抢劫	死亡时间		2008 年 10 月 28 日 7：30	

死亡原因及死亡地点	因伤势过重经抢救无效在赣南医学院第一附属医院死亡。
死亡经过	2008 年 10 月 27 日 11 时 55 分左右，赣州监狱五监区犯人古×清拎起半桶生产剩余的 QFR – IA 稀释剂（易燃液体、约 7 公升），准备在浸漆房杂物间存放，稀释剂突然着起大火。值班民警立即组织人员救火，在灭火过程中，见古×清全身着火从车间浸漆房杂物间跑出来，民警将古×清身上的火扑灭并将其立即送往监狱医院治疗。古×清因烧伤严重，于 13 时被 120 急救中心送至赣南医学院第一附属医院烧伤科抢救。10 月 28 日 7 时 30 分古×清因伤势过重经抢救无效死亡。
家属意见	对死因认定无异议，同意火化。 签名：白×× 2008 年 10 月 30 日

监狱审查结果： 因意外事件引起的非正常死亡 2008 年 10 月 30 日	检察院检验结论： 非正常死亡 2008 年 10 月 30 日

参加善后处理工作人员签名：
黄陵县人民检察院：伍××、李××、黄××
陕西省×××监狱：吴××、钟××、安××、阳×

五、任务评估

评估要点：罪犯死亡处理文书综合实训项目评估应按以下标准进行：

实训内容	考核重点	考核标准
罪犯死亡通知书制作	通知对象	通知对象合乎法规要求：家属必须是死亡罪犯的近亲属；检察机关必须是监狱所在地的人民检察院或驻监检察室；法院必须是原判法院。
	通知时间	通知时间：尽可能与确定的死亡时间间隔较短，最好不要超过 24 小时。
	通知方法	通知方法：选择最快、最有效的方式通知（电话＋书面）。

罪犯死亡善后处理情况登记表制作	死亡性质的认定	死亡性质的认定要符合监狱法及最高人民检察院、司法部、民政部的《关于监管场所被监管人员死亡检察程序的规定进行》的相关标准,准确定性正常死亡与非正常死亡。
	死亡原因与死亡经过	死亡的原因、地点描述要准确具体,死亡经过的概括符合事实,做到准确、真实、精炼。
	家属意见、监狱与检察院调查结论	对死亡原因的认定要三方一致,家属意见监狱与检察院对死亡性质的调查结论要一致,否则无法处理善后事宜。

学习单元四 狱内安全防范类执法文书

第十一章　狱内耳目使用管理类文书

学习目标

通过本章节学习要求学生掌握狱内耳目工作原则，熟悉狱内耳目管理的法定工作流程，知晓监狱在狱内耳目管理使用工作过程中应当制定哪些法律文书。

学习目标

在于狱内耳目物色过程和选取条件的掌控，通过使用耳目搜集和了解在押罪犯思想状态及又犯罪线索，及时了解掌握监区狱情动态。准确填写狱内耳目管理的相关法律文书。

【本章引言】

狱内侦查是监狱工作中重要的工作之一，它是侦破狱内犯罪及罪犯重大违规行为的关键，更是维护监管安全秩序的保障。要做好狱内侦查，首先要抓住狱情、犯情的收集，建立和使用罪犯耳目，通过他们提供狱情、犯情，是狱情、犯情来源的秘密途径。罪犯耳目长期与罪犯生活在一起，只要物色、建立、教育好耳目，就能掌握第一手情报，对狱情、犯情作出准确判断，从而达到迅速掌握敌情动态，有效控制危险分子、重点犯人，把重特大案件控制在预谋阶段，达到确保狱内安全、稳定的最终目的。

本章重点介绍建立耳目审批表和耳目撤销报告表两个重要表格。这两个表格的制作需要大家对监狱耳目物建和使用较熟悉，具体工作流程及相关执法文书制作节点如图 11 - 1 所示：

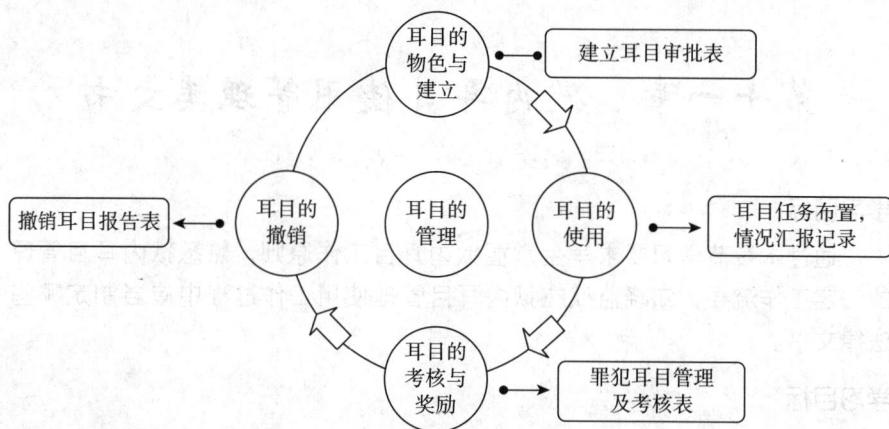

图 11 – 1　耳目的物建与使用工作流程图

第一节　建立耳目审批表

一、任务描述

　　罪犯刘×，男，1983 年 6 月 6 日生，汉族，原籍广东省肇庆市，因交通肇事罪经广东省肇庆市×区人民法院于 2012 年 7 月 12 日以（2012）×刑初字第 00127 号刑事判决书判处有期徒刑 4 年，刑期自 2012 年 5 月 6 日至 2016 年 5 月 5 日止，于 2012 年 8 月 8 日送监服刑改造。服刑期间执行刑期变动情况：2013 年 2 月因确有悔改表现裁定减刑 6 个月。

　　2013 年 6 月，某监区最近一段时间狱内打架、盗窃、赌博等违法违纪情况时有发生，为了加强对罪犯的管理，获取准确的狱情信息，有效地打击狱内各种违法违纪行为，二监区召开了监管安全工作会议。会上监区领导要求民警物建一批耳目。二监区一分监区狱侦民警周×，经过对罪犯刘×一年的考察培养，认为该犯性格、能力具备担任耳目的条件，而且该犯自己有担任耳目的愿望和积极性，虽改造表现一般，但容易接近侦查对象。按照物建耳目的审批程序，周×将刘某确定为分监区控制耳目，提请监狱批准。如果你是物建民警周×，请问应当办理哪些手续？制作什么执法文书？

　　实施步骤：学生分组；通过讨论，每组分析讨论案例，对狱内耳目建立的具体流程进行分析，罪犯是否符合作为耳目的条件？如果符合耳目条件，填写

建立耳目审批表需要前期完成哪些法定程序，准备好哪些材料，在填写审批表时，注意哪些事项，意见栏目由哪些部门填写，为什么？

二、基础铺垫

（一）建立耳目审批表的概念及功能

建立耳目审批表是监狱狱侦部门侦查人员，将符合特情耳目条件的罪犯，报请上级主管领导审批的表格式执法文书。

狱内耳目是监狱从在押罪犯中建立和使用的秘密力量，是在干警的直接管理下搜集、掌握罪犯思想动态和重新犯罪活动线索，获取罪证，侦查破案的专门手段之一，是狱内侦查工作一项重要的业务建设。耳目在犯情信息收集与反馈中的作用是不可低估的，他直接关系到狱内的安全稳定和狱侦网络的建设。经过教育培养和试用考察，确定了符合条件的耳目后，由狱侦人民警察填报制作该文书，呈报主管领导审批后作为耳目使用。

（二）建立耳目审批表的法律依据

1.《刑事诉讼法》第308条规定："对罪犯在监狱内犯罪的案件由监狱进行侦查。监狱办理刑事案件，适用本法的有关规定。"

2.《监狱法》第60条规定："对罪犯在监狱内犯罪的案件，由监狱进行侦查。"

3.1997年司法部《狱内侦查工作规定》。

第22条规定："对狱内耳目一律使用代号、编号。使用耳目报告的情况，应注意方式方法，保护情报来源。在案件审理中，禁止使用耳目与案犯对质。如果耳目身份暴露，应当及时采取有效的保护措施。"

第23条规定，耳目的物色、建立按照统一的计划，由负责耳目工作的干警提出对象，填写《狱内耳目建立、使用审批表》（式样附后）上报。耳目经狱侦科审核后，报请监狱分管领导审批。

第29条规定，对狱内耳目应逐人建立档案。档案内容包括建立、撤销耳目的审批手续，对耳目使用、考核记录，奖惩决定，耳目反映情况的处理结果，耳目工作成绩、过失记载等。狱内耳目档案，由监狱的狱侦（侦政）科集中管理，专人负责，严格保密。

（三）建立耳目审批表的结构及内容

1. 表头。

（1）标题：建立耳目审批表。

（2）监区：填写报请物建耳目的监区名称。

（3）编号：是监狱该年度耳目审批表的顺序号，由审批部门统一编号、填写。

2. 建立耳目审批表的基本情况。

（1）代号：填写物色耳目的代号。代号一般由审批部门统一设定、填写。可以用字母 Z 或 K 加三位数构成，Z 表示专案耳目，K 表示控制耳目。三位数依次代表监区编号、分监区编号和耳目个人编号。如，K216 表示二监区一分监区第 6 号控制耳目。为了严格保密，不允许使用真实姓名，对狱内耳目一律使用代号。

（2）姓名、别名、性别、民族、出生日期（年月日）、文化程度、罪名。

（3）刑种：一般填写有期徒刑、无期徒刑、死刑缓期二年执行，刑种有变化的，可能"原、现"来表示。

（4）刑期：刑期有变化的填写原刑期和现刑期。

（5）刑期起止：按物色耳目变化后的服刑期的起止日期填写。

（6）原工作单位原职务：填写物色耳目判决前所在的单位和原职务的情况。

（7）家庭住址：一般是指罪犯判决前的经常居住地。

（8）参加过何种党派、团体及所任职务：党派、团体名称须完整、清楚，有职务的注明相应职务。应实事求是填写，该栏目对了解罪犯的社会经历，物建耳目有参考作用。

3. 简历：主要填写物色耳目的基本简历。如：学历、捕前工作简历、服刑简历等基本情况。

4. 主要罪行：可按刑事判决书中的内容摘要填写，此处不再详细叙述。

5. 家庭成员及主要社会关系：此栏目应写明物色耳目直系亲属关系、主要社会关系成员的姓名、性别、年龄、所在单位及工作情况、联系方式等。

6. 改造表现：这是此表格文书的重要栏目。主要填写物色耳目在服刑中的表现，要求客观反映罪犯的改造情况。应根据物色建立耳目的素质条件来填写：①真诚认罪服法，彻底交代罪行。这是最基本的首要条件；②接受改造，积极靠拢政府；③能接近被侦查对象，有一定活动能力和观察识别能力，这是耳目必备的重要条件和素质；④能严格保守秘密，如实反映情况。有的省对罪犯的刑期也做了相应的要求，例如要求罪犯余刑在 2 年以上，有立功减刑愿望，制作时可根据以上条件叙写。

需要说明的是改造表现不应作为选择耳目的先决条件，耳目的任务是接近侦查对象，搜集情况，所以改造表现好否不是判别耳目的标准，但是，危害国家安全罪犯、邪教罪犯的首要分子不适宜做耳目。

7. 奖惩情况：详细写明物色耳目何时、何地、因何种原因受奖励情况（如：表扬、物质奖励、记功、减刑等）和受惩处情况（如：警告、记过、禁闭、加刑等）。

8. 活动能力：指物色的耳目在不固定的情况下，为达到某种目的而采取行动的能力或能胜任某项任务的主观条件，或能按预定的目标完成任务的能力。

围绕耳目工作的要求和任务，客观反映罪犯相应的能力、素质、特殊的生活经历，表明该犯有适宜做耳目的条件，应在全面调查研究的基础上客观的予以鉴定。[1]

9. 使用范围：主要填写耳目的使用级别和种类。根据工作任务的不同，一般将耳目分为专案耳目和控制耳目。填写时可根据具体的工作任务表述为："建议作为××案专案耳目"或"建议作为分监区（监区、监狱）控制耳目"。

10. 物建人意见："物建人"指物色、建立耳目的监狱人民警察，有些省市此栏目也称"使用民警意见"。物建人意见应包含考察、培养情况，适宜发展为耳目的理由以及建议作何种耳目的意见，并由本人亲自填写、签名并写明年月日。

11. 审核意见：耳目工作由狱内侦查科直接管理，该意见由狱内侦查科领导签署。意见应明确是否同意为耳目，以及耳目的使用范围（或性质），可程式化表述为："经审查，同意该犯为分监区（监区、监狱）控制耳目"，或"经审查，同意该犯为××案专案耳目"。这里不能简单地签"同意"，应将审核意见签署清楚并签名、注明职务，写明年月日。

12. 批示：此栏由监狱主管狱侦的领导签署同意与否的意见。如同意一般批示为"同意建立耳目"，并签名、注明职务，写明年月日。批示意见是程序审查，实质条件由职能部门把关。

13. 备注：是为附加必要的注解说明而留的一栏。一般填写注解说明的内容。

三、文书制作提示

（一）建立耳目审批表的制作要求和注意事项

1. 耳目管理实行单线联系，因此耳目由分监区狱侦民警物色并上报审批，无须经过民警会议讨论，以及分监区、监区层级审批。

2. 没有经监狱领导批示为耳目之前，不能将物建对象直接作为耳目使用。

3. 制作建立耳目审批表要注意严格保密，一般只有物建人、狱内侦查部门和监狱主管领导知道，其他人员一律保密。

4. 审批后归入耳目工作专档，妥善保管。耳目个人档案包括狱内耳目建立、使用审批表、狱内耳目奖励审批表、狱内耳目处罚审批表、耳目减刑（假释）审批表、撤销耳目审批表和有立功或重大立功表现的相关材料及刑事奖惩材料等。耳目任务布置、情况汇报记录、耳目考核奖罚审批单、狱内耳目考核鉴定表和耳目提供的书面情报、民警查证处理意见及其他相关材料。

（二）制作建立耳目审批表的准备工作

1. 物色——善于发现选择耳目的对象。狱内耳目物建、使用时应坚持以下的原则：积极稳妥和隐蔽精干；根据需要和可能；严格审慎、确保安全；

---

〔1〕 严浩仁、应朝雄编：《监狱文书制作与使用》，法律出版社 2010 年版，第 176 页。

2. 进一步查清耳目对象情况，看是否符合耳目条件。物建耳目要了解其全面情况，看是否符合耳目的条件；要以认罪服法和耳目的三个条件为内容进行培养教育；要进行试用考验，看是否有承担任务的能力，以及是否保守秘密和忠于警方；在试用考验成熟和使用过程上坚持个别吸收、单线领导、专人联系；耳目之间不得发生横向联系，不得用耳目领导耳目或耳目发展耳目。

3. 狱侦民警物色耳目后报相关部门进行审核调查。

（三）制作的重点和难点

1. "批示"栏目：如监狱主管狱侦的领导不同意，应当简要说明理由。

2. 改造表现是该文书的重要栏目，但此栏目的填写与罪犯入监登记表、罪犯奖励审批等执法文书中的改造表现的填写是有差异的。在填写该栏目时一定要围绕着耳目的物建条件来写，而不能与行政奖惩中的改造表现等同。

四、实例示范

表 11-1　建立耳目审批表

监区：四监区　　　　　　　　　　　　　　　　　　　　编号：2014036

代号	K423	姓名	刘×	别名	黑子	性别	男	民族	汉族
出生日期	1983 年 6 月 6 日		文化程度		高中	罪名		交通肇事罪	
刑种	有期徒刑	刑期		4 年		刑期起止		自 2012 年 5 月 6 日起至 2016 年 5 月 5 日止	
原工作单位原职务		××省××市运输有限公司驾驶员							
家庭住址		××市××区××花园×栋×室							
参加过何种党派、团体及所任职务		初中时曾加入共青团组织							
简历		1990 年 9 月–1997 年 7 月在××市××区实验小学　学生 1997 年 9 月–2000 年 7 月在××市××区第二中学　学生 2000 年 9 月–2003 年 7 月在××市××区八一中学读高中　学生 2003 年 7 月–2012 年 5 月就职××省××市运输有限公司　驾驶员 2012 年 5 月–2012 年 10 月因交通肇事被刑事拘留至判决　犯罪嫌疑人 2012 年 10 月至今在××省监狱服刑　罪犯								
主要罪行		2012 年 4 月 23 日晚 23 时许，该犯驾驶车辆在运送货物返回途中，因酒后驾驶又超速行车，在闽江公路 K106 公里处，将同方向行使的一辆小轿车撞飞，当场致 1 人死亡、1 人重伤。肇事后，该犯驾车逃逸。5 月 6 日在逃往外地的途中被抓获。								

续表

家庭成员及主要社会关系	父亲：刘×顺，56岁，××市××集团员工。 母亲：蒋×，54岁，××市××商场员工。
改造表现	能承认犯罪事实，服从法院判决。"三课"学习成绩较好，劳动积极肯干。该犯平时行为较散漫，个人内务卫生较差，遵守监规纪律不够严格。改造表现一般，适合接近罪犯，不容易引起他犯注意。
奖惩情况	2013年2月因确有悔改表现，裁定减刑6个月。
活动能力	接受事物较快，头脑反应灵敏，自我保护能力强；文化程度一般，理解能力、观察能力较强，能很好领会民警意图；有较好的心理素质和口头表达能力；性格直率，人际交往能力强，适宜隐蔽；兴趣爱好广泛，接触面较广，容易接近侦查对象。
使用范围	建议作为分监区控制耳目。
物建人意见	通过对该犯一年的考察培养，该犯性格、能力具备担任耳目的条件，而且本人有担任耳目的愿望和积极性，虽改造表现一般，但容易接近侦查对象。根据狱内侦查工作的任务，建议该犯作分监区控制耳目使用。 物建人：周× 2013年7月10日
审核意见	经审查，同意该犯为分监区控制耳目。 科长：袁× 2013年7月18日
批示	同意该犯为分监区控制耳目。 监狱长：吕× 2013年7月20日
备注	/

【拓展阅读】

1. 建立耳目审批表 PPT。

2. 《狱内侦查工作规定》（1997年11月17日，司法部发布）。

第二节　撤销耳目报告表

一、任务描述

某监狱二监区一分监区狱侦民警周×，经过对罪犯刘某一年的考察培养，认为该犯性格、能力具备担任耳目的条件。按照监狱物建耳目的审批程序，周×提请监狱批准，将刘某确定为分监区控制耳目开始正式使用。该犯在担任耳目的两年内，尚能努力工作，经常提供一些有价值的材料。今年下半年以来，因服刑期满，对其耳目工作表现消极，且连续三个月没有提供任何材料。如果你是民警周×，遇见此种情况该如何处理？请问应当办理哪些手续？制作什么执法文书？

实施步骤： 学生分组；每组分析讨论案例，对狱内耳目撤销的具体流程进行分析，罪犯是否符合撤销的条件？如果符合耳目撤销的条件，填写撤销耳目报告表前期需要完成哪些法定程序，准备好哪些材料，在填写审批表时，注意哪些事项，意见栏目由哪些部门填写，为什么？

二、基础铺垫

（一）撤销耳目报告表的概念及功能

撤销耳目报告表是指对不再具备耳目条件的罪犯，由掌握使用人提出撤销建议，经监狱审批同意撤销耳目的表格式文书。

监狱对耳目实行动态的管理，一些耳目在使用过程中，因各种因素会发生不适宜或不愿意担任耳目的情况，对这些耳目要果断撤销。通过制作该文书，履行呈报手续，及时撤换已不起作用的耳目，确保耳目的质量，严肃和规范耳目管理工作，从而保证狱内侦查工作的正常、有效开展。

（二）撤销耳目报告表的法律依据

《狱内侦查工作规定》第三章"耳目建设"。第 24 条规定，狱内耳目的撤销，由建立耳目的单位填写撤销狱内耳目报告表，报监狱分管领导批准。

（三）撤销耳目报告表的结构及内容

该文书的表头和基本情况的填写，参阅建立耳目审批表中相同栏目的制作方法，不再赘述。其他栏目制作要求：

1. 建立耳目时间：以建立耳目审批表中领导批示同意的时间为准。

2. 撤销耳目的理由：这是该文书的重要栏目，由掌握使用人填写。如果发现耳目有违反耳目工作纪律，或长期不发挥作用，或耳目身份暴露，或刑期将满等不适宜担任耳目的情况，应当及时撤销。填写理由时，应实事求是地说明，

提出撤销建议，做到层次分明、简明扼要、理由充分、叙述清楚，不宜长篇大论、过于啰唆。最后由使用人签名并注明年月日。

3. 领导意见：由主管监狱狱侦工作的领导根据报告情况，签署是否同意撤销耳目的意见，并签名注明年月日。

4. 备注：填写是否还需要补充说明的情况，可根据实际情况灵活掌握。

三、文书制作提示

（一）撤销耳目报告表的制作要求和注意事项

1. 制作撤销耳目报告表要注意严格保密，一般只有使用耳目的监狱人民警察、狱内侦查部门和监狱主管领导知道，其他人员一律保密。"耳目"是监狱内部使用的专用名词，不得向耳目本人或其他无关人员宣布。

2. 撤销耳目后应做好善后工作，防止发生对狱侦工作及耳目罪犯不利的情形。有条件的，可适当调整他们的改造环境。

3. 掌握使用人在作出撤销耳目决定的同时，应立即停止对该罪犯布置工作，撤销决定的生效无须等待监狱领导的批复。

4. 耳目专门档案由使用民警负责保管，耳目撤销后或满刑后，其专门档案应及时并入罪犯正档并由监狱统一保管。狱内耳目的专门档案应严格管理，专人负责，未经分管狱侦工作的监狱领导批准，任何人不得查阅或外借。

（二）制作撤销耳目报告表的准备工作

1. 物建人在耳目使用的过程中，对耳目按照规范进行严格考核和奖惩。

2. 如有撤销的情形，进一步查清撤销耳目的事实和依据。

（三）制作的重点和难点

撤销耳目的理由是该文书的制作重点，耳目掌握使用人在填写时应认真填写。撤销耳目的理由应填写耳目不起作用或是该罪犯已不再适合做耳目工作，抑或是该罪犯受到严厉惩罚，已不再适合担任耳目的事实及理由，而不能陈述与之无关的理由。

四、实例示范

表 11 - 2　撤销耳目报告表

监区：三监区　　　　　　　　　　　　　　　　　　编号：2015006

姓名	刘×	代号	K423	性别	男	出生日期	1983 年 6 月 6 日
罪名	交通肇事罪	刑期	4 年			建立耳目时间	2013 年 7 月 20 日

续表

撤销耳目理由	该犯在刚担任该犯耳目的 1 年内，尚能努力工作，经常提供一些有价值的材料。今年下半年，该犯即将服刑期满，对其耳目工作表现消极，连续 4 个月没有提供任何材料。据反映，该犯平时流露出想安稳地服满余刑念头，不愿给自己多找事，也不愿再反映情况。 　　鉴于上述事实，该犯对耳目工作既没有愿望又没有行动，已丧失担任耳目的基本条件，建议撤销。 　　　　　　　　　　　　　　　　　　掌握使用人：周× 　　　　　　　　　　　　　　　　　　2015 年 10 月 15 日
领导意见	同意撤销耳目。 　　　　　　　　　　　　　　　　　　监狱长：吕× 　　　　　　　　　　　　　　　　　　2015 年 10 月 20 日
备注	／

【拓展阅读】

撤销耳目审批表 PPT。

单元训练　狱内耳目使用管理执法文书项目实训

一、单元名称：建立耳目审批表制作实训

二、实训目标

1. 具有依据法律对罪犯耳目考察的能力。

2. 具有依据法律物建罪犯耳目的能力。

3. 培养学生制作耳目类文书的能力。

4. 培养学生对建立罪犯耳目文书的分析、评价、修改的能力。

三、实训要求

1. 重点：建立罪犯耳目文书制作节点；

2. 难点：罪犯耳目改造表现事实的制作要领；制作建立耳目审批表，文书易错填写点及执法中的注意事项。

四、实训内容

2012 年 5 月，某监区最近一段时间狱内打架、盗窃、赌博等违法违纪行为时有发生，为了加强对罪犯的管理，获取准确的狱情信息，有效地打击狱内各种违法违纪行为，三监区召开了监管安全工作会议。会上监区领导要求民警物建一批耳目。三监区一分监区狱侦民警张×龙，经过对罪犯刘×东 1 年的考察培养，认为该犯性格、能力具备担任耳目的条件，而且该犯自己有担任耳目的愿望和积极性，虽改造表现一般，但容易接近侦查对象。按照物建耳目的审批程序，张×龙将刘×东确定为分监区控制耳目，提请监狱批准。

罪犯刘×东基本情况：男，汉族，别名阿亮，1987 年 6 月 6 日出生，高中文化，犯交通肇事罪。被判处有期徒刑 7 年，刑期自 2009 年 5 月 6 日起至 2015 年 5 月 5 日止。捕前职业为××省××市运输有限公司驾驶员，家住××市××区××花园×栋×室，初中时曾加入共青团组织。父亲刘×，56 岁，在××市××集团工作；母亲宋×，54 岁，在××市××商场工作。

以下是学生制作的建立耳目审批表，请指出该文书存在什么问题？并进行修改。

表 11-3　建立耳目审批表

监区：三监区　　　　　　　　　　　　　　　　编号：×××××××

代号	315	姓名	刘×东	别名	阿亮	性别	男	民族	汉族
出生日期	1987.6.6		文化程度	高中		罪名		交通肇事罪	
刑种	有期徒刑		刑期	7 年		刑期起止		自 2009 年 5 月 6 日起 至 2015 年 5 月 6 日止	
原工作单位及原职务			××省××市运输有限公司驾驶员						
家庭住址			××市××区××花园						
参加过何种党派、团体及所任职务			初中时曾加入共青团组织						
简历			1994 年 9 月－2000 年 7 月在××市××区实验小学　学生 2000 年 9 月－2003 年 7 月在××市××区第二中学　学生 2003 年 9 月－2006 年 7 月在××市××区八一中学读高中　学生 2006 年 7 月－2009 年 5 月就职××省××市运输有限公司　驾驶员						

主要罪行	2009 年 4 月 23 日晚 23 时许,该犯驾驶车辆在运送货物返回途中,因酒后驾驶又超速行车,在闽江公路 K106 公里处,将同方向行使的一辆小轿车撞飞,当场致 1 人死亡、1 人重伤。肇事后,该犯驾车逃逸。5 月 6 日在逃往外地的途中被抓获。
家庭成员及主要社会关系	父亲:刘×,56 岁,××市××集团员工。 母亲:宋×,54 岁,××市××商场员工。
改造表现	能承认犯罪事实,服从法院判决。"三课"学习成绩较好,劳动积极肯干。平时行为较散漫,个人内务卫生较差,遵守监规纪律不够严格。改造表现一般。
奖惩情况	无
活动能力	接受事物较快,头脑反应灵敏,自我保护能力强;有较好的心理素质和口头表达能力;性格直率,人际交往能力强,适宜隐蔽。
使用范围	建议作为分监区控制耳目。
物建人意见	通过对该犯一年的考察培养,该犯性格、能力具备担任耳目的条件,而且本人有担任耳目的愿望和积极性,虽改造表现一般,但容易接近侦查对象。 物建人:张×龙 2012 年 6 月 10 日
审核意见	经审查,同意该犯为分监区控制耳目。 科长:许×江 2012 年 6 月 18 日
批示	同意该犯为分监区控制耳目。 监狱长:赵× 2012 年 6 月 20 日

五、任务评估

1. 能够掌握耳目的物建条件与使用原则,从罪犯中物建耳目。

2. 能够掌握搜集罪犯信息的途径和方法,能够有效地运用耳目搜集罪犯动态信息。

3. 熟悉罪犯耳目物建的法定程序,正确办理审批手续。

4. 学生能够结合所学知识要点对文书中的填写要素做出客观、准确的评价,找出错误点并能更正。

5. 能够制作建立耳目审批表、撤销耳目审批表,符合执法文书制作要求。

第十二章 罪犯脱逃类文书

学习要点

通过本章节学习，要求学生掌握对在监狱服刑期间脱逃罪犯的处理政策与法律规定；熟悉处置脱逃罪犯的相关工作要点、主要流程与操作规范；弄清脱逃罪犯的脱逃犯罪基本事实，为脱逃等案件的立案、侦查、起诉建议奠定基础；针对脱逃期间又犯罪的情形能够按照刑事诉讼程序规定配合公安机关做好案件的调查和处理。

学习目标

知晓罪犯脱逃后应当制作哪些法律文书，制作应遵循哪些写作规范。能够对脱逃罪犯体貌特征进行准确描述，能够对罪犯脱逃后的脱逃去向进行较准确的分析，并能相应地采取对应的缉捕措施；重点是能够针对监狱的脱逃事件进行分析，及时发现监狱或监管工作的漏洞，总结事故发生应吸取的经验教训。

【本章引言】

罪犯脱逃不仅严重破坏了正常的改造秩序，也给监管工作带来极大的压力。特别是少数罪犯脱逃得逞后，报复社会、危害人民，极大地损害了监狱的声誉。内蒙古的"10·17"案件、云南的"5·02"案件的教训是极其惨痛的。为降低或消除罪犯脱逃行为给监狱执法形象造成不良影响，务必在发生罪犯脱逃后的第一时间内制作规范、标准的罪犯脱逃处置文书，为及时、快速抓获逃犯提供基本条件与信息支持。

罪犯脱逃类执法文书主要包括罪犯脱逃登记表、在押犯脱逃通知书、脱逃罪犯捕回登记表等。这些文书与脱逃罪犯的后续处置密切相关，对脱逃罪犯后续的抓捕、善后处理均有积极的意义。

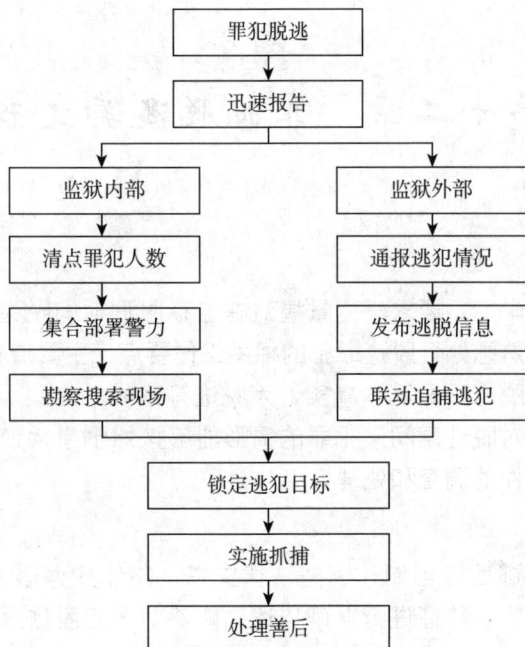

图 12 - 1　脱逃罪犯处置工作流程

第一节　罪犯脱逃登记表

一、任务描述

2017 年 5 月 2 日上午 8 时 20 分，云南省第一监狱七监区在押罪犯张×苍（因运输毒品罪被判处无期徒刑，剥夺政治权利终身），在旧监狱改造的劳动现场，趁驾驶员下车等候装货之机，强行驾驶一辆 130 型福田牌货车，冲破监狱隔离网和施工用的临时栅栏门后沿着公路向大树营方向脱逃，几分钟后把货车丢弃在距监狱 2 公里处的虹桥路附近，消失在野外。

实施步骤：学生分组，课堂分析讨论本案例。每组学生对此案例进行深度地剖析，讨论监狱发生这类脱逃案件时应如何应对，可采取哪些紧急措施，应收集准备哪些信息资料，需要制作什么执法文书，发挥个人特长，集集体之智慧，梳理提纲条目，理出工作思路，并制作出相关执法文书。

二、基础铺垫

（一）罪犯脱逃登记表的概念及功能

罪犯脱逃登记表是发生罪犯脱逃事故后，监狱对脱逃罪犯的基本情况、脱

逃经过、处理意见等信息汇集、记载并上报省、市、自治区监狱管理局的表格式文书。

根据监狱管理多年的实践经验与传统做法，每当监狱发生罪犯脱逃事故后，都应立即制作罪犯脱逃登记表，上报省、自治区、直辖市监狱管理局。故而，该文书既是监狱处置罪犯脱逃监管事故的重要基础资料，可以使监狱参与追捕的人员全面掌握脱逃罪犯的基本情况及脱逃经过，有效组织追捕，也是上级部门和领导协调有关部门与力量参与追捕工作，指导、监督、帮助追捕工作的重要媒介与有力助手。

（二）罪犯脱逃登记表的法律依据

《监狱法》第42条规定："监狱发现在押罪犯脱逃，应当即时将其抓获，不能即时抓获的，应当立即通知公安机关，由公安机关负责追捕，监狱密切配合"。罪犯脱逃登记表是监狱机关、公安机关抓获脱逃罪犯的有力工具。

（三）罪犯脱逃登记表的结构及内容

该文书包含表头、表里、附注说明等24个项目，内容比较多，除按常规填写方法依次填写单位、罪犯编号、罪犯的姓名等基本项目以外，重点栏目主要包括：

1. 体貌特征。该栏目包括脱逃罪犯的基本体貌特征、衣着打扮特征、显著典型特征三项内容，以便于识别缉捕。基本体貌面貌特征包括身高、体重、身材、脸型、口音等，可以从罪犯入监时制作的体貌特征卡中摘录；衣着打扮特征即穿着的衣物鞋帽情况，要根据脱逃时的情况分析判定，或按照知情人员的描述确定。显著典型特征即脱逃罪犯明显静态动态特征，主要从罪犯服刑期间了解掌握到的脱逃罪犯的身体机能缺陷、特别标记、习惯性动作等情况中归纳概括。这些信息越详细、越准确，对追捕逃犯越有利。

2. 主要社会关系。主要社会关系是监狱分析罪犯脱逃方向的重要资料，应重视此栏目的准确填写，此处的主要社会关系不仅包含直系亲属和其他家庭成员，还包括了其他的、特别的社会关系。罪犯的父母、配偶、子女等直系亲属属于必填对象，这些对象即使已故或离异的仍应填写，填完后再用括弧注明已故或离异。相处较好的亲戚也应写到"主要社会关系"栏中。此外，有特殊经历形成的特别亲密的关系，如战友关系、结拜兄弟关系、同学闺蜜关系也要写进去，作为主要社会关系的构成内容。

3. 脱逃经过。脱逃经过是该文书的重点栏目，要把脱逃的时间、地点、手段、过程简明扼要地表达清楚，为有关部门及领导了解情况、制定决策提供准确的信息。

4. 脱逃去向分析。脱逃去向分析是正确制订追捕方案、尽快缉捕逃犯的基础工作，也是该文书的重点栏目。应综合分析罪犯的脱逃动机、犯罪性质、社

会经历、家庭情况、生存能力、脱逃时的地理环境、交通情况等因素，去伪存真，去粗存精，逐条梳理，相互印证，作出最合乎逻辑的判断。去向分析不能面面俱到，要突出重点。分析应广泛听取意见，一般应由脱逃罪犯所在分监区的民警、狱侦部门的侦查人员、监狱追捕能手及有关部门领导共同参与脱逃去向分析。

5. 采取的措施。发生罪犯脱逃事故后，追捕和整改这两手要同步实施。追捕的措施应根据脱逃去向的分析来制定。基本的追捕措施中应包括组织指挥、追捕人员、方位、方式、手段等事项的具体部署。整改措施应根据引发脱逃事故的教训来制定。监管事故发生在民警值班执勤过程中，往往是由于执行制度不严、工作纪律松懈、责任心不强等因素造成的；在罪犯中往往表现为服刑意识淡化，改造正气不浓厚，反改造气焰抬头等等。因此，对民警要强化监管制度，查处责任人；对罪犯要开展监规纪律整顿，进行专项教育。这些都是常见的整改手段；采取的措施要有针对性、可操作性、实效性。栏目表述要做到思路清晰、语言简洁、重点突出。

6. 科室意见。该栏目意见应由狱政部门领导签署。填写的重点是对追捕和整改工作提出指导性意见，并为监狱意见提供基调。一般从对罪犯加强日常管理、严格落实各项监管制度、尽快抓获脱逃罪犯等方面入手，提出工作意见。签字领导应签全名、注明职务、日期。

7. 监狱意见。该意见既是监狱的工作指令，又是对事故处理的态度，着重是对追捕和整改工作提出指示，由监狱主管领导签署。如果科室意见已经比较具体明确，监狱意见可以简单一点，写成："同意某某科室意见"或"同意"；如果科室意见比较原则，则监狱意见应当具体。签字领导应签全名、注明职务与签署日期。

8. 备注。用来补充说明与登记表信息有关的内容，使那些无法在固定项目表述，但对了解整个事件又有关联作用的信息填入该栏目中。

三、文书制作提示

（一）罪犯脱逃登记表制作要求和注意事项

1. 本表制作时要注意栏目间的逻辑性，尤其是"脱逃经过""脱逃去向分析""采取的措施"栏目，千万不能隔离其中的内在联系。

2. 措施栏的措施必须是切实可行的、有可操作性的措施。

3. 该表格一式两份，一份由监狱留存，一份上报省监狱管理局。

4. 文书制作完成后，需粘贴上脱逃罪犯近期的一寸免冠正面照片。

（二）罪犯脱逃登记表的准备工作

1. 勘查罪犯脱逃现场，提取痕迹证据。

2. 查阅脱逃罪犯档案资料，掌握脱逃罪犯基本信息。

3. 收集汇总脱逃罪犯近期学习、劳动改造、生活的相关情况。

4. 了解罪犯近期的反常行为及接触的人员与物品。

5. 召集狱政管理、狱内侦查、教育改造、生活卫生等职能部门研究案情。

（三）制作的重点和难点

罪犯脱逃登记表制作的重点和难点在于"脱逃去向分析"与"采取的措施"两个栏目的填写：

1. 脱逃去向分析。脱逃去向分析必须全面深入，找准方向。它有赖于对脱逃罪犯各方面信息的全面掌握与科学、精准的研判。分析得好，方向正确，追捕效率就高，节省警力；分析不好，方向有偏差、有遗漏，追捕效率就差，甚至可能白白浪费时间与警力，贻误最佳抓捕时机。

2. 采取的措施。采取的措施与脱逃去向分析紧紧相扣，有正确的脱逃去向分析，才可能及时抓获罪犯，措施除了与"脱逃去向分析"相配套外，还必须是实际可以操作、可以掌控的具体措施。否则，方向正确也无用。

四、实例示范

表 12 － 1　罪犯脱逃登记表

单位：云南省第×监狱　　　　　　　　　　罪犯编号：×××××××××

姓名	张×苍			别名	无	
性别	男	民族	汉	出生日期	1989 年 6 月 28 日	
判决机关	昆明市中级人民法院			罪名	运输毒品罪	照片
刑种	无期徒刑		原判刑期	无期徒刑	剩余刑期	
体貌特征	身高：184 厘米 脸型：方型 口音：曲靖马龙本地口音					
	身着：一套新的深蓝色囚服，脚着黄色解放球鞋					
	后背有一约 10 厘米的烫伤疤					
家庭住址	云南省曲靖市马龙县×××镇××村村民委员会××村			户籍所在地	曲靖市马龙县××镇××村×号	
主要社会关系	姓名	关系	职业	住址		
	张×福	父子	农民	马龙县×××镇××村××村×号		
	何×琼	母子	农民	马龙县×××镇××村××村×号		
	李×凤	夫妻	个体户	马龙县×××镇××村××村×号		
	张×华	父女		马龙县×××镇××村××村×号		
	马×彬	战友	公务员	曲靖市××县政府		

续表

脱逃经过	2017年5月2日上午8时20分，七监区罪犯张×苍，在旧监狱改造的劳动现场，发现来监狱送货的130小货车驾驶员熄火后没有拔钥匙就忙下车卸货，趁驾驶员下车等候装货之机，强行驾驶一辆130型福田牌货车，冲破监狱隔离网和施工用的临时栅栏门后沿着公路向大树营方向逃窜，几分钟后把货车丢弃在距监狱2公里处的虹桥路附近，消失在野外。
脱逃去向分析	该犯从日常的谈话中流露出想念其小孩的念头，再从脱逃线路分析："强行开车，撞破隔离网，快速通过监狱临时大门，先沿着金瓦路向西南方向行驶，再左转向东方虹桥路行驶，在距离东部客运站较近的地方弃车逃走。"目标方向始终是东边。 　　综合各方面信息，该犯极有可能逃回其在滇东的马龙县老家。
采取的措施	1. 启动罪犯脱逃追捕应急预案，成立由监狱长任指挥长的监狱追捕指挥部，指挥中心24小时工作，接受信息，发布指令。 　　2. 立即报告省监狱管理局、省司法厅，请上级机关联系公安机关给予侦查技术支持。 　　3. 加强对东部客运站周边的布控，对进出客运站的交通要道实行72小时设卡检查，对客运站周边旅馆、出租房严密检查、监视。在周边地区张贴通缉令。 　　4. 对通往马龙县×××镇各条道路设卡盘查。 　　5. 进一步搜集、分析脱逃罪犯的脱逃动机、去向，为追捕提供更确切的信息。 　　6. 以该监管事故为教训，严肃监管制度，查找监管漏洞，采取整改措施。对在该次事故中负有责任的民警，根据责任情况，给予相应的处分。
科室意见	按拟订的脱逃罪犯处置方案，尽快抓获脱逃罪犯，全面开展全监狱监管隐患排查，进一步落实各项监管制度，加强对罪犯的日常管理和教育。 　　　　　　　　　　　　　　　　　　　　　　　　　　科长：赵×荣 　　　　　　　　　　　　　　　　　　　　　　　　　　2017年5月2日
监狱意见	同意科室意见，尽快捕回脱逃罪犯。 　　　　　　　　　　　　　　　　　　　　　　　　　　监狱长：杨×栋 　　　　　　　　　　　　　　　　　　　　　　　　　　2017年5月2日
备注	/

　　说明：本表一式二份。

【拓展阅读】

罪犯脱逃登记表PPT。

第二节　在押罪犯脱逃通知书

一、任务描述

2014 年 11 月 1 日 8：40 分广东省××监狱二监区二分监区罪犯李×军（1986 年 4 月 1 日出生，湖南新宁县人，犯抢劫罪，原判死缓，2006 年 9 月入狱）与吴×贵（1977 年 8 月 7 日出生，广东连州市人，犯盗窃、抢劫、强奸罪，原判有期徒刑 20 年，2010 年 3 月入狱）在车间劳动时趁当班警察不注意之机，溜到消防通道撬开安全门，窜到生产区和生活区隔离围墙。约 9 时 22 分，通过搭人梯爬越围墙，吴×贵被电网击中，掉进围墙内被控制，李×军则越过围墙逃跑。

实施步骤：学生分组，分析讨论案例，每组学生对此案例进行深度分析，讨论监狱发生罪犯脱逃后组织追捕是否需要其他机构协助，如何与协助机构取得联系，采取何种形式联系等问题进行归纳概括，提出具体可行的方案提纲，制作相关执法文书。

二、基础铺垫

（一）在押罪犯脱逃通知书概念及功能

在押罪犯脱逃通知书，是监狱将在押罪犯脱逃的情况通知给监狱所在地、临近地区、可能藏匿地区的公安机关，提请公安机关对脱逃罪犯予以缉捕时使用的文书。

制作该文书的目的是请求公安机关依法予以缉捕逃犯。在刚发现罪犯脱逃初期，监狱负有及时追回逃犯的职责，应组织力量全力追捕，必要时请公安机关协助；如果监狱不能即时抓获逃犯，必须立即通知公安机关，请公安机关依法予以缉捕。此文书是公安机关予以缉捕的依据。

（二）在押罪犯脱逃通知书的法律依据

《监狱法》第 42 条规定："监狱发现在押罪犯脱逃，应当即时将其抓获，不能即时抓获的，应当立即通知公安机关，由公安机关负责追捕，监狱密切配合。"

司法部《加强监狱安全管理工作若干规定》（2009 年 11 月 17 日）第 32 条，监狱发生重大事件后，监狱应当立即向省（区、市）司法厅（局）和监狱局报告；省（区、市）司法厅（局）应当在接到报告后立即向司法部报告，并及时书面报告详细情况，随时报告事态发展和处理情况。

根据法律的上述规定，监狱发生罪犯脱逃，承担追捕职责的首要机关是监狱，这是由监狱的管理职能决定的。但是，一旦脱逃罪犯脱离监狱的控制范围，

追捕职能转由公安机关为主，这是由公安机关负有全面的社会治安职能及特别的公共安全管理权限决定的。在押罪犯摆脱监管场所、实施脱逃的行为，是一种现行犯罪，构成脱逃罪。根据我国《刑事诉讼法》的规定，公安机关对一切现行犯罪负有打击的职能，因此，对监狱不能即时抓获的脱逃罪犯由公安机关负责追捕，监狱密切配合，符合我国《刑事诉讼法》的有关规定。

（三）在押罪犯脱逃通知书的结构和内容

该通知书属于填写式文书，一式三联，分别是存根、正本与回执。正本联寄发给公安机关，一般为监狱所在地的地市级公安机关或区县级公安机关，也可以是临近监狱地区的公安机关，甚至是可能藏匿罪犯地区的公安机关；回执联由收受通知的公安机关签收后寄回通知监狱；存根联由监狱存档。

1. 正本联的填写。

（1）通知书中罪犯的刑种、刑期，不论是否发生变动，填写原判决的情况。在在押罪犯脱逃通知书中，填写原判情况能正确反映脱逃罪犯的罪行及对社会的危害程度。

（2）从何处脱逃栏目的填写，不能笼统地填写"某某监狱"或者"劳动现场"，应详细注明脱逃地的市县区名称，便于公安机关全面了解脱逃地的地理位置。

（3）注明文书制作的日期，加盖监狱公章。

2. 存根联的填写。

（1）存根联的基本信息从正本中摘录。

（2）通知单位填写收受通知的公安机关名称全称。填发时间为文书实际制作的时间，与正本的成文日期保持一致。

（3）审核人是监狱主管领导，填发人是该文书的制作人，上述人员应在相应的栏目中签名。

3. 回执联的填写。回执联已格式化，监狱在寄发正本时一同附上，公安机关收到通知书后，在回执上填上监狱名称、通知书文号、收文时间及落款、加盖公章后寄回。收到公安机关的"回执"单后，将回执联粘附在对应的通知书存根上保存。

三、文书制作提示

（一）在押罪犯脱逃通知书的制作要求和注意事项

1. 启动该文书的时间没有硬性规定，一般掌握在经监狱全力追捕，仍没有抓获逃犯的情况下，应及时向有关公安机关发出在押罪犯脱逃通知书。制作、寄发通知书必须经监狱主管领导审核同意。

2. 通知书可以同时发往几个公安机关，既可以是监狱所在地的公安机关，也可以是脱逃罪犯可能流窜、藏匿地区的公安机关。需要同时通知多个公安机关时，必须单独开具通知书，以示慎重。同时发出的几个通知书，文书的发文字号必须连续编号。

（二）在押罪犯脱逃通知书制作的准备工作

1. 监狱追捕罪犯未捕获的情况。包括围捕、搜查的区域，采取的措施手段，最终结果等。

2. 最新的脱逃罪犯活动信息。包括各方面反馈的罪犯出现或出没活动的信息。

3. 脱逃罪犯隐藏藏匿的情况分析。包括罪犯脱逃方向的新线索，对相关区域熟悉了解情况，社会关系与人员交往情况等。

（三）制作的重点和难点

在押罪犯脱逃通知书制作的重点难点在于通知对象的确定。该文书是针对缉捕的公安机关制作的文书，制作前必须有比较确切的脱逃罪犯可能藏匿在该辖区的信息，在准确筛选信息的基础上才能向管辖该区域的公安机关制作发送在押罪犯逃脱通知书，不能随意发送，也不能普遍发送。

在确定通知对象时要对获取的大量信息进行认真的甄别、研判与分析，总结归纳出关键信息，按关联隶属关系从中挑选出一至二个极有可能藏匿的地区。

四、实例示范

在押罪犯脱逃通知书 （存根）		在押罪犯脱逃通知书		在押罪犯脱逃通知书 （回执）
（2014）×狱通字第3号 罪犯姓名李×军 性别男 出生年月1986年4月1日 罪名抢劫罪 刑种死刑缓期二年执行 刑期自2006年9月5日起至／年／月／日止 关押监区二监区 脱逃时间2014年11月1日 脱逃地点 广东省XX监狱外围墙 已通知：韶关市公安局 填发时间：2014年11月2日 审核人张×刚 填发人王×新	（贰零壹肆）×狱通字第叁号	（2014）×狱通字第3号 韶关市公安局： 　　罪犯李×军，性别男，出生日期1986年4月1日，罪名抢劫罪，刑种死刑缓期二年执行，刑期／，刑期自2006年9月5日至／年／月／日止，该犯于2014年11月1日从广东省××监狱（位于韶关市××区××路）翻越外围墙脱逃，依照《中华人民共和国监狱法》第四十二条规定，特此通知，请予以缉捕。 （公章） 2014年11月2日	（贰零壹肆）×狱通字第叁号	广东省××监狱： 　　（2014）广×狱通字第3号在押犯脱逃通知书，已于2014年11月3日收到。 （公章） 韶关市公安局 2014年11月3日

【拓展阅读】

1. 在押犯脱逃通知书 PPT。

2. 司法部印发《关于加强监狱安全稳定工作的若干规定》（司法通［2006］47 号）。

第三节　脱逃罪犯捕回登记表

一、任务描述

2016 年 9 月 24 日河北省××监狱×监区罪犯雷×利用外出治病时机从医院脱逃。民警一路追踪，28 日，雷×的一个远房堂侄雷××提供情报说，雷×藏匿在赤壁市另一远房亲戚家中。专案民警果断出击，迅速奔赴其远房亲戚位于赤壁市赤××镇×××路某小区的一栋住宅，包围该栋楼房。29 日凌晨 1 时 1 分，民警强行进入房间，将正在仰面酣睡的雷×抓获。

实施步骤：学生分组，分析讨论本案例。每组学生对此案例进行深度剖析，讨论监狱抓获脱逃罪犯后应立即开展哪些工作，总结哪些经验教训，制作何种法律文书，梳理提纲条目，理出工作思路，并制作相关执法文书。

二、基础铺垫

（一）脱逃罪犯捕回登记表的概念及功能

脱逃罪犯捕回登记表是监狱捕回脱逃罪犯后，将抓获经过、罪犯在逃期间有无其他犯罪行为、脱逃事故教训、处理意见等信息记载并上报省、市、自治区监狱管理局的表格式文书。脱逃罪犯捕回登记表与罪犯脱逃登记表相互匹配，后者是前者的前导文书，前者是后者的下文。罪犯脱逃登记表侧重反映脱逃经过及抓捕方案，捕回登记表侧重反映抓获经过及总结事故的教训。

现行监管制度规定，监狱抓获脱逃罪犯后，应立即制作脱逃罪犯捕回登记表，上报省、自治区、直辖市监狱管理局。因此，该文书既是监狱处置脱逃监管事故的重要基础资料，促使监狱全面分析、摸排脱逃事故产生的原因，认真总结事故的教训，采取整改措施，也是上级部门和领导对监狱工作进行指导、帮助、监督的重要手段。

（二）脱逃罪犯捕回登记表的法律依据

《监狱法》《狱内侦查工作规定》对脱逃罪犯捕回登记表的相关内容作了概括性规定：

《监狱法》第60条规定，对罪犯在监狱内犯罪的案件，由监狱进行侦查。侦查终结后，写出起诉意见书，连同案卷材料、证据一并移送人民检察院。

这一规定适用于监狱罪犯逃脱案件，罪犯逃脱是在监狱服刑罪犯再犯罪的一种行为，制作脱逃罪犯捕回登记表，是对脱逃罪犯调查逃脱犯罪，或是逃脱期间其他再犯罪的有效形式，更是脱逃案件卷宗的重要内容之一。

司法部《狱内侦查工作规定》第3条规定，狱内侦查工作的主要任务是，在监狱党委和行政首长领导下，依靠全体监狱人民警察，运用隐蔽斗争与公开监管控制相结合的手段，开展调查研究，了解、掌握罪犯思想动态和行为动向，及时发现敌情线索；严密防范、控制罪犯中可能发生的暴狱、行凶、脱逃、纵火等各种预谋犯罪活动；查清犯罪嫌疑线索，侦查破获罪犯中已发生的各类案件；对重新犯罪嫌疑分子进行预审、结案；对侦查终结的案件依法移送人民检察院审查决定；依法深挖在押罪犯未交代的余罪及其他犯罪线索，及时转递给有关司法机关。

这一规定更是概括性地规定逃脱行为是狱内的一种严重犯罪行为，必须及时侦查，及时追究，制作逃脱罪犯捕回登记表无疑是调查逃脱犯罪的有效措施。

（三）脱逃罪犯捕回登记表的结构和内容

本文书是表格式文书，包括表头、表里、表尾三部分，共计16个项目，填写时要特别注意下面栏目写法：

1. 脱逃日期。该栏目所指的脱逃日期是指脱逃罪犯实际脱离监管场所控制的期间，即自脱逃之日起至捕回之日止，不能简单地理解为脱逃之日。

2. 捕获经过。捕获经过的叙述离不开抓捕信息的来源、缉捕机关、人员以及抓获的时间、地点、过程等基本要素，阐述时要把这些要素较完整地表达清楚。力求简明扼要，条理清楚，逻辑严密。

3. 在逃期间有无其他犯罪行为及主要犯罪事实。该栏目内容是监狱下一步对脱逃罪犯实施侦查、提出处理意见的一个重要依据，因此，必须在查明核实清楚相关事实后再如实填写。脱逃罪犯有无其他犯罪行为，一般要经过审讯、调查取证后才能确定，除非其被抓获时正在实行犯罪。因此，该栏目填写一般可以这样处理：如果有证据表明有犯罪事实的，将其涉嫌的罪名及主要犯罪事实填入；如果尚不清楚是否有其他犯罪事实的，不轻易地填写"无"，填写"待查"较为适宜。因为只有当确信其没有其他犯罪事实时，才填写"无"。还要注意的是，如果有其他犯罪行为的，在陈述了基本犯罪事实后对犯罪行为性质定

性时，不能直接填写"犯某某罪"，而是应当填写"涉嫌某某罪"，因为任何人没有经人民法院判决定罪前，都不能确定其有罪，只能是涉嫌某某罪。

4. 发生脱逃事故应吸取的教训。该栏目内容对整改工作意义重大，可以促使监狱认真排查监管工作的隐患和漏洞，吸取事故教训，做到亡羊补牢。罪犯脱逃既遂的原因比较复杂，涉及多因素、多部门、多人员，要全方位查找诱发事故的隐患和漏洞，做到不掩饰、不推诿、不夸大、不缩小。查找的教训要与脱逃事故之间有直接的因果关系，一针见血，依据充分，责任明确。

5. 对罪犯的处理意见。根据罪犯的脱逃情节、脱逃造成的危害、脱逃期间有无其他犯罪行为、捕回后的认罪态度等因素，由案件的经办部门提出初步的处理意见。在脱逃既遂的情况下，追究脱逃罪犯的刑事责任是基本的处理意见；如查实还涉嫌其他犯罪行为，也应一并追究刑事责任。该意见可以表达出三层含义：一是成立专案组，二是对涉嫌的犯罪进行立案侦查，三是侦查终结后移送人民检察院处理。

6. 狱政部门意见。即狱政处（科）意见，内容可以表明查明全部犯罪事实，依法追究刑事责任的态度。由部门领导签署意见，并签名，注明职务、日期。

7. 监狱意见。监狱意见重点表明对脱逃事故的整改措施和责任追究意见，同时接受上级部门和领导的指导和监督。整改措施涉及的内容有：对脱逃罪犯追究刑事责任的意见，对责任民警处理的态度，对全体民警、罪犯开展警示教育等。由监狱主管领导签署意见，并签名，注明职务、日期。

8. 备注。用来补充说明与登记表信息有关的内容，主要用来补记对脱逃罪犯的处理结果。

三、文书写作提示

（一）脱逃罪犯捕回登记表制作要求和注意事项

1. 制作本文书必须立足于查清全部犯罪事实的基本要求，认真、仔细、全面地调查脱逃案件，弄清楚罪犯脱逃的过程，掌握收集相关的证据、证明材料，了解监管控制上显现或暴露出问题，明确相关人员的责任。

2. 依法依规地提出对脱逃犯罪行为的处理意见，对相关责任人员的处理建议。

3. 了解本文书渊源，该文书原名"脱逃罪犯捕回报告表"，后改为"脱逃罪犯捕回登记表"，但其向上级报告的功能没有变。

4. 该表格一式两份，一份由监狱存档，另一份上报省监狱管理局。

5. 该文书一般由狱政部门牵头制作，其他有关部门协同完成。

（二）制作脱逃罪犯捕回登记表的准备工作

1. 了解熟悉本脱逃案件基本情况和基本事实。

2. 熟悉脱逃罪犯的基本情况和在监狱的服刑表现。

3. 了解掌握脱逃罪犯被捕获的事实情况。

4. 具备一定的调查与讯问技巧。

5. 具有监狱法与刑罚执行的业务素养。

（三）制作的重点和难点

集中在"在逃期间有无犯罪行为及主要犯罪事实""发生脱逃事故应吸取的教训""对罪犯处理意见"三个栏目填写。

1. "在逃期间有无犯罪行为及主要犯罪事实"栏。此栏目要填写经过查证属实，有相关证据、证明材料，确实已构成犯罪的犯罪行为与犯罪事实，叙述中要抓住犯罪事实的"七何要素"来写，力求"真实、准确、精炼"。如果事实不清、证据不全，可暂时不填写犯罪事实，简单写上"待查"字样。

2. "发生脱逃事故应吸取的教训"栏。此栏目着重调查了解监狱管理制度的落实情况、管理人员、责任人员有无过错、有无不履行职责的情况，监管设施和警戒设施管理和使用是否存在漏洞，狱情收集、分析预判是否到位等。如有且跟脱逃事件有关联，就要梳理出具体的缺陷、不足，总结经验教训如实填写在栏目内。

3. "对罪犯处理意见"栏。此栏要求熟悉脱逃罪与其他犯罪的构成要件，能准确对脱逃罪犯的又犯罪进行分析定性，熟悉又犯罪案件的处理流程与处理方式，能够依据《刑法》《刑事诉讼法》，针对脱逃罪犯的又犯罪行为提出相应的处理意见。

四、实例示范

表12-2 脱逃罪犯捕回登记表

单位：河北省××监狱　　　　　　　　　　罪犯编号：××××××××××

姓名	雷×	性别	男	出生日期	1971年7月15日
罪名	合同诈骗罪	刑期（种）	有期徒刑11年	脱逃日期	2016年9月24日～2016年9月29日
捕获经过	2016年9月28日，该犯的一远房堂侄雷×家提供情报说，雷×藏匿在赤壁市另一远房亲戚家中。专案民警果断出击，迅速奔赴其远房亲戚位于×××镇××××某小区的一栋住宅，包围该栋楼房。29日凌晨1时1分，民警强行进入房间，将正在仰面醉睡的雷×抓获。				
在脱逃期间有无犯罪行为及主要犯罪事实	待查。				

发生脱逃事故应吸取的教训	9·24 脱逃事故的教训是极其深刻的，暴露出问题，归纳起来有： 1. 监区没有严格执行罪犯外出就医的相关规定，管理与值班干警麻痹大意； 2. 日常管理中不够细心，对犯情分析摸排不准，对罪犯安全隐患排查不深刻、不到位，掌握罪犯情况尤其罪犯主要社会关系不全面； 3. 罪犯脱逃后，监狱处突应急反应速度迟缓，错失最佳追逃时机。
对罪犯的处理意见	1. 成立专案组，对罪犯雷×涉嫌的脱逃案件立案侦查。 2. 对雷×隔离审查。
狱政部门意见	尽快查明该犯的全部犯罪事实，依法追究其刑事责任。 科长：王×波 2016 年 9 月 30 日
监狱意见	以该次事故为教训，对全监民警进行一次严肃工作制度、查找隐患漏洞的纪律整顿。同时，对全监罪犯开展一次反逃跑专项教育。在查清事实的基础上，严肃查处事故的责任民警。对脱逃罪犯依法律程序追究其刑事责任。 监狱长：魏×伦 2016 年 9 月 30 日
备注	2007 年，雷×曾因盗窃被网上追逃，2009 年再次因涉嫌合同诈骗被追逃，2016 年 9 月 24 日在服刑期间又一次脱逃。罪犯雷×系累犯。

说明：本表一式两份。

【拓展阅读】

脱逃罪犯捕回登记表 PPT。

单元训练　罪犯脱逃执法文书项目实训

一、单元名称：脱逃罪犯捕回登记表制作实训

二、实训目标

1. 培养学生对罪犯又犯罪事实调查的能力。

2. 培养学生排查问题，查找监管漏洞的能力。

3. 培养学生解读法律、应用法律解决问题的能力。

4. 培养学生对具体案件的分析与处置的能力。

5. 培养学生规范制作执法文书的综合素养。

三、实训要求

1. 重点：

（1）案件中不同类型脱逃罪犯又犯罪情况的调查方法。

（2）案件经验教训的分析总结方法。

2. 难点：脱逃期间又犯罪情况调查与确认。

四、实训内容

2009 年 10 月 17 日下午，内蒙古呼和浩特第二监狱三监区 4 名重刑罪犯（乔×强，男，1981 年出生，内蒙古临河人，汉族，初中文化，无业，身高 1.72 米，方形脸，普通话口音，因犯抢劫罪被判处无期徒刑；董×继，男，1982 年出生，汉族，内蒙古商都人，身高 1.75 米，方形脸，山西大同口音，因犯抢劫、盗窃罪被判处死缓；高×，别名：刘×，男，汉族，1982 年出生，河北省玉田县人，身高 1.72 米，脸型狭长，犯故意伤害致人死亡罪判处死缓；李×斌，别名：李×平，男，蒙古族，1988 年出生，辽宁省阜新县人，小学文化，原呼和浩特市北垣街浪中浪洗浴城服务员，身高 1.73 米，长方脸，东北口音，犯抢劫、盗窃罪被判处无期徒刑），共同杀害了当班民警兰×国，抢夺了当班民警徐×的警服，用抢来的警察门卡通过了三道关卡，在最后出门时引起了值班民警的怀疑。这几名逃犯打伤值班民警，强行冲出大门，抢劫一辆出租车后驾车逃脱，后又弃车重新劫持农用三轮车出逃。

2009 年 10 月 20 日 8 时 10 分，呼和浩特市和林格尔县 110 指挥中心接到舍必崖乡台几村村民的报告，称发现 4 名可疑人员，有可能是媒体上刚报道过的越狱逃犯。接报后，该县公安局立即派干警前往现场。搜索过程中，县公安局政委陈×华等人发现了 4 名罪犯的踪影，立即组织抓捕行动。

陈×华带队在罪犯行驶方向进行堵截。发现罪犯劫持的车辆后，陈×华下令，用车侧撞对方的农用三轮车，将农用车撞倒在了路旁的沟里。几名逃犯立即从车里跳出，分别向三个不同方向逃窜。

逃犯李×斌被追捕民警迅速抓获；逃犯高×在逃跑过程中，突然回过身来掏出匕首刺向追捕民警郭×军，后面的追捕警察将其击毙；逃犯乔×强逃入了舍必崖乡政府办公大楼，民警、武警紧追不放，乔×强在从三楼跳下逃跑时受伤被擒；逃犯董×继在被追捕的民警和武警包围后，持械意欲反抗，经民警两轮喊话，最终缴械投降。至此距接警时间约 1 小时 20 分，4 名逃犯除持刀拒捕的高×被当场击毙外其余 3 名均重新落入法网。

相关民警制作如下脱逃罪犯捕回登记表，请进行析评、修改。

表 12 - 3　脱逃罪犯捕回登记表

单位：内蒙古第二监狱三监区　　　　　　　　　　　　罪犯编号：×××0320080526

姓名	乔×强	性别	男	出生日期	1981 年 5 月 23 日
罪名	抢劫罪	刑期（种）	无期徒刑	脱逃日期	2009 年 10 月 17 日 ~ 2009 年 10 月 20 日
捕获经过	逃犯乔×强逃入了舍必崖乡政府办公大楼，民警、武警紧追不放，乔海强在从三楼跳下逃跑时受伤被擒。				
在脱逃期间有无犯罪行为及主要犯罪事实	待查。				
发生脱逃事故应吸取的教训	10·17 脱逃事故的教训是极其深刻的，暴露出许多问题，归纳起来有： 　1. 监区没有严格执行干警值班制度，值班干警思想麻痹大意； 　2. 日常管理中工作不细，犯情分析摸排不准，对危险罪犯的包夹控制不落实、不到位； 　3. 安全警报设施设备维护不到位，运行状况不佳； 　4. 监狱应急处置机制不健全，联动反应迟缓。				
对罪犯的处理意见	1. 成立专案组，对罪犯乔×强等涉嫌的越狱杀人案件立案侦查。 　2. 对乔×强隔离审查。				
狱政部门意见	尽快查明该犯的全部犯罪事实，依法移送检察机关起诉。 　　　　　　　　　　　　　　　　　科长：李×波 　　　　　　　　　　　　　　　　　2009 年 10 月 22 日				
监狱意见	以该次事故为教训，对全监民警进行一次严肃工作制度、查找隐患漏洞的纪律整顿。同时，对全监罪犯开展一次反越狱专项教育。在查清事实的基础上，严肃查处事故的责任民警。对越狱杀人罪犯依法律程序追究其刑事责任。 　　　　　　　　　　　　　　　　　监狱长：马×东 　　　　　　　　　　　　　　　　　2009 年 10 月 22 日				
备注					

说明：本表一式两份。

五、任务评估

对脱逃罪犯捕回登记表任务评估应坚持以下主要标准：

1. "捕回经过""在脱逃期间有无犯罪行为及主要犯罪事实"栏填写要做到：准确、真实、精炼。无论是捕获经过还是犯罪事实，都必须按什么人、什么事、什么时间、什么原因、什么情节、什么手段、什么结果的七要素来写，事实既要真实，还要精炼。

2. "发生脱逃事故应吸取的教训"栏的填写要做到：全面、客观、深刻。在分析总结应吸取的教训的基础上，要不怕献丑，从关联的方方面面入手，层层剖析，既要从更广的层面寻找相关原因，也要从更深的层次寻找主要原因。

3. "意见栏"的填写要做到依法、依规、责任担当。无论是对罪犯的处理意见还是对责任人的处理建议，无论是狱政部门的意见，还是监狱的意见，都必须遵守法律法规，遵守行事规则，按法律规定、按程序要求来提出合理建议或意见，不能越权越位，超越法律提出不合理、不合规的意见或建议。

第十三章　狱内侦查类文书

【本章引言】

　　狱内侦查文书是监狱依法对罪犯在监狱内犯罪案件进行侦查时所使用的文书。在《刑事诉讼法》中，公诉案件有立案、侦查、起诉、审判、执行五个环节。狱内侦查案件始于立案，终于破案或结案，每一环节都有相应的法律文书推动司法进程。狱内侦查的每一道环节都需要形成规范有效的文书，确保侦查行为的合法性。

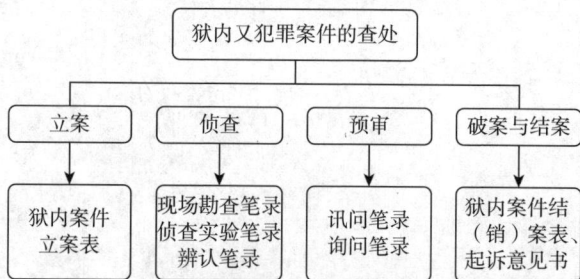

图 13 - 1　狱内案件侦查流程及相关执法文书制作节点

第一节　狱内案件立案表

一、任务描述

2014 年 7 月 28 日 13 时许，罪犯邱×石与赵×朋因话不投机而发生口角，邱×石上前打了赵×朋两耳光。赵×朋走出 5 号监舍，准备找值班民警处理，邱×石将赵×朋拖进 5 号监舍，将赵×朋摔倒在地，并朝赵×朋的腰部猛踢数脚，后被闻讯赶到的值班民警制止。14 时，赵×朋感到身体不适，值班民警遂将其送至监狱医院。经监狱医院初步确诊为脾脏破裂，于是赵×朋又被送往××市中心医院，并于 2014 年 7 月 28 日 16 时 20 分实行脾脏切除手术，经法医鉴定赵×朋的伤害程度已达到重伤标准。

实施步骤：学生分组讨论案例，说说狱内案件发生后监区民警应该如何应对？对案件进行分析定性，该做出怎样的处理？处理时应当遵循什么程序？处理后应该制作哪些执法文书？分析该案是否应该立案？

二、基础铺垫

（一）狱内案件立案表的概念及功能

狱内案件立案表是指监狱对狱内发生的案件经初步侦查，认为犯罪事实存在，需要追究刑事责任，呈报上级批准立案侦查时所制作的表格式文书。

立案是刑事诉讼的开始，狱内案件立案同样要符合刑事案件立案标准才能立案，即有证据证明犯罪事实存在，符合狱内刑事案件的立案标准；需要追究刑事责任，且属于监狱的管辖范围。制作狱内案件立案表标志着狱内案件的正式立案，案件即进入刑事案件侦查程序。

（二）狱内案件立案表的法律依据

1. 《监狱法》第 60 条规定，对罪犯在监狱内犯罪的案件，由监狱进行侦查。侦查终结后，写出起诉意见书或者免予起诉意见书，连同案卷材料、证据一并移送人民检察院。

2. 《刑事诉讼法》第 308 条第 3 款规定，对罪犯在监狱内犯罪的案件由监狱进行侦查；第 4 款规定，军队保卫部门、中国海警局、监狱办理刑事案件，适用本法的有关规定。

最高人民法院、最高人民检察院、公安部、司法部《关于监狱办理刑事案件有关问题的规定》（司发通〔2014〕80 号，2014 年 8 月 11 日）第 1 条规定，对监狱在押罪犯与监狱工作人员（监狱警察、工人）或者狱外人员共同犯罪案件，涉案的在押罪犯由监狱立案侦查，涉案的监狱工作人员或者狱外人员由人

民检察院或者公安机关立案侦查，在侦查过程中，双方应当相互协作。侦查终结后，需要追究刑事责任的，由侦查机关分别向当地人民检察院移送审查起诉。如果案件适宜合并起诉的，有关人民检察院可以并案向人民法院提起公诉。

（三）狱内案件立案表的结构及内容

狱内案件立案表中需要填写的内容可以分为表头、表腹和表尾3个部分。

1. 表头，包括单位和案件编号两项内容。

（1）单位：填写监狱及发生案件的监区名称。如果是监狱的狱内侦查部门直接承办的案件，则填写狱内侦查部门的名称。

（2）案件编号：填写本年度刑事案件的序号。可采用年份加序号的方式。

2. 表腹，包括案件类别、案件性质、发案时间、发案地点、发案经过和危害情况、立案根据、现场勘查情况记述、侦查计划及措施、主管科室意见、监狱意见等10项内容。

（1）案件类别：根据2001年司法部颁布实施的《狱内刑事案件立案标准》，将狱内案件依据严重程度不同分为了三类：特别重大案件、重大案件和一般案件。

（2）案件性质：填写案件的类别，以刑法确立的罪名为准，填写时去掉"罪"字，如故意伤害、盗窃等。

（3）发案时间：填写发生案件的具体时间。如果发案时间还不能确定，可以填写发现时间。

（4）发案地点：填写发生案件的地名或所在具体位置。

（5）发案经过和危害情况：填写时应根据报案人、控告人、举报人或犯罪嫌疑人提供的情况以及抓获或者发现经过填写。这个部分根据已知的"七何"要素填写，不清楚的犯罪事实要素可以不填写，但应写明发现人或报案人的发现时间、报案时间、报案方式、报案人或发现人对案件的陈述等。

（6）立案根据：该栏目应围绕狱内案件的立案标准叙写，表明有证据证明犯罪事实存在，参考《狱内刑事案件立案标准》，说明该案符合××案的立案标准即可。程式化的表述为"经初步审查，确有××犯罪事实，行为人涉嫌××犯罪，符合××案的狱内立案标准。"或者"经初步审查，罪犯××实施了××犯罪行为，涉嫌××犯罪，符合××案的狱内立案标准"。

（7）现场勘查情况记述：该栏目的填写主要依据现场勘查笔录的内容来填写，但不能照搬现场勘查笔录的内容，应从笔录中选择最能突出该案件特征的现场勘查中提取的证据、痕迹、物品来加以说明，包括现场环境位置、现场状况、作案人遗留的物品、作案痕迹和证据等。

（8）侦查计划及措施：填写的内容一般应包括以下几个方面：一是专案侦查成员的组织情况和具体分工情况；二是提出侦查方向、范围和主要目标；三是确定侦查的步骤、方法、措施和手段；四是预计侦查期限；五是目前存在的

问题和需要领导帮助解决的问题。

（9）主管科室意见：由监狱的狱内侦查科负责人提出是否立案的意见，然后签字，注明日期，并加盖科室的印章。

（10）监狱意见：由监狱主管狱内侦查工作的领导根据案件的类别、等级进行批示，然后签字，注明日期，并加盖监狱机关的印章。

3. 表尾，包括填表人和填表日期两项内容。由填表人签字并注明填表日期。

三、文书制作提示

（一）狱内案件立案表的制作要求和注意事项

1. "发案时间"填写案件发生的具体时间，如果发案的具体时间不清楚的，按实际知晓的时间填写。

2. 狱内案件包括狱内违规违纪、违法、犯罪案件，但是罪犯一般的违纪违规行为，或者犯罪主体不是罪犯在监狱里实施的犯罪行为，都不适用狱内立案。

3. 填写"监狱意见"时，对于狱内发生的一般案件，可在职能科室的指导下，由案发所在监区和分监区直接组织侦查；案情重大或特别重大的，可由监狱主管部门负责组织侦查。

（二）制作狱内案件立案表的准备工作

1. 对案情深入了解，掌握案件发生的时间、地点、事件等要素，以便准确、客观记述发案经过和危害情况。

2. 学习掌握狱内案件立案相关法律法规。司法部《狱内刑事案件立案标准》，对照立案标准，对案情进行分析。

3. 在制作狱内案件立案登记表前，应先制作现场勘查笔录。对现场勘查笔录摘抄并整理，要围绕文书制作意图和核心见解摘选现场勘查笔录中能直接说明立案理由的内容。

（三）制作的重点和难点

1. 围绕狱内案件立案条件记述案情，不要一味求全。在立案阶段，一般情况下案情并不明朗，很多时候犯罪嫌疑人都无法确定。因此不必照套"时间、地点、人物、犯罪原因、犯罪手段、犯罪情节、犯罪结果和证据"等要素制作，将目前已知的事实及危害情况说清楚，满足立案条件即可。

2. 正确表达立案的法律依据。对狱内刑事案件的定性分析，应当引用《刑法》的相应条款。在表述立案条件的依据时，应先引用《刑事诉讼法》第308条第4款，再引用《刑事诉讼法》其他相关法条。《刑事诉讼法》关于立案的条款是针对公安机关、人民检察院或人民法院的，没有直接规定监狱。狱内侦查的法律适用问题，规定在《刑事诉讼法》第308条第4款：军队保卫部门、中国海警局、监狱办理刑事案件，适用本法的有关规定。先引用这一条款后引用其他条款才能顺理成章、严谨完整。

四、实例示范

表13-1 狱内案件立案表

单位：××监狱 案件编号：201403

案件类别	重大案件	发案时间	2014 年 7 月 28 日 13 时
案件性质	故意伤害	发案地点	三监区二分监区 5 号监舍
发案经过和危害情况	2014 年 7 月 28 日 13 时许，罪犯邱×石与赵×朋因话不投机而发生口角，邱×石上前打了赵×朋两耳光。赵×朋走出 5 号监舍，准备找值班民警处理，邱×石将赵×朋拖进 5 号监舍，将赵×朋摔倒在地，并朝赵×朋的腰部猛踢数脚，后被闻讯赶到的值班民警制止。14 时，赵×朋感到身体不适，值班民警遂将其送至监狱医院。经监狱医院初步确诊为脾脏破裂，于是赵×朋又被送往××市中心医院，并于 2014 年 7 月 28 日 16 时 20 分实行脾脏切除手术，经法医鉴定赵×朋的伤害程度已达到重伤标准。		
立案根据	罪犯邱×石无视监规，因琐事与他犯发生口角，继而故意殴打被害人，造成被害人重伤，其行为触犯了《刑法》第二百三十四条之规定，涉嫌故意伤害罪。 为进一步查清该犯的犯罪事实，追究其刑事责任，根据《刑事诉讼法》第二百九十条第二款、第三款和第一百一十条、《监狱法》第六十条、司法部《狱内刑事案件立案标准》第二条第十一项之规定，建议立案侦查。		
现场勘查情况记述	1. 提取了 5 号监舍 2014 年 7 月 28 日 13 时的监控录像。 2. 提取被害人赵×朋囚服一件，囚服上的脚印两枚。 3. 提取罪犯邱×石的 42 号胶鞋一双。 4. 拍摄了现场照片 8 张，绘制现场图 2 份。		
侦查计划及措施	1. 案发后，已将邱×石关押禁闭。 2. 成立以廖×湘为组长，邓×山、秋×亮、林×同为成员的侦破小组，负责本案侦破工作。 3. 从××市中心医院提取医疗诊断书，以便确定伤害程度。 4. 询问现场目击罪犯鲁×吉、刘×光，从中了解案情详细经过。 5. 询问被害人，提取主要证据，以便查清犯罪起因。 6. 提审罪犯邱×石，以获取案犯口供。		
主管科室意见	经审查，该案故意伤害的犯罪事实成立，同意以故意伤害案立案。 <div align="right">张×高（签章） 2014 年 7 月 29 日</div>		
监狱意见	同意以故意伤害案立案侦查。 <div align="right">陈×新×（签章） 2014 年 7 月 29 日</div>		

填表人：林×同 填表日期：2014 年 7 月 29 日

【拓展阅读】

1. 狱内案件立案表 PPT。

2.《狱内刑事案件立案标准》(《中华人民共和国司法部令》第 64 号,2001 年 3 月 9 日)。

3. 最高人民法院、最高人民检察院、公安部、司法部《关于监狱办理刑事案件有关问题的规定》(司法通〔2014〕80 号)。

第二节 讯问笔录

一、任务描述

××省××监狱服刑人员张××,因私藏现金被分监区查处,他怀疑是同组服刑人员王××汇报的,一直怀恨在心,伺机报复。2013 年 8 月 18 日 23 时 10 分,张××用事先准备的一把自制小刀,向正在熟睡的王××头部连戳三刀,造成王××的头部、面部严重受伤。事发后,张××企图用刀片割腕自杀,被周围的服刑人员控制,后被闻讯赶来的民警带入禁闭室隔离。经狱侦部门审查认为符合狱内立案标准,遂决定立案侦查。为了进一步查清案情,办案人员对其进行首次讯问。

实施步骤:学生分组讨论案例,说说监狱讯问由监狱哪个部门负责? 讯问的法律依据有哪些? 被讯问人享有哪些权利和义务? 研究分析案情,确定讯问目的,拟定讯问提纲,制作讯问笔录。

二、基础铺垫

(一) 讯问笔录的概念及功能

侦查人员依法讯问犯罪嫌疑人、被告人时,对讯问情况和被讯问人就案件所作的陈述和辩解的文字记录,称为讯问笔录。

监狱的侦查人员对狱内又犯罪或对有漏罪的罪犯进行侦查时,为查明犯罪事实,对罪犯进行讯问需要制作讯问笔录,该笔录隶属于刑事诉讼法律文书。罪犯涉嫌违反监规纪律,其性质不属于犯罪行为,应该属于违法嫌疑人,制作

的笔录应是询问笔录，而不是本节所提及的讯问笔录。

讯问笔录中记载的被讯问人的供述和辩解，一经查实，即成为我国《刑事诉讼法》规定的证据之一，也是确定案件性质和给犯罪嫌疑人定罪量刑的根据。讯问笔录也是我们分析案情、研究问题、总结经验教训，检查办案质量的重要依据。

（二）讯问笔录制作的法律依据

1. 《刑事诉讼法》第118条规定："……讯问的时候，侦查人员不得少于二人……"

2. 《刑事诉讼法》第120条：侦查人员在讯问犯罪嫌疑人的时候，应当首先讯问犯罪嫌疑人是否有犯罪行为，让他陈述有罪的情节或者无罪的辩解，然后向他提出问题。犯罪嫌疑人对侦查人员的提问，应当如实回答。但是对与本案无关的问题，有拒绝回答的权利。

侦查人员在讯问犯罪嫌疑人的时候，应当告知犯罪嫌疑人享有的诉讼权利，如实供述自己罪行可以从宽处理和认罪认罚的法律规定。

3. 《刑事诉讼法》第121条：讯问聋、哑的犯罪嫌疑人，应当有通晓聋、哑手势的人参加，并且将这种情况记明笔录。

4. 《刑事诉讼法》第122条：讯问笔录应当交犯罪嫌疑人核对，对于没有阅读能力的，应当向他宣读。如果记载有遗漏或者差错，犯罪嫌疑人可以提出补充或者改正。犯罪嫌疑人承认笔录没有错误后，应当签名或者盖章。侦查人员也应当在笔录上签名。犯罪嫌疑人请求自行书写供述的，应当准许。必要的时候，侦查人员也可以要犯罪嫌疑人亲笔书写供词。

5. 《刑事诉讼法》第123条：侦查人员在讯问犯罪嫌疑人的时候，可以对讯问过程进行录音或者录像；对于可能判处无期徒刑、死刑的案件或者其他重大犯罪案件，应当对讯问过程进行录音或者录像。录音或者录像应当全程进行，保持完整性。

（三）讯问笔录的结构和内容

讯问笔录是证明案件事实的重要证据之一，在侦查终结时，应当存入诉讼卷，由首部、正文和尾部组成。

1. 首部，包括标题、讯问时间、讯问地点、讯问人、记录人的基本情况及被讯问人的基本情况等。

（1）标题。标题有两种表示方式：一种直接写明"讯问笔录"；另一种由监狱名称、涉案罪犯姓名、案由及文种组成，分两行书写。

（2）讯问时间起止。要详细填写讯问开始到结束的时间，具体到分，采用24小时制表示。

（3）讯问地点。讯问地点指讯问的具体场所，填写要具体。

（4）讯问人的基本情况。写明讯问人和记录员的姓名及职务。讯问的侦查人员不得少于两人，讯问员与记录员有明确的分工，讯问员与记录员不得由同一人担任。

（5）被讯问人的基本情况。包括姓名、性别、民族、出生日期、文化程度、原判罪名、原判刑期、服刑单位、刑种（刑期）变动情况等。了解这些要素，对审讯过程及其分析、判断案情有参考作用，可以在审讯前查阅记载，在审讯中作为提问印证。

2. 正文。正文以问答式展开。

（1）讯问查明犯罪嫌疑人的基本情况：在第一次讯问时，要以问答的形式再次记明被讯问人的基本情况，以印证首部中的被讯问人的基本情况是否属实，以后的各次讯问笔录就无须再记。

（2）告知犯罪嫌疑人的权利义务。在对犯罪嫌疑人第一次进行讯问时告知犯罪嫌疑人诉讼权利义务，将犯罪嫌疑人诉讼权利义务告知书送交犯罪嫌疑人，如果犯罪嫌疑人没有阅读能力，侦查人员要向犯罪嫌疑人宣读。然后侦查人员要向犯罪嫌疑人讯问是否看清或者听清告知书的内容以及有何要求，即犯罪嫌疑人是否要聘请律师、是否申请有关人员回避等。对于犯罪嫌疑人有具体要求的，一定如实记录。

（3）讯问过程全记录。在第一次讯问时，按照《刑事诉讼法》第120条的规定，在这部分首先要讯问犯罪嫌疑人是否有犯罪行为，让他陈述有罪的情节或者无罪的辩解，然后再向其提出问题。根据讯问的情况，清楚准确地记载犯罪事实、动机目的、手段，与犯罪有关的时间、地点，涉及的人、事、物等。如果犯罪嫌疑人进行无罪辩解，要准确、完整地记录其陈述的理由和有关的证据。要准确记录，保持原话原意。

记录讯问笔录时应突出以下重点：犯罪事实的"七何"要素及证明犯罪事实的证据；突出犯罪的关键情节和证据；供述中的矛盾点；犯罪嫌疑人的辩解和更正；犯罪嫌疑人供述中所涉及的人、事、物等线索；侦查人员使用证据、线索的时机和情况，记录侦查人员的侦查策略和方法，但不得向被讯问人泄露案情及看法；以体态语言的方式记录犯罪嫌疑人的思想变化情况；涉及关键情节的关键性原话的记录。

（4）在第二次以及以后的讯问中，主要根据以前对犯罪嫌疑人的讯问及案件侦查情况，有针对性地对案件有关情况进行进一步讯问。讯问的内容可以是案件的全部情况，也可以是案件情况的某一部分。

3. 尾部。包括被讯问人核对意见、签名、捺指印、讯问人、记录人签名、签署日期等。

将讯问笔录交由犯罪嫌疑人核对，对于没有阅读能力的，应向他宣读。如果记载有遗漏或者差错，犯罪嫌疑人可以提出补充或者更正。笔录经被讯问人核对无误后，应当在笔录末尾让被讯问人写明"以上笔录我看过（或向我宣读过），和我说的相符"。被讯问人应在笔录上逐页签名（盖章）或捺指印。拒绝签名（盖章）或捺指印的，应当在笔录上说明。讯问人员、记录人员必须在讯问笔录上签名。

三、文书制作提示

（一）讯问笔录的制作要求和注意事项

1. 讯问的时候，侦查人员不得少于 2 人。因此，侦查人员与记录人员不应由同一人担任。

2. 讯问笔录上一律使用"问"和"答"表示，而不能用其他符号代替。侦查人员、翻译人员应当在笔录上签字或者盖章。

3. 笔录内容要全面、准确。讯问笔录必须全面反映讯问的情况，不能任意删减和遗漏。不仅要记载犯罪嫌疑人有罪的供述，也要记载其无罪的辩解。既要记载犯罪嫌疑人坦白检举的情况，也要记载其在讯问中的被讯问人的体态语言情况，包括神态、表情、动作等，如低头、哭泣、摇头、叹气、抓头发、顿足、捶胸等。同时，对于有关案情的内容，应尽可能记载犯罪嫌疑人的原话，不得随便改变原意。

（二）制作讯问笔录的准备工作

1. 全面了解案件情况（"七何"要素）、犯罪嫌疑人情况（身份情况及性格心理情况）、破案情况、证据情况（证据来源、证据的可靠程度、证据是否充分）、被害人情况（身份情况、发案当时情况）。

2. 讯问前了解犯罪嫌疑人的基本情况，分析其犯罪心理。根据现场有无破坏情况、反常情况分析；根据犯罪行为造成的危害后果分析；根据犯罪的特点、规律分析；根据犯罪嫌疑人的犯罪经历、家庭情况及自身情况分析。

3. 讯问前侦查人员应当全面了解案情和证据材料，确定讯问目的，拟定讯问计划，列出讯问提纲。讯问计划可从以下几个方面考虑：简要案情；讯问的目的和要求；讯问的步骤和重点；突破口的选择；讯问的策略和方法；怎样对犯罪嫌疑人的辩解作出解答；犯罪嫌疑人提出条件应怎么回答；讯问的僵持局面怎么办；讯问工作与其他侦查措施相配合；出现的紧急情况及相应处置。

（三）制作的重点和难点

1. 讯问与案件事实有关的内容。此即犯罪事实、情节和细节。这一部分要重点问明、记清"七何"要素，同时要紧扣犯罪构成的四个要件（犯罪客体、犯罪客观方面、犯罪主体、犯罪主观方面）进行讯问、记录，如果是故意犯罪，

还要围绕故意犯罪的阶段（犯罪预备、犯罪未遂、犯罪既遂及犯罪中止）进行讯问、记录。

2. 讯问要讲求技巧和方法。适当讲求讯问技巧和方法，有利于保证讯问速度和提高讯问笔录制作质量，同时保障记录的速度。讯问时，可以根据需要对问话过程进行录音、录像；在讯问中，需要运用证据证实犯罪嫌疑人的罪行时，应当防止泄露侦查工作秘密；严禁刑讯逼供或者使用威胁、引诱、欺骗以及其他非法方法获取供述。

3. 犯罪嫌疑人答非所问的记录方法。犯罪嫌疑人答非所问一般有以下三种情况：一是有的犯罪嫌疑人没有听清楚或者没有理解侦查人员的提问；二是有的犯罪嫌疑人认罪服法后，一心想把问题交代出来，只顾陈述犯罪事实以及与犯罪事实有关或无关的情况，没有考虑侦查人员提问的具体内容；三是有的犯罪嫌疑人为转移目标，逃避罪责，打乱侦查人员的讯问计划，甚至企图"牵着侦查人员的鼻子走"，或者投石问路、摸底试探。对于第一种情况，侦查人员只需要重复一下提问或者解释提问的意思就行了，犯罪嫌疑人怎么回答就怎么记。对于第二种情况，虽然犯罪嫌疑人答非所问，但回答的犯罪事实及其与此有关的情况，这部分内容可以记，而答非所问的与犯罪事实无关的情况也要记录并予以注明。对于第三种情况，侦查人员要揭露犯罪嫌疑人的阴谋，让其正面回答问题。记录员不能因为犯罪嫌疑人没有正面回答问题就停手不记，应该把犯罪嫌疑人答非所问的内容也记上。因为这种犯罪嫌疑人尽管没有正面回答问题，但说出的其他情况有时也是我们所需要的情况，如果不记就可能遗漏重要线索，而且使侦查人员失去了揭穿假供、遗漏犯罪线索。

四、实例示范

××省××监狱

对罪犯张××故意伤害案的讯问笔录（第一次）

讯问时间：2013 年 8 月 19 日自 8 时 10 分至 10 时 30 分

讯问地点：监狱严管分监区审讯室

讯问人：姓名：梁×　职务：狱内侦查科科长

记录人：姓名：顾××　职务：狱内侦查科科员

被讯问人：姓名张××，性别男，民族汉族，出生日期 1977 年 6 月 6 日，籍贯××省云台市，文化程度初中，家庭住址云台市××县锦龙乡龙江村二组。原判情况：因犯抢劫罪，被判处有期徒刑 15 年，2009 年 5 月 15 日到监狱服刑，现在三监区一分监区服刑。刑期（刑种）变动情况：曾因悔改表现被减刑 1 年，刑期截止日期 2022 年 9 月 10 日。

问：你叫什么名字？

答：张××。

问：出生日期？

答：1977 年 6 月 6 日。

问：什么地方的人？

答：云台市××县锦龙乡人。

问：你服刑是犯什么罪？被判处何刑罚？

答：抢劫罪，判有期徒刑 15 年。

问：现在哪个监区、分监区服刑？

答：三监区一分监区。

问：根据《中华人民共和国刑事诉讼法》的有关规定，我们依法对你进行讯问，对我们的提问，你应当如实回答。但与本案无关的问题，你有权拒绝回答。听清楚没有？

答：听清楚了。

问：这是犯罪嫌疑人权利义务告知书，你看一下？

答：好的。（看告知书约 5 分钟）

问：你有什么要求，提出来。如果没有，在告知书上签字。

答：没有什么要求。（在告知书上签字）

问：你知道我们为什么关你禁闭吗？

答：知道，我昨天晚上把王××杀伤了。

问：你把当时行凶的过程简单地讲一下。

答：大约半夜里，具体时间我也不清楚，我起来小便后，回到床上怎么也睡不着，听到王××的打鼾声，心里更是烦躁。我早已恨死他了，一直等待机会实施报复。于是，我便从床上跃起，从物品架上取出早已藏匿的自制小刀，爬下上铺直奔王××的床位，朝着王××的头部、面部猛戳几刀。听到王××的惨叫声后，我感到恐惧，扔下刀子逃回自己的床位。

问：你戳在王××哪些部位？

答：王××睡在床上，我就朝他头上扎，因为疼痛他不停地挣扎，后面几刀胡乱扎也不知道扎在哪里了？

问：你能记得戳了几刀？

答：记不太清了，反正不止一刀。

问：当时王××什么反应呢？

答：我听见王××惨叫声，看见王××满脸是血，当时很慌乱，监舍也一片混乱，我有点蒙。

问：你为什么这么恨王××，要采用这样的手段？

答：（沉默不语一会）其实我们两人以前关系是不错的，甚至到了无话不说的地步。两人关系恶化的起因是年初我私藏的 300 元现金被警官查缴，我推测是他出卖了我，因为私藏现金的事，我记忆中只有与他透露过。我是很讲义气的，对出卖朋友的人，我就得让他付出代价。

问：你所谓的让他付出代价的含义是什么？

答：我不想让他死，我只是想出一口气，给他留下一个痛苦的记忆，我想到用刀子教训他。

问：你用来扎王××的刀是什么刀？什么样子的？

答：是我在劳动时偷偷做的一把刀，是一把旧锉刀，大概有五、六厘米长，一头用伤湿止痛膏缠了一下，只有一边有刀刃，不是很锋利。

问：什么时候偷制刀具的？

答：6 月 6 日中班期间。

问：这个时间你怎么记得这么清楚？

答：那天是星期六，刚好又是我 36 岁的生日，"六六顺"，成事的把握大一点。

问：刀子是用什么材料做的？

答：一把旧锉刀，在砂轮上磨出了刀尖和刃口。

问：在磨刀时没有人看见？

答：没有。有人进来了，我就换磨劳动零件。

问：刀子是怎么带进监舍的？

答：放在鞋子里面带进去的。

问：行凶前，刀子藏在哪里？

答：放在靠近我床位的行李架上。

问：你看一下是不是这把刀？（出示物证）

答：是的。

问：后来你为什么要自杀？

答：（眼里有泪光，哽咽）我知道服刑期间重新犯罪是要受到严厉处罚的，在磨制小刀的同时，我对自己的归宿也作了准备，磨制了一个锯条刀片放在身边，打算被隔离审查时割腕自杀。

问：但那天你是当时割腕的，为什么？

答：听到王××的哭叫声，我脑袋一片空白，我知道罪孽深重，我感到害怕，我想早点解脱自己，所以顺手摸出了刀片。

问：你割腕用的刀片是怎么来的？

答：也是在砂轮上用一根旧锯条片磨的，大约 3 厘米长，齿口已生锈、很钝，我用伤湿止痛膏把它粘贴在衣领里面带出来的。

问：你看一下是不是这根锯片？（出示物证）

答：是的。

问：你还有要补充的吗？

答：没有了。

问：今天我们的提审到这里。你把讯问记录看一遍，核对一下记录的内容是否有出入，或者需要补充的。如果认为没有出入，也没有补充，在下面写上"以上笔录我看过，和我说的相符。"并签上姓名、日期、捺指印。

答：好的。（拿起讯问笔录核对）

以上笔录我看过，和我说的相符。

张×× （捺指印）

2013 年 8 月 19 日

讯问人签名：梁×

记录人签名：顾××

2013 年 8 月 19 日

【拓展阅读】

1. 讯问笔录 PPT。

2. 犯罪嫌疑人诉讼权利义务告知书。

第三节　询问笔录

一、任务描述

以上一节《讯问笔录》中的××省××监狱"8·18"张××故意伤害案为例，现场目击证人有服刑人员刘××，侦查人员为查清案件事实，迅即向服刑人员刘××进行调查，制作询问笔录。

实施步骤：学生分组讨论案例，询问笔录中问的对象是谁？询问笔录在刑

事侦查中的目的是什么？讯问笔录和询问笔录有什么区别？证人作伪证应当承担什么刑事责任？研究分析案情，根据已掌握的证据，确定询问目的，拟定询问计划，制作询问笔录。

二、基础铺垫

（一）询问笔录的概念及功能

询问笔录，是侦查人员在办理刑事案件过程中，依法向案件中的证人、被害人调查了解案件有关情况时制作的文字记录。

监狱侦查人员用口头方式向证人、被害人提问调查、了解情况，发现案件线索，如实完整地记录证人证言和被害人陈述，并且通过法律文书制作，有效固定言词证据，使之成为具有证据力的刑事诉讼证据，从而推进狱内侦查预审工作。经查证属实的询问笔录可以作为刑事诉讼证据使用。

（二）询问笔录的法律依据

《刑事诉讼法》第124条：侦查人员询问证人，可以在现场进行，也可以到证人所在单位、住处或者证人提出的地点进行，在必要的时候，可以通知证人到人民检察院或者公安机关提供证言。在现场询问证人，应当出示工作证件，到证人所在单位、住处或者证人提出的地点询问证人，应当出示人民检察院或者公安机关的证明文件。询问证人应当个别进行。

《刑事诉讼法》第125条：询问证人，应当告知他应当如实地提供证据、证言和有意作伪证或者隐匿罪证要负的法律责任。

《刑事诉讼法》第61条：证人证言必须在法庭上经过公诉人、被害人和被告人、辩护人双方质证并且查实以后，才能作为定案的根据。法庭查明证人有意作伪证或者隐匿罪证的时候，应当依法处理。

（三）询问笔录的结构及内容

询问笔录有统一印制的笔录纸，由以下几部分组成。

1. 标题：直接写"询问笔录"。

2. 询问简况：按规定栏目，详细并逐项记载询问时间、询问地点，询问人、记录人的姓名及其职务，被询问人的姓名、性别、出生日期、籍贯、工作单位。证人与犯罪嫌疑人、被害人之间有特殊关系的须注明。

3. 询问过程及内容：

（1）介绍侦查人员的身份，告知被询问人有关作证的义务。每次制作笔录，都要告知被询问人相关法律规定。

（2）询问被害人和证人所了解的案件的有关情况。包括案件涉及的人物、时间、地点、经过、结果等都应当详细记录，同时还要问清上述情况的来源，如现场目击、听别人说等，是否还有其他人在场或了解情况，被询问人对所述

情况是否清晰、深刻，是否肯定等，都应当记录清楚。

在记录询问笔录时，应以被询问人的自述为主，采用大篇幅记录被询问人知晓的情况，尽量减少不必要的提问，特别要避免一问一答式的提问方式。

（3）核对笔录记载。询问结束后，记录人应将笔录让被询问人过目或向其宣读，如被询问人认为某项事实或情节记录有误或遗漏，应允许更正并立即补充，但不能在笔录原文中直接修改，而应通过补充提问的方式进行修正和补充。

（4）被询问人、询问人、记录人依次签名。证人或被害人以及询问人员都应该在询问笔录上签名。如果被询问人拒绝签字、捺指印，记录员应当在笔录中注明。

三、文书制作提示

（一）制作询问笔录的要求和注意事项

1. 如果询问的具体情节与其他证据或鉴定意见存在一些差异，侦查人员要全面地分析案情，通过再次问话，确认存在差异的原因。

2. 要合理解释细节。不能有指供、诱供或其他非正常引导的问话。

3. 适时"叮问"。"叮问"适用于对案情的关键情节、关键证据或是证据间有矛盾的地方进行重复询问，以进一步固定证据，保证笔录作为证据体系中的闭合性。

4. 忠实于被询问人的本意，尽可能记录其原话。

5. 在侦查过程中，侦查人员不得向证人、被害人泄露案情或者表示对案件的看法。

（二）制作询问笔录的准备工作

1. 询问前，侦查人员应当了解案情和证据材料，确定询问目标和方向，制定询问计划，列出询问提纲。

2. 抓住询问笔录制作重点：①尽量准确地记录发案的时间、地点；②对客观环境，包括室内外环境特征、物品摆放及存放位置及存放方式、案发前后异同之处等要具体记录；③对被盗物品的特征、来源、使用时间长短、被盗时的新旧程度要详细记录；④记录现场是否存在可疑物，能否提供犯罪嫌疑人或其他案件线索和证据；⑤涉及犯罪嫌疑人，对基本情况尽量予以细化记录。⑥如果证人或被害人与犯罪嫌疑人有特殊关系，其证词可能带有倾向性或可能影响证据的采信度，应在笔录中将这种特殊关系予以注明。

3. 根据案件中的情节、矛盾和疑点收集证据并建立证据体系。证据链应该是一环扣一环的，如果脱节，就要收集证据，把脱节处补起来，使之环环相扣。针对证据不充分，或者证据与证据、证据和事实、事实与情节存在一些矛盾或疑点时，需要通过证据澄清。侦查机关必须通过多次讯问或询问，并结合进一

步的调查，收集能够证明与案件事实有某种联系的证据，排除矛盾和疑点。

（三）制作询问笔录的重点和难点

1. 弄清询问笔录与讯问笔录的区别。询问笔录与讯问笔录属于实录式文书，二者明显的区别是：适用对象的不同。询问笔录适用于侦查办案中的证人、被害人，讯问笔录适用于侦办案件中的犯罪嫌疑人、被告人。在犯罪嫌疑人的身份确认之前，对于调查的怀疑对象要使用询问笔录，在其确定为犯罪嫌疑人之后，则使用讯问笔录。

2. 询问笔录应记录清楚情况来源：如被询问人提供了其他知情人，应写清他们的姓名、住址、单位，以便核实案情。被询问人见过犯罪嫌疑人的，要记清犯罪嫌疑人的体貌特征；被询问人当场提供书证、物证的，要记明证据的名称以及所要证明的事项；对其记忆不深或不是很肯定的情况，也应当客观记录，以便侦查人员综合分析与判断。

3. 涉及犯罪嫌疑人时，对基本情况尽量予以详细记录。不论案件涉及一名或多名犯罪嫌疑人，对其体貌特征均应从头到脚予以记录清楚，除极具特点的特征外，不宜只取某一局部的特征单独记录，必要时配合辨认记录。同时，要清楚地记录各犯罪嫌疑人的分工及各犯罪嫌疑人在犯罪过程中的情况，为确定各犯罪嫌疑人或本案中有关人的责任提供依据。

四、实例示范

×× 省 ×× 监狱

询问笔录（第一次）

询问时间：2013 年 8 月 19 日　自 14 时 10 分至 15 时 30 分

询问地点：监狱三监区一分监区警务室

询问人：姓名：梁×　职务：狱内侦查科科长

记录人：姓名：顾××　职务：狱内侦查科科员

被询问人：姓名刘××，性别男，民族汉族，出生日期 1984 年 2 月 6 日，籍贯 ×× 省东宁县，文化程度高中。服刑罪犯单位 ×× 监狱三监区一分监区，住址监狱 3 号监舍楼 205 室。

问：你了解 8 月 18 日晚上发生的情况吗？

答：听到王××的惨叫声后，我第一个起床，并和监舍其他人一块对张××采取控制措施。

问：好的，我们是狱侦科侦查人员，今天向你调查"8·18"案件的有关情况。根据《中华人民共和国刑事诉讼法》的有关规定，你有义务如实提供证据、证言，如果有意作伪证或隐匿罪证，将承担法律责任。听清楚了吗？

答：听清楚了，我一定如实回答我知道的情况。

问：你把当时看到的情况讲一下。

答：我是在睡梦中被惨叫声惊醒的，我不知道发生了什么事，本能地从床上坐起。当时，只看到张××慌慌张张地赤足往上铺爬，惨叫声是从西南角王××的床位传来的，我迅速起床向王××奔去，只见他双手捂住头部和脸部哭叫着，不时有血从其头部和脸部流出，我顿时明白发生了行凶伤害行为。我一边让罪犯刘××赶快向监管室民警汇报，一边迅速地折回去控制张××。

问：当时王××的情况是什么样的？

答：当时王××痛得在床上不停地叫喊，同监舍的罪犯赶紧把他从上铺抬下来，王××的铺盖、枕巾上全是血，流的血已把枕巾打湿了。右侧头顶上有一处很深的刀伤，这个地方流血很多的，右脸上也有一个伤口，在往外渗血。

问：你为什么会觉得是行凶伤害呢？

答：张××都用刀了。但他可能只是出口气吧，前段时间他们两人关系闹得很僵，经常两个人因为一点小事就吵架。

问：案发当时大约是几点钟？

答：时间我不清楚，事后听护监罪犯说，大约11点10分左右。

问：你去控制张××时，他在干什么？

答：他坐在自己的床位上，右手胡乱地在左腕内侧划动，左腕上有血渗出，我用力扳住他的右手，看到一枚刮胡刀片从他的手中滑落。我大声问他："张××，你要干什么？"

问：他怎么回答？

答：他说："这是他（指王××）的报应。"

问：你看到的刮胡刀是什么样子的？

答：只有半片刀片，大约3厘米长，齿口已生锈、很钝，用伤湿止痛膏在刀片上裹了一半。

问：你怎么确认这是一片刮胡刀呢？

答：我也不太确认是不是刮胡刀，我只是认为刮胡刀容易得到一些。也有可能是其他刀片

问：张××后来有啥反应或行动？

答：后来，他一直没有再说一句话，也没有什么反抗行为，是我和刘××把他从床铺上拖下来，并控制起来。大约5分钟后，监管室民警就把他带走了。

问：你在现场还发现哪些情况？

答：在王××床边的地上有一把自制的尖头小刀，王××的被子、枕巾、枕头有许多血迹，过道上有一双拖鞋，后来知道是张××行凶后跑脱的。

问：这描述一下你看到的这把尖头小刀的样子。

答：这是一把改制的刀，没有刀把，大概有5、6厘米长，用伤湿止痛膏缠了一下，另一头有刀尖，但不是很尖，刀片只有一边有刀刃，上面锈迹斑斑。

问：平时，张××与王××的关系怎样？

答：原来两人的关系一直是很好的，今年以来，两人的关系开始疏远。我曾听张××讲过，好像说王××不够朋友，具体什么事我不清楚。

问：这之前张××表现出哪些不正常的想法和做法？

答：张××这个人心眼特别小，谁要是有什么事冒犯了他，他不会轻易罢休，始终要占上风。

问：你能举个事例吗？

答：大概今年5月份，他嫌小组罪犯齐×分菜不匀，与齐×发生争执，齐×说你公平以后你来分菜，张××恼羞成怒，把菜盆连带汁一道扣在齐×的头上。

问：你还有什么要补充的吗？

答：没有了。

问：今天我们的调查到这里。你把询问记录看一遍，核对一下记录的内容是否有出入，或者需要补充的。如果认为没有出入，或者没有补充的，在下面写上"以上笔录我看过，是我讲的原话。"并签上姓名、日期、捺指印。

答：好的。（拿起询问笔录核对）

以上笔录我看过，和我说的相符。

> 刘××（捺指印）
> 2013年8月19日

> 询问人签名：梁×
> 记录人签名：顾××
> 2013年8月19日

【拓展阅读】

询问笔录PPT。

第四节　现场勘验笔录

一、任务描述

　　20××年2月1日8时30分，××市公安分局接到××市××区××人民群众电话报案，称××村小学东南侧田地里发现一具尸体。接报后，分局刑警大队立即组织有关人员赶赴现场开展现场勘查。现场勘验由市公安局刑警支队支队长孙××指挥，现场勘验于2月1日11时20分结束。现场提取了遗留的红色绳子、蓝色塑料袋、军绿色上衣。

　　实施步骤：学生分组讨论案例，现场勘验笔录的制作目的是什么？现场勘验笔录中勘验人员对现场情况的分析意见能否记录在笔录中？可以现场录像吗？制作现场勘验笔录。

二、基础铺垫

（一）现场勘验笔录的概念和功能

　　现场勘验笔录是侦查机关依法对犯罪现场勘验时，记录现场勘验过程以及在现场提取痕迹、证据等情况的文书。现场勘验笔录、现场照相、现场绘图都是采用不同的记录方式，全面、客观地反映同一犯罪现场。

　　现场勘验笔录不仅是搜查罪证、发现线索、揭露犯罪的证据，而且是甄别犯罪嫌疑人的口供、证实犯罪分子作案的有力证据。通过现场勘验笔录的记载，便于收集、保存有关案情的各种物证、书证等证据，这些对分析案情、判断案件性质、制定侦查工作方案及开展侦查工作都有极其重要的意义。现场勘验笔录是法定的刑事诉讼的证据之一，也是分析研究案件的重要依据。

（二）现场勘验笔录的法律依据

　　1.《刑事诉讼法》第128条：侦查人员对于与犯罪有关的场所、物品、人身、尸体应当进行勘验或者检查。在必要的时候，可以指派或者聘请具有专门知识的人，在侦查人员的主持下进行勘验、检查。

　　2.《刑事诉讼法》第129条：任何单位和个人，都有义务保护犯罪现场，并且立即通知公安机关派员勘验。

　　3.《刑事诉讼法》第130条：侦查人员执行勘验、检查，必须持有人民检察院或者公安机关的证明文件。

　　4.《刑事诉讼法》第133条：勘验、检查的情况应当写成笔录，由参加勘验、检查的人和见证人签名或者盖章。

（三）现场勘验笔录的结构及内容

现场勘验笔录属于实录性文书，由首部、正文和尾部以及相关附件组成。

1. 首部。

（1）案发或报案时间，要精确到某时某分。

（2）现场保护人姓名、单位和到达现场时间，要精确到某时某分。

（3）勘验时间和地点，勘验时间包括勘验开始到结束的时间，要精确到某时某分；勘验地点要详尽准确。

（4）勘验人员和见证人基本情况，包括现场勘验指挥人和其他勘验人员姓名、单位、职务，见证人姓名、住址、单位。见证人必须是与案件无利害关系的人，且为2人以上，只有在见证人见证的情况下所做的现场勘验方才具有证据力。

（5）现场条件，包括勘验现场时天气、温度、湿度、风向、光线条件等，都应准确清楚地记录下来。

2. 正文。正文包括勘验过程及结果。

（1）勘验过程：首先要准确记录发现或者接到报案的有关情况，以及相关人员赶赴现场的情况。正文的具体记录应写明以下几个方面的内容：

第一，现场的地理位置及周围环境。详细记载发案现场在某市行政区域内所处的确切位置及现场周围环境中建筑物、道路等重要景物的空间位置和相互关系等情况。现场勘验笔录中的现场的具体地点、位置及环境通常可采用坐标定位的方法，即使用东南西北的方式定位。

第二，准确记述中心现场及有关情况。中心现场的记述是现场勘查笔录的重点内容，要把案发现场的格局、面积、构造和配置等情况记述清楚。

第三，记录现场所见情况，尤其是反常情况。

第四，痕迹、物证的发现地点、种类、位置、分布及特征，并记明提取的方法和数量。发现和提取物证的情况，应根据不同物证的特点，分别写明其名称、数量、质地、重量、尺寸、体积、标记和特征等情况；发现和提取痕迹的情况。应重点反映各种现场证据和事实存在的环境和条件以及各种现场证据之间、各种事实之间、各种证据与事实之间的空间关系，从而准确反映现场的客观性及与犯罪行为、犯罪事实的相关性。

（2）勘验结果：对现场物证、痕迹的处理情况，提取物品的名称、数量、特征，拍摄现场照片和绘制现场图的种类和数量。

3. 尾部。现场勘验结束后，由现场勘验指挥人、勘验人、见证人、和记录人依次在笔录的结尾处签名或盖章。

三、文书制作提示

（一）现场勘验笔录的制作要求和注意事项

1. 现场勘验应当对现场拍照，并制作现场图，与现场勘验笔录相互补充、印证。

2. 现场勘验笔录是对犯罪现场勘验中发现的各种情况的客观记录，因此不能将侦查勘验人员对现场情况的分析、推测记载在笔录中。

3. 笔录记写的顺序，应当与现场实际勘验的顺序相一致。在实际勘查中，要针对案件情况选用合适的勘查方法。现场勘查常用的勘验顺序主要有以下几种：从中心向外围勘验、从现场出入口勘验、沿着犯罪活动的路线勘验、分部位分层次勘验、分片分段勘验。对于中心现场的记述可以按照实际勘验的顺序进行排列。

4. 笔录的文字要清楚、准确、规范，避免使用晦涩难懂或模棱两可、含混不清的语言。

（二）制作现场勘验笔录的准备工作

1. 笔录制作应及时，不能存在事后删改现象。犯罪现场由于外界环境因素，处于变化中，因此现场勘查要求突出一个"快"字。有的侦查人员主观上缺乏应有的认识，怠于出现场，有的草草制作了事，有的为了配合证明案情，事后擅自删改笔录内容。犯罪现场勘验、检查完毕后，很少有侦查员能及时制作现场勘验笔录，一些较为轻微的刑事案件尤盛，这不仅给现场分析带来麻烦，容易遗漏重要的痕迹、物证，也极易使侦查方向和范围的划定出现偏差。

2. 笔录制作客观、全面，不能妄加主观臆断。现场勘验笔录要求侦查人员实事求是，客观地勘验检查并记录现场情况。实践中，许多侦查员制作的现场勘验笔录内容不全面，常随个人的习惯和经验进行取舍，难以客观地反映犯罪现场真实情况。例如，有的侦查人员凭自己主观臆断，对案情妄下论断，然后以错误论断进行现场勘查，任意夸大或缩小。现场勘验客观要求包括访问、勘验、记录和分析等工作中，勘查人员都必须做到客观如实，不能主观臆断，要尊重犯罪现场的客观性和执法办案对查清犯罪事实的客观要求。有的痕迹物证的位置和空间关系交待不清楚，与现场摄影、现场录像、现场制图存在较大的差异，难以形成证据链条，印证犯罪事实，展现犯罪现场原貌。这在一定程度上降低了现场勘验笔录的证据价值。

3. 遵循相关法律程序规范制作笔录。现场勘验笔录是十分重要的法律文书之一，必须科学、严谨。《刑事诉讼法》《公安机关办理刑事案件程序规定》以及《人民检察院刑事诉讼规则》中的相关章节均对现场勘查的程序作了相关规定。但有的侦查人员在制作现场勘验笔录过程中，严重违反相关程序规定，有

的侦查员只填写自己认为重要的内容，而不按照规定认真填写每个空格的内容。例如，有的勘验笔录只有勘验、检查开始的时间，而没有结束的时间；有的只有一名见证人签名或根本没有见证人签名，这些都有可能导致笔录的证据力丧失。

（三）制作的重点和难点

1. 要如实客观地记录犯罪现场和现场勘查情况。如实客观地记录，就是要把犯罪现场所见的原始状况和现场勘查过程真实地记录下来，不要把没有根据的分析、推测记入笔录，要保证笔录的客观真实性。

2. 现场勘验笔录与现场照相、现场绘图反映的情况必须一致。现场勘验笔录与现场照片、现场绘图是从三个不同的侧面反映同一个犯罪现场，所以这三个必须是辩证统一的整体，不能相互矛盾。

3. 笔录的词汇、用语必须准确。运用准确的名词、术语才能确切地表述客观事物的含义。现场勘验笔录是刑事诉讼证据，笔录表述的某些现象和事实必须严密准确。一是应当使用法定的计量单位，使用准确的测量数据进行表述；二是表述现场位置和物体的空间顺序时，要用坐标定位法予以表述，如东西南北表示现场或某一物体的空间位置，而不能使用模棱两可的语言进行定位，如"较近""不远""旁边""左侧""右侧"等；三是应当使用规范性的专业术语表示某些工作、技术、措施、物体现象等客观事物，不能根据个人主观的理解、广泛的流传随意冠名和自造词汇。总之，笔录内容的表述要符合语言规范和技术要求。

4. 笔录要简明扼要，重点突出。勘验过程及结果部分要写的详细具体，全面反映犯罪现场和勘验情况，尤其对勘验检查中发现的犯罪活动和痕迹物证要详细记录，这是现场勘验笔录的核心部分，关系到证据的固定和犯罪线索的分析。

四、实例示范

现场勘验笔录

现场勘验单位：××市公安局××区分局刑警大队

指派/报告单位：××派出所 时间：20××年2月1日8时30分

勘验事由：20××年2月1日8时30分群众报警称：××村小学东南侧田地里发现一具尸体，请速派人勘验现场。

现场勘验开始时间：20××年2月1日9时10分

现场勘验结束时间：20××年2月1日11时20分

现场地点：××市××区××办事处××村小学东南侧50米崔××田地

现场保护情况：现场已由××派出所民警李××、王××划定保护范围，并使用警戒带隔离。

天气：☑阴 ✓晴 ☑雨☑雪☑雾，温度：20.0℃，湿度：40%，风向：南。

勘验前现场的条件：变动现场☑原始现场✓

现场勘验利用的光线：自然光✓灯光☑

现场勘验指挥人：孙××，单位：××区分局刑警支队，职务：支队长

勘查过程及结果：

20××年2月1日9时10分，刑警大队大队长房××带领刑警大队民警杨××、李××、张××、刘××，法医王××，痕迹室技术员任××，照相技术员刘××到达现场。

××派出所副所长李××汇报了有关案件情况：20××年2月1日8时30分接到××村小学东南侧田地里发现一具尸体的报警，就立即到达现场。现场勘验由市公安局刑警支队支队长孙××指挥，由李××制作现场勘验笔录，由刘××制作现场勘验平面示意图，技术员李××现场照相，并邀请××村委会工作人员刘××、赵××作为现场勘验的见证人。

现场位于××市××区××办事处××村小学东南侧50米崔××田地。崔××田地南邻王××玉米地，东邻孟××棉花地，北邻崔××玉米地，西邻一条宽3米的南北土路，该土路向北通往××村村里；向南向东与省道××线相通。

崔××田地南北长12米，东西宽8米，地内有高0.2米不等的玉米秸梗，地内铺有玉米秸梗。该田地西南角有一坡度45度、坡长2.5米的土坡，土坡上长满枯萎的杂草，在土坡距坡顶1.2米处头西脚东仰卧一具男性尸体，尸体上覆盖有长0.8米至1.6米不等的杂草，杂草根部及断茬新鲜。土坡顶端西南侧0.8米处土垄上，在1.7米×0.7米范围内可见拔草痕迹。掀开尸体上的杂草，尸体面部朝上，盖有一蓝色塑料袋（已提取），取走塑料袋，可见面部附着大量血迹（已提取）；双臂外翻压于身下，双腿朝东北方向弯曲。尸体上盖有一军绿色褂子，褂子上可见大量浸透血迹，取走褂子（已提取），上身外穿蓝白相间的圆领秋衣，秋衣前附着血迹；下身外穿棕色裤子，腰间系一黑色腰带，腰带左后侧挂一黑色手机包，内无物品；脚穿标有"李宁"牌标志的白色运动鞋，右鞋鞋带缺失。翻过尸体，可见双手被一根带有黑点、黄线的红色绳子反绑于腰部，绳子在左手腕缠绕两圈，用一活扣系于右手腕上（已提取）。剪断绳子，绳子为双股，长52厘米，

宽头端系一死扣。现场勘验未见其他异常，对现场周围进行扩大搜索勘查，亦未见异常。

现场勘验于2月1日11时20分结束。提取了现场遗留的红色绳子、蓝色塑料袋、军绿色上衣。

现场勘验制图<u>1</u>张；照相<u>20</u>张；录像<u>15</u>分钟；录音<u>/</u>分钟。

现场勘验记录人员：

记录人：<u>李××</u>

制图人：<u>张××、杨××</u>

照相人：<u>刘××</u>

录像人：<u>刘×</u>

现场勘验人员：

本人签名：<u>王××</u>　单位：<u>××区公安局刑警大队</u>　职务：<u>法医</u>

本人签名：<u>张××</u>　单位：<u>××区公安分局刑警大队</u>　职务：<u>侦查员</u>

本人签名：<u>杨××</u>　单位：<u>××区公安分局刑警大队</u>　职务：<u>侦查员</u>

本人签名：<u>刘××</u>　单位：<u>××区公安分局刑警大队</u>　职务：<u>技术员</u>

本人签名：<u>刘×</u>　　单位：<u>××区公安分局刑警大队</u>　职务：<u>技术员</u>

本人签名：<u>任××</u>　单位：<u>××区公安分局刑警大队</u>　职务：<u>技术员</u>

现场勘验见证人：<u>刘××、赵××</u>

本人签名：<u>刘××</u>，性别：<u>男</u>，出生日期：<u>1971</u>年<u>5</u>月<u>6</u>日，住址：<u>××区××村</u>

本人签名：<u>赵××</u>，性别：<u>男</u>，出生日期：<u>1962</u>年<u>3</u>月<u>7</u>日，住址：<u>××区××村</u>

20××年2月1日11时40分

【拓展阅读】

现场勘验笔录PPT。

第五节　辨认笔录

一、任务描述

2017 年 3 月 28 日 7 时许，三监区出工后，罪犯谷×庆因为生产问题与罪犯班长吴×洋发生争执，谷×庆朝吴×洋脸上打了一耳光，并用头顶吴×洋肚子。民警张×亮、薛×平阻止后将谷×庆叫至车间门口询问原因，谷×庆不听批评教育，击打薛×平胸部两拳，并将薛×平扑倒在地，致使薛×平右手腕、右脸颊擦伤，民警张×亮、罪犯肖×权等阻拦时，谷×庆咬伤二人手背。张×亮呼叫特警队，特警队员赶到给谷犯加戴手铐时，谷犯极力抗拒，撕咬民警任×智手背。在特警队员使用催泪瓦斯后，该犯才被带至禁闭室控管。

实施步骤： 学生分组讨论案例，说说制作辨认笔录的目的是什么？辨认笔录能作为证据使用吗？辨认笔录的使用条件是什么？并制作辨认笔录。

二、基础铺垫

（一）辨认笔录的概念和功能

辨认笔录是侦查机关为了查明案情，在组织辨认活动时，将辨认的经过和结果记录下来的文字凭证。

侦查终结时辨认笔录存入诉讼卷。辨认活动对于准确认定案情，查获犯罪嫌疑人，及时侦破案件具有重要作用。

（二）辨认笔录的法律依据

《刑事诉讼法》第 50 条：可以用于证明案件事实的材料，都是证据。证据包括：①物证；②书证；③证人证言；④被害人陈述；⑤犯罪嫌疑人、被告人供述和辩解；⑥鉴定意见；⑦勘验、检查、辨认、侦查实验等笔录；⑧视听资料、电子数据。证据必须经过查证属实，才能作为定案的根据。

（三）辨认笔录的结构及内容

辨认笔录属于实录类文书，由首部、正文和尾部组成。

1. 首部。首部包括文书名称、起止时间、侦查人员和记录人的姓名和单位、当事人、辨认对象、见证人、其他在场人员的情况、事由和目的、地点。辨认笔录的格式是多个笔录格式共用的，具体制作时：

（1）文书名称。文书名称在"_____笔录"标题横线上填写"辨认"。

（2）起止时间。时间具体，要精确到分。

（3）辨认人。填写辨认人的相关信息，包括姓名、单位或住址。

（4）辨认对象。辨认笔录填写被辨认人、物品或场所的名称。

（5）见证人。辨认笔录填写见证人的姓名、住址或单位。

（6）其他在场人员。填写其他在场人员的诉讼身份、姓名、住址或单位，若无则可直接在其他在场人员后注明"无"或将此项用删除线划除。

（7）事由和目的。填写简要案情和辨认要解决的问题，如确认赃物等。

（8）地点。填写辨认实施的具体地点。

2. 正文。正文部分应当详细记载辨认的过程及结论。主要包括：已掌握的与辨认有关的案件情况；辨认人进行辨认的具体情况和主客观条件；辨认对象的情况；辨认的方法和辨认过程中辨认人的态度；见证人的情况；辨认过程；辨认结论，包括辨认人对辨认对象确认、不能确认以及理由等，有的还应包括辨认人对辨认提出的疑义和要求等。

3. 尾部。由侦查人员、记录人、辨认人、见证人及其他在场人员分别签名。如有关人员不在现场，或者拒绝签名的，侦查人员应当在笔录上注明。

三、文书制作提示

（一）辨认笔录的制作要求和注意事项

1. 主持辨认的侦查人员不得少于 2 人。

2. 组织辨认前，应当向辨认人详细询问辨认对象的具体特征，以便有针对性地组织辨认。

3. 几名辨认人对同一辨认对象进行辨认时，应当分别由辨认人单个进行。

4. 辨认时，应当将辨认对象混杂在特征相类似的其他对象中，不得给辨认人任何暗示。辨认犯罪嫌疑人时，被辨认的人数不得少于 7 人；对犯罪嫌疑人的照片进行辨认的，不得少于 10 人的照片；辨认物品时，混杂的同类物品不得少于 5 件；对场所、尸体等特定辨认对象进行辨认，或者辨认人能够准确描述物品独有特征的，陪衬物不受数量的限制。

5. 对犯罪嫌疑人的辨认，辨认人不愿意公开进行时，可以在不暴露辨认人的情况下进行，侦查人员应当为其保守秘密。

（二）制作辨认笔录的准备工作

1. 根据辨认对象的情况选择符合规定的陪衬人（物、照片），陪衬人（物、照片）要与辨认对象相近并符合法律规定的数量，并按顺序编号。

2. 辨认前，应当查明辨认人是否具备辨认条件，向辨认人详细询（讯）问辨认对象的具体特征，并制作《询（讯）问笔录》，告知辨认人有意作虚假辨认应负的法律责任，并在笔录中注明。

3. 辨认前应当避免辨认人见到辨认对象。

4. 通知见证人到场，对辨认过程和结果予以见证。

（三）制作的重点和难点

1. 辨认犯罪嫌疑人的，侦查人员应当当场对被辨认人照相，在辨认结束后，将照片附纸、编号。辨认人应当在辨认出的犯罪嫌疑人照片与附纸的骑缝处捺指印，在附纸上注明实施某项犯罪行为的人是第几张照片上的人并签名，也可以对辨认过程照相、录像。

2. 辨认照片的，侦查人员应当将所有照片附纸、编号后，由辨认人辨认，辨认结束后，依照上述规定进行。

3. 辨认物品、尸体、场所的应当照相，将照片附纸、编号后由辨认人捺指印、签字确认，也可以对辨认过程录像。组织对尸体辨认时，应当有法医协助，重点让辨认人辨认衣着、尸表特征、牙齿形状、头面部特征以及胎记、疤、痣、手术痕迹等。

4. 可以反复进行辨认，排除偶然性。

四、实例示范

辨认笔录

时间：<u>2017 年 3 月 29 日 10 时 05 分至 2017 年 3 月 29 日 10 时 25 分</u>

地点：<u>××监狱一监区二分监区办公室</u>

侦查人员姓名：<u>胡××，单位：××监狱狱侦科民警，周××，单位：</u>
<u>××监狱狱侦科民警</u>

记录人姓名：<u>赵××，单位：××监狱狱侦科民警</u>

辨认人：<u>肖×权，单位：××监狱三监区罪犯</u>

辨认对象：<u>一组不同男性正面免冠照 12 张</u>

见证人：<u>魏××，单位：××监狱一监区罪犯</u>

辨认事由和目的：<u>2017 年 3 月 28 日 7 时许，三监区出工后，一名罪犯</u>因为生产问题与罪犯吴×洋发生争执，并朝吴×洋脸上打了一耳光，并用头顶吴×洋的肚子。民警张×亮、薛×平阻止后，将这名罪犯叫至车间门口询问原因，这名罪犯不听批评教育，击打薛×平胸部两拳，并将薛×平扑倒在地，致使薛×平右手腕、右脸颊擦伤，民警张×亮、罪犯肖×权等阻拦时，这名罪犯咬伤二人手背。被害人肖×权看见了该犯罪嫌疑人的面部，能够指认出该犯罪嫌疑人。为此，侦查人员准备了不同男性正面免冠照片 12 张（其中有本案犯罪嫌疑人照片一张）让辨认人辨认，以确认本组照片中是否有故意伤害案中的犯罪嫌疑人。

辨认过程和结果：<u>侦查人员将事先准备好的不同男性正面照片 12 张</u>（其中有本案犯罪嫌疑人照片一张），分别编号为 1～12 号，无规则地排列

在一张桌子上。对辨认人说明要求后，在魏××的见证下，将照片提供给肖×权进行辨认。

肖×权将全部照片认真仔细地看了一遍，然后指出：7号照片上的那个人就是咬伤他的人，办案人员对辨认的过程进行了录音录像，具体内容见××××。

至此，辨认结束。

侦查员：胡××周××

记录员：赵××

辨认人：肖×权

见证人：魏××

辨认照片名单

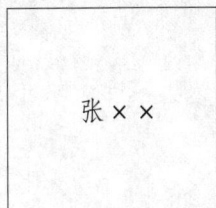

1号照片

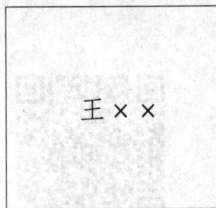

2号照片

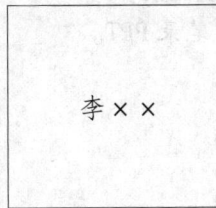

3号照片

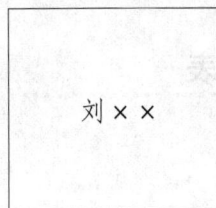

4号照片

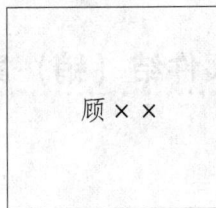

5号照片

6号照片

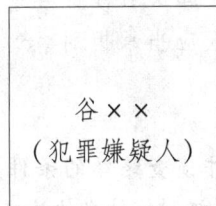

7号照片

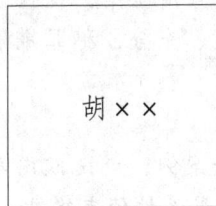

8号照片

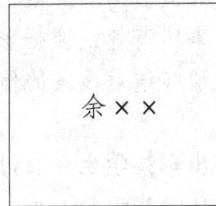

9号照片

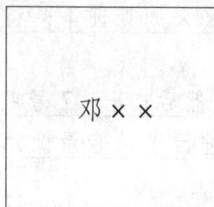
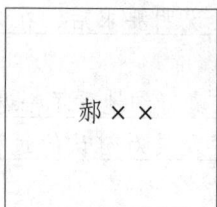
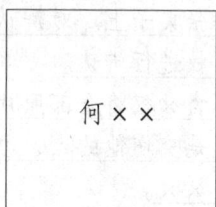

邓××	郝××	何××
10 号照片	11 号照片	12 号照片

上述照片中，7 号照片上的那个人就是 2017 年 3 月 28 日在三监区咬伤他的人。

肖×权
（手印）
2017 年 3 月 29 日

【拓展阅读】

辨认笔录 PPT。

第六节　狱内案件结（销）案表

一、任务描述

以狱内案件立案表中的××省××监狱服刑人员邱×石故意伤害案为例，经狱侦部门立案，已查清全案，证据表明邱×石涉嫌故意伤害，该案犯罪事实清楚，证据确实、充分，犯罪嫌疑人应当承担刑事责任，侦查人员报请终结对该案的侦查。

实施步骤：学生分组讨论案例，说说狱内案件侦查终结的条件是什么？侦查工作应从哪些方面入手？如果案件侦查终结，应该制作什么执法文书？

二、基础铺垫

（一）狱内案件结（销）案表的概念及功能

狱内案件结案表是指监狱对所侦查的案件，经过侦查，查清了全部案情，取得了能够证实犯罪嫌疑人有罪或者无罪以及犯罪情节轻重的各种证据，没有

发现遗漏罪行和其他应当追究刑事责任的人，法律手续完备，可以结案时所制作的、报请监狱主管领导批准终结侦查的表格式文书。

狱内案件销案表是监狱侦查部门对于立案侦查的案件，发现不应对犯罪嫌疑人追究刑事责任，呈请监狱领导决定撤销案件时制作的表格式文书。

狱内案件结（销）案表是狱内案件侦查终结程序的重要文书，它标志着狱内案件符合破案的标准，可以向检察院提出起诉意见，或是发现不应当追究犯罪嫌疑人刑事责任的情形，应当撤销案件。

（二）制作狱内案件结（销）案表的法律依据

1.《刑事诉讼法》第 16 条规定："有下列情形之一的，不追究刑事责任，已经追究的，应当撤销案件，或者不起诉，或者终止审理，或者宣告无罪：①情节显著轻微、危害不大，不认为是犯罪的；②犯罪已过追诉时效期限的；③经特赦令免除刑罚的；④依照刑法告诉才处理的犯罪，没有告诉或者撤回告诉的；⑤犯罪嫌疑人、被告人死亡的；⑥其他法律规定免予追究刑事责任的。"

2.《刑事诉讼法》第 162 条规定："公安机关侦查终结的案件，应当做到犯罪事实清楚，证据确实、充分，并且写出起诉意见书，连同案卷材料、证据一并移送同级人民检察院审查决定；同时将案件移送情况告知犯罪嫌疑人及其辩护律师。"

3.《刑事诉讼法》第 163 条规定："在侦查过程中，发现不应对犯罪嫌疑人追究刑事责任的，应当撤销案件；犯罪嫌疑人已被逮捕的，应当立即释放，发给释放证明，并且通知原批准逮捕的人民检察院。"

（三）狱内案件结（销）案表的结构及内容

狱内案件结（销）案表中需要填写的内容可以分为表头、表腹和表尾 3 个部分。

1. 表头：包括标题和单位。

（1）标题：根据结案或销案的情况进行选择。

（2）单位：填写监狱及发生案件的监区名称。如果是监狱的狱内侦查部门直接承办的案件，则填写狱内侦查部门的名称。

2. 表腹：由案件的基本情况、犯罪嫌疑人的情况、侦查简况、结（销）案根据和主要证据、意见等组成。

（1）案件的基本情况：包括立案时间、案件类别、案件编号、案件性质和破案时间 5 个栏目。填写时，除"破案时间"其余 4 项都应与狱内案件立案表保持一致，破案时间以领导批准破案的时间为准。

（2）犯罪嫌疑人的情况：包括犯罪嫌疑人的姓名、性别、年龄、民族、原判罪名、原判刑期 6 个栏目。这些栏目内容都可以从罪犯服刑档案中查找。

（3）侦查简况：填写时应从以下几个方面着手：一是实施侦破方案的情况，

包括侦破方案的变更、修正和补充情况；二是在侦破过程中采取了哪些侦查手段，运用了何种破案方法；三是侦破案件经过情况，包括嫌疑人犯罪情况、嫌疑人的供述和辩解情况以及排除疑点确定追查线索等情况。

（4）结（销）案根据和主要证据：对栏目中"结（销）"应进行选择，将非选择项划掉。该栏目的填写把握两层内容：一是结（销）案的事实（理由）；二是证据。写明犯罪事实"七何要素"已经全部查清，证明犯罪事实的证据确实、充分，证据之间相互印证，形成证据链，该案所形成的法律手续完备；或是写明经查证属实的，不属于犯罪或者能否定犯罪的事实和证据；由于证据不足不能认定的事实和证据。

（5）意见：包括处理意见、主管科室意见和监狱意见三个部分。

第一，处理意见：填写时，首先根据《刑法》和其他法律规定，指出犯罪嫌疑人行为的性质、后果、涉嫌的罪名和应当从严或者从宽处理的条件，然后根据《刑事诉讼法》的有关规定，依法提出对案件的处理意见。有罪而且应当追究刑事责任的，则应提出起诉意见，移请同级人民检察院依法审查起诉；如果否定犯罪嫌疑人的犯罪事实，则建议撤销案件；如果犯罪嫌疑人的行为虽然不构成犯罪，但其行为属于违法、违规，则可以建议给予行政处罚，或者依法作其他处理。

第二，主管科室意见：由监狱的狱内侦查科负责人提出是否结（销）案及处理的意见，然后签字，注明日期。

第三，监狱意见：由监狱主管狱内侦查工作的领导根据案件的不同情况作出是否同意结（销）案以及最终的处理决定，然后签字，注明日期，并加盖监狱机关的印章。

3. 表尾：包括填表人和填表日期两项内容，由填表人签字并注明填表日期。

三、文书制作提示

（一）狱内案件结（销）案表的制作要求和注意事项

1. 表头的"单位"应与狱内案件立案表中的"单位"保持一致。

2. 填写"侦查简况"时，既可以按照时间顺序叙述，也可以按照案件的轻重、主次叙述，还可以按照主犯、从犯各自所起的作用叙述，另外也可以按照先叙述侦破结果，再叙述侦破过程或罪犯坦白交待的罪行及认罪态度的方法。

3. 注意狱内案件销案表与狱内案件结案表在"处理意见"一栏填写的内容上的区别。前者一般表述为"……不予追究刑事责任，建议销案"，后者则表达为"……依法追究刑事责任，建议结案并移送审查起诉"。

（二）制作狱内案件结（销）案表的准备工作

1. 掌握犯罪嫌疑人的基本情况。包括犯罪嫌疑人的姓名、性别、年龄、民

族、原判罪名和原判刑期。

2. 掌握案件的来源、立案的经过和侦破过程，作为侦查简况的内容。

3. 注重对刑事案件结案条件的把握。案件的主要犯罪事实已经查清，收集的证据确实、充分，证据之间能够相互印证，不能出现矛盾，应形成完整、闭合的证据链。

（三）制作的重点和难点

1. 整体把握栏目之间的内在关系。狱内侦查结案表规定的栏目较多，由案件承办人填写的主要栏目是"侦查简况""结案根据和主要证据"和"处理意见"三项。这三项内容分工明确，又彼此相互联系。如果不顾三者之间的内在逻辑，就单一栏目填写，会导致承办人提出的处理意见失去程序的保障和事实证据的支撑，成为无本之木。

2. 侦查简况要抓住重点，主要写明查清案件的主要事实。如果侦查中还有需要说明的问题，也填入本栏。

四、实例示范

表 13 - 2 狱内案件结（销）案表

单位：××监狱狱侦科

立案时间	2014 年 7 月 29 日	案件类别		重大案件	破案时间	2014 年 8 月 7 日
案件编号	201403	案件性质		故意伤害		
犯罪嫌疑人姓名	性别	年龄	民族	原判罪名		原判刑期
邱×石	男	28	汉族	抢劫罪		有期徒刑 12 年
侦查简况	本案于 2014 年 7 月 29 日立案侦查，将邱×石关押禁闭审查。通过讯问，邱×石交待了当时在 5 号监舍殴打赵××的情形。通过询问被害人赵××，获取了赵××的陈述。同时，对当时在 5 号监舍现场的罪犯及当日的值班民警逐一进行调查，罪犯鲁×吉、刘×光、白×水、任×江等，以及值班民警何×阳、郑×庆都证实了邱×石殴打赵××的过程和赵××被殴打后的情况。					
结（销）案根据和主要证据	邱×石对伤害事实供认不讳，有被害人赵××的询问笔录和罪犯鲁×吉、刘×光、白×水、任×江等，以及值班民警何×阳、郑×庆的证言材料，调取固定了案发当日 2014 年 7 月 28 日 13 时 5 号监舍的监控录像，与被害人赵××就医诊疗记录、××市医院的诊断结论均能相互印证。邱×石故意伤害的犯罪事实已查清，证据确实、充分，可以结案。					

续表

处理意见	邱×石的犯罪事实已经查清，证据确实、充分，需要追究邱×石的刑事责任，法律手续完备，邱×石的行为触犯了《刑法》第234条之规定，已涉嫌故意伤害罪，建议依法移送××人民检察院审查起诉。 廖×湘（签字） 2014年8月7日
主管科室意见	邱×石故意伤害一案，经立案侦查，犯罪事实已经查清，证据确实、充分，可以结案。建议将证据材料移送××人民检察院提起公诉。 张×高（签字） 2014年8月7日
监狱意见	同意结案，连同案卷材料，移送××人民检察院提起公诉。 陈×新（签章） 2014年8月7日

填表人：林×同　　　　　　　　　　　　　填表日期：2014年8月7日

【拓展阅读】

狱内案件结（销）案表PPT。

第七节　监狱起诉意见书

一、任务描述

　　2014年5月24日，××监狱发生一起故意伤害案，案情如下：2014年5月24日7时左右，××监狱一监区二分监区罪犯丁×峰在本分监区监舍门口遇到从监舍出来的罪犯李×生，便问李×生："你这几天在干什么？"李×生说："我想干什么就干什么。"丁×峰说："你说话声音那么大干什么？就像谁在和你赌狠似的。"这时罪犯张×刚走过来，把话接过去说："赌狠咋的啦，你想搞就搞！"丁×峰走上前拽住张×刚的领口，朝其面部打了一拳，被张×刚低头躲过。罪犯施×洁冲到张×刚的身后，朝张×刚

头部和身上打了几拳。张×刚举起手中的瓷杯打向丁×峰，施×洁也将手中的瓷杯打向张×刚的头部。撕打过程中，张×刚的头部被打伤。值班干警闻讯赶来后制止了事态的发展。在了解事情经过后，干警当即给罪犯丁×峰戴上手铐，并对三犯进行了教育。为了防止他们再次斗殴，干警采取措施，将张×刚、丁×峰二犯隔离。

5月25日早上7时30分许，罪犯张×刚身藏自制作小刀，寻机报复丁×峰、施×洁二犯。在第三挂车间过道，张×刚见丁×峰与罪犯郑×炳说话，便冲过去用刀刺向丁×峰，将其胳膊划伤（经法医鉴定，其损伤程度构成轻微伤）。后张×刚跑至木模车间门口，见罪犯施×洁往车间方向走，即冲过去用刀刺向施×洁。施×洁跑进车间拿了一根一尺多长的铁棍和张×刚对打。在打斗过程，张×刚抢过施×洁手中的铁棍将施×洁打倒，并又朝着施×洁左小臂打了4铁棍（经法医鉴定，施×洁左前臂尺骨下段横行骨折，其损伤程度已构成轻伤）。

经监狱立案侦查，张×刚的故意伤害案件事实清楚，证据确实、充分，本人对犯罪事实供认不讳，已经涉嫌故意伤害罪。

实施步骤：学生分组讨论案例，说说监狱立案侦查后，案件侦查需符合哪些条件才能破案？监狱结案的标准又是什么？监狱制作起诉意见书应向哪个机关移送？本案例中涉及了几起犯罪事实，应当收集哪些证据？并按要求制作监狱起诉意见书。

二、基础铺垫

（一）监狱起诉意见书的概念及功能

监狱起诉意见书是指监狱对罪犯在狱内服刑期间又犯罪或者发现了判决时没有发现的罪行，经监狱侦查终结后，依法向人民检察院提出起诉意见时所制作的文书。

监狱在侦查终结后，对于应当追究刑事责任的犯罪嫌疑人要制作监狱起诉意见书，向人民检察院明确表达起诉意见。监狱起诉意见书是监狱向人民检察院移送案件的标志性文书，也是移送案卷材料的主要文件，记载着监狱对侦查终结案件的处理结论，是案件侦查活动的总结。

（二）监狱起诉意见书的法律依据

1. 《监狱法》第58条第3款规定："罪犯在服刑期间有第1款所列行为，构成犯罪的，依法追究刑事责任。"

2. 《监狱法》第60条规定："对罪犯在监狱内犯罪的案件，由监狱进行侦查。侦查终结后，写出起诉意见书或者免予起诉意见书，连同案卷材料、证据

一并移送人民检察院。"

3.《刑事诉讼法》第 273 条第 1 款规定:"罪犯在服刑期间又犯罪的,或者发现了判决的时候所没有发现的罪行,由执行机关移送人民检察院处理。"

(三)监狱起诉意见书的结构及内容

监狱起诉意见书中需要填写的内容可以分为首部、正文和尾部 3 个部分。

1. 首部:由标题、发文字号、罪犯的基本情况和案由组成。

(1)标题、发文字号:标题拟写时制作机关与文书名称分两行书写,发文字号由发文年度、机关简称、文书代字及发文顺序号组成。

(2)罪犯的基本情况:包括罪犯的姓名、性别、出生日期、民族、原户籍所在地、罪名、判决机关、判决日期、判决书号、刑种刑期、附加(刑)、入监日期、关押场所等 13 项内容。这些内容都可以从罪犯的服刑档案中查找。

(3)案由:程式化的写法"现经侦查,罪犯×××在服刑期间涉嫌×××罪,主要事实如下"。

2. 正文:由主要犯罪事实和建议起诉的理由组成。

(1)主要犯罪事实:即监狱的狱内侦查部门调查核实的犯罪事实。叙述时应紧紧围绕犯罪事实的"七何"要素进行。即犯罪时间、犯罪地点、人物、犯罪的动机目的、犯罪情节手段、犯罪经过及犯罪后果,单列一段叙述证据情况,通常以"证明上述事实的证据如下"引出,必须列举证据的种类和数量。在诉讼实践中,刑事证据只有具备法定的八种形式之一,才能纳入诉讼证据。包括:物证,书证,证人证言,被害人陈述,犯罪嫌疑人、被告人供述和辩解,鉴定意见,勘验、检查、辨认、侦查实验等笔录,视听资料、电子数据。证据必须经过查证属实,才能作为定案的根据。

(2)起诉理由:起诉理由包括事实依据和法律依据:①事实依据。这是对前述犯罪事实进行高度概括,得出结论性意见,概括时应反映出犯罪事实符合××罪的罪状特点,使后面确定罪名时水到渠成。通常用"综上所述"概括出罪犯出于什么动机、追求什么目的、实施了何种犯罪行为、造成什么样的危害结果、涉嫌何种犯罪,与案由相互呼应。然后是罪犯的认罪态度、是否具有从轻或从重处罚的情节。②法律依据。法律依据是具体表明监狱行使侦查权以及将起诉意见书移送检察机关审查起诉的法律依据,该部分已程式化。具体表述为"为此,根据《中华人民共和国监狱法》第×条×款、《中华人民共和国刑法》第×条和《中华人民共和国刑事诉讼法》第二百七十三条第一款,特提请你院审查处理。"

3. 尾部:由主送机关、成文日期和附项组成。

(1)主送机关:顶格书写移送审查的人民检察院的名称。

（2）成文日期：写明成文日期，并加盖监狱机关的印章。

（3）附项：包括罪犯的服刑档案、又犯罪的案卷材料及随案移送的证据情况。档案及案卷材料应填写为"共×卷×册"。

三、文书制作提示

（一）监狱起诉意见书的制作要求和注意事项

1. 严格区分罪与非罪，不能以错代罪，也不能将已处理过的历史罪行及思想意识当作犯罪事实。

2. "案由"中涉嫌的犯罪性质必须与"事实依据"中的犯罪性质保持一致；"法律依据"中所援引的《刑法》的有关条款必须与所构成的罪名相对应。

3. 犯罪事实的叙写方法除时间顺序法，在不同情况下还可以采用犯罪性质叙写法、综合归纳法和多种方法并用。证据的表述一般采取概括列举式，但更提倡对证据逐个进行详细分析，以体现证据的客观性、合法性、关联性特征。

（二）制作监狱起诉意见书的准备工作

1. 狱侦部门应严格遵守狱内案件的侦查羁押期限：审理狱内案件中，对案犯单独关押的期限一般不超过 2 个月，案情复杂、期限届满不能终结的重大疑难案件，可以经省（自治区、直辖市）监狱管理局批准延长 1 个月，届时仍不能结案的，应采取其他措施。应当避免久侦不破，禁止以押代侦。

2. 注重对刑事犯罪案件的证据的搜集和固定：对一切案件的判处都要重证据，重调查研究，不轻信口供。只有被告人供述，没有其他证据的，不能认定被告人有罪；没有被告人供述，证据确实、充分的，可以认定被告人有罪并处以刑罚。

3. 注重法律文书的完整性：监狱侦查终结的案件，应当做到犯罪事实清楚，证据确实、充分，并且写出起诉意见书，连同案卷材料、证据一并移送同级人民检察院审查决定；同时将案件移送情况告知犯罪嫌疑人及其辩护律师。

（三）制作的重点和难点

1. 移送起诉事实根据的写作。[1]所谓移送起诉事实根据，是指侦查机关对侦查终结的案件，认为需要追究犯罪嫌疑人的刑事责任时，移送人民检察院批准的起诉意见书中的起诉理由部分。移送起诉事实包括：犯罪嫌疑人的全部犯罪事实，犯罪嫌疑人的量刑情节事实和证明上述事实的证据三个部分。

犯罪嫌疑人的全部犯罪事实部分，就是要把已查清的犯罪嫌疑人的全部犯罪事实一一列出，每一犯罪事实都根据叙述的详略要求把属于犯罪构成要件的全部情节或主要情节叙述清楚。具体应写明犯罪嫌疑人出于故意还是过失，出

---

〔1〕 张勇："浅谈移送起诉事实根据的写作"，载《铁道警官高等专科学校学报》2009 年第 4 期。

于什么动机和目的，实施了什么犯罪行为，行为的时间、地点、方法、工具和经过，侵犯的对象和造成的危害后果等重要情节。要准确地叙述每一情节的真实情况和轻重程度，准确反映犯罪行为和结果之间的因果关系。

犯罪嫌疑人的量刑情节部分，就是要把已经查清的属于量刑情节方面的事实一一列出。例如，犯罪嫌疑人犯罪后逃避侦查，毁灭罪证或自首、立功等犯罪后表现的情节，依法应从重、加重或减轻处罚的情节，等等，都应据实写明，不能遗漏。这部分事实一般附在犯罪嫌疑人的犯罪事实后，有的是在犯罪事实中予以反映。

2. 关于证据部分。文书中所有的事实要做到证据确实、充分。其一，定罪量刑的事实都有证据证明；其二，每一个定案的证据均已经法定程序查证属实；其三，证据与证据之间、证据与案件事实之间不存在矛盾或者矛盾得以合理排除；其四，共同犯罪案件中，犯罪嫌疑人的地位、作用均已查清；其五，根据证据认定案件事实的过程符合逻辑和经验规则，由证据得出的结论为唯一结论。

3. 犯罪事实叙写详略的处理。叙事要详略得当。对于涉嫌同一罪名，多次作案且作案方式、方法、经过、手段等情节又基本相同的，如多次盗窃或者多次抢劫的案件，可选择其中最严重、最有代表性的一次或两次作案事实进行详尽叙述，而对其他几次作案事实则综合归纳后作概括介绍。

四、实例示范

××省××监狱
起诉意见书

（2014）×监诉字第××号

罪犯张×刚，男，1990年11月1日出生，汉族，原户籍所在地：湖北省××市××区××街64号，因抢劫罪、盗窃罪经××市××区人民法院于2011年7月28日以（2011）×法刑初字第73号刑事判决书判处有期徒刑12年。于2011年9月25日交付执行，现押××省××监狱。

现经侦查，罪犯张×刚在服刑期间涉嫌故意伤害罪，主要事实如下：

2014年5月24日晚7时许，××监狱一监区二分监区罪犯丁×峰在本分监区监舍门口遇到从监舍出来的罪犯李×生，便问李×生："你这几天在干什么？"李×生说："我想干什么就干什么。"丁×峰说："你说话声音那么大干什么？就像谁在和你赌狠似的。"这时罪犯张×刚走过来，把话接过去说："赌狠咋的啦，你想搞就搞！"丁×峰走上前拽住张×刚的领口，朝其面部打了一拳，被张×刚低头躲过。罪犯施×洁冲到张×刚的身后，朝张×刚头部和身上打了几拳。张×刚举起手中的瓷杯打向丁×峰，施×洁

也将手中的瓷杯打向张×刚的头部。撕打过程中，张×刚的头部被打伤。值班干警闻讯赶来后制止了事态的发展。在了解事情经过后，干警当即给罪犯丁×峰戴上手铐，并对三犯进行了教育。为了防止他们再次斗殴，干警采取措施，将张×刚、丁×峰二犯隔离住宿。

5月25日早上7时30分许，罪犯张×刚身藏自制作小刀，寻机报复丁×峰、施×洁二犯。在第三挂车间过道，张×刚见丁×峰与罪犯郑×炳说话，便冲过去用刀刺向丁×峰，将其胳膊划破（经法医鉴定，其损伤程度构成轻微伤）。后张×刚跑至木模车间门口，见罪犯施×洁往车间方向走，即冲过去用刀刺向施×洁。施×洁跑进车间拿了一根一尺多长的铁棍和张×刚对打。在打斗过程，张×刚抢过施×洁手中铁棍将施×洁打倒，并又朝着施×洁左小臂打了4铁棍（经法医鉴定，施×洁左前臂尺骨下段横行骨折，其损伤程度已构成轻伤）。

综上所述，罪犯张×刚在服刑改造期间，因口角发展到斗殴，并故意伤害他犯，情节恶劣，后果严重，已涉嫌故意伤害罪。张×刚犯故意伤害他犯的犯罪事实清楚，且有法医的鉴定及罪犯作案的凶器为证，张犯亦供认不讳，并记录在卷。

为此，根据《中华人民共和国监狱法》第六十条、《中华人民共和国刑法》第二百三十四条和《中华人民共和国刑事诉讼法》第二百六十二条第一款之规定，特提请你院审查处理。

此致
××市××区人民检察院

（公章）

2014 年 7 月 18 日

附：1. 罪犯张×刚　档案共2卷5册。
　　2. 罪犯张×刚　涉嫌又犯罪的案卷材料共1卷4册。
　　3. 随案移送的自制小刀、铁棍等物证。

【拓展阅读】
监狱起诉意见书PPT。

单元训练　狱内侦查类执法文书项目实训

一、单元名称：讯问笔录制作实训

二、实训目标

1. 培养学生对案情进行分析判断的能力：对案件性质、案件情况、嫌疑人进行分析判断，划定侦查范围，排查嫌疑人，确定重点嫌疑对象。

2. 围绕重点嫌疑对象，收集其实施犯罪或解除嫌疑的证据，通过讯问笔录有效地固定证据。

3. 收集、补充、完善证据，建立证据体系。

4. 培养学生制作讯问笔录的能力。

5. 培养学生对讯问笔录的分析、评价、修改的能力。

三、实训要求

1. 全面熟悉案情，掌握已收集的证据，了解证据证明内容，确定讯问目的，拟定讯问笔录提问提纲。

2. 讯问笔录的制作的重点及要领。掌握侦查讯问的方法，能够有效地固定言词证据；能够从讯问笔录中搜集狱情信息，核实狱情信息中的疑点，查明事实。

四、实训内容

案情简介：罪犯彭××与罪犯李××静坐看电视，因为琐事发生争执，彭××气不过，趁室外活动的时候，抽了李××两耳光，把李××打倒在地，并朝李××头部踢了数下。经鉴定，造成李××轻伤。

以下是学生根据案例制作的讯问笔录，请根据讯问笔录的制作要求评析、修改讯问笔录。

讯问笔录（第一次）

时间：2012 年 3 月 9 日上午 8 时开始至 10 时结束

地点：××省××监狱七监区审讯室

讯问人：狱侦科科长梁××

记录员：吴××

被讯问人：罪犯彭××，男，34 岁，汉族。初中文化程度，××市××乡人，因抢劫罪被判处有期徒 5 年 6 个月，2011 年 9 月 20 日入监服刑。

问：你叫什么名字？年龄？文化程度？

答：彭××，34 岁，初中文化程度。

问：你家在哪里？

答：××市××乡。

问：你犯什么罪被判刑？

答：犯抢劫罪。

问：判了几年？

答：5年6个月。

问：何时入监服刑？在哪个分监区服刑？

答：2011年9月20日入监服刑，现在在7监区6分监区服刑。

问：在服刑期间改造表现怎样？

答：2011年12月违反监规，被犯人关××揭发，我打揭发人一次，打了三四拳，受到记过处理。

问：你何时、在什么地方打人？

答：2012年3月8日晚饭后，我们在静坐观看电视新闻时，我喊李××坐后面的位置，李××不听，我当时就火冒三丈，就让李××去面壁思过。

问：后来怎样？

答：后来在室外活动的时候，我越想越生气，又让李××去面壁思过。李××不但不听，还推了我。

问：接着又怎样？

答：李××面壁站立的时候，我趁他不注意，我抽了李××两耳光，把李××的眼镜打落了。他当时就蹲在地上捂着脸大喊大叫说"彭××打人了"，我以为他在装疯，又踢了他两脚。

问：还踢过他几脚？

答：我又踢了他两下，后来被林管教喝住，犯人王××上前抱住我，制止了我再踢。

问：你是否想将他打死？

答：不是。

问：那你为什么在李××蹲下后又踢他呢？

答：主要是想狠狠教训他，把他整得不敢再和我作对。

问：你当时怎么想的？

答：我当时想弄死他。

问：为什么？

答：他不听我的，就要收拾他。

问：因为什么？

答：喊他不听。

问：你这是什么行为？

答：属行凶杀人。

问：当时林管教在场吗？

答：在。

问：你还有什么要讲的？

答：没什么。

问：你讲的是真话？

答：是。

以上记录已读给我听过，没有什么出入。

彭××（按指印）

审讯员：梁××（签名）

记录员：吴××（签名）

2012 年 3 月 9 日

五、任务评估

1. 全面熟悉案情，掌握本案件的证据情况，全面熟悉犯罪嫌疑人的个人情况及心理状况。

2. 根据所掌握的案件的情况，综合分析所掌握的证据及证据所证明的内容，确定讯问目的，拟定讯问计划。

3. 运用侦查讯问的方法和策略，能够有效地固定犯罪嫌疑人的言辞证据，制作规范的讯问笔录。

4. 经过讯问和查证，补充完善证据，形成证据体系。

5. 能够对讯问笔录文本进行评析和修改。

单元训练　狱内侦查类执法文书项目实训

一、单元名称：询问笔录制作实训

二、实训目标

1. 培养学生具有搜集信息资料的能力，具有从犯罪案件或突发案件中搜集狱情的能力。

2. 具有对信息资料分析加工的能力。

3. 培养学生具有制作询问笔录的能力。

4. 培养学生对询问笔录的分析、评价、修改的能力。

三、实训要求

1. 重点：掌握询问笔录的格式；掌握询问程序；能够独立地制作询问笔录。

2. 难点：掌握询问技巧；对询问笔录的分析、评价、修改的能力。

四、实训内容

某县某某乡的仓库被盗，据了解，农民汪××、李××于案发当天在仓库附近散步，农民白××、王××、赵××从城里看完戏经过仓库前时发现仓库被盗迹象，便向公安机关报了案，请对以上证人进行询问了解案情，做好询问笔录。

分析下面的询问笔录，指出存在的问题。

询问证人

时间：××年×月×日下午5时

地点：××县×乡×村办公室

询问人：王×

记录人：罗×

被询问人：

汪××，男，69岁，某村一社农民。

李××，男，70岁，某村一社农民。

白××，男，25岁，某村一社农民。

王××，男，23岁，某村二社农民。

赵××，男，21岁，某村小学教师。

问：根据我国有关法律规定，证人应当如实地向司法机关陈述自己所知道的案件情况，应当如实回答提出的有关问题，如果有意作伪证或者隐匿罪证的，要负法律责任，你们听清楚没有？

答：听清楚了（5位证人同时回答）。

问：你们几个同志，于××年×月×日晚上或者在仓库外散过步，或者从那里经过，发现过一些情况，现在请你们谈谈。

汪：我和李××在石碾盘散步，去的时候天已经黑了一阵子了，摆了一阵子龙门阵，我们就走了。当走到仓库背后大路上见靠仓库那边苞谷地哗啦一声，我问：哪个？我们站着细听了一阵，未听见声音，李××说：怕是野狗哟，然后我们就回家了。

问：那时大概是几点钟？

汪：我回家以后，看见座钟已经过 10 点。

问：就是说，你们离开的时候是 10 点左右？

汪和李：对，是那个时候。

白：我同王××、赵××从城里看完戏就是 9 点多了。

赵：我有手表，看完戏是 9 点 25 分。

白：我们一起回来，走到石碾盘，少说也要 3 个小时。

赵：快 11 点了。

白：我当时走在前面，从仓库门口经过时无意看了一眼，觉得仓库的门好像没有关好似的，本想走过去看看，但是大雨来了，赵××说：你们刚才看见仓库的门没有，好像有点不对头。王××说：是呀，我好像在路上踩到一条麻袋，莫不是有人偷仓库？赵××说：地上有些地方白沙沙的，好像有粮，于是我们 3 人又冒雨跑回仓库一看，啊呀，仓库真的遭偷了。

王：当时仓库的门是开着的，我们没有电筒，不晓得里面有没有人，不敢去看。我就对着门喊了声：里面有没有人，快出来！里面没有人答应，估计没人了，但是还是不敢进去。白××就叫我和赵××守在那里，由他向乡干部报告，天快亮的时候，乡干部才和白××来到现场。

赵：我补充两点：第一，乡干部来到现场是 5 点 20 分；第二，我们返回仓库的时间是 11 点半。

问：乡干部来了后，你们是不是就回家去了？

答：没有，我们和他们一起进仓库看丢了哪些东西，然后乡长才用电话向县公安局报案。

问：好了，根据你们几位提供的情况看，罪犯作案的时间是 10 点至 12 点之间，这一点是清楚了，还有什么补充的没有？

答：没有了（5 位证人同时回答）。

以上笔录向我们宣读过，与我们讲的一样。

（5 位证人的签名或盖章）

××年×月×日下午 6 时

问题：

1. 侦查人员询问证人应当遵守哪些规定，本案侦查人员询问证人是否违背这些规定？

2. 上述询问证人笔录有什么问题，请指出来并说明理由。

3. 根据案情拟定询问证人的提纲。

五、任务评估

1. 全面熟悉案情，掌握本案件的证据情况，分析判断本案的知情人，哪些可以作为证人。

2. 掌握证人与犯罪嫌疑人的关系，有特殊关系的须特别关注，考量其作证内容的真实性。

3. 根据所掌握的案件情况，综合分析所掌握的证据及证据所证明的内容，确定本次询问的询问目的，制订询问计划。

4. 运用有效的侦查、询问方法和策略按照询问计划进行询问，获取犯罪事实。

5. 发现证据与事实相矛盾或是讯问笔录与询问笔录不一致的地方，应通过询问进行进一步的查证。

6. 能够通过笔录的方式有效地固定证人证言和被害人陈述，使之成为合法的刑事诉讼证据。

7. 能够对询问笔录文本进行评析和修改。

第十四章　监狱安全防范类文书

学习要点

　　通过本章节的学习，要求学生了解相关监狱安全防范工作的法律依据和工作规定，熟悉监狱安全检查、隐患排查、狱情分析等工作的流程，知晓在不同的监狱安全防范工作中应当制作哪些相应的法律文书。

学习目标

　　在于熟悉监狱安全防范工作机制的内容以及各项具体的监狱安全管理工作流程，对于实践中出现的监狱安全问题，能够及时采取正确的防范措施并制作相应的法律文书。

【本章引言】

　　监狱安全防范的目的，从狭义上讲，就是要达到司法部提出的无在押罪犯脱逃、无狱内重大案件、无非正常死亡、无重大生产安全事故、无重大疫情发生的"五无"目标，确保监狱人员（在押罪犯、民警及职工）的安全、监狱财产的安全、监管场所的安全和监管秩序的稳定。从广义上讲，监狱安全防范的目的包括监狱政治安全、经济安全、队伍安全、生产安全、交通安全、通信安全、信息安全、消防安全、建筑施工安全、社区治安稳定以及人体防护、医疗救助等诸多大安全内容。

　　监狱安全防范类文书是指监狱在进行安全检查、隐患排查以及狱情分析等工作的过程中，依据相关的工作规定制作的各种文书。主要包括消除隐患通知书、纠正违规通知书、狱情分析报告。其中，狱情分析是监狱安全防范的一项基础性、日常性、关键性的工作。狱情分析工作流程及文书制作节点如图 14 - 1：

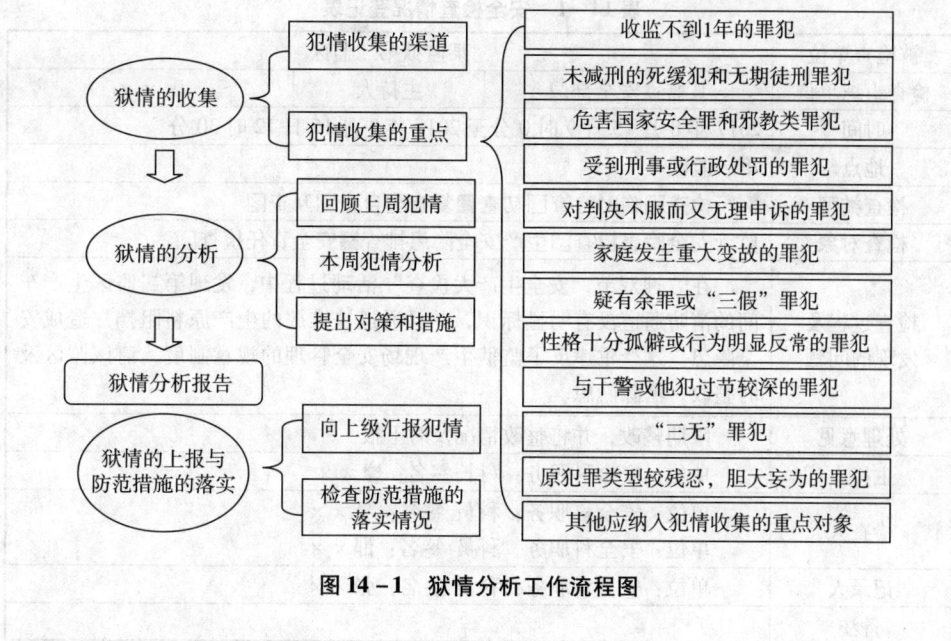

图 14 - 1　狱情分析工作流程图

第一节　消除隐患通知书

一、任务描述

2017 年 8 月 15 日，某监狱安全检查部门对该监狱 14 个监区进行安全检查。

2017 年 8 月 15 日，某监狱组织举办"迎双节，安全生产大检查"活动，由该监狱安全检查部门对其 14 个监区进行监狱安全生产大检查，以确保在节日来临之前监狱劳动生产工作的安全稳定。在检查过程中发现如下安全隐患问题：

1. 在对第二监区进行检查时发现，二监区生产车间的消防通道没有明显标识，并且通道被堆放的生产原料阻挡。

2. 在对第三监区进行检查时发现，三监区生产车间的大门不牢固，门锁失灵，闭锁的大门在一定外力撞击下可开启。

3. 在对第五监区进行检查时发现，五监区对劳动工具借用登记的管理不严格，劳动生产工具借用登记簿的记录不完整，出现有借无还的现象。

4. 在对第十监区进行检查时发现，个别服刑人员的储物柜中有剩菜剩饭没有处理。

以下为本次安全检查情况记录：（下面以第二监区的检查情况为例，其他监区存在的隐患情况可参照填写）。

表 14 - 1　安全检查情况登记表

被检查单位	某监狱第二监区		
检查组织单位	某监狱安全部门	主持人	廖××
时间	2017 年 8 月 15 日 9 时 0 分至 2017 年 8 月 15 日 12 时 30 分		
地点	第二监区		
检查类型	例行检查□临时检查□初查■复查□自查□互查□		
检查对象	监管安全隐患检查□生产安全隐患排查■安全责任检查□		
检查过程及发现的问题	在"迎双节,安全生产大检查"活动过程中,发现第二监区生产车间的消防通道没有明显标识,并且通道堆放的生产原料阻挡,造成安全隐患。这严重违反了监狱生产现场安全管理的规章制度,请该监区及时整改,消除隐患。		
处理意见	限期整改,并将整改情况及时上报		
主持人	单位:安全科职务:科长签名:廖××		
检查人	单位:安全科职务:科员 签名:吴××		
	单位:安全科职务:科员 签名:邵××		
记录人	单位:安全科职务:科员 签名:张××		
备注			

实施步骤: 学生分组,各组同学通过案例进行分析讨论,讨论什么是监狱安全隐患排查? 其中,监狱生产安全隐患排查的内容包括哪些方面? 上述案例中出现的安全隐患问题属于哪种形式的安全隐患? 对于安全检查过程中发现的安全隐患问题应当如何处理? 请同学们制作相应的法律文书。

二、基础铺垫

(一) 消除隐患通知书的概念及功能

消除隐患通知书,是监狱在进行安全检查过程中,发现押犯单位在安全管理中存在不安全的因素或潜在的危险情况而通知对方限期改正以消除隐患时所制作的法律文书。该文书也适用于相关部门的行政执法、技术监督等。

消除隐患通知书的制作意图是让存在不安全因素或潜在危险情况的单位和个人能够知晓安全隐患事项的严重程度,并立刻消除隐患,增强意识,确保各项工作稳定、有序地进行。

(二) 消除隐患通知书的法律依据

法律规定:

1. 根据《监狱法》第 54 条关于监狱应当设立医疗机构和生活、卫生设施,建立罪犯生活、卫生制度的规定,来检查监狱各相关部门是否存在不安全因素或潜在的危险情况,责令有关部门和人员消除隐患。如根据《刑法》规定涉嫌犯罪则需要交由司法机关处理。

2. 根据《安全生产法》第 11、23、24、27 条等关于监狱生产单位安全生产保障、安全生产监督管理等规定，来检查监督监狱各相关部门和人员在监狱生产工作中是否存在不利于安全生产的隐患及潜在的危险情况，责令有关部门和人员及时消除隐患，加强安全生产工作，防止和减少产生安全事故，确保监狱的生产工作稳定有序进行。

行政法规及部门规章：

1. 根据《监狱建设标准》关于监狱的建设规划、建筑标准、安全警戒设施、场地及配套设施的相关规定，以确定监狱建设科学化、规范化、标准化，符合安全监管的需要。

2. 根据《关于加强监狱安全管理工作的若干规定》，该规定根据《监狱法》和监狱安全管理的实际情况，从安全警戒设施管理、狱政管理、罪犯劳动管理、警察队伍管理、信息报告及处理等方面对监狱安全管理工作作了详细规定。

（三）消除隐患通知书的结构及内容

消除隐患通知书属于一纸三联的填空式文书，有正本、存根和消除隐患报告书三联，各联的结构及内容根据不同需要而确定。

1. 正本。消除隐患通知书的正本是送达存在安全隐患的监狱或监狱部门的通知书，由发出通知的单位填写制作，主要包括首部、正文、尾部三个部分。

（1）首部，包括文书名称、文书号、受文单位三个部分。一般情况下，通知书有特定的受文单位，要在正文的开头部分写明受文单位的名称。在消除隐患通知书中，受文单位即存在安全隐患的单位名称。

（2）正文，即"文书主体"。文书主体是要通知的事项以及通知的要求。"通知事项"包括发现隐患的时间、存在的安全隐患。首先需要填写在通知单位发现隐患的具体时间，即"经何年何月何日检查，发现你单位监管工作存在如下隐患"，再填写检查中发现的具体的不安全因素或潜在的危险情况及可能产生的危害。"通知要求"填写要求存在隐患的单位消除隐患后上报的时限，即"请你们采取措施予以消除，并将结果于何年何月何日上报"。

（3）尾部，包括发文机关名称和公章、成文日期、附项、使用说明等部分。

2. 存根。存根的结构不同于文书正本，其目的是留存备查，因此存根填写的事项往往多于正本的事项。消除隐患通知书存根的主要项目是：标题、发文字号、被通知单位、通知时间、批准人、填写人、通知的问题及建议。其中大部分的内容可以从消除隐患通知书中转抄。"批准人"由批准人签名，"填写人"由填写人签名，"通知的问题及建议"简要写明监狱或相关部门存在的隐患和消除隐患的建设性意见。

3. 消除隐患报告书。消除隐患报告书，是在监狱的安全检查与管理中，存

有不安全因素或潜在危险情况的单位在消除隐患通知限定的时间内，将隐患消除情况上报给检查部门时所制作的文书。

该文书随消除隐患通知书的正本一起发送给被通知单位，由被通知的单位进行填写，制作完成后再发还原通知单位。分为首部、正文、尾部三部分内容。主要项目是：标题、原通知单位、引叙及转折语、报告事项、执行负责人签名及落款、成文日期。

首部为文书名称、受文单位，文书名称如"消除隐患报告书"。在消除隐患报告书中，受文单位即发出消除隐患通知书的单位名称。

正文，即"文书主体"。文书主体是要向发文单位所报告的事项。具体包括收到消除隐患通知书的时间以及消除隐患的结果两项内容。首先需要填写报告接收消除隐患通知书的具体时间，即"引叙及转折语"表述为"某号通知书已于何年何月何日收到，现将结果报告如下"，具体时间可从消除隐患通知书中转抄；"报告事项"主要写明通知书中所说的隐患是否存在，如确实存在，是否按照规定的时间消除，如认为不存在，则简要说明理由。正文部分的填写应当着重写明消除隐患的时间、措施、结果等。

尾部，包括执行负责人、成文日期及相关部门公章三部分内容。填写时，由执行负责人签名，注明成文日期并加盖印章。

三、文书制作提示

（一）消除隐患通知书的制作要求和注意事项

1. 内容要求。采用通知书、证明书、决定书等形式制发的文书，内容单一，篇幅短小，填写方便。告知内容一般都比较简单，行文要简明扼要，但内容要表述完整。例如，消除隐患通知书正本中指出的隐患必须具体、明确。如"通知事项"中"经某年某月某日检查""发现的问题""可能产生何种危害"以及"通知要求"这些内容需要按照逻辑顺序填写完整。

2. 形式要求。首部中的发文字号，发文字号中的文书代字不能仅用"通"字，而应当使用"消通"字。尾部中的成文日期除有特殊要求外，一般采用阿拉伯数字，如"2015 年 7 月 20 日"。禁止阿拉伯数字与汉字混用的写法，如"2013 年七月七日"。联单式文书的骑缝文号与首部的发文字号相同，但是其中的数字一律采用汉字大写形式，如"（贰零壹伍）××狱消通字第陆号"。

（二）制作消除隐患通知书的准备工作

1. 在制作消除隐患通知书前准备好规范完整的执法检查文书，即检查记录表。检查记录表是记录检查活动进展情况的文书，它能够将检查的过程和结果用文字的方式记录下来，以便将检查结果准确地传递给需整改的部门，同时，也为以后的复查提供原始的参考记录。

2. 在制作消除隐患通知书前准备好执法记录仪中的视频资料。执法记录仪能够将检查的全过程以客观真实的视频形式保存下来，能够为有异议的违规行为提供核查保障。

3. 在制作消除隐患通知书前能够确认具体的不安全因素和潜在的危险情况以及可能发生的危害，对于各类安全隐患问题能够确定具体的法律法规及工作规范。

（三）制作的重点和难点

1. 消除隐患通知书的"通知事项"中对于发现安全隐患的时间要精确，具体安全隐患问题的描述要尽量详细，以体现检查工作的严谨性。

2. 消除隐患报告书中的"消除隐患的结果"必须措施得力、结果真实。

3. 消除隐患通知书存根中的建议必须切实可行，同时具有指导性意义。这就要求同学们在平时的监狱执法业务课理论与实践学习中不断积累摸索，掌握各类监狱安全问题的防范措施。

4. 注意各联的填发制作单位，保证一式三联的内容完全一致。另外，三联相连的发文字号中的年份和序号应当分别使用汉字大写，但内容上与标题下方的发文字号完全相同，并加盖监狱机关的印章。

四、实例示范

消除隐患通知书（存根）	消除隐患通知书	消除隐患报告书
（2017）×监消通字第6号	（2017）×监消通字第6号	
被通知单位：××监狱第二监区 通知时间：2017年8月15日 批准人：廖×× 填写人：张×× 通知的问题及建议： 　该监狱存在以下监管安全隐患：第二监区生产车间的消防通道没有明显标识，并且通道被堆放的生产原料阻挡，造成安全隐患。 　针对上述问题，在5日内将监区内消防通道里的物品腾空，在消防通道设置明显标识。	×监狱二监区： 　经2017年8月15日的检查，发现你单位监管工作存在如下隐患：你监区生产车间的消防通道没有明显标识，并且通道被堆放的生产原料阻挡，造成安全隐患。这严重违反了监狱生产现场安全管理的规章制度。 　请你们尽快采取措施加以消除，并将结果于2017年8月20日前上报。 （公章） 2017年8月15日 注：本联由通知单位填写	×监狱安全科： 　（2017）×监消通字第6号通知书已于2017年8月15日收到，现将结果报告如下： 　我监区生产车间的消防通道已标注明显标识，并已将在消防通道前放置的生产原料腾空，安全隐患予以消除，请于答复。 执行负责人：陈×× （公章） 2017年8月20日 注：本联由被通知单位填写

（贰零壹柒）×监消通字第陆号　　　　（贰零壹柒）×监消通字第陆号

【拓展阅读】

消除隐患通知书 PPT。

第二节 纠正违规通知书

一、任务描述

2015 年 9 月 20 日，某监狱组织各监区进行交互安全检查，在该监狱入监监区发现违规问题。

2015 年 9 月 20 日，某监狱安全科组织各监区进行民警直接管理制度的安全责任排查。在对入监监区进行检查时发现该监区有使用罪犯代替民警行使管理职权的现象，安全检查情况如下表：

表 14 - 2　安全检查情况登记表

被检查单位	入监监区		
检查组织单位	某监狱安全科	主持人	廖××
时间	2015 年 9 月 20 日 9 时 0 分至 2015 年 9 月 20 日 11 时 30 分		
地点	入监监区生活区		
检查类型	例行检查□ 临时检查□ 初查□ 复查□ 自查□ 互查■		
检查对象	监管安全隐患检查□ 生产安全隐患排查□ 安全责任检查■		
检查过程及发现的问题	我科在组织各个监区进行安全责任的交互检查的过程中，发现入监监区值班民警在 2015 年 9 月 20 日 10 时 20 分，让服刑罪犯代替值班民警来检查新入监罪犯随身携带的物品。这严重违反了监狱人民警察直接管理的执法原则，请该监区及时查找问题，限期整改。		
处理意见	限期整改，并将整改情况及时上报		
主持人	单位：安全科　职务：科长　签名：廖××		
检查人	单位：第七监区　职务：副监区长　签名：吴×× 单位：第九监区　职务：副监区长　签名：刘××		

记录人	单位：安全科　　职务：科员　　　签名：张××
备注	

实施步骤： 学生分组；各组同学通过案例进行分析讨论，讨论监狱安全责任检查内容都包含哪些方面？其中对于民警直接管理制度的检查都包括哪些方面？对于安全检查过程中出现的问题应当如何处理？请同学们制作相应的法律文书。

二、基础铺垫

（一）纠正违规通知书的概念及功能

纠正违规通知书，是监狱在进行安全检查过程中，发现押犯单位和人员有违反工作规范的行为而通知对方予以纠正时所制作的法律文书。该文书也适用于监狱其他的执法检查，如执行刑罚、监管、教育改造、生活卫生检查等。

纠正违规通知书的制作意图是让违反工作规范的部门或者个人明确违规行为的性质以及严重程度，从而使其在日后能够在思想上重视，在行为上谨慎，避免类似违规现象的再次发生。

（二）纠正违规通知书的法律依据

1. 根据《刑法》第400、401条关于监狱人民警察失职及滥用职权的规定，参考相关规定来衡量监狱各部门和人员是否有违规行为，如果涉嫌犯罪则需要交由司法机关处理。

2. 根据《监狱法》第7、54条关于罪犯各种制度保障的规定，参考相关规定来衡量监狱各部门和人员是否有保障制度欠缺或违规等行为。

3. 根据《安全生产法》关于我国安全生产以及法律责任的具体规定来衡量监狱各部门和人员在组织服刑人员进行生产劳动过程中是否有违法违规的行为。

4. 根据《监狱服刑人员行为规范》中的规定对监狱服刑人员的不规范行为，督促责任干警予以纠正。

5. 根据《关于加强监狱安全管理工作的若干规定》，从安全警戒设施管理、狱政管理、罪犯劳动管理、警察队伍管理等方面来衡量监狱的安全管理工作情况。

6. 另外，根据《职业病防治法》《人民警察法》等法律法规以及相关地方性的工作规定来确定是否需要进行违规纠正。

（三）纠正违规通知书的结构及内容

纠正违规通知书是监狱安全部门针对在监管改造过程中出现违规的部门和人员进行的违规行为告知，意在说明违规现象的严重性并使违规者及时整改不规范的行为，避免类似现象再次发生的监狱执法文书。

纠正违规通知书属于多联式填空式文书，有正本、存根和纠正违规报告书

三联，各联的结构及内容根据不同需要而确定。

1. 正本。纠正违规通知书的正本由发出通知的单位填写制作，主要包括首部、正文、尾部三个部分。

首部，包括文书名称、文书号、受文单位三个部分。一般情况下，通知书有特定的受文单位，要在开头部分写明受文单位的名称。在纠正违规通知书中，受文单位即存在违反工作规范行为的单位或个人。

正文，即"文书主体"。文书主体是要通知的事项以及通知的要求。"通知事项"需要先填写"经何年何月何日检查，发现你单位监管工作存在某种问题"，再写明该问题不符合何种规定；"通知要求"填写"请你们予以纠正，并将整改情况于何年何月何日上报"。

尾部，包括发文机关名称和公章、成文日期、附项、使用说明等部分。

2. 存根。存根的结构不同于文书正本，其目的是留存备查，因此存根填写的事项往往多于正本的事项。一般要求写填发人、批准人或审核人。

3. 纠正违规报告书。纠正违规报告书，是在监狱的安全检查中，具有违反工作规范的部门在纠正违规通知限定的时间内，将纠正、整改情况上报给检查部门时所制作的文书。

该文书随纠正违规通知书的正本一起发给被通知单位，由被通知单位进行填写，制作完成后再发还原通知单位。主要项目是：标题、原通知单位、引叙及转折语、报告事项、执行负责人签名及落款、成文日期。其中"引叙及转折语"表述为"某号通知书已于何年何月何日收到，现将纠正违规情况报告如下"；"报告事项"主要写明具体纠正违规的情况。

三、文书制作提示

(一) 纠正违规通知书的制作要求和注意事项

具有违规行为的既有可能是单位，也有可能是个人，但正文中的受文单位一般填写单位的名称。如"某监区的某位民警在值班过程中将开启监舍门的钥匙交由罪犯使用"，这一违规行为的主体是某位民警，但我们在制作纠正违规通知书时的受文单位应为该民警所在的部门。

采用通知书、证明书、决定书等形式制发的文书，内容单一，篇幅短小，填写方便。告知内容一般都比较简单，行文要简明扼要，但内容要表述完整，如"通知事项"中"经某年某月某日检查""发现的问题""违反何种规定"以及"通知要求"这些内容要按照逻辑顺序填写完整。

(二) 制作纠正违规通知书的准备工作

1. 在制作纠正违规通知书前准备好规范完整的执法检查文书即检查记录表。检查记录表是记录检查活动进展情况的文书，它能够将检查的过程和结果用文

字的方式记录下来，以便将检查结果准确地传递给需整改的部门，同时，也为以后的复查提供原始的参考记录。

2. 在制作纠正违规通知书前准备好执法记录仪中的视频资料。执法记录仪能够将检查的全过程以客观真实的视频形式保存下来，能够为有异议的违规行为提供核查保障。

3. 在制作纠正违规通知书前能够确定具体的违规单位或个人，对于各类违规行为能够确定具体的法律法规及工作规范。

（三）制作的重点和难点

1. "通知事项"中对于"发现的问题"的描述应尽量具体，如某监区民警使用罪犯来代替值班民警检查新入监罪犯的随身携带物品，对于该问题的描述，要精确到具体的时间，以体现检查工作的严谨性。

2. "通知事项"中对于"违反何种规定"中的法律法规以及工作管理制度的表述要精准，这就要求同学们熟悉掌握相关的法律法规以及工作管理规定。

3. 注意各联的填发制作单位，保证一式三联的内容相一致。

四、实例示范

纠正违规通知书（存根）	纠正违规通知书	纠正违规报告书

(2015) ×狱纠通字第6号
 	
被通知单位：<u>入监监区</u>
通知时间：<u>2015年9月20日</u>
批准人：<u>廖××</u>
填写人：<u>张××</u>
纠正违规内容：
 在执法检查中发现该监狱存在以下违规问题：值班民警让监区服刑罪犯检查新入监罪犯随身携带物品。
 要求针对上述问题，采取果断措施，在10日内把纠正情况上报。
	(2015) ×狱纠通字第6号
	
	××监狱入监监区：
	 经<u>2015年9月20日</u>检查，发现你单位工作中存在：<u>值班民警在2015年9月20日10时20分，让服刑罪犯代替值班民警来检查新入监罪犯随身携带的物品问题，不符合监狱人民警察直接管理的执法原则</u>的规定。请你们尽快予以纠正，并将情况于2015年9月30日前上报。
	
	    （公章）
	
	   2015年9月20日
	
	注：本联由通知单位填写
		××监狱安全科：
		 <u>(2015) ×狱纠通字第6号</u>通知书已于<u>2015年9月20日</u>收到，现将纠正违规情况报告如下：
		 我监区召开全体民警专题会议，对让监区服刑罪犯检查他犯物品的民警陈某某进行点名批评，责成陈某某进行深刻自我检查，强调监狱人民警察必须亲自履行监管职责。
		 执行负责人：<u>梁××</u>
		
		    （公章）
		
		   2015年9月30日
		
		注：本联由被通知单位填写

（贰零壹伍）×狱纠通字第陆号

（贰零壹伍）×狱纠通字第陆号

【拓展阅读】

纠正违规通知书 PPT。

第三节　狱情分析报告

一、任务描述

材料（节选）：某监狱围绕罪犯中存在的问题及隐患召开狱情分析会，展开狱情分析与隐患排查。

2015 年 3 月 22 日，某监狱管教办公楼会议室，管教副监狱长、管教各科室科长、各监区教导员、各监区教育干事，其他邀请及列席人员等正在召开监狱狱情分析会。内容如下：

一、当前监狱基本情况

包括押犯人数、刑满释放人数、保外就医人数，一类、二类、三类、四类罪犯人数，罪犯禁闭情况，重点罪犯情况等。

二、狱情及隐患排查情况分析

3 月以来，随着专项活动的深入开展，我狱监管改造秩序有了进一步的改观。但是存在的问题依然比较多，从本月的禁闭情况来看，罪犯中打架、抗拒出工、消极抗改等严重违规违纪现象较多，尤其是以软暴力的形式出现的问题比较突出，我们监管的压力十分巨大，安全工作仍然面临着十分严峻的考验，所以，为确保监狱的安全稳定，还需要下很大工夫。纵观本月狱情，出现的一些新情况和新问题应当引起我们的高度重视。

1. 罪犯在主观上不够服法改造，对我们的部分民警缺乏必要的信任，对民警及监狱存在一定的抵触心理。

2. 不愿进行生产劳动、不想劳动、害怕劳动的现象也比较突出。有一部分罪犯在客观上确实存在体质较弱，不适合长时间生产劳动的情况，但是绝大多数罪犯是在主观思想上过不了劳动关、吃不了苦、受不了累，从而以软暴力的形式抗拒劳动。

3. 罪犯小组长在劳动生产的过程中，对他犯的打骂现象是造成罪犯抗

改的诱因，好多罪犯本来就不想下车间进行生产劳动，那么在罪犯小组长对其进行打骂之后，就会以此为借口，抗拒出工。

4. 民警的不文明管理，罪犯对民警的不信任，使罪犯与民警产生矛盾，有的甚至激化矛盾，致使部分罪犯公开顶撞民警，甚至对民警施加压力。

5. 80 后、90 后罪犯改造特征逐渐呈现，其思想不稳定，心里脆弱，自我调控能力差，过不了劳动关以及具有暴力倾向，做事不计后果的现象越来越明显。

6. 从改造的经历来看，当前抗改罪犯主要是 2 次以上犯罪的罪犯以及新入监的罪犯。

7. 外部环境对罪犯违规违纪、抗拒改造也会造成一定的影响。比如天气的不稳定、气候异常，或冷或热都会对罪犯的情绪变化产生一定影响。

8. 2014 年以来，一些刑事司法政策的调整，客观上触及罪犯的核心利益，有的罪犯明显表现出对改造前途的迷茫和失落，特别是对短刑犯的影响比较大，有很多这样的罪犯准备放弃改造，混刑度日。

实施步骤：学生分组；各组同学分析以上案例，讨论在狱情分析会前监区应该做好哪些准备工作？狱内侦查民警应当从哪些方面全面搜集狱情信息？能够全面分析狱情动向、罪犯思想动态和各种不稳定的因素，并对狱情、犯情进行归类和量化分析，研究具体的防范措施和管控方法；根据上述案例及相关背景材料，请各组同学模拟开展一次狱情分析会，要求做好狱情分析会记录，并制作相应的法律文书。

二、基础铺垫

（一）狱情分析报告的概念及功能

狱情分析报告，是根据监狱、职能部门、监区（分监区）召开的狱情分析会而制作的法律文书，具有收集犯情信息、分析动态狱情、总结监管改造成果、优化防范措施、指导监狱监管工作安全的功能。

狱情分析是监狱安全防范的一项基础性、日常性、关键性的工作。充分发挥狱情分析的作用，创新分析方法，提高分析质量，对于监狱机关更好地履行惩罚与改造罪犯的职能，确保监狱的持续安全稳定，具有十分重要的意义。

我国现行的狱情分析制度是监狱、职能部门、监区（分监区）三级狱情分析会议制度。狱情分析会议是由监狱、职能部门、监区（分监区）召开的，根据服刑人员的改造表现，结合社会形势、改造环境、心理测试、服刑人员个体情况等方面的内容，重点排查具有现实危险和潜在危险的重点罪犯，分析掌握狱情动向、罪犯思想动态和各种不稳定因素，并对影响监管安全的狱情、犯情

信息进行搜集、归类和量化分析，研究具体的防范措施和管控方法的会议制度。狱情分析报告是指根据狱情分析会的内容、要求、结果及措施所制作的需要上报上级部门的法律文书。

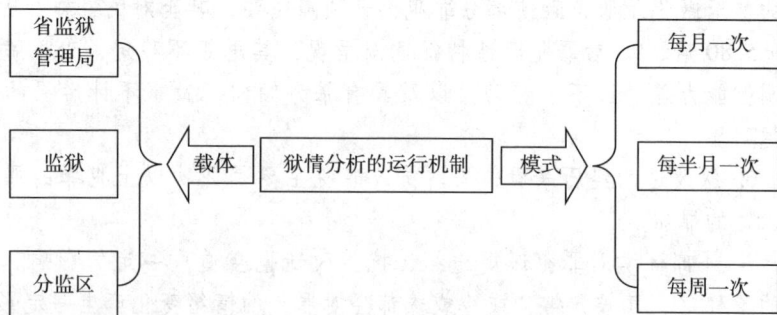

图 14 – 2　狱情分析运行机制图

（二）狱情分析报告的法律依据

根据《监狱教育改造工作规定》第 19 条的规定，监狱应当建立罪犯思想动态分析制度，分监区每周分析 1 次，监区每半月分析 1 次，监狱每月分析 1 次；遇有重大事件，应当随时收集、分析罪犯的思想动态。分析的情况应当逐级上报。监狱人民警察应当按照司法部的有关规定，认真做好犯情收集、分析和防范工作。

（三）狱情分析报告的结构及内容

狱情分析报告即由召开狱情分析会的单位制作并上交给上级单位，以狱情分析会的内容为主体的监狱执法文书，属于拟制式文书。

狱情分析报告内容包括以下几个方面：

1. 标题。狱情分析报告的标题应当准确简要，一般由"发文单位 + 事由 + 报告"组成，如"×监狱狱情分析报告"。

2. 主送单位。主送单位是狱情分析报告的主要接收单位，采用单位的全称或规范化简称，原则上主送一个上级单位。

3. 正文。一般由缘由、主体内容和结束语三部分构成。其主要内容有如下方面：押犯基本情况简介、押犯基本情况分析、押犯总数、禁闭严管、保外就医、住院人数、"四涉"罪犯、累惯犯、暴力型罪犯情况。

（1）本月罪犯变动情况：其一，增加罪犯（新收和调入）；其二，减少罪犯（减刑、假释、刑满释放、调出、死亡）。

（2）本月罪犯违纪情况：其一，当月监区罪犯违纪件数和涉及人数；其二，每起罪犯违纪简要情况及在犯群中的影响；其三，违纪罪犯的处理结果。

（3）民警执行监管改造制度的落实情况：执行监狱法等法律法规和上级阶段性要求各类专项性活动情况，民警到岗履职、规范执法情况等。

（4）按罪犯现实表现分析排查重点罪犯：表现好的为一类，表现较好的为二类，表现较差的为三类，表现差的和有各种危险因素的为四类；分析排查时应做到以下要求：其一，要有高度的警惕性、敏感性，要有强烈的责任意识、安全意识；其二，及时、准确、全面、深入、细致；其三，善于从罪犯点滴的思想、情绪变化，行为、言语变化中发现问题；其四，对确定排查、分析的重点罪犯，要从其成长经历、捕前所从事的职业、家庭情况、社会关系、身体情况、性格特征、心理状态、犯罪过程和事实、现实改造表现、干警和罪犯的关系进行全面分析；其五，对问题要从不同的角度、不同的侧面去看、以联系和以对比的方法去甄别危及监狱安全的罪犯。

（5）对罪犯关注的热点问题进行分析：罪犯对党和国家颁布的政策、法律的认识，对国家采取的重大行动的看法，以及对行政刑事奖惩政策变更后罪犯对此的反应。

（6）罪犯思想动态和行为趋势分析：近期罪犯的思想是否稳定，接受改造是否是罪犯的主流，言行举止是否符合《监狱服刑人员行为规范》。

（7）对罪犯违规违纪的特点、性质、危害进行分析：对重危罪犯和自杀倾向罪犯进行专题分析，是否具有脱逃、行凶、劫持人质、聚众哄监闹事、报复民警或罪犯绝食、自伤自残、自杀以及发生上述危险因素的可能性，发生时间、发生区域、涉及罪犯，对造成的影响作出评估。

（8）主管民警对自己所主管的罪犯的情况分析：主管民警必须对所管罪犯近期的改造、生产、生活、思想情况进行认真分析，对所管罪犯是否具有危险性进行评估，对发生的违规行为、处理情况以及处理后罪犯的反应进行客观分析，重点分析中度危险罪犯、高度危险罪犯的改造情况，对罪犯的个别谈话所掌握了解的情况，耳目汇报反映的情况进行综合分析。

（9）会见监听民警对会见监听情况的专题汇报：会见罪犯是否安心改造，心态是否平缓，与亲属的关系是否融洽，家人是否告知有家庭变故，家人之间的关系，有无遇到重大事件，亲属关心支持情况。

（10）内勤民警对收发信件、包裹、拨打亲情电话情况的汇报：是否按要求进行了检查，监听和文字记载，是否发现了罪犯流露不满情绪，威胁他人不安心改造情况，是否发现有危险违禁物品以及查处情况，是否有与本监狱、外监狱通信情况。

（11）民警执行监管改造制度情况：民警贯彻执行监管改造制度和上级工作布置的落实情况。有无违反监管改造制度的行为，有无到岗不履职、不作为、乱作为的情况。

（12）监管工作中存在的漏洞和薄弱环节：民警执行制度和履职情况、监管

硬件建设、监管工作与关键的防控措施的落实情况，夜间罪犯就诊、就医、罪犯就餐、组织罪犯收看电视节目、罪犯休息时间、罪犯会见、打开水、周末节假日的防控情况。

（13）根据监狱的工作部署，结合监区监管工作实际，制定有针对性的，易操作的整改措施；监区根据存在的问题所采取的针对性措施。

4. 附件。狱情分析报告的说明、补充或者参考资料，附件并不是狱情分析报告的必要组成部分，可视情况而定。

5. 落款及成文日期。落款即制作狱情分析报告的单位，加盖公章。

三、文书制作提示

（一）狱情分析报告的制作要求和注意事项

制作狱情分析报告的基础是进行狱情分析工作，狱情分析工作的要求有如下方面：

1. 狱情分析既要注重全面狱情的搜集，又要突出个案和苗头性狱情的搜集。全面搜集可以掌握罪犯群体普遍存在的狱情、犯情及倾向性的问题。个案及苗头性狱情的搜集可发现共性中的特性问题，这两者相辅相成，缺一不可。

2. 狱情分析要有远见，特别是对监狱安全有影响的人、事件的分析。狱情分析的远见就是狱情分析的预测、预警作用，有远见的狱情分析是科学的分析，也能起到科学的指导作用。

3. 狱情分析要抓住事件的性质，发现深层次的问题。即抓住根本性、规律性的问题，排除表面因素的干扰，发现问题的实质和因果关系，做到对症下药。

4. 狱情分析应建立完善责任制和责任追究制。通过严格落实狱情分析问责制度，增强监狱民警狱情分析的责任心和时效性，提高狱情分析的质量和效果，一旦发生事故，将追究有关民警的责任。

5. 规范狱情分析日志。狱情分析日志既是狱情分析的必要性和基础性的工作，也是提高监狱民警业务素质和专业技能的必然要求，因此，规范狱情分析日志非常重要。[1]

（二）制作狱情分析报告的准备工作

1. 在召开狱情分析会之前需要进行会前准备工作，如确定会议主题，即针对不同时期国内外形势的重大变化、主要政策的调整、监狱管理、教育、生活卫生、奖励政策、安全生产和罪犯家庭变故情况所引发的思想反应，确立分析主题。

2. 确定会议时间、明确会议内容。监狱每月定期召开一次狱情分析例会，分监区每半月召开一次狱情分析例会，监区每周召开一次狱情分析例会，对在

---

〔1〕 王金仙主编：《监狱安全防范》，中国政法大学出版社2014年版，第37页。

押犯整体情况进行分类分析，对重点人员、重点场所、重点部位、重点时段的狱情和安全状况进行排查分析，对监区（分监区）民警的思想状况进行分析，查看上次狱情分析会确定的措施是否已经落实、是否有效。

3. 通知与会人员。一般来说，监狱狱情分析会有监狱领导，监管各科室、监区、直属分监区负责人，专（兼）职侦查民警，内勤等参加。特殊狱情分析会，可邀请驻监武警部队负责人、驻监检察人员及监狱政工、纪检、监察等科室负责人参加。监区狱情分析会由监区的全体民警、监狱狱侦民警及其他有关人员参加。因现场执勤或其他正当理由无法参加的，监区管教领导应单独与他们沟通狱情分析会的情况，并要求他们查阅狱情分析会记录。遇有重要狱情，应当随时召开个案分析会。

4. 搜集情况，准备具体材料。

（1）四类罪犯的摸排情况。按照罪犯在改造中的现实表现，划分"好、较好、一般、差"四种类别和管理等级。对第四类罪犯——危险分子，严格按照"两明一暗三夹一""四不准五固定"制度（"两明一暗三夹一"即对某一危险罪犯实施的由两名改造表现积极的罪犯在明面监控，由一名耳目暗地监控，三人夹一人的包夹控制与跟踪监督管理措施。"四不准"即不准单独行动，不准从事零散劳动，不准放在重点要害部位，不准随便调动互监组或劳动岗位。"五固定"即睡觉床位、学习座位、队列排位、劳动岗位和互监组固定），加强重点管理、重点监控和重点教育的落实情况。

（2）重点控制罪犯的情况。既包括对原重点控制罪犯变化情况的分析，又包括对新摸排出的重点控制罪犯的危险性分析。

（3）重点区域范畴的情况。包括对重点时段、重要场所、关键部位、薄弱环节等区域范畴监管安全状况的排查与分析。

（4）狱情动向与犯情动态。摸排和分析狱情动向与犯情动态，应当按照"何时、何地、何人、何事、何因、何法、何果"七要素，逐个搜集信息并进行深层次分析，抓住苗头性、普遍性、倾向性的问题，提出预见性、针对性的超前性防范措施。具体包括：对当月罪犯违规违纪情况的分析，对狱内发生重大或突出问题的分析，对全体押犯整体思想状况的分析，对罪犯个体思想动态的分析，以及对狱情、犯情的主要表现、特点和规律的分析等。

（5）其他不安全不稳定的因素。既包括在巡查、清监、搜身等日常管理中发现的危险品及其他不安全不稳定因素的分析，也包括对当前社会上发生重大事件的不良反应，或对敏感时期、敏感问题的不良反应的分析等。

5. 制定对策。即对摸排和分析发现的问题，应当采取的具体措施。既包括对上一次狱情分析会议上提出问题和采取措施按责任分工的落实情况，也包括

本次狱情分析所重视的问题，应当采取的具体措施和责任分工。

6. 在制作狱情分析报告前准备好规范完整的狱情分析会议记录。狱情分析报告以狱情分析会议记录为蓝本，因为狱情分析会议记录必须规范整齐，准确记载会议标题、时间、地点、参加人员、主持人、记录人、分析内容以及应采取的措施等，它是狱情分析报告的唯一原始凭证，也为以后的复查提供原始的参考记录。

7. 掌握狱情分析相关的法律法规及工作规范。

（三）制作的重点和难点

1. 在狱情分析报告中，对问题性质的定性要准确，对于问题提出的整改措施要具有针对性，对于重大的问题应当制作专题书面报告。狱情分析报告中提出的措施必须切实可行，能够具体解决各类问题，措施要到位，责任要到人，同时具有指导性意义。这就要求同学们在平时的监狱安全防范、狱内侦查等业务课的理论与实践学习中不断积累摸索，掌握各类监狱安全问题的防范措施。如对 1 名有自杀危险罪犯的控制措施，必须确定 2 名以上包夹罪犯，包夹罪犯的铺位、劳动岗位应该与被包夹的罪犯相邻或相近，要选择改造表现好、责任心强的罪犯进行包夹。控制该罪犯单独行动或接触危险物品，加强对该犯违禁物品的排查。落实专管民警的责任，专管民警每天至少找该罪犯谈话 1 次。

2. 狱情分析报告要求及时指导今后的监管安全工作，因此要体现时效性。制作单位应当及时整理狱情分析会的内容、结果和针对性措施，制作狱情分析报告，上报上级单位。

3. 注意在狱情分析会议过程中，分管狱内侦查的民警汇报犯情时不得泄露耳目。

四、实例示范

×监狱一监区 3 月狱情分析报告

2015 年 3 月 22 日，我监区围绕 3 月份监管改造情况召开了狱情分析会，参会人员在会上共同研究分析了狱情动向、犯情动态以及相应的排查情况，现将分析情况汇报如下：

一、罪犯基本情况

一监区本月新收罪犯 3 名，调离 1 名，刑满释放 5 名，保外就医 2 名，现有押犯 238 名。其中，一类罪犯 23 名，二类罪犯 140 名，三类罪犯 51 名，四类罪犯 24 名。监区全体押犯改造秩序稳定。

二、罪犯的思想动态

监区的 238 名罪犯中，思想稳定型的有 123 人；思想基本稳定型人员有

65 人；思想不稳定型人员有 50 人，其中包括重点人员 5 人。

1. 王×甲，39 岁，××省××市××县人，因犯非法吸收公众存款罪被判处有期徒刑 3 年，该犯入监以来一直拒不认罪，并屡次给国家领导人写信表达自己的经商能力，因此监区将其列为重点人员。安排罪犯王×、李××对该犯进行包夹，民警李×对其进行定期谈话教育。

2. 赵×，43 岁，××省××市××区人，因犯诈骗罪被判处有期徒刑 5 年，该犯为"三进宫"，曾在我监狱二监区服刑。该犯患有糖尿病且拒绝服药，不服从干警的管理，因此监区将其列为重点人员。安排罪犯张×、邝××对该犯进行包夹，民警彭×对其进行定期谈话教育。

3. 陈×，60 岁，××省××市××县人，因犯故意伤害罪被判处有期徒刑 6 年，该犯曾有自残自伤行为，企图保外就医，因此监区将其列为重点人员。安排罪犯于××、王×乙对该犯进行包夹，民警贾××对其进行定期谈话教育。

4. 卢××，30 岁，××省××市××县人，因犯故意伤害罪被判处有期徒刑 7 年，该犯的妻子在上一次会见中提出离婚请求，该犯受到极大刺激，开始自伤自残，消极改造，因此监区将其列为重点人员。安排罪犯周××、王×丙对该犯进行包夹，民警刘××对其进行定期谈话教育。

5. 谭××，35 岁，××省××市××县人，因犯诈骗罪被判处有期徒刑 8 年，该犯的妻子在本省女子监狱服刑期间因患有严重疾病而保外就医，因此监区将其列为重点人员。安排罪犯吴××、陈××对该犯进行包夹，民警郑××对其进行定期谈话教育。

三、当前监区安全稳定工作面临的主要问题

1. 监内施工逐步开始，外协人员和车辆的流入导致防逃工作压力增大。

2. 罪犯评审工作结束后，部分服刑人员放松改造，其中打架的现象增多，有的服刑人员甚至不计后果，严重破坏了监狱的监管秩序。

3. 部分新增服刑人员，自我约束不够，思想不端，不愿劳动，拒绝接受劳动改造。这部分服刑人员的教育改造问题应当引起各个监区、分监区的重视。

四、采取的措施与对策

1. 近期内认真组织一次防逃安全隐患排查，要突出重点，落实整改，明确责任，对查出的问题隐患能整改的立即整改，不能解决的问题要迅速报告监狱相关部门。

2. 抓好民警的值班执勤和直接管理工作，特别要抓好夜间值班、监控值班和监内施工现场的带班，要确保 24 小时值班制度，不留空缺。强化安

全防范意识，严格落实"犯不离警"制度，民警上岗期间要高度警惕，值班室的铁门要随手关闭，无特殊情况，严禁民警单独与服刑人员谈话，以便有效确保民警自身的安全。

3. 切实加强小区域防范，特别是要抓好互监组和小哨制度的落实。监内施工现场要布置好小哨，绘制小哨布防图，带班民警要不定时地巡查。

4. 认真组织好监狱开展的"学讲《弟子规》感恩亲人回报社会"为主题的国学教育活动、"一封家书"亲情帮教活动，通过活动的开展，促进服刑人员行为规范的养成，进一步提升服刑人员思想、道德、文化修养，通过社会帮教，进一步激励服刑人员改造的积极性，从而维护良好的监管改造秩序。

5. 加强门卫管理，服刑人员外出必须由民警亲自带领，否则一律视为违纪，从严处理。组织服刑人员劳动要统一出工、统一收工。

6. 加强对监内施工和外来车辆的管理，组织好外协人员施工秩序，外协人员活动范围即工地，绝不允许外协人员进入监区、监舍，或在监舍周围逗留，绝不能出现外协人员给服刑人员捎、买、带的情形，要加强对服刑人员的教育和控制，不要找外协人员聊天，发现后必须严肃处理，不留隐患。

7. 严防违禁品流入监区，落实封闭式管理制度。管教民警在对服刑人员进行集体教育期间，告诫服刑人员不要持有、私藏和使用违禁物品，宣传使用违禁物品的危害及处理规定，同时监区应及时清监并做好登记。

五、下月工作安排部署

1. 定时召开狱情分析会。

2. 继续强化罪犯教育工作，加强安全隐患排查，防止罪犯外逃。

（公章）

2015 年 3 月 22 日

×监狱一监区

【拓展阅读】

狱情分析报告 PPT。

单元训练　监狱安全防范执法文书项目实训

一、单元名称：狱情分析报告制作实训

二、实训目标

1. 了解掌握狱内罪犯的动态情况，根据监狱（监区）召开的狱情分析会上通报的狱内罪犯改造情况、狱内罪犯变动情况、罪犯行为、罪犯言论动向、对监管工作情况和动态进行分析，具有狱情信息收集、研判和分析的能力。

2. 掌握狱情分析会的工作流程。

3. 通过实训培养学生对获取的狱情信息资料深入进行剖析的能力，能够对所掌握的信息和资料进行归纳和提炼，透过现象看本质，客观地掌握罪犯的思想及行为特点和规律，及时解决监管工作中的重大问题，并提出对狱情犯情具有针对性的措施，为监狱及时制定、调整安全防范内容和重点提供依据。

4. 能够制作格式规范、内容准确的狱情分析报告。

5. 培养学生对狱情分析报告的分析、评价与修改的能力。

三、实训要求

1. 重点：掌握狱情分析的重点，狱情分析不仅分析狱情、犯情，更是全方位重点分析民警履职情况；在日常工作中应及时了解掌握民警履职情况、罪犯违规违纪情况及监管改造中存在问题；加强学生对狱情信息的搜集以及对监管改造中倾向性问题的提炼和总结，加强学生对实践中的典型案例进行分析以及对经验的总结。

2. 难点：能够做到随时随地收集狱情，深入剖析狱情动态，总结狱情的特点和规律，实现对狱情掌控的全面性、及时性、准确性、规律性和有效性，能够制作狱情分析报告，实现狱情分析由事后整改向事前预测转变，由被动处置向事中控制转变。

四、实训内容

根据材料制定罪犯改造对策

了解80后、90后罪犯的心理、行为特征以及改造对策，根据下面所提供的某监狱当前的狱情动态和存在的安全隐患，讨论并制定应对80后、90后罪犯的改造对策。

讨论材料：某监狱针对80后、90后罪犯改造状况的分析。

回顾半年以来，我监狱1~6月狱情同全国、全省大背景下的基本狱情

相一致，总体平稳，但是也表现出狱情日趋复杂的趋势，无论是从押犯构成，还是从罪犯违纪的类型、特点以及数量来看，都较去年有了较大的变化，主要表现在以下几个方面：

一、押犯构成发生了较大的变化

主要是80后、90后罪犯逐渐成为监狱押犯的主体，从目前来看，占到押犯比例的41%左右，客观上已经影响到了监狱的安全与稳定，影响到了监狱民警的管理理念，影响到了监狱民警的教育与改造手段。这一改变引起了监狱领导的高度警觉，从监狱长远安全与稳定的维度，监狱审时度势，从3月份起，连续4个月对80后、90后罪犯的教育改造情况进行了调研，从80后、90后罪犯的成长背景、犯罪原因、改造特征、心理因素等方面进行了探讨，研究对策，取得了一些初步的成效。对80后、90后罪犯的教育改造工作的探讨是一项长期的、深远的课题，今后我们还需要进一步加强这方面的研究，特别要求在监狱基层一线的民警，要从实际情况出发，从日常的管理教育中发现问题，提出对策，总结经验教训，进行多方面的交流，尽快使我们的监狱民警在管理理念上得到转变，管理上有所创新，把这一项工作深入下去，以不断地取得成效。

二、罪犯违纪呈上升趋势、并且呈多样性

从半年禁闭情况来看，1～6月共关押禁闭犯45人次，特别是5月份以来，禁闭罪犯尤为集中，而且，违纪的形式愈发的多样化，有打架斗殴的，有殴打他犯的，有抗拒出工的，有吞食异物的，有公开顶撞监狱民警的，等等。监管形势、狱情犯情比较复杂，严重地影响了监狱的正常改造秩序。从罪犯的违纪情况来看，有以下几个方面的突出特点：

1. 暴力现象仍然是主要的违纪形式。打架斗殴22人次，集中表现为罪犯小组长殴打他犯，其中，3起打架斗殴情况已经构成了轻伤害，已侦查终结，下月将全部移送司法机关起诉。

2. 软暴力情况仍然比较突出。前半年，我们共发生了5起监狱罪犯吞食异物的现象，公开以软暴力的形式对抗监狱和管教民警。

3. 抗拒出工，拒绝参加生产劳动。不愿劳动、不想劳动、害怕劳动的现象比较突出。客观上看，有一部分罪犯存在体质较弱，不适应繁重的体力劳动，但是还是有很大一部分罪犯在思想上过不了劳动这一关，吃不了苦，受不了罪，宁可被关禁闭也不愿意劳动。

4. 从违纪罪犯的年龄结构上来看，80后、90后罪犯占了很大的比例。80后、90后罪犯具有思想上的不稳定、心里脆弱、自我调控能力差、过不了劳动关的特点，其暴力倾向比较明显，而且不计后果。

5. 从违纪罪犯的改造经历上来分析，当前抗改造的罪犯以二次以上的罪犯和新入监的罪犯为主。二次以上罪犯的反改造经验比较丰富，新入监的罪犯在适应期内的思想还不稳定，非常容易受到老罪犯的教唆和诱导，这在很大一部分新入监罪犯身上体现得十分明显。

三、监狱民警在管理上还有一些需要改进的地方

主要体现在以下几个方面：

1. 个别监狱民警工作漂浮、不扎实，对当前的监管形势认识不够深刻，对狱情工作不做深入的探讨和研究，墨守成规，得过且过，对突然出现的狱情变化束手无策，不爱思考、不想对策、不愿管、不会管、不敢管的现象仍然比较突出。

2. 个别监狱民警的懒散作风十分严重。特别表现在直接管理上，嫌麻烦、懒得动，有的监狱民警甚至将管理职权交给罪犯来行使。

3. 仍然有个别的监狱民警存在不文明的管理行为，使罪犯依然对民警产生不信任的心理，有的罪犯和民警产生了矛盾，有的罪犯对监狱民警存在仇视心理，有的罪犯与民警的矛盾不断激化，致使一部分罪犯公开顶撞监狱民警，甚至对民警施加压力。

监狱执法文书的评析与修改

2015 年 12 月 16 日，某监狱某监区按期召开狱情分析会，分析研究近期监区罪犯的思想动态、行为动向，排查出影响监区监管安全的不稳定因素，提出了监区当前工作的难点与问题，对狱情犯情作了趋势预测并提出相应的措施。

请同学们阅读以下狱情分析报告，指出存在什么问题，这份狱情分析报告是否符合要求，并针对问题加以修改。

狱情分析报告

2015 年我监区结合监狱开展"明身份，讲规范"活动，确保监管安全稳定，加强对罪犯思想和纪律教育，强化罪犯行为养成，加强对罪犯思想和纪律教育与罪犯劳动技能培训，认真学习"三课"，强化罪犯内务卫生，严格落实罪犯出监教育和心理干预，落实亲情电话和帮教；继续教育罪犯提高个人卫生意识和防寒保暖意识，做好预防 H1N1 等各类秋冬季流行性疾病的工作；继续加强对罪犯的直接管理，大力压缩非生产岗位；严格落实各项监管常规制度，细化罪犯计分考核，做到公平、公开、公正，大力夯

实监狱管理基础，营造规范管理氛围，为确保了监管秩序的进一步稳定。强化民警管理，严格落实各项监管安全工作制度，加强狱情分析和监管隐患的排查整改。为确保春节安全，改造秩序稳定，监区做了如下工作：

一、狱情分析

（一）重点掌控罪犯情况

1. 监区勤杂工种罪犯22名，另有病犯4名，其中疑似精神病犯3人，需重点关注。

2. 监区职务犯7名，其中处级1名，加强教育、引导，同时按照监狱制度确定处遇级别。

3. 涉黑罪犯21名，其中头目5名，重点关注涉黑罪犯之间的串联，讲解一些政策，做到防控结合。

4. 监区危险罪犯24名，顽固犯1名，包教民警做好节前教育谈话，其中重点关注罪犯×××，×××等人，4人均有过轻生念头，刑期长，自己认为愧对家人，改造压力较大。

5. 重点关注排查出的病犯，多给其关心，联系医院的医生看病，解决其病苦问题。

6. 罪犯×××，今年6月份即将刑满释放，该犯降低对自己的要求，借故和他犯争吵，同时发生抓扯。

（二）罪犯思想摸底排查情况

一类罪犯17人，占监区押犯总数的3.2%；二类罪犯466人，占监区押犯总数的87.3%；三类罪犯24人，占监区押犯总数的5.2%。其中，"三种监控分类"罪犯4名。

（三）罪犯构成变化情况

高度戒备罪犯170人，与上期人数相同，占监区总押犯数额的31.84%。中度戒备罪犯239人，与上期人数相同，占监区押犯总数的44.76%。低度戒备罪犯125人，比上期人数增加2人，占监区押犯总数的23.4%。

二、主要狱情动态

1. 罪犯对新的减刑政策有较多的议论，特别是刑期长的罪犯，改造情绪波动较大，认为新政策加大了对他们的处罚力度，不公平，多加刑期让他们感到前途无望。

2. 涉黑罪犯对浦××、王××事件议论较多，认为对他们的定罪量刑都有问题，有较强的申诉愿望。

3. 罪犯×××（土家族，小学文化，重庆市××县人，故意杀人罪，死缓），×××（走私、运输毒品罪，无期徒刑，重庆市万州人）。干警应

该重点关注、了解他们的真实想法，教育引导他们正确面对改造，帮助他们解决具体问题，使他们早日走上安心改造之路。

三、存在的问题原因分析

长刑期罪犯对自身改造缺乏信心，不能够适应新的形势改造。极个别罪犯刑期短，恶习深，冲动，不宜转化。个别罪犯头脑简单，文化程度低，认识问题不全面，容易受到他人支配而进行抗改行为。个别罪犯身份意识淡薄，自律性和行为习惯较差。

四、狱情趋势研判

1. 部分涉黑罪犯对于政治事件议论较大，情绪亢奋且波动性较大，容易影响其积极改造性。

2. 少数罪犯认为劳动生产任务较高，完不成要受到处罚，影响计分考核，导致改造积极性差，消极怠工、抗拒劳动。

3. 新的减刑政策对刑期长的罪犯影响较大，感觉改造无望，失去劳动的动力，影响其改造积极性。

五、采取措施与对策

1. 进行罪犯集体教育，宣传监狱改造政策，鼓励改造信心，强调奖惩制度，最大限度地调动改造积极性。

2. 进一步加强干警对罪犯的教育引导作用，以多鼓励的方式促进罪犯良好行为习惯养成。

3. 多组织开展文体活动，丰富罪犯的文化生活，有助于消除其烦躁的心理。

会议要求各管教民警务必高度重视这次狱情分析会的必要性、重要性；务必针对当前的监管形势制定出有效的监管措施，确保监管工作安全稳定，确保狱情持续平稳发展。

五、任务评估

1. 完成监狱（监区）狱情分析会的会前准备工作。

2. 针对各类狱情犯情提出具有可行性的防范措施和管控方法。

3. 狱情分析报告应当包括罪犯的基本情况、思想动态、行为动向和监管改造工作中存在的隐患、漏洞，发生安全事故的原因、教训以及下一步的整改和工作措施等。

4. 对狱情犯情问题的性质做到定性准确；问题发生的时间、地点、教训、整改的措施要具有针对性；重大问题应当做专题书面报告；

5. 做好狱情分析会记录，制作狱情分析报告，要求行文格式规范、语句精炼准确、内容全面。

学习单元五　罪犯教育改造类执法文书

第十五章　对罪犯集体教育类文书

学习要点

通过本章节学习，要求学生熟悉罪犯集体教育的依据及工作流程，能够有效地分析教育对象，抓住犯群存在的"共性"问题，设定集体教育的主题，拟定教育计划，并能够运用集体教育方法和策略，对罪犯开展有效地集体教育。知晓罪犯集体教育过程中应当制作哪些法律文书，但难点在于在集体教育中释法说理。

学习目标

通过学习，学生应明确罪犯集体教育的工作流程，能够按照不同教育主题开展集体教育，制作相关文书；掌握集体讲评的结构和内容，注意讲评主题的确定及语言的组织；注意集体讲话稿标题的确定以及讲话稿的制作要求，并注意与集体讲评进行区分。

【本章引言】

集体教育是监狱机关对罪犯群体普遍存在的共性问题进行教育的一种形式，旨在解决罪犯中存在的普遍性和共同性的问题。集体教育是监狱对罪犯教育的重要形式，具有教育面广、教育内容丰富、教育形式多样的特点。

本章节文书具体包括《集体讲评》《对罪犯集体教育讲话稿》等文书，是监狱在对罪犯进行集体教育时，依据有关法律规定制作的各种文书。罪犯集体教育具体工作流程及相关执法文书制作节点如图 15－1、15－2 所示：

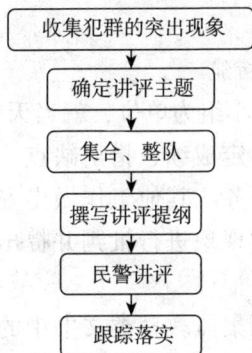

收集犯群的突出现象
↓
确定讲评主题
↓
集合、整队
↓
撰写讲评提纲
↓
民警讲评
↓
跟踪落实

图 15－1　集体讲评工作流程

分析教育对象	1
制定教育计划	2
确定主讲人	3
撰写教育讲话稿	4
集体教育实施	5
教育效果跟踪评估	6

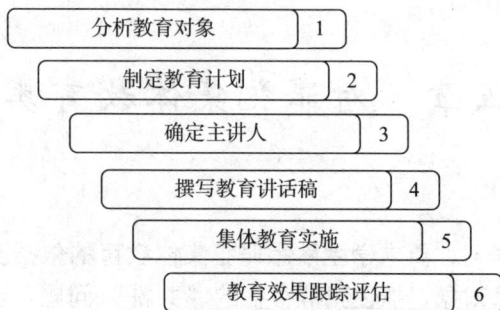

图 15 - 2　罪犯集体教育讲话工作流程

第一节　集体讲评

一、任务描述

近日，某监狱二监区民警李××所负责的监组内先后有 3 名罪犯出现腹痛、呕吐、腹泻等情况，民警李××及时带他们到医务室就诊，经医生认真诊查，是季节性腹泻，分别给他们服药，并在伙食上也开"病号饭"，同时开出病假单，安排他们休息一天。就此事民警李××了解到犯群中存在以下几种说法：有人说他们是装病不想劳动；有人也蠢蠢欲动，想尝试这种办法来吃好点、多休息；有人甚至传言是监狱配餐中心的伙食有问题……根据这一情况，你如何进行今天的讲评？

实施步骤：学生分组；每组分析讨论案例，对此事进行分析，讨论应从哪些方面进行信息搜集和梳理，提出讲评主题，拟定讲评提纲，按照集体讲评的要求进行讲评。

二、基础铺垫

（一）集体讲评的概念及功能

集体讲评是以监区或罪犯小组为单位，就当天或一周内罪犯的学习、劳动、遵规守纪等情况进行讲评，肯定成绩、指出缺点、提出要求的教育活动。主要内容有：对学习任务、劳动任务或其他工作做出安排和要求；对犯群中的好现象进行表扬，对犯群中不好的现象进行批判并提出改进措施；对安全生产提出要求等。

罪犯集体讲评不仅是罪犯集体教育类文书中的一项重要内容，也是监狱民警通过言语表达与罪犯进行交流沟通、心理疏导、思想交锋的过程，更是执法

活动，是释法说理的过程，是对自身执法过程进行法律解释、以理服人的教育过程。

（二）集体讲评的法律依据

1.《监狱法》第61条规定，教育改造罪犯，实行因人施教、分类教育，以理服人的原则，采取集体教育与个别教育相结合、狱内教育与社会教育相结合的方法。

2.《监狱法》第62条规定，监狱应当对罪犯进行法制、道德、形势、政策、前途等内容的思想教育。

（三）集体讲评的结构及内容

集体讲评的内容因不同主题而有所区别，但基本格式一般包括：讲评的开场语、讲评的主要内容以及结束语。

讲评的开场语应简洁明了，可直奔主题，也可以来自犯群信息的概述。

不同类型的集体讲评，讲评的主要内容有所不同，大致如下：

1. 出工前后讲评。出工前讲评教育内容为当天生产劳动的具体问题或事项，以布置劳动任务和强调要求为主。收工后讲评教育内容主要是对一天以来罪犯劳动任务完成情况、劳动纪律遵守情况、劳动质量和劳动进度等方面作简要小结和点评。

2. 日（周、月）讲评。日讲评的内容涉及当天罪犯小组"三大现场"改造活动概况，存在的问题及改进的措施，并对次日的改造活动做出安排和布置。主要包括：总结当天各项改造活动情况；对罪犯改造中的好人好事进行表扬；对违纪罪犯、未完成改造任务及不良现象进行批评、教育；根据存在的问题及当日改造活动提出要求；还可传达监狱有关罪犯改造文件或安排部署监狱专项改造活动。

3. 专题讲评。专题讲评的主要内容涉及监狱部署的专项教育矫治活动的意义、目的，开展活动的重要性和必要性，结合实际采取的措施，对罪犯在活动中的要求等展开归纳、点评、宣传、发动、布置。

集体讲评的结束语可包括对讲评内容的小结或是对重要事项的强调。结束语应干净利落，不拖泥带水。

三、文书制作提示

（一）集体讲评制作要求和注意事项

1. 讲评教育的主题应具备思想性、教育性、突出性和深刻性。

2. 集体讲评的语言组织应遵循人民警察执法工作规范用语的要求，并体现释法说理性。

3. 集体讲评应正确、有效地运用表扬和批评手段，激励或教育警示罪犯，

应小中见大,最好用典型的事例感动罪犯,用深入浅出的道理教育罪犯,用通俗易懂的话语与罪犯沟通,具体可选取罪犯关心或具有普遍意义和典型事例以事说理,使罪犯思想受到启迪。

4. 传达上级指示的讲评多用理性语言庄重、严肃地陈述,讲解意义及具体做法,以便提高罪犯贯彻执行的自觉性。

5. 对于规定性、制度性问题要把要求、规定、条文内容等一一交待清楚;对于重要内容要适当强调,放慢语速,让罪犯听得清、记得牢。

6. 集体讲评要结合监区实际,把杂乱无章、不同性质的各类问题进行梳理,把相同性质的几个问题一起表述完,防止毫无逻辑地相互穿插。

7. 集体讲评要考虑环境条件对罪犯心理、身体状态的影响。最好不要在饭前、罪犯临时加班劳动后、气温骤降或大幅上升等恶劣的气候条件下长时间讲评。

8. 忌在一次集体讲评时各级领导轮番上阵进行集体讲评,最好一个主讲,其他人员作补充。

(二) 集体讲评的准备工作

1. 搜集犯群信息。通过各种渠道,深入犯群了解近日罪犯遵守监规监纪、学习、劳动、生活等情况,就罪犯关心的问题、普遍需求、重大影响事件等进行梳理。

2. 确定讲评主题。集体讲评的主题是讲评的中心思想。主题是讲评的核心,它贯穿着讲评教育的全过程,是讲评者对罪犯"三大现场"改造表现的点评,或就某个主题进行即兴讲话。确定讲评教育的主题必须坚持从实际出发,认真了解和收集犯群信息,掌握大量罪犯改造的材料和相关知识、信息,之后对材料进行归纳分析,结合相关法律知识、业务知识等,经过深入思考后拟定。讲评教育的主题应具备思想性、教育性、突出性和深刻性。

3. 写讲评提纲或打腹稿。撰写讲评提纲或打腹稿有助于理清思路,突出重点,分清层次。提纲要简明准确,切实具体。讲评前打腹稿主要是给讲评定出一个大致框架或主要观点,有利于民警理清思路,进行"预演"。

4. 整队集合。在讲评前,民警亲自整队,清点监组人数;注意观察监组罪犯的情绪和精神面貌。

(三) 制作的重点和难点

罪犯集体讲评的重点和难点在于语言的组织。在集体讲评中要组织好语言,做到释法说理,应注意言之有物、言之有故、言之有序、言之有情、言之有度、言而有信、言之有理。

1. 言之有物。言之有物指的是讲评要实在具体,要告诉别人什么,必须说

得实实在在，讲得清清楚楚。把握四个词：具体、实在、清楚和关键。

2. 言之有序。言之有序指的是讲评要有条理，主次分明，要有逻辑性。例如：我发表三个见解……就过去、现在和未来，我进行三方面的说明……我举三个事例……你们在学习中存在的三个问题……

3. 言之有故。言之有故指的是所说的话有根据。"故"指的是原因和根据，所讲的事情来自于客观事实，不虚假，不捏造。

4. 言之有情。言之有情指的是说话要入情入境，将自己的感情倾注在讲话对象上。民警在作讲评时，要真诚，情绪表达要自然，或喜或悲，或褒或贬，或叙事以寓理、抒情，都有一个"情"字蕴藏其中。

5. 言之有度。言之有度指的是讲话的时候适可而止，把握分寸。俗话说，言多必失，不能过于拉杂，也不能少言寡语。应该注意讲评的场合、时段以及罪犯的状态。

6. 言而有信。言而有信指的是说话靠得住，有信用。在不违背法律、规章、制度、道德的基础上，答应服刑人员的事情就要做到，但切记不要对罪犯轻易许诺。

7. 言之有理。

（1）体现法理。体现对法的敬畏、宣扬、解释与说明，集体讲评时应准确、完整、具体地引用相关法律规章条文。

（2）体现情理。情理是讲评教育中的一条"活"的原则，讲评过程中往往也存在"动之以情""情理之中""网开一面""法不外乎人情"的特殊情况。

（3）体现道理。道理要准，要符合此情此景中罪犯的需要；道理要细，用令人可以置信的事实、身边的故事、典型的案例、标杆的榜样来说明或证明相应的道理。

（4）体现学理。讲评过程也是知识的传播过程，向罪犯传播正确的文化常识，以提高其文化修养。

（5）体现伦理。讲评过程中，可使用一些通俗易懂的伦理经典，让罪犯知廉耻、明是非、懂荣辱、辨善恶、晓真伪。

四、实例示范

根据任务拟定讲评提纲：

1. 肯定监组内罪犯相互关心，照顾病犯的行为（言之有情）。

2. 告知罪犯，医生专业诊断结果以及食品留样检测结果，告知罪犯没必要恐慌，不得以讹传讹，胡说八道（言之有故）。

3. 打消罪犯想借此伪病的违规违纪念头，批评教育，引导罪犯积极改造（言之有理）。

参考例文

全体都有，现在是讲评时间。

首先，就近日监组内3名服刑人员出现腹痛、呕吐、腹泻的情况进行通报。该3名服刑人员于前日早饭后，先后出现腹痛、呕吐、腹泻情况，我及时带他们到医务室就诊，经医生认真诊查，是季节性腹泻，分别给他们服药，并同时开出病假单，安排休息一天，昨天，此3名服刑人员的病情明显好转，今日上午，我再次带他们到监狱医院复查，医生说已经痊愈，没有问题了。特此通报。

就此事，在监组内出现了不同的说法和做法，有值得肯定的，也有该严肃批评的，下面我来一一说明。有些服刑人员关心同改，发现同改不舒服、生病了，及时给主管民警汇报，端茶递水，嘘寒问暖，体现了同改之间的相互关心与帮助，这是值得肯定与表扬的。大家在同一个监舍，同一个监组，相互关心，共同进步，创造一个积极向上、和睦友好的改造氛围是很好的。

关于此事，我也听到了一些其他声音和质疑，说这3名服刑人员出现腹泻、呕吐是因为吃了食堂不干净的食物，在此，我给大家做出解答，以打消你们的顾虑，配餐中心的食物每天都有留样，配餐中心做好了每餐每样留样食品的记录，包括食品样源、食品名称、留样时间、目测样状等，按照规定，留样食品一般保存48小时，进餐者如无异常，即可处理留样的食品，如有异常，立即封存，送食品卫生安全部门查验。此次多人腹泻、呕吐发生后，生活卫生科民警已经组织检验，食品留样检测结果已经出来，没有任何异样。在此，我特强调大家不要恐慌，更不得以讹传讹，胡说八道。若此后还听到有人就此事说三道四，散布未经证实的、不利于改造的言论和信息，将严肃处理。

另外，还有个别服刑人员甚至出现了想借机装病、逃避劳动的想法。在此，我严肃强调和特别提醒，不要有借此伪病的违规违纪念头，任何假的、伪造的东西都是经不起检验的，不要因小失大。遵守监规监纪，积极改造才是唯一的出路，任何投机取巧、造假作假的行为都将付出代价。你们当中有人就是因为投机取巧、造假作假走上违法犯罪道路而进监狱服刑的，现在得认真反思，诚信改造，若出现蓄意伪病，将严惩不贷。

最后，强调一下，关于此事到此为止，不要再有任何相关的负面评说与任何投机取巧的念头。大家积极改造，多关注自己的学习与劳动，营造良好的改造氛围，踏踏实实走好改造的每一步！

讲评到此结束，若有疑问，可找主管民警反映。

【拓展阅读】

集体讲评 PPT。

第二节 罪犯集体教育讲话稿

一、任务描述

　　某监狱近期新入监 50 名罪犯，在这 50 名罪犯中有一部分罪犯对自己所犯罪行没有明确的认识，认罪悔罪态度差，罪责意识淡漠。有罪犯说："都是盗割电缆线，为什么我判了 8 年，李××才判了两年半？是不是有什么猫腻？"监区领导针对此种现象进行综合分析，由监区长进行一次针对新入监的服刑人员开展"认罪悔罪"的集体教育。假如你是监区长，请根据上述材料写一篇集体教育讲话稿。

　　实施步骤：学生分组；讨论要做好本次集体教育讲话需要从哪些方面进行信息搜集？需要为本次讲话准备哪些资料？从搜集的信息中提炼出讲话稿主题，拟定讲话稿提纲，根据罪犯集体教育讲话稿的要求制作该文书，并做到讲话主题明确，具有思想性、教育性、突出性和深刻性；观点正确，态度鲜明；讲话稿层次分明，具有条理性；讲话稿贴近罪犯实际，循循善诱，具有很强的教育意义。

二、基础铺垫

（一）罪犯集体教育讲话稿的概念及功能

　　罪犯集体教育讲话稿是监狱民警对罪犯开展集体教育时制作的讲话文稿，是罪犯改造教育工作中经常使用的一种应用文体。罪犯集体教育讲话稿可以确保讲话方向的正确性、内容的完整性、层次的条理性，有利于讲话时把控方向和时间，讲话稿的质量直接影响着对罪犯的教育质量，直接关系到监狱的政策的贯彻落实。它与集体讲评不同的是：适用于比较正式的场合，所涉及的主题比集体讲评更为深刻，讲话的时间也更长，涉及的内容也更加丰富和复杂。

　　（二）集体教育讲话稿的法律依据

　　1.《监狱法》第 61 条规定，教育改造罪犯，实行因人施教、分类教育，以

理服人的原则，采取集体教育与个别教育相结合、狱内教育与社会教育相结合的方法。

2. 《监狱法》第 62 条规定，监狱应当对罪犯进行法制、道德、形势、政策、前途等内容的思想教育。

（三）罪犯集体教育讲话稿的内容及结构

罪犯集体教育讲话稿没有统一的格式，一般包含四个方面的内容，即标题、导语、正文以及结尾。

1. 标题。标题是讲话稿的题眼，体现集体教育讲话稿的主旨。拟写时可以用一句话或短语概括讲话稿的主要内容，反映讲话者的主要观点。集体教育讲话稿的主题必须坚持从监狱实际出发，了解和收集犯群信息，掌握犯群思想动态、犯群改造表现、监管改造情况等各种材料，分析犯群中的突出问题、有代表性的问题，归纳提炼讲话稿的主题，拟定集体教育讲话稿标题。讲话稿的标题应具备思想性、教育性、突出性和深刻性。

集体讲话稿的标题分为两种，一是由事由和文种构成，如《关于严肃罪犯劳动态度的讲话》；另一种是由一个主标题和副标题组成，主标题一般用来概括讲话的主旨或主要内容，副标题则与第一种的构成形式相同。如《知罪认罪悔罪赎罪——进一步开展认罪悔罪专项教育活动中的讲话》。

2. 导语。导语是指讲话稿的开场白，在罪犯集体教育讲话稿中起承上启下的作用，主要在于引起罪犯的注意力，概述主要内容以及强调讲话的重要性。

导语主要包含：称谓、讲话的中心内容、背景材料、教育目的以及对会场纪律的要求。构思导语需注意的几点：要短小精悍，不能啰唆冗长，喧宾夺主；要紧扣主题，不能海阔天空，漫无边际；要情真意切，不能言过其实，哗众取宠。

（1）称谓。是否需要称谓取决于场景、氛围，在正规、严肃的教育场景中，一般要用称谓，称谓要求庄重、严肃、得体。集体教育时可称为"全体服刑人员"。

（2）讲话的中心内容。可以是提纲挈领式的，也可以开门见山，直奔主题，还可以引而不发，旁敲侧击，以唤起罪犯对教育讲话的注意和思索。

（3）背景材料。简要交代讲话内容的背景，衬托主题，不要过于累述，主要有事件的起因、活动发起的原因等。

（4）教育目的。阐述教育活动的意义与作用，使罪犯了解此次讲话的中心思想和意图，从而引起重视。

（5）会场纪律。宣布会场纪律，保持安静，不得交头接耳，认真听讲，若有问题应举手示意。

3. 正文。正文是罪犯集体教育讲话稿的核心内容。可以阐述如何领会、落

实文件、指示、会议精神；可以通过分析形势和明确任务，提出搞好工作的意见；可以结合本监狱情况，提出贯彻上级指示的意见；可以对其他领导人的讲话做具体的实施或补充讲话；也可以围绕会议的中心议题，结合具体的教育改造工作谈看法等。正文描述要体现层次性、逻辑性和释法说理性。

4. 结尾。结尾用以总结全篇，照应开头，对讲话稿全文进行概括，使罪犯对讲话稿有一个清晰、完整的印象。主要包括总结正文、提出要求、发出号召、重申重点、营造氛围等。常见的结尾方式有以下几种：

（1）综合归纳全部讲话的内容大意，明确解决问题的方法。

（2）再次强调讲话中的重要论点，进一步明确与深化主题。

（3）展示前景，提出希望，发出号召。

（4）意尽言止。

三、文书制作提示

（一）罪犯集体教育讲话稿制作要求和注意事项

1. 讲话稿内容要有针对性。随着押犯结构的变化以及减刑、假释、暂予监外执行等刑事政策变化带来的改造新问题，对教育改造工作提出了更高的要求，教育手段应更加系统和有针对性，集体教育讲话稿就是要针对罪犯群体的共同需求或问题进行讲评。

2. 讲话稿篇幅的规定性。讲话稿篇幅有特定要求，不能不顾具体情况长篇大论。一般来讲，表彰、通报、庆典等会议上的讲话稿篇幅不宜过长，以免喧宾夺主。

3. 讲话稿语言的得体性。讲话稿的语言必须适应教育讲话的对象，易于罪犯群体有理解和接受，讲话稿的语言既要准确、简洁、切合实际，又要通俗、生动、具有特色，做到是非清楚，界限分明，褒贬适当，不生歧义。此外，由于讲话具有现场性，撰写讲话稿还必须考虑和把握现场气氛与场合。

（二）罪犯集体教育讲话稿的准备工作

1. 在撰写讲话稿前，一定要了解教育对象。罪犯因为各自的经历、性格、心理特点、犯罪性质以及所受教育的不同，罪犯的思想觉悟和认知水平参差不齐，存在的问题也存在差异。在确定讲话主题时，要在犯群存在的问题中找到"共性"，才能有效地使教育内容与教育对象形成关联性，集体教育讲话才能贴合罪犯实际。

2. 全面了解与主题相关的内容。了解讲话的主题、性质、讲话的场合、监狱层面的要求、讲话主题的背景情况、听众的心理需求和接受习惯等。

（三）制作的重点和难点

正文部分是罪犯集体教育讲话稿的重点，也是难点。在撰写集体教育讲话

稿正文时，一定要把握讲话的主题，突出中心，观点正确，详略得当，具体应把握以下要点：

1. 讲话稿做到主题明确、层次分明、条理清楚。讲话稿做到主题明确，具有思想性、教育性、突出性和深刻性；观点正确，态度鲜明；讲话稿层次分明，具有条理性；讲话稿贴近罪犯实际，循循善诱，具有很强的教育意义。

2. 观点正确，态度鲜明，把握分寸，注意不能随意表态许愿、信口开河，在讲话时注意释法说理性。例如：该严厉批评的不能点到为止，如罪犯的违规违纪必须严肃处理；该缄默不语的不能肆意妄言，如涉及监狱秘密及未确定之事；该公开宣讲的不能一言不发，如新的政策法规必须普及到位，先进典型事件必须进行宣讲……

3. 妥善安排讲话的节奏，做到有起有伏，有张有弛，简略得当。例如：该点到为止的不能拉杂繁冗，如新政策尚未正式出台实施前的"吹风"宣讲；该讲透的不能蜻蜓点水，对常用的法律法规，必须要向罪犯讲透彻；该强调的不能一句带过，如生产安全与纪律要求……

4. 安排好各个层次、段落之间的衔接与过渡。

5. 注意与集体讲评的区别。集体讲评的时间一般限定在 3~5 分钟，故所讲内容一般涉及罪犯日常的教育改造点评以及劳动（学习、活动）任务安排总结，一般不进行深入引申和详述；而集体讲话虽也有时间限制，但主题明确，逻辑严密，故需要引申和展开。

四、实例示范

走好改造路　认罪是第一步
——关于服刑人员端正改造态度的讲话

全体服刑人员，今天把大家集中起来，就一个问题进行专门讲解，那就是——认罪悔罪问题。知罪方能认罪，从而才能悔罪，进而赎罪。然而你们中的很多人对自己的罪行认识模糊，甚至存在不认罪的情况，这严重影响你们的改造态度，影响今后的服刑生活。

首先，给大家讲个故事，希望大家认真思考故事的启发意义。

一个民警问一个小偷："你做什么了，怎么被判了 6 年？"小偷说："不就拿了根绳子嘛！"民警问："一根绳子就被判了 6 年？"小偷说："绳子后面还有一头牛。""那也不至于判得那么重啊！"民警又问。小偷接着说："牛后面还有一辆车，车上还有冰箱、彩电。"

小偷第一次的回答"不就拿了根绳子嘛！"是一种典型不认罪的表现。那么在民警的引导下，小偷第二次的回答"绳子后面还有一头牛。"是一种

典型的避重就轻的表现，即承认自己犯罪，但认为判决量刑偏重。那么在民警的再次引导下，小偷第三次的回答："牛后面还有一辆车，车上还有冰箱、彩电。"最终认罪。

那么，究竟怎样才算认罪？认罪就必须要承认刑事判决书中的全部犯罪事实，并且服从法院的所有判决。而在现实改造中，有的罪犯能真诚认罪，而有的却不能，这部分罪犯不认罪的主要表现为：

第一，不承认判决书认定的犯罪事实，不服从判决书的定罪和量刑，认为自己无罪。

第二，部分承认判决书认定的犯罪事实，认为原判认定的罪名错误。

第三，部分承认判决书认定的犯罪事实，认为原判量刑过重。

其次，罪犯存在这些不认罪表现的主要原因有以下几点：

第一，混淆罪与非罪的界限。有的罪犯会对自己的犯罪进行合理化解释，将罪责归于客观、归于被害人，或者单纯以为自己的行为没有造成危害，不认为自己犯罪。

举一个例子说明：某日，张三邀请好友李四喝酒，期间双方都抱怨打工日子难过，赚的钱又少又累，经两人商量打算去搞点钱。于是两人买了刀、绳之类的犯罪工具，在路边拦了一辆出租车，假装乘客伺机抢劫。二人上车后掏出刀具要求司机拿出钱物，不想司机回头大喝一声，乘机跑下车，张三、李四见司机五大三粗，害怕打不过反而被抓，就落荒而逃，却不知天网恢恢，疏而不漏，被路边的巡警拦下盘问而被抓获。

你们想想，张三、李四有没有犯罪？可能你们中的有些人觉得这并未犯法，因为并没有抢到钱物。但是根据《刑法》第263条的规定，《刑法》对抢劫罪的定性并非以财物的多少作为标准，只要行为人以非法占有为目的，实施了以暴力、胁迫或其他方法的抢劫行为，就构成了此罪，所以张三和李四事实上已经触犯了《刑法》，构成了抢劫罪。这个案例中，张三、李四即使没有劫得财物，也没致人身体伤害，仍然属于抢劫罪，只是犯罪形态是犯罪的未遂。

根据《刑法》第23条第2款的规定，对于未遂犯，可以比照既遂犯从轻或者减轻处罚。在座的你们，对照下自己，是否也存在这样的情况？对自己所犯的罪行认识模糊，避重就轻，认为自己没有犯罪？

第二，混淆此罪与彼罪的界限。有的罪犯认为法院的定罪不准确，从根本上还是认为量刑偏重，希望通过更改罪名的方式减短自己的刑期。

这个说法我已经在你们中间听闻了，说都是偷割电缆线卖钱，为什么所判的刑期长短差异那么大。现在就给大家进行详细的解答，因为这是两

个不同的罪名。第一种是破坏电力设备罪，它侵害的客体是公共安全；第二种是盗窃罪，它侵害的客体是财产所有权。例如：尚未安装完毕的农用低压照明电线路，不属于正在使用中的电力设备，行为人即便盗走其中架设好的部分电线，也不会对公共安全造成危害，所以应以盗窃罪定性。已经通电使用，但只是由于枯水季节或电力不足等原因，而暂停供电的线路，仍应认为是正在使用的线路，行为人偷割这类线路中的电线，如果构成犯罪，应按破坏电力设备罪追究其刑事责任。对偷割已经安装完毕，但还未供电的电力线路的行为，应分不同情况处理。如果偷割的是未正式交付电力部门使用的电线，应按盗窃案件处理。如果行为人明知线路已交付电力部门使用而偷割电线的，定为破坏电力设备罪。综上所述，两个罪名侵害的客体不一样，所造成的危害后果的严重程度也不一样，自然在量刑的时候起点也不一样。你们不要混淆此罪与彼罪的界限，在犯群中传播那些不认罪、破坏改造的话！

第三，认为"同案"不同判。同一起案件中的共同犯罪，不同的罪犯刑期不同，有的罪犯认为这是"同案"不同判；有的罪犯和同改相比，认为作案内容差不多但法院判决差距大。

对于共同犯罪案件，人民法院的裁判是以犯罪人在犯罪中所处的地位和所起的作用，以及是否有从轻或减轻情节作为量刑的依据。你们中的一些人，虽涉及同一案件，但其分赃数额、法定量刑情节都不同，所以罪犯判决结果不同。

正如世界上没有两片完全相同的树叶一样，客观上没有真正相同的事物，主观上也没有真正相同的判断。由于世界上不存在绝对相同的两个事物，司法裁判中也不存在案件事实绝对相同的两个案件。每个案件的当事人，案件发生的时间、地点、区域，犯罪的动机、过程、结果以及对社会的影响都是不同的。

以上三点是你们不认罪的原因，主要是你们对罪名的认识存在误区，避重就轻。希望你们通过我的讲解，对自己的罪行有深刻的认识，认真思考自已违法犯罪的原因，多从自身查找原因，虽然说法律赋予了你们申诉的权利，但是无理缠诉绝不是你们的正确选择。

每名服刑人员只有做到遵守国家法律法规、监规纪律，服从监狱人民警察的管理和教育，才能真正做到认罪服法。在座的每名服刑人员都要深刻分析犯罪原因，写出认罪书，端正改造态度，以积极的心态投入到改造生活中。

【拓展阅读】

罪犯集体讲话稿 PPT。

单元训练　罪犯集体教育执法文书项目实训

一、单元名称：集体讲评制作实训

二、实训目标

1. 培养学生搜集整理犯群信息的能力。

2. 培养学生法律法规解读以及宣讲能力。

3. 培养学生语言组织与表达能力。

4. 培养学生临场控变能力。

三、实训要求

1. 重点：法律法规条文的正确引用以及解读。

2. 难点：讲评语言的组织；如何释法说理。

3. 要点：①了解情况，分析犯情信息，确定集体讲评的主题，明确重点，突出针对性。②抓住集体讲评时机，按时按责任范围对罪犯进行讲评教育，体现时效性。③正确解读法律法规文件，体现释法性。④语言规范、文明、通俗，语速适中，声音洪亮，语言表达体现艺术性。⑤适当运用名言警句、励志故事、寓言等，体现说理性。⑥善于抓住并利用罪犯群体中发生的真实事件开展讲评，使讲评教育贴近实际、贴近罪犯，切实发挥教育作用。

四、实训内容

请根据所学知识梳理出集体讲评的工作流程以及工作要点，对制作的执法文书进行评析、修改。

　　值班民警张×就罪犯小组一天的改造情况进行日讲评。

　　值班民警张×：各位服刑人员，下面是日讲评时间，由我对大家一天的改造表现进行讲评。

　　首先，通报今天在"三大现场"——生活、生产、教育等三大现场的

表现情况。其一，生活规范方面。今天检查监舍卫生，整体不错，物品摆放整齐有序，但是部分监舍也存在问题。3号监舍2号储物柜对应人员扣0.2分，4号监舍相关人员扣0.1分。其二，生产方面。今天的劳动时间为8个小时，在大家的共同努力下，完成了今天的生产任务，需要提出表扬的是王×和赵×，今天超额完成任务，没有一件残次品，在此提出表扬。但是生产中也有个别服刑人员存在不足和问题。李×在今天的劳动过程中，与生产组长发生争吵，扣李×0.5分。希望大家对彼此之间存在的问题，要心平气和地沟通，相互理解，不要意气用事，否则只会对各位的改造带来不利后果。其三，教育方面。今天下午共有20名服刑人员参加了监狱罪犯心理健康中心组织的心理健康讲座，在听课过程中，表现良好，配合老师，秩序较好。此外，在文体活动和收看新闻时，整体情况良好，希望继续保持。

　　最后，希望大家明天继续努力，积极改造。讲评到此结束，若有异议，可找民警反映。

五、任务评估

　　在实训中讲评主题要具有正确性、教育性、鲜明性；讲评内容具有针对性、逻辑性、策略性和说理性；语言表达要有准确性、清晰度、表现力和流畅性。讲评教育内容的具体组织可按照如下考核标准进行。

实训内容	考核重点	考核标准
讲评主题	正确性	主题选取是否涉及罪犯改造具体事宜，是否具有思想性和科学性
	教育性	主题选取是否具有教育意义，是否由表及里，由外在表现触及罪犯内心深处
	鲜明性	主题选取是否具有明确的倾向性，不含糊笼统、前后矛盾
讲评内容	针对性	讲评前是否调查分析，内容是否有针对性
	逻辑性	讲评是否层次分明、条理清楚
	策略性	讲评是否注意方式、方法、技巧，运用法律、法规是否准确
	说理性	讲评时是否运用了法理、情理、道理、学理、伦理等说理方法
语言表达	准确性	是否运用普通话、语言是否文明规范
	清晰度	声音是否洪亮、清晰
	表现力	语气、语调运用是否合理
	流畅性	语速是否适中，语言是否流畅

第十六章 对罪犯个别教育类文书

学习要点

通过本章学习，要求学生了解罪犯犯罪类型、犯罪恶性程度、犯罪动机及其个人成长情况，有效运用心理学量表结论，综合分析罪犯的个性特征及犯因性因素，运用个别教育方法和技术，进行有针对性的个别教育，并能够根据监狱的相关要求，客观记录个别教育的过程和结果。难点是能够根据罪犯的不同情况，因人施教，开展有针对性的个别教育，制定有针对性的个案矫正方案。

学习目标

通过学习，明确罪犯个别教育的工作流程，掌握不同类型个别谈话方法和策略，掌握不同类型个别谈话的要素，制作个别谈话记录。此外，还要求学生能够全面搜集矫正对象的基本情况，主要包括身心健康情况、日常表现情况、道德水平状况、知法守法情况、个人劳动能力情况、人际交往情况、家庭情况等基本情况，对罪犯犯因性因素进行综合分析判断，了解罪犯矫正需求，制作有针对性的个案矫正方案。希望通过学习和训练，能够在对罪犯开展教育改造时制作相应的文书，反映出罪犯的思想变化、改造变化，同时用文书的形式固定监狱干警的执法痕迹。

【本章引言】

罪犯个别教育是指监狱机关及民警为了达到教育改造罪犯的根本目的，在全面调查和透彻剖析的基础上，针对罪犯的个性特征，找准罪犯犯因性因素，对罪犯个体开展的教育矫治活动的总称。个别教育是教育改造罪犯中最重要、最普遍、最细致、最有效的方法之一，具有十分重要的地位，具有针对性、灵活性、沟通性和渗透性等特点，是集体教育和分类教育的深化和补充。

对罪犯个别教育类执法文书是监狱在对罪犯进行个别教育时，依据监狱的有关规定需要制作的个别教育方面的文书。本章节具体包括《个别谈话记录》《个案矫正方案》，这是个别教育环节中最重要的两种文书。掌握这两种执法文书的制作方法，不仅可以反映罪犯改造量变与质变的轨迹，同时对民警可以起

到个别教育工作经验的积累，有效地提高罪犯改造质量。

个别教育的具体工作流程及相关执法文书制作节点，如图所示：

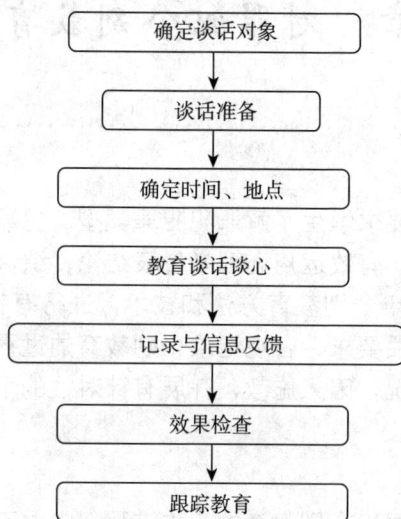

```
确定谈话对象
    ↓
 谈话准备
    ↓
确定时间、地点
    ↓
教育谈话谈心
    ↓
记录与信息反馈
    ↓
 效果检查
    ↓
 跟踪教育
```

图 16-1　个别谈话教育工作流程

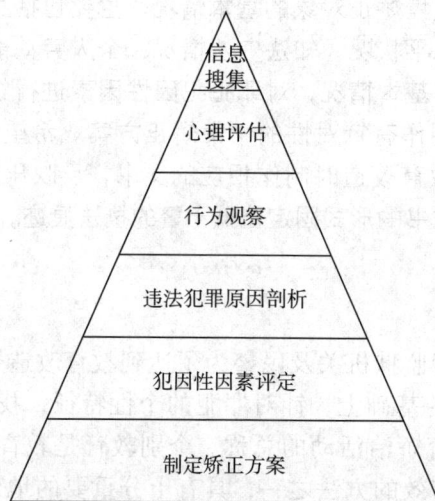

```
    信息
    搜集
   心理评估
   行为观察
 违法犯罪原因剖析
  犯因性因素评定
   制定矫正方案
```

图 16-2　罪犯个案矫正工作流程

第一节   个别谈话记录

一、任务描述

    某未成年犯管教所入监监区上周来了3名新犯，为了全面了解罪犯基本情况，为下一步教育改造打下基础，入监监区安排新民警小赵与罪犯谈话，了解他们的个人成长史、个人简历、社会经历、家庭情况、社会关系、兴趣特长、文化水平、行为特征、心理特点、恶习程度、个性特征、对犯罪行为的认识和改造的态度等情况，从而制订有针对性的改造措施，为日后的教育改造创造有利条件。小赵愉快地接受了这项任务，但是她与罪犯谈话的次数不多，谈话经验不丰富，应该从哪些方面着手开始谈呢？谈话后文书怎么制作呢？

    实施步骤：学生分组；通过讨论，梳理出个别谈话的流程和步骤，对谈话前的准备工作进行分析，讨论应从哪些方面进行信息搜集，对搜集的材料进行梳理分析，并罗列出谈话提纲，模拟谈话后，制作个别谈话记录。

二、基础铺垫

（一）个别谈话记录的概念及功能

    个别谈话记录是监狱人民警察对在押罪犯开展个别谈话教育工作中形成的书面材料，记载谈话时间、地点、对象、内容及分析意见，反映个别谈话教育的质量和实效的文书。

    罪犯个别谈话是最常用的个别教育方式。它通过监狱民警和罪犯一对一、面对面的谈话交流，了解罪犯的思想动态，解决罪犯的思想症结，引导罪犯依法积极改造。按照个别谈话教育的策略来分，主要有规劝式个别谈话、告知式个别谈话、批评式个别谈话、制服式个别谈话和勉励式个别谈话等。个别谈话的主要内容是罪犯的改造动态、思想矛盾、实际困难以及意见建议等。监狱人民警察对罪犯进行个别谈话教育，应当认真做好记录，并根据罪犯的思想状况和动态，采取有针对性的教育改造措施。

    （二）个别谈话记录的法律依据

    1. 《监狱教育改造工作规定》第16条规定，监狱各监区的人民警察对所管理的罪犯，应当每月至少安排1次个别谈话教育。

    2. 《监狱教育改造工作规定》第17条规定，罪犯有下列情形之一的，监狱人民警察应当及时对其进行个别谈话教育：①新入监或者服刑监狱、监区变更时；②处遇变更或者劳动岗位调换时；③受到奖励或者惩处时；④罪犯之间产

生矛盾或者发生冲突时；⑤离监探亲前后或者家庭出现变故时；⑥无人会见或者家人长时间不与其联络时；⑦行为反常、情绪异常时；⑧主动要求谈话时；⑨暂予监外执行、假释或者刑满释放出监前；⑩其他需要进行个别谈话教育的。

3.《监狱教育改造工作规定》第18条规定，监狱人民警察对罪犯进行个别谈话教育，应当认真做好记录，并根据罪犯的思想状况和动态，采取有针对性的教育改造措施。

（三）个别谈话记录的结构及内容

个别谈话记录属于实录性执法文书，可以当场记录，也可以事后补记。按照记录时间，可分为问答式谈话记录和追记式谈话记录。

问答式谈话记录即现场记录，是指在谈话的同时边谈边记，详细记录下与罪犯的谈话过程、问答内容等。问答式谈话记录的方式常用于询问事件经过、调查取证、核实情况等。其特点是比较详细，一问一答，有利于谈话的真实还原。

追记式谈话记录也称为摘要式谈话记录，是指民警和罪犯在个别谈话的当时不做记录，而是在谈话之后回忆记录。这种记录方式比较适用于罪犯汇报思想、认罪悔罪，以及对罪犯的批评教育、表扬鼓励等内容的谈话。其特点是比较概括，有利于谈话的持续进行和深入展开。

无论是问答式还是追记式个别谈话记录，都要包含以下内容：

1. 首部。首部由标题、罪犯基本情况、谈话时间、谈话地点、谈话人、谈话对象及谈话目的组成。

（1）标题：个别谈话记录或与××第×次个别谈话记录。

（2）罪犯基本情况。

（3）谈话时间：谈话时间可不受限制，填写时准确记录谈话时间。

（4）谈话地点：一般在个别谈话室进行，也可以在监舍、监区办公室等地方。如果是严重违规违纪，有现实危险性罪犯，应在专门谈话室进行。

（5）谈话人：记录者本人。

（6）参加人：有参加人的，应写明其姓名、职务。

（7）谈话对象：写明谈话的罪犯名字及所属监区。

（8）谈话目的：同该犯谈话的直接原因及所要达到的目的。谈话目的是民警进行个别谈话的出发点，准确的谈话目的能对罪犯的教育起到有的放矢的效果。谈话目的是指本次谈话所要达到的直接目的，在设置谈话目的时要注意直接性和可操作性，谈话目的不宜过大。谈话目的是谈话的纲，谈话目的应为本次谈话所要解决的问题，不能把谈话目的理解为目标，也不能理解为谈话效果。

2. 正文。包括问答式谈话记录（谈话详细内容），追记式谈话记录（谈话摘要）。这是本文书的核心部分，要求准确、全面反映对罪犯谈话的内容。根据

谈话的对象不同，目的不同，谈话的内容和重点也不同。

（1）问答式谈话记录。问答式谈话记录是以问答式展开的记录形式，一问一答，详细记录谈话过程。问答式适用于调查核实，当场制作。

（2）追记式谈话记录。追记式谈话记录是以罪犯自述和教育要点的方式记录谈话过程，这种谈话记录方式适用于事后补记，有利于谈话的深入，不打乱谈话的思维，消除罪犯紧张不安的情绪。

（3）无论是问答式谈话记录还是追记式谈话记录，都应该对谈话情形进行分析（找准病因，对症下药），围绕谈话目的来制作谈话记录。例如：罪犯表现出思想行为偏激的倾向或苗头时，应该以围绕掌握的具体情况、便于下一步工作的目的找其谈话，谈话记录也应重点记录谈话过程中搜集到的信息及下一步的打算；罪犯在狱内聚众打架斗殴或者显示出人际关系紧张时，应该围绕解决问题、化解矛盾、为罪犯解除思想及实际困难的目的找其谈话，谈话记录也应重点记录谈话过程中罪犯的思想症结所在以及解决的方法；罪犯在刑期内情绪低落、态度消极时，应该围绕鼓励改造、激发向上的目的找其谈话，谈话记录也应重点记录提供解决问题的办法和建议……在谈话中干警一定要注意有效地控制谈话的方向和进程，谈话内容不能背离谈话目的，记录时也无需记录与谈话目的无关的进程。

3. 尾部。尾部主要由谈话效果、分析处理意见以及罪犯签字构成。此部分既是对谈话过程的回顾与总结，也是对下一步深入开展对罪犯的管理、教育、心理矫治等工作的具体指导和思路确定的依据，在谈话记录中起着承上启下的作用。

（1）谈话效果。重视对谈话效果的预测跟踪，确立个别谈话教育的效果，及时调整教育的手段、方式。教育效果的跟踪可以从以下方面预测跟踪：经过谈话，罪犯是否有了新的认识，新的认识是什么；民警事先希望解决的问题是否通过谈话予以解决；需要掌握的信息是否经过谈话收集到；希望融洽的关系是否通过谈话得到改善；希望化解的矛盾是否通过谈话得以化解等。

（2）分析处理意见。要求民警把经过谈话教育后罪犯的思想及表现的分析评价、需要采取的措施及对问题的处理意见等内容记录进去以便落实、检查、总结。对在与罪犯谈话中获得的检举、揭发材料、提供的破案线索等对监狱侦查工作有很大价值的材料，交由监狱侦查人员处理，应当制作产生法律效力的笔录。

（3）罪犯签字。无论是问答式还是追记式个别谈话记录，都要求罪犯核实谈话记录内容并签字，不识字的罪犯由民警宣读内容，由罪犯按捺手印。

三、文书制作提示

（一）个别谈话记录制作要求和注意事项

1. 监狱应制作个别谈话记录，并保证每犯一册；将个别谈话记录统一编号

存放于个别教育谈话室，罪犯调动时随副档一并移交。

2. 记录制作要求做到：字迹清楚、内容完备、条理清晰，能如实反应罪犯的改造状态。非特定情况，一般不当面做记录。

3. 注意记录谈话过程中罪犯的反应，如点头、附和、神情抵触、沉默等表情，以便佐证谈话效果。

（二）个别谈话记录的准备工作

1. 确定谈话目的。对于谈话的目的，如果是民警主动找服刑人员谈话的，自己心中有数，比较清晰明了；如果是服刑人员要求谈话的，情况就比较复杂。有的问题不能仅看表面，需要随着谈话的深入而进一步分析。

2. 分析谈话对象，记录背景资料。将罪犯的详细基本情况记录清楚，包括"四知道"情况、罪犯的现实问题与处境、罪犯的思想症结、罪犯的犯罪原因、罪犯的心理状况、思想状态、改造表现等。在以后的谈话记录中，可侧重记录罪犯的心理状况、近期主要改造表现等。

3. 谈话手段和方法的选择。个别谈话的手段和方法有很多，例如引导法、激将法、分析推理法、指导法、批评法、举例说明法等。在实际工作过程中，选择什么手段，使用何种方法，都要根据谈话对象、谈话主题、谈话目的以及谈话者自身的条件等具体情况而定。

（三）制作的重点和难点

1. 谈话目的设置。谈话目的不宜过大，不宜泛泛而谈，如谈话目的"转变罪犯恶习""改造罪犯成为守法公民"就特别大而空，建议细化到具体问题。如了解罪犯对某事的看法、态度、原因、打算等。

2. 注意区分问答式谈话和追记式谈话"详细内容"栏的填写方法。问答式谈话的内容要求详细填写谈话"一问一答"的过程，包括对话的内容、谈话现场的情况、气氛以及罪犯的非言语行为，例如沉默、激动、哭泣、愤怒、绝望、仇恨等表现，均应在谈话记录中详细体现。而追记式谈话则根据谈话目的，对谈话内容进行梳理归纳，即包括罪犯叙述的内容（罪犯自述），也包括民警的谈话内容（教育要点），形成要点式纪要。

四、实例示范

以下是民警小赵第一次找未成年犯曾涛（化名）谈话后自己写的工作记录。

曾涛（化名），男，14岁，犯抢劫罪被判处有期徒刑5年，小学文化，身高140厘米，体重35公斤，被捕前家住南充市××村，家庭构成：奶奶、爸爸，这是我在谈话前收集的基本资料。

曾涛响亮地喊了声"报告"，管教民警答道："进来，今天赵干事找你谈

话，你有什么就说什么，不要害怕。"随即递给他一个小板凳，让他坐下。

曾涛双手接过小板凳，怯生生地看了我一眼，说道："赵干事好！"我轻轻地说："坐下吧"，他小声地回答："是"，然后端端正正地坐好，双手放在膝上，眼睛盯着地面。此刻，我细细打量了坐在我面前的这个孩子，真的是个孩子啊，个子小小的，瘦瘦的，满脸的稚气。

为了打开话题，我主动开始说话："你叫曾涛（化名）吧？家住南充市××村？"他小声答道："是。""你今年几岁了？""14岁。""家里还有谁啊？""奶奶、爸爸"（这样一问一答很难让谈话深入，而且此前我在翻看接见记录时，只有妈妈前来探望过，为什么他不提自己的妈妈呢？我决定换个方式试试）。

我开始寒暄起其他的东西，看看能不能打开突破口。"你的家乡南充有很多好吃的小吃，比如川北凉粉啊，锅盔啊，我去过南充，觉得川北凉粉很好吃的。"没想到他对这个话题感兴趣了，抬起了始终低着的头说："就是，我也喜欢吃。我一次可以吃三四碗呢。"他的语速比刚才快了点。我又说："的确好吃，可能是因为你们那里的油辣子好。"他接过话来："嗯。我奶奶做的油辣子更好吃……"

接下来，我打算继续询问有关他家庭的情况，想知道他为什么对妈妈避而不谈。"能告诉我你爸爸是做什么的吗？""爸爸是电工。""爸爸的收入固定吗？""不，是打零工的，经常出去，但是也没挣到钱。""那爸爸出去打工，谁管你的生活和学习啊？""奶奶，奶奶给我煮饭，但是不管我的学习，因为她不会认字。""那你妈妈呢？"曾涛听到这个问题，很明显地皱了皱眉，停顿了一会儿才含糊地回答："不晓得跑哪里去了，在我很小的时候她就和我爸离婚了，一直是我奶奶在管我。""那你希望妈妈来关心你吗？""不需要！"曾涛很干脆地回答。我暂时放弃了这个话题，转而询问他的犯罪经历。曾涛告诉我他在上小学时成绩不好，爸爸老是打他，老师让请家长，曾涛不敢，于是开始逃课，认识了一些不良少年，经常一起玩耍，结伙抢低年级学生的钱用于打游戏、买吃的，小学没毕业就彻底辍学了。一次，三个人结伙持刀抢了一个成年人，结果反被那个成年人划伤了自己的手臂。曾涛也觉得抢劫是不好的，有危险的，但是为了上网、买烟、打游戏，他不断地偷和抢。爸爸和奶奶也曾四处寻找曾涛，回到家里奶奶很心痛，怕他在外流浪吃不饱、穿不暖，爸爸的教育方式就是粗暴的打骂。于是曾涛又开始流浪和抢劫，他说他曾经分过最多的一次是500元，给了奶奶200元，剩下的钱用来上网、打游戏、买吃的。

根据谈话内容，民警小赵事后制作了个别谈话记录。

××省××监狱
罪犯个别谈话记录簿
罪犯姓名：×××

表 16-1 罪犯基本情况

姓名：曾涛 　　　　　　　　　　　　　　　　　　　　编号：×××20170261

民 族	汉族	文化程度	小学	出生年月	2002 年 7 月	捕前职业	无业
罪 名	抢劫罪			刑期	5 年	起 2017 年 8 月 28 日 止 2022 年 8 月 27 日	
家庭住址	四川省南充市嘉陵区××镇××村××组						
判决日期	2017 年 12 月 21 日	判决机关		南充市嘉陵区 人民法院		入监日期	2017 年 12 月 28 日

	时间	奖惩情况	时 间	奖惩情况	时 间	奖惩情况
行政奖惩情况	无	无	无	无	无	无

	时间	奖惩情况	时间	奖惩情况
刑事奖惩情况	无	无	无	无

调动情况	无
备注	

表 16 – 2　个别教育谈话记录摘要

谈话时间	2018 年 12 月 31 日 9 时至 11 时 30 分	谈话地点	入监监区个别谈话室
谈话民警	赵 × ×	谈话次数	第一次谈话
谈话目的	搜集罪犯信息，了解罪犯犯罪情况、家庭情况及成长史等基本情况，掌握罪犯的基本情况，为下一步建立罪犯服刑档案做准备。		
谈话内容摘要	本次谈话是曾涛入监后的第一次谈话，谈话目的是建立与民警的基本信任，了解曾涛的基本情况，为"四知道"采集资料，全面掌握罪犯的基本信息，完善并印证罪犯信息，为建立罪犯服刑档案做准备。在谈话中大致了解了曾涛的成长史、犯罪原因及家庭构成等情况，重点了解了曾涛与家人的关系，掌握了曾涛对母亲为什么持抵触的态度，这为以后设计对曾涛有针对性教育改造措施提供了依据。		
谈话效果	本次谈话目的基本达到，曾涛对民警的信任基本建立，但还需要进一步巩固。 曾涛认罪悔罪的态度及自己对本次犯罪原因的认识以及对犯罪危害性认识还未涉及，有待于下一步进行。		
下一步教育措施	与曾涛建立更深的信任，深入了解曾涛犯罪原因及改造诉求，为全面分析罪犯犯罪原因提供资料，加强对曾涛的教育引导，让其对犯罪行为有正确地认识，认罪服判、认罪悔罪，帮助曾涛尽快适应监狱改造生活。		
备注	/		
罪犯签字	曾涛（罪犯手书或按捺指印）		

案例评析：此次谈话是民警小赵为摸清未成年犯曾涛（化名）的基本情况而进行的谈话教育，有男民警陪同。在谈话过程中，民警小赵抓住未成年犯的心理特征，循循善诱，引导曾涛打开话题，以便收集更多的信息。在制作个别谈话记录中，填写规范，谈话内容摘要要点归纳全面，下一步措施的制定，应在已取得的成果上趁热打铁，巩固深化。

【拓展阅读】

1. 个别谈话记录 PPT。

2. 张建秋：《个别谈话——沟通心理的艺术》，法律出版社 2014 年版。

第二节 个案矫正方案

一、任务描述

罪犯李×，汉族，1995年11月生，四川省××县人，高中文化，家住××县城郊农村，自幼父母外出沿海城市打工，与奶奶一同生活，家庭条件较差，高中毕业后在县城一家中餐馆帮厨。20岁时谈过一次恋爱，因脾气暴躁，女友提出分手。2016年7月5日晚，其与朋友聚会时，与邻桌发生矛盾，将邻桌一男子砍成重伤，因故意伤害罪被判处有期徒刑5年。2017年1月送至某监狱服刑改造。

该犯入监以来，行为较异常，主要表现为：

1. 冲动、易激怒。入监当日，在发放生活必需品时与他犯发生争吵，进而动手打架。民警前来制止时对民警也大声喧闹，进行推搡。

2. 敏感、多疑。入监第四天，在例行的宿舍违禁物品检查时，向干部反映，张×私藏香烟，并在床上藏有一枚大头针。经民警反复核查，是该犯故意捏造事实。原因是李×认为张×最近几天老是对他"另眼相看"，似乎要找他的茬。出于报复，进而诬陷张×。同时，对组长安排的值班、餐后收拾饭厅、倒垃圾等任务，该犯认为不公平，认为是组长故意为难自己，故不认真完成和履行，甚至大骂组长。

除对罪犯李×进行心理健康普测、分析之外，还进行了其他的心理测试。抑郁自评问卷显示，该犯属低度抑郁。气质测试结果表明该犯气质偏胆汁质，脾气急躁，情绪兴奋性高，容易冲动，心境变化剧烈，具有较明显的外倾性，易爆发剧烈的情绪冲动和攻击行为。16PF测试结果为，H、L、Q、Q4分值呈现偏高特征，表明该犯通常易激动暴躁、怀疑刚愎，对自己的境遇常感觉不满意，紧张性、忧虑性比较高，相对缺乏自控能力，易于冒险，较少考虑后果，少有顾忌，冲动易怒，缺少理性思考。

通过对该犯进行各项入监评估后，请制作该犯的个案矫正方案。

实施步骤： 学生分组；通过讨论，说说在制定罪犯个案矫正方案之前，监狱干警需要做哪些方面的准备工作？认真理解做好这些准备工作的意义，分析梳理获取的罪犯的各种信息，评估罪犯存在的"犯因性因素"，再根据罪犯的改造需求，设定矫正目标，制作有针对性的个案矫正方案。

二、基础铺垫

（一）个案矫正方案的概念及功能

罪犯个案矫正方案是矫正机构在全面收集罪犯的基本信息、心理和行为特征的基础上，结合罪犯个人成长经历和违法犯罪原因，针对筛查出的犯因性因素，制定处方式矫治方案。具体来说，就是指矫正民警通过对罪犯的个体调查，实施改造评估、提出对策、实施矫治、质量评估等系列手段，实现对罪犯有目标、有计划、有针对性的改造，使罪犯改造处于一个系统有序的过程中。

个案矫正方案在罪犯矫正工作中具有十分重要的地位，它是一个具有综合效应的活动，其方案质量直接关系到罪犯矫正活动能否正常开展和罪犯矫正目标能否最终实现。个案矫正方案是矫正措施的具体化，是矫正措施科学化的反映，是检验矫正民警素质的一个重要方面，是调动罪犯积极参与矫正的重要措施。

（二）个案矫正方案的法律依据

《教育改造罪犯纲要》中指出，发挥心理矫治对罪犯心理的调适、干预作用。对罪犯要普遍开展心理测验，了解和掌握罪犯的心理特征和行为倾向，通过心理咨询实施有效干预，使罪犯消除心理障碍，学会自我调适，恢复健康心理。对有心理疾病的罪犯，应当予以治疗。要注意收集、积累心理矫治个案，注重发挥个案的指导作用。要认真研究罪犯心理的新变化，进一步规范心理矫治工作。

（三）个案矫正方案的结构及内容

罪犯个案矫正方案的制作伴随着罪犯矫正的全过程，不是一次性能够完成的工作，在不同的阶段对应不同的内容和要求，也不是由一两位主管责任民警就能完成的工作，它是主管责任民警会同管教五科室、罪犯心理健康中心甚至罪犯家属共同制定的矫正方案。主要包括罪犯基本情况、犯因性因素分析、矫正计划、实施过程以及矫正方案评估与修正等内容。

罪犯个案矫正方案目前尚无统一或固定的格式，本节内容是按照四川省监狱的个案矫正方案为模板进行介绍的，仅供参考。个案矫正方案的结构一般包括标题、首部、主体三部分。

1. 标题。个案矫正方案的标题为单标题。标题在表格上方正中间部位，一般直接写明文种即可，如罪犯个案矫正方案或个案矫正方案。

2. 首部。首部主要介绍个案矫正对象的基本情况，一般为表格式录入，故文字要简洁、精炼。主要包括：罪犯编号、姓名、性别、国籍、民族、罪名、刑期、刑期起止以及入监时间。

3. 主体。这部分是个案矫正方案中最重要的部分。主要包括四部分：罪犯

基本信息；入监评估资料；矫正方案设计；实施过程与评估修正。

（1）罪犯基本信息。罪犯基本信息主要包括罪犯个人基本信息、犯罪类型、刑期起止、个人能力、生活习性、教育情况、犯罪信息、健康状况、个人成长史（含重大生活事件）等。其中，个人能力（语言表达、军警经历、技术特长）、犯罪信息中认罪悔罪态度、个人生活重大事件等栏目需要详细采集。对罪犯基本资料的搜集越详实，越有利于下一步制定有针对性的矫正方案。

（2）入监评估。入监评估是制定罪犯个案矫正方案的直接依据，主要包括中国罪犯个性分测验、危险性测试、劳动能力评价、犯因性因素分析、监狱评估意见等。

其中，犯因性因素分析是制作个案矫正方案首先要解决的问题，它是矫正计划的执行、评价以及修订的基础。犯因性因素分析包括了犯因性个人因素、犯因性社会环境因素、犯因性互动因素。罪犯矫正工作不可能解决影响犯罪的所有问题，而只能努力解决与罪犯自身有关的问题。监狱可以从"犯因性个人因素"入手着重矫正罪犯的犯因性因素，其他社会环境的犯因性因素，只能通过制定和实施刑事政策等途径去解决。

犯因性个人因素是重点分析的因素，是指诱发、推动和助长犯罪心理的产生与犯罪行为的实施的个人特征。包括生理、心理多个方面特征的综合性概念，也可叫犯因性个人特征。包括犯因性生理因素、犯因性心理因素（犯因性动力因素、犯因性人格因素、犯因性思维模式、犯因性智力因素、犯因性情感因素、犯因性情绪因素、犯因性精神状态、犯因性观念因素、犯因性教育因素、犯因性能力因素、犯因性技能因素）[1]。

犯因性环境因素主要是在个人的成长和发展过程中影响和促使个人形成犯因性个人特征的环境。包括了不良家庭、不良学校环境、不良交往与犯罪亚文化、犯罪高发邻里、不力的执法情况、犯罪性物质情况、不良工作环境、经济不平等、有害的社会风气等内容，需要结合罪犯的个体情况进行综合分析。

在综合各项评估结果之后，监狱从服刑能力、改造难易程度、危险程度、建议关押等级四个方面提出评估意见，为下一步的矫正方案设计提供一定的依据。

如果罪犯在服刑期间出现心理危机或是现实危险性，需要重新进行评估，确定犯因性因素，从而重新调整矫正目标和矫正方案。

（3）矫正方案设计。在详细搜集了罪犯的基本资料以及完成了入监评估确

---

〔1〕 参见吴宗宪：《罪犯改造论》，中国人民公安大学出版社2007年版。

定了犯因性因素以后，就要有针对性地制定"一犯一策"的矫正方案。矫正方案的设计包括矫正目标、矫正内容和罪犯确认签名。

第一，矫正目标。矫正目标是指罪犯通过个案矫正要实现的预期目的，指明了矫正工作所要指向和作用的靶子与标的。矫正目标主要针对入监评估出来的罪犯个人存在的犯因性因素设计，这些犯因性因素也是罪犯作为个体存在的犯因性缺陷，也就是说，矫正目标是罪犯有什么样的缺陷，我们就矫正什么。

矫正目标可分为终期目标和阶段性目标。终期目标的设定要根据监狱教育改造工作的总体目标，结合罪犯的个人能力、刑期长短、犯因性因素、罪犯自身需求、罪犯评估结果、现实改造表现等实际情况做出可预测、可达到的矫正目标。阶段性目标指的是将罪犯矫正的终期目标按照罪犯的刑期长短、阶段性要求等对服刑初期、服刑中期、服刑后期进行设定，刑期较长罪犯的阶段目标可在此基础上再进行细分。服刑初期的目标主要涉及罪犯认罪悔罪和改造生活适应；服刑中期目标主要涉及具体的改造项目和要求，如人际关系修复、社会支持系统修复、犯因性思维模式矫正、犯因性情绪矫正、个人学习成长目标、犯因性思维模式矫正、犯因性情绪矫正等；服刑后期目标主要涉及出监前职业技能学习项目以及出监社会适应等。每一项目标的设定一定要结合罪犯自身的情况，让其"跳一跳"能够得着。

第二，矫正内容。个案矫正内容是为了实现矫正目标而设计的有针对性的矫治途径和具体措施，主要包括认知、心理、行为、劳动及其他方面。

认知方面的矫正内容主要涉及认罪悔罪和思想、文化、技术三课学习方面。其一，认罪悔罪的矫正重点在于引导罪犯剖析犯罪原因，承认犯罪事实，服从法院的判决，认识犯罪的危害，从而达到知罪认罪悔罪和赎罪。其二，思想教育的内容侧重于罪犯人生观、法纪观的重塑。其三，文化教育的内容旨在针对罪犯自身文化程度进行文化熏陶和文化水平提升。其四，技术教育的内容是根据实际情况，在服刑期间需要进行的劳动习惯养成和职业技能培养。

心理方面的矫正内容是根据罪犯的实际情况所拟定的具体的心理健康目标所设定的服刑期间需要进行的心理健康教育课、团体辅导、心理咨询、心理危机干预、恢复社会支持系统等。

行为方面的矫正内容是根据罪犯的实际情况以及行为养成目标所设定的在服刑期间需要进行的行为规范强化、礼节礼貌养成、人际交往能力培养、个人卫生养成等。

劳动方面的矫正内容是根据罪犯的实际情况以及劳动养成的目标所设定的在其服刑期间需要进行哪一类习艺劳动，以及劳动技能掌握程度。

第三，确认签名。矫正计划的制定过程是在民警主导下，会同管教五科室、罪犯心理健康中心，让罪犯以及罪犯家属全程参与的过程，故需要落实责任，明确任务，分别签名，署上日期。

（4）实施过程与评估修正。主要填写在不同的矫正阶段，根据矫正目标所设定的该犯具体的矫正步骤和方法，此部分除了填写传统的监管手段、教育手段和劳动手段等基本矫正手段外，还应该突出现代科学的新理论和新技术。一般情况下，每名罪犯的矫正阶段根据其犯因性因素、矫正目标以及罪犯刑期长短设定，大概需要规划三个左右矫正阶段，其中第二个矫正阶段往往根据服刑中期目标设定可再做细分。

在每个矫正阶段结束后，要及时进行方案评价和修正，包括对前期改造计划完成情况的综合评价和后期改造方案的调整。前期改造计划完成情况综合评价包括服刑能力动态变化、改造难度动态变化、危险程度动态变化、计划执行情况以及效果评价。根据前期改造计划完成情况，及时调整修正后期改造方案。修正部分主要填写矫正计划的修正内容，即在每个矫正阶段结束时，下一个矫正阶段的计划是否需要修正和如何修正。

个案矫正方案执行到最后一个矫正阶段结束时或罪犯出监前必须结案，此时，除了应填写与矫正计划执行效果相关的内容，还要填写与结案相关的内容。一是填写出监检测情况；二是要填写结案原因；三是要填写综合评价意见。

三、文书制作提示

（一）个案矫正方案制作要求和注意事项

1. 个案矫正方案不是一成不变的，它会随着罪犯改造的深入而发生目标、矫正手段、矫正责任人等方面的变化，故个案矫正方案的制作是一项长时间连续性动态化的工作。

2. 罪犯个案矫正方案要注意全面性、可行性以及可及性。

3. 个案矫正方案随着矫正阶段的进行，必须将矫正阶段的效果和问题进行相应总结。

4. 有条件的情况下，应会同罪犯家属一同制定个案矫正方案，并告知进度。

（二）个案矫正方案的准备工作

1. 罪犯基本资料搜集。以调查为基础，建立个体调查体系，以便掌握罪犯的基本情况。调查目的、内容和要求取决于对罪犯个体改造目标的定位。应当对罪犯的犯罪恶性程度、犯罪原因及动机、犯罪人格以及犯罪环境等因素进行调查，以掌握罪犯的思想、心理、行为等方面的改造需求。

2. 入监评估。对罪犯进行入监综合评估是做好个案矫正工作的重要基础，主要包括中国罪犯个性分测验、危险性测试、劳动能力评估、犯因性因素评估

和监狱综合评估等方面。入监评估的作用在于对罪犯的危险度及其危险倾向提出警示，对罪犯改造难易度做出初步评估，并对罪犯的暴力、酗酒、吸毒的倾向、认罪悔罪的认识和态度、前科恶习情况等反映个性情况和特点做出提示，从而为个案矫正方案的制定奠定基础。

3. 多方联动。在掌握了罪犯的基本资料，对罪犯进行综合评估的基础上，以犯因性因素为矫正重点，主管民警会同监狱管教五科室、罪犯心理健康中心、罪犯以及罪犯家属共同制定矫治方案。

（三）制作的重点和难点

1. 矫正目标设定合理。矫正目标既有长远的终期目标，又有短期的阶段性目标，填写时要注意目标设定的可及性，要结合罪犯实际，不能理想化。矫正目标的设置不宜过于宽泛，要具有可操作性。

矫正目标不是一成不变的，针对每一个犯因性因素都要设定一个矫正目标，而这个目标又要分成与规划的矫正阶段相一致的阶段目标，并具有定性指标和定量指标。定性指标是指对某个犯因性因素实施矫正所要达到的效果，定量指标是指罪犯心理测量指标数值的变化。

2. 矫正手段和方法的灵活运用。要具体填写使用的手段和方法。例如，矫正犯因性心理问题时所用到的精神分析理论、社会角色理论等；矫正犯因性认知问题时所采取的认知干预、行为干预等；矫正情感问题时所选择的环境优化法、角色调整法、管教结合法、帮教渗透法等；矫正罪犯意识问题时选择的道德意识矫正方法、法律意识矫正方法、自我意识矫正方法等。

四、实例示范

罪犯个案矫正方案

编　　号：××××
姓　　名：李×
性　　别：男
国　　籍：中国
民　　族：汉族
罪　　名：故意伤害罪
刑　　期：有期徒刑5年
刑期起止：2016年7月15日至2021年7月14日
入监时间：2017年1月7日

表 16 – 3　××××监　狱
罪犯基本信息资料

姓名	李×	出生年月	1995 年 11 月	文化程度	高中	语种	汉语
宗教信仰	无	口音	四川中江县口音	普通话	一般	附加刑	无
家庭住址	\multicolumn{7}{c}{四川省××县××乡××村 2 组}

个人基本信息	个人能力	汉语言表达能力：1. 强 2. 一般√ 3. 弱
		军警经历：1. 无√ 2. 有，具体信息：
		技术特长：有基础烹饪技术（未获等级）
	生活习性	吸毒史：1. 无√ 2. 有，种类＿＿＿＿＿＿，持续时间＿＿＿＿＿＿，频率＿＿＿＿＿＿。
		酗酒史：1. 无√ 2. 有＿＿＿＿＿＿。
		赌博史：1. 无√ 2. 有＿＿＿＿＿＿。
		不正当性行为：1. 无√ 2 有＿＿＿＿＿＿。
		文身史：1. 无√ 2. 有，形状＿＿＿＿＿＿，部位：
	教育情况	家庭教育方式：1. 高压打骂 2. 放任不管√ 3. 溺爱 4. 教唆不良 5. 其他
		学校教育情况（义务制教育）：1. 完成√ 2. 未完成，原因（厌学、学习能力欠缺、家庭教唆、经济困难、其他）
	犯罪信息	犯罪形态：1. 未遂 2. 中止 3. 既遂√
		是否共犯：是（1. 主犯 2. 从犯 3. 共同犯罪 4. 胁从犯）；否√
		共同犯罪人情况：1. 家庭成员 2. 朋友 3. 同事 4. 同乡 5. 其他
		特殊犯罪类别：1. 涉黑（恶）2. 涉枪 3. 涉爆 4. 涉毒 5. 涉恐 6. 邪教类 7. 金融类 8. 职务类 9. 危安类
		认罪态度：1. 认罪服判√ 2. 有较强的赎罪感 3. 不承认犯罪事实 4. 承认事实，但对判决不服 5. 其他
		申诉意愿：1. 无√ 2. 有，具体情况：＿＿＿＿＿
		检举控告：1. 无√ 2. 有，具体情况（含检举控告回应）：＿＿＿＿＿
		前科信息：无
	健康状况	重大躯体疾病史：1. 无√ 3. 有，具体诊断＿＿＿＿＿＿ 治疗情况：＿＿＿＿＿＿
		家族遗传史（含精神疾病、自杀史）：1. 无√ 2. 有，具体信息：＿＿＿＿＿

续表

个人基本信息	健康状况	精神病史：1. 无√ 2. 有，具体诊断＿＿＿＿ 治疗情况：＿＿＿＿
		曾经自杀倾向性行为：1. 无√ 2. 有自杀倾向 3. 实施过自杀行为＿＿＿＿
重要社会关系（含同案信息）		无
个人基本信息	个人成长史（含重大生活事件）	该犯家住四川省××县城郊农村，自幼父母外出沿海城市打工，与奶奶一同生活，与父母关系淡薄，与奶奶关系较为亲密。 该犯性格内向，不善与人交流，喜欢独处。初二时因与同学打架被学校留校察看，高中期间成绩一直居于班级中上水平，由于家庭经济困难，高中毕业后未参加高考，在县城一家中餐馆帮厨。20岁时谈过一次恋爱，因脾气暴躁，女友提出分手，此事对该犯影响较大。
家庭信息		婚姻状况：未婚
		亲属关系：与父母关系淡薄，与奶奶较为亲密
		家庭经济：较差
		未成年子女监护及父母赡养：无
信息收集人：（主管民警）张××	时间：	2017年3月25日

表16－4 入监评估

入监时间：2017年1月7日

入监教育考核	及格。
中国罪犯个性分测验	报告显示该犯暴力倾向较强，焦虑感较强。
	教育建议：心理疏导，缓解紧张、忧虑，加强人际交往训练；加强监规监纪教育；加强情感教育。
	测评人：郑×× 时间：2017年3月29日
危险性测试	测试分数：RW＝58分。 测试结论：目前处于相对危险区，改造难易程度较难，关押等级为中。
	测评人：徐×× 时间：2017年4月5日

劳动能力评价	劳动能力：一级；建议劳动岗位：车间缝纫工。 时间：2017 年 4 月 8 日	
犯因性因素	个人因素	人生观、价值观方面：该犯从小未感受到父母的亲情，认为人都是自私的，信奉"拳头"能解决问题。 法律观念方面：该犯法律意识淡薄，认为打架斗殴是小事。 道德方面：缺乏一定的做人标准，缺乏一定的道德修养。 心理方面：存在一定的不良情感情绪，该犯情感淡漠、偏执固执。 性格方面：内向型性格，不善于与他人交流，做事冲动，缺乏系统思考，不计后果。 行为方面：逆反心理较强，盲动性较强，该犯年纪轻，对社会规范漠视导致违法乱纪。
	环境因素	该犯从小生活在没有父母关爱的家庭，家庭经济困难，读书期间与老师、同学的关系不好，爱用暴力方式解决问题，得到关爱较少。
监狱评估意见	1. 服刑能力（有重大缺陷、有缺陷、正常√）。 2. 改造难易程度（难、一般√、易）。 3. 危险程度（高度危险、危险√、一般）； 政治倾向（极端、偏激、正常√）；脱逃危险（高、中、低√）； 行凶倾向（高、中√、低）；破坏倾向（高、中√、低）； 纠合性（强、一般、弱√）；自杀自伤危险（高、中、低√）。 4. 建议关押等级（高、中√、低）。 监狱评估小组成员签名：王××、李××、何××、包××、黄×× 时间：2017 年 5 月 5 日	

表 16 – 5　矫正方案

矫正目标		终期目标	1. 强化法律意识，遵规守纪教育。 2. 重建家庭支持系统，帮助建立该犯与父母的亲情联结。 3. 提升学历，掌握技能。 4. 改造成守法公民。
		阶段性目标	1. 服刑初期：认罪悔罪，认识犯罪的危害性；入监心理调适；遵守监规监纪教育。 2. 服刑中期：加强心理健康教育与辅导，消除焦虑、敏感、多疑心理；加强人际关系交往教育，重建与父母的亲情联结；学历提升教育；至少掌握一门技能；争取减刑。 3. 服刑后期：巩固改造成果，社会适应教育。
矫正内容	认知方面	认罪悔罪	1. 根据实际情况，在服刑期间需要进行：认识犯罪危害性√　积极履行附加刑□　其他方面：无 2. 根据实际情况，将其认罪悔罪目标确定为：承认犯罪事实√　服从法院判决√　无偏激维权、缠诉□　积极履行附加刑□　认清犯罪的危害性√　其他目标：无
		三课教育　思想教育	1. 根据实际情况，在服刑期间需要进行：价值观培养√　人生观培养√　政策法规学习√　法律知识教育√　道德教育√　其他方面：无 2. 根据实际情况，将其思想教育目标确定为：建立合理的价值观、人生观、道德观√　培养守法意识√　其他目标：无 　1. 根据实际情况，在服刑期间需要进行：价值观培养√　人生观培养√　政策法规学习√　法律知识教育√　道德教育√　其他方面：无 2. 根据实际情况，将其思想教育目标确定为：建立合理的价值观、人生观、道德观√　培养守法意识√　其他目标：无
		文化教育	1. 根据实际情况，在服刑期间需要进行：文化知识学习√　认知能力培养□　其他方面：无 2. 根据实际情况，将其文化教育目标确定为：学说汉语□　脱盲□　提高文化程度至小学水平□　提高文化程度至初中水平□　提高文化程度至高中水平□　提高文化程度至大专及以上水平√　其他目标：无
		技术教育	1. 根据实际情况，在服刑期间需要进行：职业技能培养√　其他认知能力培养：无 2. 根据实际情况，将其目标确定为：获得职业技能等级证书√　其他目标：无

矫正内容	认知方面	心理方面	1. 根据实际情况，在服刑期间需要进行：心理健康教育课√　团体辅导√　心理咨询√　心理危机干预√　恢复社会支持系统√　其他方面：无 2. 根据实际情况，将其服刑期间目标确定为：心理健康常识增加√　情绪控制能力增强√　人际关系和谐√　意志力增强√　抗挫折能力增强√　掌握心理放松方法√　增加兴趣爱好√　建立积极需要√　其他目标：无
		行为方面	1. 根据实际情况，在服刑期间需要进行：行为规范强化√　礼节礼貌养成√　人际交往能力培养√　个人卫生养成□　其他方面：无 2. 根据实际情况，将其服刑期间目标确定为：基本适应社会□　较好地适应社会√　很好地适应社会□　其他目标：无
		劳动方面	1. 根据实际情况，在其服刑期间需要进行缝纫习艺劳动，要求掌握：一般简单劳动□　技术较强的习艺劳动□　较高水平的劳动技能培养□　职业技能培训√　其他方面：无 2. 根据实际情况，将其服刑期间的劳动目标确定为：培养劳动思想□　建立良好的劳动习惯□　基本完成习艺劳动□　较好完成习艺劳动□　很好地完成习艺劳动√　其他目标：无
		其他方面	无
确认签名			责任民警：张×× 罪犯：李× 罪犯家属：李×× 时间：2018 年 6 月 18 日

表 16-6 实施过程与评估修正

第一矫正阶段（初期阶段）	时间段：2017 年 4 月至 2017 年 12 月
	矫正目标： 认罪悔罪，认识犯罪的危害性；服刑心理调适；遵守监规监纪教育。
	矫正方法与措施： 1. 加强监规监纪、行为养成训练，强化服刑人员行为规范；牢固树立身份意识，尊重警官、服从管教，讲究文明礼貌，团结同犯。 2. 督促该犯严格遵守各项监狱纪律，认真参加"三课"学习，积极参加生产劳动，学习生产技能，完成劳动任务。 3. 应用消除认知曲解技术让罪犯树立正确的人生观。 4. 加强认罪悔罪教育，让罪犯撰写心得体会，让罪犯清算"三笔账"。 5. 加强心理疏导，调整心态，尽快适应监狱改造环境。进行人际关系辅导，从小事做起，从称呼开始，让该犯学会怎样与他人沟通和交流，习得正常的人际交往模式。 6. 介入家庭亲情联结，利用该犯对奶奶的感情和牵挂，通过监狱的"帮扶行动"，让奶奶来监狱探视，缓解该犯的心理压力，使其能安心改造；帮助该犯联系父母，尽快修复亲情关系。 7. 加强个别谈话教育，加强沟通，注意倾听该犯的心声，改变其易冲动的个性，消除或降低焦虑水平，及时对其进行心理疏导和宣泄，肯定其积极方面，鼓励其多参加集体活动，鼓励该犯加入围棋社或读书兴趣小组，净化其暴躁脾气。 8. 处遇等级建议严管，以正其规。
改造计划完成情况综合评价	经过第一矫正阶段，该犯服刑状态出现一定变化，整体稳定但有波动。 1. 基本能认罪悔罪，对自己犯罪行为造成的危害有了一定的认识。 2. 基本能遵守监规监纪，但也偶有反复，3 次因为和同监舍罪犯发生口角而被民警批评教育。 3. 该犯并未接受民警建议加入围棋社或读书兴趣小组，但开始偶尔观摩他犯下棋。 4. 该犯已与其父母取得联系，关系有一定缓解，在第一矫正阶段内共打过亲情电话 3 次，会见奶奶 1 次。 5. 情绪较刚入监时稍微稳定；16PF 测试结果 H、L、Q、Q4 分值下降，抑郁自评问卷显示已在正常范围值内。
后期改造方案设计与调整	因第一阶段矫正计划执行效果较好，第二阶段按原定的中期矫正目标来设定与执行。 在罪犯处遇等级上可根据罪犯现实表现进行相应调整。下一步的矫正重点在健康人格的塑造、罪犯文化程度的提升以及职业技能的掌握上。

第二矫正阶段（中期阶段）	时间段：2018 年 1 月至 2020 年 12 月
	矫正目标： 加强心理健康教育与辅导，消除焦虑、敏感、多疑心理；加强人际关系交往教育，重建与父母的亲情联结；学历提升教育；掌握至少一门技能。
	矫正措施和方法： 1. 继续加强监规监纪、行为养成训练，继续强化服刑人员行为规范。 2. 应用控制阶段性思考技术让服刑当事人反思和吸取人生教训。民警与服刑人员一起，查找其入狱前的人生教训，帮助其清醒地认识到错误的人生观。 3. 继续加强心理疏导，进行人际关系辅导，习得正常的人际交往模式。 4. 介入家庭亲情联结，帮助罪犯修复亲情关系。 5. 该犯是高中文化程度，有一定的文化基础，鼓励该犯参加自学考试，提升文化水平。 6. 取得职业资格证书。 7. 鼓励该犯加入兴趣小组并发挥一定的作用，例如，利用该犯一定的文化基础给予恰当机会让该犯在读书兴趣小组中引读，激发其成就感和团队感。 8. 根据矫正表现，及时满足其合理的物质性需求，以及安排休息、娱乐等精神性需求；根据矫正需要，及时满足自我发展性需求，如购买书籍、学习用品等。
改造计划完成情况综合评价	（此处于第二矫正阶段结束后再填写）
后期改造方案设计与调整	（此处根据第二矫正阶段结束后，结合服刑中期目标以及服刑后期目标来设定与调整）
第三矫正阶段（后期阶段）	时间段：2020 年 1 月至出监前
	矫正目标：巩固改造成果，社会适应教育。
	矫正措施和方法： 1. 巩固行为养成，继续强化监规监纪。 2. 应用改变和控制行为的认知技术树立走向新生的信念；改正错误人生观的最好方法就是增强其走向新生的信念，树立新的正确人生观。 3. 查漏补缺，弥补日常教育不足。 4. 巩固家庭亲情关系，继续强化人际交往训练。 5. 帮助和指导该犯树立融入社会的信心，预防其产生出狱前的焦虑症，及时满足当事人以社会接纳和归属感为主要内容的自我发展性需求。 6. 回顾改造历程，出监前综合评价、重犯预测。

续表

改造计划完成情况综合评价	（此处于第三矫正阶段结束后再填写）
综合评价	（此处填写矫正计划实施效果、结案原因、出监检测情况和综合评价意见）

案例评析：该案例中，对罪犯李×的个案矫正方案设计全面科学，包括了李×的基本信息、入监评估、方案设计以及方案实施与修订等要素。在改造方案设计中涉及了犯因性因素分析以及改造内容的详细阐述；在方案实施这个部分，按照罪犯个案矫正不同的周期设计了不同的矫正方法与措施，并与犯因性因素以及矫正目标一一对应。整个矫正方案切实可行，具有操作性，能直观体现罪犯李×的改造过程。

【拓展阅读】

1. 个案矫正方案 PPT。

2. 个案矫正方案其他写法：迷途羔羊重返正途——社区矫正人员刘×个案分析。

单元训练　罪犯个别教育执法文书项目实训

一、单元名称：个案矫正方案制作实训

二、实训目标

1. 培养学生搜集整理罪犯信息的能力。

2. 培养学生犯罪原因犯因性因素的分析能力。

3. 培养学生个案矫正方案制作能力。

三、实训要求

1. 重点：个案分析，包括罪犯基本情况搜集以及犯因性因素分析。

2. 难点：针对罪犯的犯因性因素以及现实改造表现，提出对应的矫正方法和手段，制定矫正计划。

3. 要点：了解情况，搜集资料，分析评估确定犯因性因素；了解罪犯的改造需求，确定矫正目标，包括长远目标以及短期目标，目标要切合罪犯的实际以及具有可操作性；选择对应的矫正方法和手段；矫正计划的实施、评价与修正。

四、实训内容

刘×强，男，汉族，1973 年 7 月生，四川省宜宾市人，2011 年 11 月因抢劫罪、盗窃罪被判处有期徒刑 10 年 10 个月，2012 年 3 月入监，被分配在××监狱五监区改造。

（一）家庭基本情况

与本人关系	姓　名	年　龄	职　业
父亲	刘×甲	71 岁	退休工人
母亲	王×甲	66 岁	退休工人
妻子	王×乙	37 岁	药剂师
姐姐	刘×乙	42 岁	经商
儿子	刘×丙	3 岁	幼儿

（二）主要简历

时间	在何时何地任何职
1980 年至 1986 年	××市××厂子弟校小学读书
1986 年至 1989 年	××市××厂子弟校中学读书
1989 年至 1991 年	××市××厂建中技工学校读书
1991 年至 2011 年 5 月	××市××厂江南分厂分析检测师

（三）犯罪事实

2011 年 5 月 14 日凌晨 2 时许，在成都市某酒店，被告人刘×强采用暴力、威胁方法强行劫取被害人黄×的财物，共计人民币 22 000 余元。2011 年 5 月 15 日和 25 日，被告人刘×强在成都市锦江区某酒店 701 房间、自贡市某酒店 426 房间前后两次采用秘密手段窃取被害人的财物，价值共计人民币 10 042 元。

该犯的世界观、人生观扭曲，认为人生就是尽情享受。该犯利用工作之便，在外与其他女人有不正当关系。与外面的女人起矛盾时，又采取所谓的"报复"手段，将其钱财洗劫一空。自认为是报复，不是犯罪，或犯

罪也不该判那么长的刑期，并且坚持自己的观点，因而抗拒民警的教育。

该犯从小没受过苦，文化程度较高，但自我封闭，很少与他人打交道，经常闷闷不乐。对监内劳动改造极其反感，劳动技能相对较弱，经常在工位上睡觉，不完成劳动任务。曾多次向民警报告，请求更换工种。

该犯对改造前途丧失信心，面对刑期采取拖混的态度，不求进取，完不成任务，经常在车间随意走动，脱离三人互监小组，多次流露出留恋社会的享乐生活。特别是对妻子提出离婚的要求，其不能正确对待、处理，并以此作为丧失改造信心的理由，长期以难为难。

针对该犯的思想表现情况，监区民警在直接管理过程中，了解困扰其改造的主客观因素后，综合评定认为：影响其改造的主要因素是悔罪意识差，妻子的不谅解和痛恨以及提出离婚所涉及的财产纠纷等问题。

鉴于刘×强自入监服刑改造以来出现诸多违规抗改行为，监区于2013年2月上报监狱将其确定为监狱级顽固犯。

1. 请根据所学知识梳理出制定罪犯刘×强个案矫正方案的工作流程以及工作要点。

2. 下面是学生制作的个案矫正方案，请根据本章节所学，对下面文本进行析评与修改。

罪犯刘×强的个案矫正方案

一、罪犯基本信息

刘×强，男，汉族，1973年7月生，四川省宜宾市人，2011年11月因抢劫罪、盗窃罪被判处有期徒刑10年10个月，2012年3月入监，在××监狱五监区改造。该犯上有老下有小，妻子正提出离婚，该犯不能正确对待此事。2013年2月监狱将其确定为监狱级顽固犯。

二、罪犯犯因性因素分析和改造表现情况

（一）认识扭曲，行为表现为抗拒改造

该犯世界观、人生观扭曲，认为人生就是尽情享受。该犯认罪悔罪态度差，对罪行的认识存在误区，认为量刑过重。面对长刑期采取拖混的态度，不求进取，完不成任务，经常在车间随意走动，脱离三人互监小组，对民警的教育也相当抵触。

（二）自我封闭，不适应监内生活

该犯家庭经济状况较好，文化程度较高，但爱钻牛角尖，自我封闭，很少与他人打交道。对监内劳动改造极其反感，不完成任务。曾多次向民警报告，请求更换工种。

（三）具有悲观情绪，且放任自流

该犯混刑度日，丧失信心，多次流露出留恋社会的享乐生活，有"一死了之"的情绪。妻子不谅解自己，要求离婚并要财产，就算出狱，也是一无所有，于是放任抵触行为，长期为所欲为。

三、个案矫正方案

矫正小组对罪犯刘×强的成长经历、犯罪史、家庭情况及顽固认定成因进行了综合分析，制定了一犯一策的转化措施，并确定了一名专管民警。初步确立如下矫正方案：

矫正方案分为三个周期，第一个周期为期半年，矫正目标为消除该犯的危险因素，促使其安心改造；第二个周期为该犯转化后至出监前一年，矫正目标是遵守监规监纪，巩固改造成果；第三个周期是出监前一年，矫正目标是回归教育。

第一个矫正周期的具体矫正方案设计如下：

1. 注重教育转化的方法，多作鼓励，帮助其处理好家庭问题。矫正错误认识，促使其认罪服法，适应监狱改造。

2. 对该犯的行为严格进行监控，监舍、生活区、劳动点，分别落实2名罪犯包夹，限制活动范围，防止发生突发行为。

3. 包教民警至少每月2次对该犯进行谈话教育，每周召开1次转化分析会，每月对该犯进行1次阶段分析。

4. 对该犯进行一次家访，以求得到亲属的规劝，邀请家属参加监狱开展组织的帮教活动，使其得到感化。

四、实施过程

1. 深入了解该犯的基本情况，掌握刘×强与他犯以及家人之间的关系，性格特征及兴趣爱好等。

2. 调阅刘×强的正、副档，切实掌握其犯罪事实、经过、案件审理及判决情况。在此基础之上，与该犯就犯罪事实进行了多次谈话，分析犯罪原因，帮助该犯重新认识犯罪行为与犯罪事实。

3. 罪犯心理健康中心对该犯进行了各项心理测试，显示出心理确有异常，经过罪犯心理健康中心民警专门的心理疏导和矫正，目前，该犯的情绪较为稳定。

4. 主管民警针对该犯不认罪、妻子离婚等问题，采取轮番教育谈话，并作好相关的教育记录。通过一系列教育后，确立了信任感，使刘×强感受到民警是真心希望他好好改造。

5. 设法联系该犯的妻子来狱进行会见，就离婚问题达成协议，交付法

院裁定，基本消除了离婚问题的困扰。

6. 严格落实包夹。

五、方案评估与修订

第一个矫正周期结束后，该犯情绪较为稳定，认罪悔罪态度有一定转变，对自己的犯罪行为有了一定的正确认识，但是该犯长期形成的享乐主义价值观并未得到转变，劳动能力提升也不大。下一步将重点从劳动态度的转变、价值观与法纪观的教育着手进行矫正。

五、任务评估

1. 是否能够对矫正对象的资料进行综合分析预估，对罪犯所存在的问题及形成原因进行有效的诊断，合理评估罪犯犯因性因素。

2. 是否能够通过谈话了解矫正对象的需求，合理设定矫正目标，取得矫正对象的同意和配合。

3. 是否能够通过对罪犯进行结构性访谈及心理学量表测量对罪犯的人身危险性程度、服刑能力以及改造难度进行评估，合理制定矫正计划。

4. 能否对矫正效果进行有效的评估，并根据矫正效果合理地检验矫正措施和方法的针对性和有效性；是否符合罪犯的矫正需求，并能够根据实际情况及时调整矫正方法和措施。

5. 学生能够结合所学知识要点对案例中的填写要素作出客观、准确的评价，找出错误点并能更正。

第十七章　顽危犯教育改造类文书

学习要点

　　通过本章学习，要求学生了解监狱在日常管理中如何在犯群中进行情报搜集、分析研判，排查出重点罪犯，通过综合调查与动态施控，从中筛查出顽危犯，全面了解顽危犯基本信息，对顽危犯的顽危成因进行分析，制定有针对性的、有效的管控和教育矫正措施。

学习目标

　　学生通过学习掌握顽危犯认定和撤控标准，熟悉顽危犯改造的相关工作流程，掌握顽危犯认定审批表、顽危犯个案分析和顽危犯撤控审批表的制作方法。难点是如何进行顽危犯个案分析，并制定出行之有效的改造与转化措施。

【本章引言】

　　顽危犯的转化教育是监狱教育改造工作的一个重点。对这类罪犯的管理、教育、改造工作的不得力将影响监狱管理制度的落实、危害狱内改造秩序，给监狱的管理带来极大的负面影响。因此，准确地识别顽危犯、有效地教育矫正顽危犯，对监狱履行刑罚执行职责具有重大的现实意义。

　　本章将重点介绍顽危犯认定审批表、顽危犯个案分析和顽危犯撤控审批表这三种法律文书。顽危犯确认、教育转化的工作流程及执法文书制作节点，见下图。

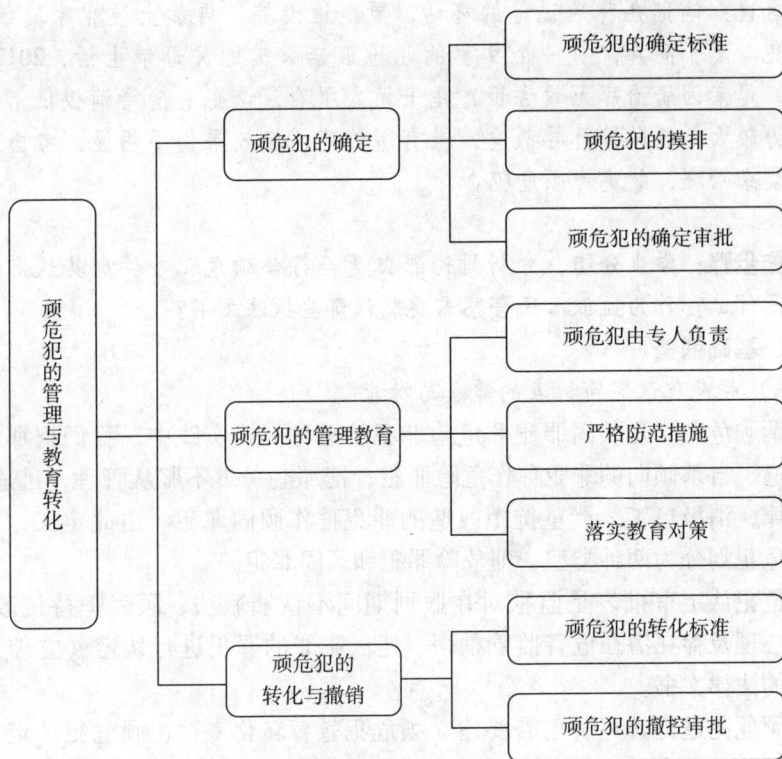

图 17 - 1　顽危犯确定、教育转化工作流程图

第一节　顽危犯认定审批表

一、任务描述

李×辅，男，汉族，1980 年 8 月 10 出生，初中文化，2010 年李×辅因酒后与他人发生冲突，用刀将他人砍伤，被江苏省扬州市人民法院以故意伤害罪判处有期徒刑 10 年；刑期起止：2010 年 10 月 26 日至 2020 年 10 月 25 日；家庭住址：江苏省扬州市邗江区常青街道××弄××号。李×辅简历：1986 年到 1991 年在江苏省南京市虹口某校上小学，1991 年到 1994 年在江苏省南京市闸北某校上初中，1994 年到 2002 年无业，2002 年到 2010 年在扬州市××商贸公司担任职员。李×辅性格暴躁，心胸狭隘，猜疑心较重，性格比较孤僻、内向，害怕体力劳动，极易走上极端。该犯自 2010 年 12 月 3 日入监以来，多次与他犯发生争吵。2017 年 9 月 15 日，该犯不服从班长的正常管理，殴打班长，经班组服刑人员拉开制止。该犯曾多次

扬言说：他犯在背后说他的坏话，要跟谁没完。再加上该犯家庭的变故，该犯与妻子离异，有一个9岁的儿子跟李×辅的父母亲生活，2017年12月，母亲因病治疗无效去世，儿子无人照看，该犯的情绪消极低落，思想压力较大，经民警开导教育，虽有所转变，但效果仍不明显，考虑到该犯的复杂心理，故定为顽危犯。

实施步骤：学生分组，分析讨论罪犯是否符合顽危犯条件？其认定顽危犯的依据是什么？作为监狱人民警察需要制作哪些执法文书？

二、基础铺垫

（一）顽危犯认定审批表的概念与功能

所谓顽危犯，是顽固罪犯和危险罪犯的总称。在实践中，我们把那些有行凶、脱逃、自杀倾向的罪犯称作危险罪犯；把那些一贯不服从管理，逃避学习，不守纪律，消极怠工，严重抗拒改造的罪犯称作顽固罪犯。由此定义，我们可以把顽危犯划分为两种类型，即危险罪犯和顽固罪犯。

顽危犯认定审批表是监狱对在服刑期间不认罪服法、顽固坚持抗改立场、观点、心理及存在潜在危害监管秩序、违法犯罪的罪犯进行认定（立控）管理时制作的法律文书。

对顽危犯进行教育矫正需要建立顽危犯教育转化专档，顽危犯认定审批表是教育转化专档中的初始文书，标志着监狱识别顽危犯并对顽危犯进行专门教育矫正工作的开始。

（二）顽危犯认定审批表的法律依据

1. 顽固犯认定的法律依据：《监狱教育改造工作规定》第21条第2款规定：有下列情形之一的，认定为顽固犯：①拒不认罪、无理缠诉的；②打击先进、拉拢落后、经常散布反改造言论的；③屡犯监规、经常打架斗殴、抗拒管教的；④无正当理由经常逃避学习和劳动的；⑤其他需要认定为顽固犯的。

2. 危险犯的认定法律依据：《监狱教育改造工作规定》第21条第3款规定：有下列情形之一的，认定为危险犯：①有自伤、自残、自杀危险的；②有逃跑、行凶、破坏等犯罪倾向的；③有重大犯罪嫌疑的；④隐瞒真实姓名、身份的；⑤其他需要认定为危险犯的。

（三）顽危犯认定审批表的结构及内容

为了更好地维护监管秩序，打击抗改歪风，教育改造罪犯，就要求我们必须准确地筛查出罪犯中的顽危犯。一般而言，在填写监狱顽危犯认定审批表之前必须进行逐一排查，筛查出危险大、难改造的罪犯，作为认定对象。

顽危犯认定审批表属于表格式文书，包括表眉、表腹和表尾。

1. 表眉。顽危犯的基本情况和家庭情况。包括姓名、文化程度、罪名、本人简历、家庭成员、主要犯罪事实等内容，其填写规则可依据监狱执法文书常规项目的填写规则填写。

2. 表腹。表腹即认定依据，是本文书的制作重点。其依据主要根据《监狱教育改造工作规定》第 21 条第 2 款、第 3 款之规定填写。

3. 表尾。各层级意见栏由分监区、监区、狱政科和监狱领导逐级签署是否同意认定的意见，同时签名并注明日期；在意见栏中要填写顽危犯的级别是监区级或监狱级。备注栏填写需要补充说明的情况。

三、文书制作提示

（一）顽危犯认定审批表的制作要求和注意事项

1. 慎重使用顽危犯认定审批表，只有对屡教不改，并且经过认真评估后具有较强危险性的罪犯使用此表。

2. 对顽危犯中顽固犯的认定，可根据罪犯 1 年来的综合表现，在年底或年初一次性予以认定；对顽危犯中危险犯的认定，一旦发现罪犯有危险因素存在，即要随时予以认定。

（二）制作顽危犯认定审批表的准备工作

1. 在填写顽危犯认定审批表之前，由承包民警、分监区、监区进行逐级摸排筛查，筛查出危险大、难改造的罪犯，作为初步认定对象，并确定是监区级、还是监狱级重控对象。

下列罪犯列为重点摸排对象：入监不到 1 年的罪犯；未减刑的死缓和无期徒刑罪犯；累犯；危害国家安全和邪教类罪犯；带有黑社会性质犯罪的罪犯；犯罪手段残忍或性格暴躁的暴力型罪犯；家庭发生重大变故或改造遇挫折的罪犯；与其他罪犯积怨较深或与警察有较强对立情绪的罪犯；疑似是假姓名、假身份、假地址的罪犯；老残病犯中对前途悲观失望的罪犯；疑似有精神障碍的罪犯；其他应当列入重点摸排调查的罪犯。

2. 全面了解掌握顽危罪犯的基本情况、社会关系、改造表现、心理状况等信息，通过对罪犯的改造表现进行综合评定，分析排查出顽危犯。

（三）制作的重点和难点

1. 此表制作过程中，罪犯的基本情况和主要犯罪事实一般按照判决书或裁定书内容填写。

2. 顽危犯的认定依据是本表中最重要的一栏，在叙写认定依据时要紧紧围绕顽危犯的法定依据展开，写明罪犯当前的现实表现，符合认定顽危犯的法定情形之一。

四、实例示范

表 17 – 1　顽危犯认定审批表

单位：江苏××监狱

姓名	李×辅	性别	男	出生年月	1980 年 8 月 10 日	文化 程度	初中	罪名	故意 伤害罪
刑期 （种）	有期 徒刑 10 年	刑期 起止	2010 年 10 月 26 日 至 2020 年 10 月 25 日		入监 时间	2010 年 12 月 3 日	家庭 住址		江苏省扬州市 邗江区常青街道 ××弄××号
本人简历	1986 年到 1991 年　江苏省南京市虹口某校　学生 1991 年到 1994 年　江苏省南京市闸北某校　学生 1994 年到 2002 年　无业 2002 年到 2010 年　扬州市××商贸公司　职员								
家庭成员	父亲　李×甲　63 岁　退休 母亲　赵××　已故 儿子　李×乙　9 岁扬州市××学校　学生								
主要犯罪 事实	2010 年×月×日李×辅因酒后与他人发生冲突，用刀将他人砍伤，被江苏省扬州市人民法院以故意伤害罪判处有期徒刑 10 年。								
认定 依据	该犯近期表现较差，有较大的思想包袱。2017 年 9 月 15 日，该犯不服从班长的正常管理，殴打班长，经班组服刑人员拉开制止。该犯曾多次扬言说：徐犯在背后说他的坏话，要跟谁没完。该犯与妻子已离异，有一个 9 岁的儿子跟李×的父母亲生活，2017 年 12 月，母亲因病治疗无效去世，儿子无人照看，该犯的消极情绪低落，思想压力较大，经民警开导教育，虽有所转变，但效果不明显。 　　该犯人格趋于内向、比较孤僻，性格固执，缺乏变通性，情绪稳定性较差，情感出现一定障碍，自我调控能力低，报复性较强，内心争强好胜。该犯抗拒劳动，尤其害怕体力劳动。经监狱教育改造中心心理测量评估，认为该犯危险性指标较高，建议作为监狱级顽危犯重点管理。 　　综合该犯的近期改造表现以及教育改造中心的评估结论，根据《监狱教育改造工作规定》第二十一条第二款之规定，建议作为监狱级顽危犯进行管控。								
分监区 意见	该犯近期屡犯监规、抗拒管教的情况属实，经分监区集体合议，拟上报监区批准。 签名：张×× 2017 年 12 月 18 日								

续表

监区意见	情况属实，经监区会议讨论，认为罪犯李×辅符合顽危犯的标准，建议将该犯确立为监狱级顽危犯。 签名：曾×× 2017 年 12 月 18 日
狱政科意见	拟同意将该犯列为顽危犯列控，报请监狱审批。 签名：黄×× 2017 年 12 月 20 日
监狱意见	同意将该犯列为监狱级顽危犯，做好教育转化工作。 签名：毛×× 2017 年 12 月 20 日
备注	无

【拓展阅读】

顽危犯认定表 PPT。

第二节 顽危犯个案分析

一、任务描述

罪犯张××，男，1960 年 2 月 19 日生于××市，汉族，初中文化，已婚，捕前住××市××路 50 弄 106 室。2006 年 10 月 14 日因涉嫌抢劫罪被××市公安局××分局刑事拘留，同年 11 月 14 日被依法逮捕，羁押于××市××区看守所。2007 年 3 月 1 日，××市××区人民法院以抢劫罪依法判处张××有期徒刑 10 年，剥夺政治权利 2 年，并处罚金人民币 1000 元。2008 年 5 月 3 日移押至××市新收犯监狱，2008 年 5 月 10 日调至××监狱三分监区服刑改造至今。

罪犯张××改造表现比较消极，期间民警曾多次找其谈话教育，张××表面上表示服从管理，遵守监规纪律。但在劳动改造中却总是消极怠工，对民警的劳动分工和事务安排有时不搭不理，有时甚至直接冲动对抗。其

多次与其他罪犯发生冲突，甚至动手打架，严重破坏了劳动现场秩序。在民警对其进行教育时，表面上信誓旦旦，但实际上仍然阳奉阴违。一旦民警对其严厉批评教育或要给予其处分时，又以其有高血压为借口要求治疗，软磨硬泡，拒不接受劳动改造。另外，张××有高血压疾病史，自来到分监区后已发病多次，给分监区的管理带来一定压力，同时也增加了监管的难度和风险。

实施步骤： 学生分组；分析讨论如何结合该犯的成长史、犯罪史、家庭情况和心理测量结果综合分析评估该犯的顽危成因？结合该犯的个性心理特征，制定有计划、有目的、有针对性的个案矫正方案，预测并跟踪教育矫正效果，适时适宜调整教育矫正手段和方法，及时总结顽危犯教育矫正手段和方法，有效提高教育改造质量。

二、基础铺垫

（一）顽危犯个案分析的概念和功能

顽危犯个案分析是对顽危犯的犯罪情况、家庭情况、社会关系、个人成长历史、个性心理特征、抗改历史和改造表现等资料进行综合分析，探究顽危犯的抗改心理，预测行为变化发展规律，并在此基础上制定的有针对性教育矫正措施的分析报告。

顽危犯个案分析是教育矫正顽危犯的基础工作，做好此工作有利于监狱做好顽危犯的教育转化工作，对于维护狱内良好的改造秩序，确保监管场所安全稳定，提高罪犯整体改造质量，切实落实"治本安全观"具有十分重要的意义。

（二）顽危犯个案分析的法律依据

《监狱教育改造工作规定》第21条第1款规定："监狱应当建立对顽固型罪犯（简称顽固犯）和危险型罪犯（简称危险犯）的认定和教育转化制度。"

（三）顽危犯个案分析的结构及内容

1. 首部。

（1）标题居中，一般写成罪犯×××的个案分析。

（2）罪犯个人基本情况：姓名、性别、民族、出生日期、案由、刑期、刑种、文化程度、婚姻状况、捕前职业、户籍、家庭住址等。

（3）个人简历：个人简历是个人学习、工作或生活经历的连贯反映。如果罪犯在本次犯罪前受到过行政处罚或刑罚处罚，应在填写简历时将处罚的时间、事由和处罚的种类、处罚机关及期限等情况详细填写。

（4）家庭成员及主要社会关系：包括直系亲属和关系较密切的亲属的年龄、职业及与罪犯的关系。

2. 正文。该部分是本文书的制作重点，根据量表测评结果并结合罪犯的具体表现进行综合分析评估。

（1）心理特征。根据心理测试量表，简单分析罪犯在掩饰性倾向、个性、气质、情绪和精神质等方面表现出的值得重视的问题（重点提示部分中的不良心理提示和建议）心理测试情况：①COPA－P1（中国罪犯心理个性测试）（必做）；②RW（罪犯人身危险性评价）（必做）；③16PF（卡氏16种人格因素测试）（必做）；④SCL－90（90项症状清单）（选做）；⑤SDS（抑郁自评量表）（选做）；⑥SAS（焦虑自评量表）（选做）。

罪犯的心理特征的描述可根据罪犯心理测量数据，经专业心理分析得出罪犯的心理特征结论，在文本中只需写明心理特征结论。

（2）主要犯罪事实。填写时，应当把判决书认定的犯罪事实发生的时间、地点、人物、犯罪的动机目的、情节手段、行为过程及危害后果等要素叙写清楚。

（3）犯罪原因分析。犯罪原因可以从罪犯成长的社会环境、家庭环境、个性特征等角度综合分析罪犯犯罪的主客观原因。

第一，社会环境包括政治、经济、文化以及学校教育等因素。教育活动进行得当与否，与犯罪现象的产生、发展有着密切关系。网络传播色情、暴力、恐怖等低俗内容容易影响社会风气，刺激社会成员模仿产生犯罪。

第二，家庭对犯罪的影响至关重要。家庭环境是影响少年儿童心理和行为健康的重要因素。家庭教育的缺失或者对孩子的不当教育，会使子女形成错误的人生观、道德观和价值观，缺乏文化知识和法制观念，最终走上犯罪道路。

第三，个性特征包括罪犯自身心理、生理、认知、生存及生活等方面。例如，财产型犯罪的人在社会认知方面存在偏差，把物质利益放在首位，追求奢华的生活方式；存在不良心理的罪犯经常表现出自卑、敌意、多疑、焦虑等心理问题。

（4）在分析犯罪原因的基础上结合罪犯现实改造表现综合分析罪犯顽危原因。

罪犯在改造中认罪悔罪、遵守监规纪律、三课教育和劳动等方面的基本表现，重点对罪犯顽危原因进行分析。

对罪犯的顽危原因的识别一般由监狱的职能机构或会同不同学科领域知识背景的专业人士共同完成。对罪犯的顽危因素分析可采用面谈、罪犯自书、阅读罪犯档案、函调和采用心理、认知和行为评估量表评估，进行综合分析，从罪犯的个人问题、家庭问题及社会环境、性格特征、心理因素等维度进行识别。

（5）矫治的有利因素和不利因素分析。

第一，矫治的有利因素分析。从罪犯自身的个性特征、个人的矫正需求、社会支持系统犯罪原因、性质等方面综合分析评判教育矫正罪犯的有利因素。

第二，矫治的不利因素分析：从罪犯的家庭因素、社会生活环境、心理特征、顽危因素、现实改造环境等方面查找并分析对顽危对象进行教育矫治的不利因素。

（6）矫治的目标和主要措施。

第一，矫正目标：包括总目标和具体目标。具体目标是帮助罪犯解决1个或几个特定问题，完成1件具体任务。具体目标是为总目标服务的。

第二，主要措施：根据顽危因素和教育目标制定具体的个别教育措施。

依据司法部颁布的《教育改造罪犯纲要》，把对罪犯的教育改造的主要内容分为：对新入监罪犯的教育；对罪犯的法律常识和认罪悔罪教育；对罪犯的公民道德和时事政治教育；对罪犯的文化教育；对罪犯的劳动和职业技术教育；对罪犯的心理健康教育；对即将出监罪犯的教育。在确定具体措施时可根据顽危因素和教育目标制定具体的、有针对性的教育矫治措施。

3. 尾部。署名和成文日期，署名为该犯的主管民警，日期即个案分析的成文日期。

三、文书制作提示

（一）顽危犯个案分析的制作要求和注意事项

1. 要注重个案分析。个案分析是对顽危犯的犯罪情况、家庭情况、社会关系、成长史、个性心理特征、抗改历史和改造表现等资料，综合分析，探究其抗改心理，行为变化发展的规律，为下一步采取有针对性的教育矫正措施作准备。作好个案分析工作，平时要注意观察，注意罪犯资料的搜集与运用。总的要求是材料要尽量齐全、真实，分析要透彻，能够客观全面地反映出顽危罪犯的个性心理特征，运用资料判断出其抗改的行为特征。

2. 科学合理、结合实际和易于操作是方案成败的关键因素。要紧密结合罪犯改造的客观实际，全面分析顽危犯的主要犯罪根源和存在的主要问题，一人一策，对症下药，制定详细的转化"治疗"方案。

（二）制作顽危犯个案分析的准备工作

1. 构建完善的犯情信息搜集机制。

（1）要抓住罪犯犯罪的概要信息。掌握罪犯的犯罪过程、犯罪原因、犯罪事实、犯罪手段、犯罪危害，从中分析得出该犯的案情是否复杂、重大，属于哪一类犯罪性质，犯罪性质是否恶劣，犯罪手段是否残忍，是突发性还是预谋性，是初犯还是累惯犯，在改造当中是否存在类似的犯罪可能与倾向。

（2）要抓住罪犯的个性特征和成长经历信息。掌握罪犯的成长过程，从中分析该犯在社会的成长经历是否平坦、清白，是否受到正常的教育，经历了哪些挫折，取得了哪些成功或成就，是否有前科和不良劣迹，投入改造以后是否

会受到人生经历的影响而增加改造难度。

（3）要搜集罪犯家庭及社会关系信息。多渠道核实罪犯的家庭成员、社会关系是否真实可靠，从中分析出家庭状况、背景如何，社会关系是否复杂，家庭成员及主要的亲属是否对该犯关心和照顾，有无父母离异现象，该犯是否关心或仇视家庭，以及在家庭中的地位和作用。投入改造后，是否牵挂和关心家庭，家庭成员和亲属对其犯罪是否能谅解，亲情关系能否延续，是否能帮助和支持其渡过改造难关，亲情规劝对该犯的作用如何，是属于顾虑家庭型还是仇视家庭型。

（4）要搜集罪犯的改造表现信息。主要包括：认罪服判情况、改造信心、性格类型、影响改造的心理因素。

认罪服判就是该犯是否认罪服判，有无认为轻罪重判、无罪错判、有错无罪的现象，在改造中是否会申诉、缠诉，是无心改造，还是改造、申诉两不误。

改造信心是根据个人的认罪态度、悔改意识、入监表现、家庭状况、个人身体状况、文化素养、就业谋生能力、特长爱好等情况判定罪犯是积极改造型、破罐子破摔型还是顽抗到底型。

性格类型是根据罪犯个人在服刑期间的言行举止、为人处事的表现判定罪犯是内向型、外向型，还是中性型。

影响改造的心理因素是通过谈话教育、了解掌握外围情况、会见通信、亲情电话等方法，归纳分析影响改造的心理因素，如负罪、不认罪服判、刑罚执行、考核奖惩、顾虑家庭、家庭变故、环境变化、身体状况等因素。

（5）要搜集罪犯的身心状况。评估罪犯的身心状况时，一方面要考虑罪犯的主观感受，如通过情绪量表对罪犯进行问卷调查；另一方面，要善于"察言观色"，注重罪犯日常行为表现反映出的罪犯心理状态。一般采用中国罪犯心理分测验量表，首先对测试结果的可信度进行判断，判断是虚假不真实的要进行重新测试，认真分析人格因素得分。

2. 科学的转化方案应遵循必要的程序。一是监区通过查阅罪犯档案，个别谈话，耳目情况反映和平时观察完成原始情报搜集；二是监狱、教育科和监区三级对该犯的情况进行综合归纳分析，完成"会诊"，弄清"病因"；三是组织相关"专家"制定转化"治疗"方案；四是对监区实施方案情况进行效果测评，及时对方案进行调整、补充、完善；五是方案确定后交监区具体实施。监区采取一定形式，成立转化攻坚组，具体落实到人。

3. 综合评估正确定级。在罪犯入监教育和整个改造期间，对罪犯人身危险性的评估主要是采取自下而上的评估办法。民警评估、监区评估、管教业务部门评估、监狱领导评估。罪犯危险评估类别可分为"三级五类三等"，三级：普

管级、严管级、危险级；五类：积极类、稳定类、消极类、顽固类、危险类；积极类——普管级；消极类、顽固类——严管级；危险类——危险级；三等：A等为具有现实危险性的罪犯；B等为具有一般危险性的罪犯；C等为具有潜在危险性的罪犯

（三）制作的重点和难点

对顽危犯顽危原因的分析[1]，顽危犯形成的主观原因：①心理上的缺陷，包括入监前存在的人格心理问题，入监后环境的变迁及内心的压力；②道德观、价值观的缺失；③强烈的报复泄恨心理；④犯罪思维模式明显，原有犯罪心理的延续；⑤内心空虚，寻机自我显示；⑥判决结果与犯罪的期望值的绝对背离；⑦意志上的偏激执着。

顽危犯形成的客观原因：①社会消极信息的影响；②改造环境中不良因素的存在；③干警工作失误，使顽危犯的抗改意识恶性膨胀；④改造中受到家庭不良因素的影响而诱发肆意对抗，如家庭的变故和摒弃；⑤长期受到疾病的困扰。以上顽危原因分析供参考，在分析时应根据每个罪犯的具体情况予以分析确认。

四、实例示范

对罪犯张××的个案分析

一、个人简历

罪犯张××，男，1960年2月19日生于××市，汉族，初中文化，已婚，捕前住××市××路50弄106室。1976年中学毕业后在××农场工作，1982年2月至1985年2月在××市五星化工厂工作，1985年2月至2006年2月在××市××区开封路小商品市场做经营个体户，2006年10月14日因涉嫌抢劫罪被××市公安局××分局刑事拘留，同年11月14日被依法逮捕，羁押于××市××区看守所。2007年3月1日，××市××区人民法院以抢劫罪依法判处张××有期徒刑10年，剥夺政治权利2年，并处罚金人民币1000元。2008年5月3日移押至××市新收犯监狱，2008年5月10日调至××监狱三分监区服刑改造至今。

张××于1960年出生于××市一个干部家庭，家庭经济状况较好，童年生活幸福。1976年中学毕业后，张犯到××市××农场工作了2年，接着到××化工厂工作了几年，然后辞职做生意，经济上渐渐好转。后张××染上不良嗜好，长期与社会上的闲杂人员来往，吃喝嫖赌样样俱全。

---

〔1〕　董浩晴："浅析顽危犯的形成原因"，载《东方教育》2014年第4期。

二、家庭主要成员及社会关系

1. 父亲：张×甲，（已故）。
2. 母亲：吴××，83岁，党员，××市××路幸福小区。
3. 前妻：王××，48岁，群众，地址不详。
4. 弟弟：张×乙，46岁，群众，××市出租车公司。
5. 妹妹：张×丙，44岁，群众，××市××路光明小区。
6. 女儿：张×丁，20岁，群众，××市××路南湖小区。

三、主要犯罪事实

2006年9月13日晚21时许，张××伙同夏××等人至××市×村×号被害人方×住处，以索要嫖资为由，采用拳击方×的面部、抽打其耳光等方式，逼迫方×交出现金人民币700元。经鉴定方×面部裂创伤已构成轻微伤。根据《刑法》第263条第1项、第25条第1款的有关规定，该犯的行为已构成犯罪，于2007年3月1日，××市××区人民法院以抢劫罪依法判处张××有期徒刑10年，剥夺政治权利2年，并处罚金人民币1000元。

四、犯罪原因

1. 张××个性心理属于抑郁质。张××性格内向，情绪属于典型的不稳定型，对各种刺激的反应都过于强烈，极易焦虑、紧张、易怒、发脾气、容易冲动、情绪激发后很难在短时间内平静下来、适应环境能力较差。张××的这种性格特征，使其处理人际关系的能力较差，且个人的心理承受力差，再加上张××自尊心强，比较自负，看不起其他罪犯，自命清高，所以其人际关系较差，与同监房的罪犯及工段内的罪犯几乎很少交谈。但张××在生活上又具有一定的同情心和人道精神，这是改造过程中可以有效利用的方面。

2. 张××的家庭背景及生活阅历是其走上犯罪道路的原因之一。张××从小生活条件比较优越，养成了张××根本看不起出生在平常家庭的人。"文化大革命"爆发后，在张××成长的关键时期，家庭的变故导致张××受到打击，学习成绩下滑，整天和一帮社会上所谓的"哥们儿"混在一起，勉强读完了初中。张××父母忙于工作，家庭教育的缺失使张××形成错误的人生观、道德观和价值观，加之缺乏法制观念，最终走上犯罪道路。

中学毕业后，张××到××市×农场工作了2年，接着又到×农场、××化工厂工作了几年，然后辞职开始做生意。张××的这种生活阅历使其有机会接触到社会的消极面，在其错误价值观的指导下，放松了对自己的管束和要求，生活上自由散漫。

3. 张××文化程度低，理解和处理问题的能力不强，对法律存在错误认

知、改造信心不足。张××由于法律知识有限，错误地以为采用暴力手段为卖淫女索要嫖资不构成犯罪，而是伸张正义、维护公平的义举。

五、改造表现

罪犯张××于2007年5月3日被移押至××市新收犯监狱，同年5月10日调至××市××监狱三分监区服刑改造至今，改造表现比较消极，期间民警曾多次找其进行谈话教育，张××表面上表示服从管理，遵守监规纪律，但在劳动改造中却总是消极怠工，对民警的劳动分工和事务安排有时不搭不理，有时甚至直接冲动对抗。尤其是当有其他罪犯对其说脏话时，张××就以语言不文明、侮辱其人格为由，大吵大闹，甚至准备动手打架，破坏劳动现场秩序。在民警对其进行教育时，表面上信誓旦旦，但实际上仍然阳奉阴违。一旦民警对其严厉批评教育或要给予其处分时，又以其有高血压病为借口要求治疗，软磨硬泡，拒不接受劳动改造。自该犯入监以来的计分考核材料显示，其因违纪扣分9次，累计扣分14分，其中因与他犯打架扣分4次，不参加劳动改造扣分3次，不服民警管教、顶撞民警扣分2次。

近段时间以来，罪犯的改造情绪总体上还算稳定，但消极怠工，抗拒改造的情况时有发生，有时为了一点小事就闹情绪、不服从监组长和"事务犯"的劳动分工，甚至拒绝参加劳动，在民警对其教育期间，不服从管教、顶撞民警。为此，分监区民警多次找其谈心，监区领导也多次对其进行批评教育，张××的改造态度虽有一定程度的转变，但仍要严防张××情绪反复无常的情况发生，另外，张××有高血压疾病史，自来到分监区后已发病多次，给分监区的管理带来一定压力，同时也增加了监管的难度和风险。

六、改造难点

张××在服刑过程中，根据其多次违纪被扣分、对民警教育态度嚣张、拒不参加劳动、人际关系紧张且屡有打架行为的情况，以上事实表明张××不但难以改造，而且十分顽固。通过查阅案卷材料，多次找其谈心和深挖犯情，张××难以改造的症结基本可以归纳为以下三个方面：

1. 张××抑郁个性心理特征明显。该犯极易焦虑、紧张、易怒、发脾气，容易冲动，情绪不稳定，其适应环境、自我调节和控制能力较差。该犯沉默寡言，离群索居倾向比较严重，自伤自残的可能性较大，再加上其固执己见，看待问题的角度和方式比较偏激，和他人发生矛盾时好冲动，因此人际关系比较紧张。张××的这种性格特征使得对其进行心理迁移和性格改造的难度很大。

2. 张××对犯罪行为的社会危害性及法律属性存在法律认知错误。张××认为，采用暴力手段为卖淫女要嫖资不构成犯罪，而是伸张正义、维

护公平的义举。因此，该犯认为法院对其行为的定性存在错误，量刑偏重，是有意加重对他的惩罚，由此，张××对改造产生了对抗心理，导致形成对管教民警的反感、抗拒心理。这一症结是张犯难以改造的直接因素。

3. 张××年龄偏大，有高血压病史十几年，这常常成为其抗拒劳动改造的生理借口。

七、教育改造与转化措施

针对张××难以改造的顽固性和人身危险性，结合张××入监后的表现，改造小组进行了反复思考和深入分析，积极寻找其心理弱点和教育转化的突破口，并采取如下措施：

1. 开展法制教育，运用法制理论，帮助张××承认犯罪事实，达到认罪服法的目的。罪犯张××从犯罪到改造过程中多次违纪，一个重要的原因就是对国家政策和法律缺乏基本的了解。该犯文化程度较低，缺乏基本的法律知识，通过开展法律知识的教育，帮助其树立法律意识，促使其深刻反省自己的罪行，引导张××用正当合法的方式维护自己的权利。

2. 消除张××的对立情绪，建立与干警的信任关系。张××对社会抵触、对民警的对立情绪，这种情绪若不消除，任何教育都难以渗透进去。通过个别谈话，建立良好的思想沟通渠道，在谈话和接触中，逐步走进张××的内心，耐心细致地做好该犯的思想教育工作，增强其自我控制能力，逐步养成其规范意识和服刑意识，融洽其人际关系，在生活上关心该犯的改造情况、病情等，建立与干警的信任关系。

3. 加强政策引导，对该犯加强司法政策解读和减刑政策的解释，鼓励该犯制订改造计划，积极投入服刑改造，争取获得减刑等司法奖励。

4. 开展亲情帮教。民警鼓励张××拨打亲情电话，书写家信，与家人多沟通；经过多方努力，民警联系到张××的女儿，并实现了来狱会见。利用亲情教育，感化该犯，帮助该犯增强改造信心，树立早日回归社会、与家人团聚的信心。

×监区×分监×××

20××年×月××日

【拓展阅读】

顽危犯个案分析PPT。

第三节 顽危犯撤控审批表

一、任务描述

罪犯李×，现年38岁，汉族，初中文化；家住山东省××县××乡××村；因故意伤害罪被判处有期徒刑12年。2004年6月18日从山东××监狱转监至新疆××监狱二监区服刑改造。

罪犯李×自2004年从山东××监狱转监至新疆××监狱一监区服刑改造，2005年初再由一监区调入二监区二分监区以来，思想情绪极度消极，沉默寡言，性格怪僻，少与他犯交流，对正常的改造手段和秩序不能遵守与认同。在劳动中出工不出力现象严重，有较强的抗拒心理。在日常的改造中不服从民警的管理，虽经多次谈话教育但效果不大，表明其对民警的教育有一定的抵触情绪。在改造生活中，该犯表现出性格孤僻，服刑意识较淡薄，自私心理较严重，不喜与他犯交流，心胸狭窄，行事不多加思考，以自我为中心，喜欢惹是生非，对周围世界持明显的敌视和排斥态度，对民警的教育管理置若罔闻，屡教不改，且不能与同班的罪犯和睦共处，常与他犯发生争执，曾在班组内多次散布反改造言论。其对改造前途缺乏信心，沮丧悲观，思想包袱大，容易出现不够理智的行为，是自伤自残及伤害他人的高危人群。通过分析认为，针对该犯的上述现实改造表现，监区将该犯定为顽危犯，实施重点监控。同时，作为一个重点转化的对象，通过承包民警的集体转化措施，1年后李某已成功转化。

实施步骤：学生分组；分析讨论民警对顽危犯李×撤控的原因是什么？探讨一下对顽危犯撤控的标准。顽危犯撤控时民警应该制作哪些相关监狱执法文书？

二、基础铺垫

（一）顽危犯撤控审批表的概念及功能

顽危犯撤控审批表是监区对顽危犯进行教育矫正后，达到了控制、稳定和转化目标，符合顽危犯撤控标准时，监区对顽危犯撤控报请上级审批时制作的法律文书之一。该文书是顽危犯教育转化专档文书之一，该文书的制作标志着顽危犯可以撤控，形成了顽危犯教育转化系列文书一个完整的过程。

（二）顽危犯撤控审批表的法律依据

根据《监狱教育改造工作规定》第22条的规定，监狱应当对顽固犯、危险犯制定有针对性的教育改造方案，建立教育转化档案，指定专人负责教育转化工作。一般来说，认定转化达到撤控标准的依据如下：①正确认识自己的犯罪

性质和犯罪危害性，主动上交比较深刻的认罪服法书。②自觉服从民警的管理，主动向民警汇报思想，能够认真全面写出犯罪史、成长史等材料，对其他罪犯有教育意义。③自觉遵守监规纪律，并能制止他人违纪。④积极参加集体活动和各项教育学习，主动自觉完成作业。⑤对自己的病情正确对待，积极治疗，有良好的生活卫生习惯。⑥恶习陋习已经改掉，举止文明，行为规范。⑦劳动态度端正，主动完成劳动指标，全月无退货返工情况出现。⑧有事能找民警如实反映情况，正确处理人际关系，心理测试结果情绪趋于稳定，反社会心里明显弱化。

（三）顽危犯撤控审批表的结构及内容

该文书属于填空式文书，在表头和基本情况方面的填写，参阅顽危犯认定审批表中相同栏目的制作方法，不再赘述。其他栏目制作要求：

1. 转化控制方案。根据罪犯的个案分析材料，提出对该犯转化教育的措施或阶段性目标。

2. 撤控理由。这是该文书的重要栏目，由主管民警填写。主管民警根据该犯列为顽危犯期间的现实表现，依据上文所列情形，达到以上所有标准的，即可提请撤控。

3. 立控期间表现。根据撤控依据所列情形，如实填写罪犯立控期间现实改造表现，作为撤控的主要依据，其中包括现实表现和奖惩情况。

4. 意见。由监区全体警察会议集体合议后上报监狱相关科室，再上报监狱签署是否同意对该犯撤控的意见，并签名注明年月日加盖公章。

5. 备注。填写是否还需要补充说明的情况，可根据实际情况灵活掌握。

三、文书制作提示

（一）顽危犯撤控审批表的制作要求和注意事项

1. 该文书是监狱依据顽危犯差异性的犯因性问题，采取了有针对性的调适、干预和治疗等技术后，民警认为顽危犯达到教育转化目标时制作的监狱执法文书。

2. 该文书是在顽危犯认定审批表、顽危犯个案分析的基础上制作的配套监狱执法文书。

（二）制作顽危犯撤控审批表的准备工作

在顽危犯转化工作中，专门负责顽危犯转化工作的民警应当整理专档记录材料作为撤控的依据，主要内容包括：①顽危犯教育转化专档材料；②判决书、裁定书；③罪犯入监登记表、罪犯心理测量分析报告；④顽危犯认定审批表；⑤顽危犯个案分析个别教育谈话记录；⑥罪犯思想汇报（罪犯本人书写并捺手印）；⑦顽危犯转化工作的经验总结；⑧顽危犯转化季度情况分析；⑨其他反映顽危犯转化效果的材料、顽危犯撤控审批表。

（三）制作的重点和难点

1. 立控期间的表现要根据罪犯被列为顽危犯期间的现实表现如实填写，主

要从罪犯认罪悔罪、遵守监规、认真参加各项学习、积极劳动等方面进行阐述。

2. 撤控的理由要依据本节的法律依据进行叙写，一般而言达到以上所有标准，即可撤控。如该犯被认定为顽危犯时不能认识自己的罪行，经过民警教育改造后能够认罪服法，主动书写认罪服法的思想汇报，积极参加劳动改造。

3. 转化控制方案栏填写过程中，简要概括教育矫正目标及教育矫正成果即可。

4. 立控类型及原因为选择项，根据顽危犯认定审批表的内容进行选填。

四、实例示范

表 17 – 2　顽危犯撤控审批表

单位	××监狱	监区	二监区	监组	一号监
番号	×××	姓名	李×	年龄	38 岁
文化程度	初中	案由	故意伤害罪	刑期起止	×年×月×日至×年×月×日
前科劣迹	前科 2 次（系累犯）	家庭住址	山东省××县××乡××村	家庭成员	父亲　李×（已故）
目前表现及奖惩情况		该犯目前能正确认识自己的罪行，认罪服法，主动书写认罪悔罪书，积极参加劳动改造，立控期间内无违纪扣分现象。 　2007 年上半年被评为改造积极分子，并被依法呈报了减刑。			

立控类型及原因					
顽固犯	1. 拒不认罪，无理缠诉　　（　）		危险犯	1. 有自伤、自残、自杀危险　（√）	
	2. 打击先进，拉拢落后，经常散布反改造论言　　　　（　）			2. 有逃跑、行凶、破坏等犯罪倾向　　　　　　　　　（√）	
	3. 屡犯监规，经常打架斗殴，抗拒管教　　　　　　　（√）			3. 有重大犯罪嫌疑　　　（　）	
	4. 无正当理由经常逃避学习和劳动　　　　　　　　　（√）			4. 隐瞒真实姓名、身份　（　）	
	5. 污蔑、恶意攻击民警正当执法行为、扰乱改造秩序　（　）			5. 其他原因　　　　　　（　）	
	6. 其他原因　　　　　（　）				
承包民警姓名	×××		工作年限	12 年	

转化 控制 方案	1. 基于罪犯李×在调监后的实际表现，承包民警首先通过细微的观察，寻找教育转化的突破口。在观察中发现该犯确实存在思想问题，思想包袱重，平时改造心神不定，对任何事都不关心的样子，过一天算一天的态度，混刑度日。针对他的这种思想和心理，民警热心地开导他，引导他，要求他敢于面对现实，勇于挑战自我，只要有坚定的信心，就定能会得到政府的奖励。经过多次的谈话和教育开导后，该犯在改造中积极参加劳动，劳动积极性和自觉性有了很大的提高，心理上有了大的转变，并主动和同改交谈，使其有所醒悟并对自己的改造有了一定的自信，从而达到了教育转化的第一步的目的。 2. 针对该犯心理自我封闭的情况，承包民警有意识地对其进行心理疏导。同时，加强对该犯思想的教育引导，促进该犯从思想上切实认识到自身所存在的问题，改变错误认知，管理自己的情绪，学会与他犯和谐相处，逐步形成积极的人际关系模式。 3. 在了解到该犯已经长时间不与家人联系的情况后，监区承包民警多次与其家人取得联系，通过相互之间的深入沟通，劝说其主动与家人联系，促使其积极的改造，使之明白家人还在关心爱护他，希望他早日回家团聚的良好愿望，由此该犯的思想发生了转变，从一名抗拒改造的顽危犯转变成为一名积极、踏实改造，乐观向上的服刑人员，从而真正达到了教育转化的目的。 4. 通过承包民警1年多的共同努力，罪犯李×从抗拒改造到认识错误到树立了正确的服刑改造目标，认识到只有踏实改造才是唯一出路，经过深入的教育转化和全体承包民警共同的努力，罪犯李×在2007年上半年被评为改造积极分子，并被依法呈报了减刑。目前，该犯的思想也发生了彻底的变化，愿意主动找民警汇报自己的思想，也愿意积极地参加各类集体活动，坚定了正确的服刑改造信心。 5. 该犯通过全年的管理教育，已基本消除了危险性，可以作为彻底转化对象，理由如下：首先能做到认罪服法，服从民警的教育管理，主动向民警汇报改造思想，并能自觉遵守监规纪律，2007年内没与人发生争吵、打架或其他任何违纪行为。其次，积极参加"三课"学习，考试成绩合格，且能积极参加劳动，保质保量完成劳动定额，在考核分值上有较大进步。最后，年内没有发生"三防"安全事故，通过个别教育，结合必要的心理咨询，逐步改善其现有的心理状态，帮助该犯树立正确的人生观和价值观；监区承包民警通过亲情帮教的方式，督促该犯积极的改造；引导该犯与他犯建立和谐的人际关系。 通过1年的教育矫正，该犯的改造态度得到了根本的转变，改造积极性进一步提升，已不具有危险性。

立控期间表现情况	该犯通过1年的教育改造和跟踪调查，能认罪悔罪、积极改造、端正思想，不良行为习惯得到有效控制，改造抵触情绪得到转变，愿意主动找民警汇报自己的思想，也愿意积极参加各类集体活动，坚定了服刑改造信心。能积极参加监区组织的各项活动，服法服判，真诚悔过，有上进心，自觉遵守各项监规纪律。鉴于该犯的现实表现及2007年度的跟踪调查，认定罪犯李×予以转化。
撤控原因	现实危险性消除，改造表现较好。
监区意见	情况属实，经监区集体评议，该犯符合顽危犯撤控标准，建议对该犯撤控。 签名：×× ×年×月×日
狱政科意见	拟同意对该犯撤控。 签名：×× ×年×月×日
监狱意见	同意撤控。 签名：×× ×年×月×日
备注	无

【拓展阅读】

顽危犯撤控审批表PPT。

单元训练　顽危犯教育改造执法文书项目实训

一、单元名称：顽危犯认定分析制作实训

二、实训目标

1. 能够根据顽危犯的认定条件，对罪犯中的顽危犯进行有效的识别，并能够根据顽危犯的背景资料及相关的心理测量结论对罪犯进行顽危成因分析。

2. 培养学生制作顽危犯认定审批表执法文书的能力。

3. 培养学生对顽危犯认定审批表执法文书的分析、评价、修改的能力。

三、实训要求

了解掌握罪犯个人的基本情况；了解罪犯犯罪情况及原因；全面掌握罪犯改造情况，分析其是否能够被认定为顽危犯；制作相关法律文书。

四、实训内容

根据以下案例，完成顽危犯认定审批表的制作。

　　罪犯张×豪，男，汉族，1975年3月22日出生，大学文化，被捕前系机关干部，原籍江苏省扬州市，现住址为重庆市××区××街道××小区×栋×单元×室。因涉嫌受贿罪，于2010年5月23日被××区人民法院判处有期徒刑10年，刑期自2010年7月3日起至2020年7月2日止。

　　1981年9月在××市××小学读书，1987年9月在××市××中学读初中，1990年9月在××市高级中学读高中，1994年9月考入××大学计算机应用系，1998年7月毕业后在家待业，2002年8月考入××市国土资源局工作，2005年8月任该局副局长，2008年3月因受贿罪案发被刑事拘留，2010年5月法院作出一审判决，2010年7月送重庆市××监狱服刑。

　　张×豪的父亲张×辅系重庆市××中学退休教师，其母亲于2008年去世，其妻吴×兰是重庆市××区税务局工作人员，其子张×在重庆市××中学初中一年级读书。

　　该犯自入监以来服刑意识极差，认为监舍居住环境太差，教育改造中劳动强度太大，在日常的改造生活中，与同监舍他犯之间摩擦不断，有脱逃及伤害他人的可能，对民警的正常管理公然抵抗。经分监区集体讨论，认为张×豪应该认定为顽危犯，准备上报监区批准。

　　以下是学生根据以上案例，所制作的执法文书，请分析文书文本，指出制作中的错误？

表 17 – 3 顽危犯认定审批表

单位：重庆市××监狱

姓名	张×豪	性别	男	出生年月	1975 年 3 月 22 日	文化程度	大学	罪名	受贿罪
刑期（种）	10 年	刑期起止	2010 年 7 月 3 日起至 2020 年 7 月 2 日止	入监时间	2010 年 7 月 3 日	家庭住址		扬州	
本人简历	1981 年 9 月 – 1987 年 7 月　重庆市××小学读书 1987 年 9 月 – 1990 年 7 月　重庆市××中学读书 1990 年 9 月 – 1994 年 7 月　重庆市高级中学读高中 1994 年 9 月 – 1998 年 7 月　××大学计算机应用系 2002 年 8 月 – 2008 年 3 月　××市国土资源局工作 2010 年 7 月至今　重庆市××监狱服刑								
家庭成员	父亲　张×辅　重庆市××中学退休教师 母亲于 2008 年去世 妻子　吴×兰　重庆市××区税务局工作人员 儿子　张×　重庆市××中学初中一年级读书。								
主要犯罪事实	因涉嫌受贿罪，于 2010 年 5 月 23 日被××区人民法院判处有期徒刑 10 年。								
认定事实	该犯自入监以来服刑意识极差，认为监舍居住环境太差，教育改造中劳动强度太大，在日常的改造生活中，与同监舍他犯之间摩擦不断，有脱逃及伤害他人的可能，对民警的正常管理公然抵抗。								
分监区意见	情况属实，经分监区集体讨论，拟上报监区批准。 　　　　　　　　　　　　　　　　　　　签名：×× 　　　　　　　　　　　　　　　　　　　日期：×年×月×日								
监区意见	情况属实，经分监区集体讨论，罪犯张×豪符合顽危犯的标准，建议将该犯确立为监区顽危犯。 　　　　　　　　　　　　　　　　　　　签名：×× 　　　　　　　　　　　　　　　　　　　日期：×年×月×日								
狱政科意见	拟同意将该犯列为顽危犯列控，报请监狱审批。 　　　　　　　　　　　　　　　　　　　签名：×× 　　　　　　　　　　　　　　　　　　　日期：×年×月×日								
监狱意见	同意将该犯列为顽危犯，做好教育转化工作。 　　　　　　　　　　　　　　　　　　　签名：×× 　　　　　　　　　　　　　　　　　　　×年×月×日								
备注									

五、任务评估

1. 文书制作格式要规范，家庭住址、家庭成员、刑种、刑期及刑期起止栏是否按照要求填写。

2. 是否能够全面收集罪犯日常表现并加以利用，准确分析是否符合认定为顽危犯的条件。

3. 掌握罪犯认定为顽危犯的审批流程。

4. 认定为顽危犯的事由是否围绕法定条件来写，法律依据是否具体。

5. 呈报及审批意见用语是否准确。

参考文献

1. 金鉴主编：《监狱学总论》，法律出版社 1997 年版。

2. 梁立民主编：《简明中国监狱史》，群众出版社 1994 年版。

3. 中华人民共和国司法部主编：《中国监狱史料汇编（上、下）》，群众出版社 1988 年版。

4. 中华人民共和国司法部主编：《外国监狱史料汇编（一至四册）》，社会科学文献出版社 1988 年版。

5. 王金仙主编：《监狱安全防范》，中国政法大学出版社 2014 年版。

6. 马宏俊主编：《法律文书学》，中国人民大学出版社 2008 年版。

7. 周道鸾主编：《法律文书教程》，法律出版社 2003 年版。

8. 刘金华主编：《司法文书写作方法与技巧》，大众文艺出版社 2002 年版。

9. 高云：《思维的笔迹》法律出版社 2013 年版。

10. 严浩仁、应朝雄主编：《监狱文书制作与使用》，法律出版社 2010 年版。

11. 周勇：《罪犯个性分测验》，群众出版社 2007 年版。

12. 杨学武、李文静编著：《监狱执法文书实用写作》，中国政法大学出版社 2015 年版。

13. 吴丙林、裴玉良：《监狱文书制作原理与实务》，中国市场出版社 2012 年版。

14. 吴克利：《吴克利讲讯问》，中国检察出版社 2014 年版。

15. 侯兴宇：《法律文书制作形成研究》，法律出版社 2015 年版。

16. 吕向文：《公安文书写作技巧与范例》，中国人民公安大学出版社 2014 年版。

17. 严庆芳：《监狱执法文书实训项目》，中国政法大学出版社 2015 年版。

18. 监所管理实用手册编委会编：《监所管理实用法律手册 5》，中国法制出版社 2008 年版。

19. 人民法院出版社法规编辑中心编：《最新刑事诉讼文书格式》，人民法院出版社 2012 年版。

20. 程揖涛编著：《最新监狱文书写作与格式范本》，中国知识出版社 2006 年版。

21. 侯希民、张磊、于军波编著：《人民法院法律文书大全与制作详解》，中国法制出版社 2010 年版。

22. 张泗汉主编：《法律文书教程》，法律出版社 2017 年版。

23. 翁炬、王新兰主编:《监狱文书写作教程》,吉林文史出版社 2015 年版。

24. 中国法制出版社主编:《中华人民共和国司法行政法律法规全书（含文书范本)》,中国法制出版社 2017 年版。

25. 李振玉:《罪犯教育实务》,中国政法大学出版社 2017 年版。